数字时代的
情感幸福

# 21世纪的童年

Educating
21st Century
Children

Emotional Well-being in the Digital Age

经济合作与发展组织 著

龚春蕾 徐瑾劼 译

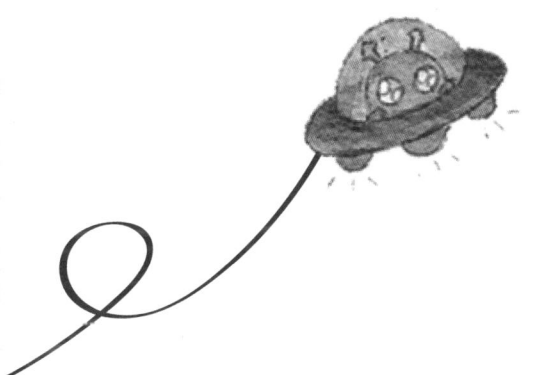

上海教育出版社
SHANGHAI EDUCATIONAL
PUBLISHING HOUSE

# 如何回答尼尔·波兹曼之问：
# 我们能为童年的消逝做些什么？

　　童年作为一种社会结构和心理条件，不是一个生物学意义上的概念，而是信息环境改变的结果。16世纪以前，儿童与成人之间曾经分享着无甚差别的文化世界，当时的人类并没有"童年"。印刷术普及之后，文字成为信息传递的主导，成人掌握着文字和知识的世界，儿童与成人之间出现了一道文化鸿沟，以天真无邪、可塑性和好奇心等为表征的"童年"从此诞生。

　　早在20世纪80年代，电子媒介大行其道之时，尼尔·波兹曼就从媒介变迁如何影响社交过程的分析视角，揭示了"童年"作为一个社会结构的缘起与兴衰，并向世人提出了童年正在消逝的警示。21世纪人类步入数字时代，以互联网为基础的新媒体在传播速度、规模、交互性和仿真性上的优势和突破是以往的电子媒介无法比拟的。一方面，我们正在享受着新媒体给日常生活带来的便利以及文化、艺术和娱乐的沉浸式体验。另一方面，在新媒体的信息控制和文化渗透下，人类面临着前所未有的现实困境、心理和社会的支离破碎。童年的消逝正是现实困境的一种表象，其症结是充分暴露的技术的异化。人们告别了20世纪描绘人类应用技术美妙前景的浪漫主义，开始就技术对人的统治进行反思与批判。作为媒介文化研究大师，尼尔·波兹曼阐释了"童年"在人类社会出现和消亡的机理，但把"我们能为童年的消逝做些什么"这一时代命题交给了职业的教育家。直面波兹曼之问，作为师者，抑或是家长和教育研究者，我们面对正在瓦解和坍塌的童年，是拯救、重构，还是束手无策？

　　站在教育学的立场，回答波兹曼之问的关键之一是要明确，在新媒介垄断下的童年,儿童逝去的是什么?第一,理智的缺失。随着新媒介在日常生活的渗透,儿童在读写能力尚未发展之前就开始接触媒介,以数字化的方式率先感知世界。印刷术的发明是产生童年这一概念的助推器,因为在有文字的世界里,儿童与成人存在明显的区分。阅读使人进入抽象的知识世界和个人独立操控符号的空间。因而,儿童走向成人需要具备良好的阅读能力,包括活跃的个人意识、逻辑和有次序的思考能力。新媒介把儿童带入图像、影像甚至是虚拟的世界。这要求儿童诉诸感官和情感,而不是依赖于符号和逻辑的理性思考。可见,新媒介改变的是儿童感知世界的心理基础和认知方式。在这种以感官和知觉主导的具身认知下,如果儿童不提问,又淹没于各种答案中,他们很容易丧失独立和思考。第二,好奇心的缺失。在新媒介的笼罩下,儿童与成人的界限日益模糊,成人世界在儿童面前一览无余,甚至构成了对童年作为一种心理空间的侵犯,失去了儿童区别于成人在精神上的尊严(波兹曼笔下的羞辱感)和宝贵的天性,如天真、可爱和尚未被语言掩藏的直率。更进一步,当成人与儿童之间不存在秘密,儿童不需要通过提问和思考进入成人世界,那么何来获得延迟的满足感,这一支撑好奇心发生的内驱力?第三,敬畏感的缺失。新媒介抢夺了本属于家长和学校的信息控制权。我们的孩子不再依赖有权威的家长、教师及身边的成人,而是依赖来源不明的新闻、信息,甚至是尚处于发展中的基于人工智能技术的聊天机器人(如 ChatGPT)。家庭和学校教育权威性的严重削弱意味着儿童对秩序、纪律和规则的漠视与懈怠。

儿童理智、好奇心和敬畏感的缺失正在掏空"童年"作为一种独特的社会和心理结构的基础和存在的意义。那么,如果要抵制这一切的发生,保存和挽留住童年的力量在哪里?这应该是回答波兹曼之问的另一个关键。基于此,经济合作与发展组织(简称 OECD)做出了努力和探索,试图从 OECD 国家的视野审视和发现应对的路径。OECD 教育研究与创新中心(简称 CERI)围绕"什么是当下的童年"这一核心问题,在美国、芬兰、法国等 26 个 OECD 国家发起了大规模的调研,汇集来自心理学、教育学和社会学等多学科的专家学者及相关领域的教育政策制定者共同参与研究。OECD 于 2019 年 10 月正式发布了该项研究成果《21世纪的童年：数字时代的情感幸福》。该书从儿童身体健康、情感幸福、数字技术的影响和家庭、学校及同伴影响四个核心主题展开研究，探讨当代童年的内涵、主要特征、影响因素及干预路径。

本书独特的学术和社会价值主要体现在，第一，立足于对当下童年的现实关照，展现了OECD国家数字时代下"儿童"这一特定社会结构和群体的特征和风貌，为我国相关领域学者和对该议题感兴趣的家长、教师等提供丰富的一手资料。第二，本研究运用了心理学、教育学、社会学等多种学科的视角并结合文献计量统计、案例研究等多元研究方法，以翔实的数据，多维立体地展示了数字时代儿童教育和学习面临的机遇、风险与挑战。第三，本研究汇集了大量的典型案例，包括学校有效干预的实践和相关政策、规章制度的制定等。这为我国的教育实践和政策制定提供了广泛的实践参考。此外，本书的中文版发行还将促进我国社会各界对当下"数字时代的童年危机"这一议题的重视和关注，唤醒和激发各方力量共同留住美好的童年。

面对未来，我们无法想象教育会忘却它需要儿童的存在，但人们似乎快要忘记儿童需要童年了。作为教育工作者和研究者，我们充满恐惧还是希望，取决于我们当下的态度和行动。致敬那些记住和坚守童年的学者、媒体人，以及共同肩负起这一崇高使命的教育者。

中国教育科学研究院院长

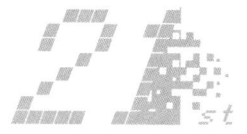
 | 前言

与过去相比,当代儿童的生活从多种角度来衡量,都已发生了改变,通常是向好的方向变化。儿童拥有各种数字工具,可以进行创造性的自我表达。人们对心理健康问题的关注度越来越高,而来自亲人的支持,仅需要动动手指便唾手可得。但儿童也面临着新的挑战。他们的睡眠越来越少,压力越来越大。很多儿童在能够表达自我意见之前——甚至在出生之前——就留下了"数字足迹"。旧有的威胁,比如霸凌,在数字世界里又产生了新的表现形式。

教育必须与社会共同发展,并提前预测变化,而非简单地应对问题。21世纪初,技术飞速变革。人们往往对变革持谨慎态度,但数字工具已经从根本上改变了人们的生活。我们有必要了解,儿童发生了哪些变化。同样重要的是,要确定哪些没有发生改变,如与家人和朋友保持牢固且健康的关系仍然十分重要。

OECD教育研究与创新中心(CERI)的21世纪儿童项目特别关注了当代童年的本质特征,提出一系列问题:数字时代的童年生活是什么样的?这对教育意味着什么?学校和教师如何与家长和社区一起共同努力,对儿童加以保护和指导?与此同时,我们仍然允许他们保持孩童的本真,在犯错中学习和成长。

这份报告是当代童年系列研究的一部分。本书关注数字技术与情感幸福相互叠交的部分。书中探讨了数字时代的子女养育和朋辈友谊发生了怎样的变化,研究了儿童作为数字公民,教育系统如何支持他们充分利用网络所创造的机会,同时使得风险最小化。本书的结尾部分对教育该如何促进儿童数字素养和适应力的提升进行了展望,强调了开展合作、制定政策和实施保护所起的作用。

很多发展趋势,特别在数字化方面,正处在持续变化的过程中,像这样的报告也很快会跟不上时代潮流。本书所提供的是一幅当下时点的概要图景。我们试图保持领先,或至少要在变化趋势曲线之上,因此世界各地教育系统所做的工作真是恰逢其时。我们有责任引导儿童和青少年区分现实与虚幻世界,支持帮助他们获得更好的人生起步。

本书由OECD教育研究与创新中心的特蕾西·伯恩斯(Tracey Burns)和弗朗西斯卡·戈特沙尔克(Francesca Gottschalk)编辑。特蕾西·伯恩斯对全书进行构思,并主持了21世纪儿童项目。弗朗西斯卡·戈特沙尔克负责协调外部专家的参与。全书各章节的编写情况如下:特蕾西·伯恩斯(负责第一、四、十二、十三、十四章)、弗朗西斯卡·戈特沙尔克(负责第二、十一、十二章)、利亚姆·贝科斯基(Liam Bekirsky)(负责第三章)、阮琼(Quynh Nguyen)(负责第四章)和亚历杭德罗·帕尼亚瓜(Alejandro Paniagua)(负责第十三章)。经合组织秘书处的艾莉森·伯克(Alison Burke)、索菲·利摩日(Sophie Limoges)和莱奥诺拉·林奇-斯坦(Leonora Lynch-Stein)为最后阶段的出版准备工作作出了贡献。

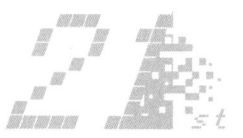

# Acknowledgement | 致谢

众多撰稿人共同编写一本书,必定是相互合作的过程。本书得到了许多个人和机构的极大支持和诸多建议。编辑们要感谢 CERI 理事会自成立以来对本项工作的大力支持。希格·尼尔森(Hege Nilssen)与她在挪威教育和培训理事会的团队,将 2018 年召开一次专家研讨会的计划付诸实现,支撑了本书的概念框架,贡献了专家智慧。

编辑们还要感谢本书的各位专家作者(按章节顺序排列):古斯塔沃·梅奇(Gustavo Mesch)、安德拉·西巴克(Andra Siibak)、卡特琳·芬克纳尔(Catrin Finkenauer)、亚尤克·威廉姆斯(Yayouk Willems)、玛迪塔·威斯(Madita Weise)、梅克·巴特尔斯(Meike Bartels)、丹尼尔·卡德菲特-温瑟(Baniel Kardefelt-Winther)、艾伦·赫尔斯珀(Ellen Helsper)、斯维特拉娜·斯米尔诺瓦(Svetlana Smirnova)、埃莱特拉·伦奇(Elettra Ronchi)和丽莎·罗宾逊(Lisa Robinson)。

此外,要特别感谢下列国家和地区系统完成了 21 世纪儿童项目政策问卷:澳大利亚、比利时(佛拉芒区)、比利时(法语区)、加拿大、捷克、丹麦、芬兰、法国、希腊、爱尔兰、日本、韩国、拉脱维亚、卢森堡、墨西哥、荷兰、新西兰、挪威、葡萄牙、俄罗斯、西班牙、瑞典、瑞士、土耳其、英国(苏格兰)和美国。非常感谢大家投入的时间和专业知识,以及与其他部委和部门同事的协调。

还要感谢之前的团队成员露丝·阿斯顿(Ruth Aston)、安娜·崔(Anna Choi)、朱莉·胡夫特·格拉夫兰(Julie Hooft Graafland)、阮琼和亚历杭德罗·帕尼亚瓜,在本书的编撰过程中贡献了自己的观点、想法和研究论文。特别感谢团队成员利亚姆·贝科斯基、马克·福斯特·拉贝拉(Marc Fuster Rabella)、莱奥诺拉·林奇-斯坦和玛丽莎·米勒(Marissa Miller),不厌其烦地审阅了每个章节的多个版本,提高了文本质量和相关程度。

我们也要感谢来自OECD教育和技能理事会的各位同事,感谢来自就业、劳动和社会事务理事会的凯特·康福德(Kate Cornford)对项目工作报告及具体章节的反馈和评价。他们的时间投入和专业意见对我们无比珍贵。

感谢安德烈亚斯·施莱歇尔(Andreas Schleicher)司长和CERI的负责人黛博拉·罗塞维雷(Deborah Roseveare)对本书初稿所做的点评。CERI理事会全程给予了我们鼓励、观点和反馈,非常感谢他们的指导。

谢谢。

特蕾西·伯恩斯和弗朗西斯卡·戈特沙尔克

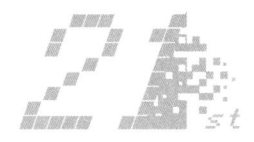

# Contents | 目录

内容提要 ...1

## 第一部分
## 背景描绘：21 世纪的儿童

### 第一章　数字时代的童年 ...6
　了解当代的童年 ...7
　特别关注：情感幸福和数字技术 ...16
　总结 ...20
　参考文献 ...20

### 第二章　儿童与数字技术：趋势与结果 ...23
　引言 ...24
　儿童与数字技术：趋势、模式和结果 ...24
　制定成功的政策 ...37
　有待进一步研究的领域 ...38
　OECD 国家教育体系面临的高优先级挑战 ...39
　总结 ...43
　参考文献 ...43

## 第三章 儿童情感幸福的发展趋势 ...48
情感幸福为什么重要 ...49
青少年心理健康和情感幸福趋势 ...50
影响情感幸福的不断变化的因素 ...58
加强保护因素 ...61
未来研究的关切因素 ...63
OECD 国家教育体系中的高优先级挑战 ...64
总结 ...67
参考文献 ...68

# 第二部分
# 21 世纪儿童的人际关系

## 第四章 21 世纪的父母教养方式和同伴友谊 ...76
背景 ...77
生命历程视角下的家庭和同伴 ...77
现代友谊 ...86
结交朋友 ...87
友谊的质量和影响因素 ...88
总结 ...89
参考文献 ...89

## 第五章 线上关系和线下关系 ...95
引言 ...96
以发展的眼光看待线上和线下交友 ...97
线上交友的动机 ...98

线上关系和青少年社交网络结构 ... 100
　　线下关系和线上关系的质量 ... 102
　　最近的研究 ... 103
　　总结和未来研究方向 ... 105
　　参考文献 ... 106

# 第六章　数字育儿与被数据化的儿童 ... 109
　　引言 ... 110
　　强加在未出生孩子身上的数字阴影 ... 112
　　通过婴儿监管缓解父母焦虑 ... 116
　　亲密数据监视：使用追踪软件和工具 ... 117
　　"晒娃癖"：创造儿童的数字足迹 ... 120
　　总结 ... 125
　　参考文献 ... 126

# 第七章　青春期关系的社会环境 ... 131
　　引言 ... 132
　　社会关系的重要性与基本特征 ... 133
　　气候变化 ... 135
　　流离失所 ... 138
　　日益增长的个人主义倾向 ... 140
　　新技术 ... 143
　　总结：21世纪的青少年关系 ... 146
　　参考文献 ... 146

## 第三部分
## 互联网上的机会与风险：保障儿童情感幸福

### 第八章　儿童的上网时间与幸福感的获得 …154
- 引言 …155
- 专业术语与理论假设 …158
- 方法论 …161
- 局限性 …162
- 文献综述 …164
- 讨论 …173
- 总结 …175
- 参考文献 …176

### 第九章　青少年群体在数字互动和幸福感上的不平等 …183
- 数字不平等 …184
- 数字原住民 …186
- 弱势青少年的社会数字生态环境 …187
- 支持性网络 …189
- 数字素养 …192
- 对自己和他人的信心 …196
- 利用网络互动 …197
- 数字互动成果 …199
- 从不平等到成果 …201
- 总结 …205
- 参考文献 …207

## 第十章　在线儿童保护 …210

引言 …211

网络风险类型 …211

OECD 关于在线儿童保护的建议（2012） …221

政策制定的三个层面 …223

总结 …227

参考文献 …228

# 第四部分
# 儿童作为数字公民：通过政策与伙伴关系培育数字素养和适应力

## 第十一章　培育数字素养，促进数字幸福感 …232

引言 …233

确保数字接入，培养数字技能 …233

屏幕使用时间指南和证据在促进儿童幸福感方面的重要性 …247

总结 …254

参考文献 …255

## 第十二章　为积极主动、品行端正的数字下一代赋能 …259

培养数字公民 …260

积极地使用网络会带来风险 …264

提高儿童数字适应力 …275

尊重他人和网络礼仪 …276

总结 …280

参考文献 ...280

## 第十三章　能力建设：教师教育和伙伴关系 ...285

引言 ...286
支持教师面对现代化课堂 ...286
支持教师的政策和实践 ...289
跨部门合作和伙伴关系 ...294
总结：关于幸福感的共同愿景 ...306
参考文献 ...307

# 第五部分
# 后续计划

## 第十四章　后续计划：保障数字世界中儿童的情感幸福 ...312

引言 ...313
新出现的一些跨领域主题 ...314
认识分歧和政策导向 ...315
总结 ...324

# 内容提要

当代童年的本质是什么?与过去相比,年纪更长、受教育程度更高的家长日益注重对儿童的教导,在子女的教育中发挥着更积极的作用。新技术为儿童的自我表达、信息检索和社会化赋能。儿童随时随地的需求,可能只需要一通电话或某个应用程序里的一条信息就能得到满足。借助多种手段,当代儿童的生活明显得到了改善:更好的医疗服务、公共安全以及对身心健康的支持。

与此同时,新的压力也在萌生。21世纪的儿童患有更严重的焦虑,其原因包括想要在竞争愈发激烈的教育环境中脱颖而出,因而压力倍增。一旦儿童拥有自己的电子设备,这些帮助父母与儿童保持联系的技术,也使得监管子女的行为变得更加困难。无处不在的数字世界给儿童带来了新的风险,如网络霸凌。这些风险从校园到家庭,始终伴随着儿童。

我们迫切需要检视当代儿童的生活,更好地理解这对教育意味着什么。学校和教师如何与家长和社区一起共同努力,对儿童加以保护和指导?与此同时,仍然允许他们保持孩童的本真,在犯错中学习和成长。本书探讨了教育系统的潜力,目的是积极适应并跟随社会的发展,重点关注儿童的情感幸福和对数字技术的使用。

## 第一部分　背景描绘：21世纪的儿童

第一部分分析了数字技术和情感幸福的发展趋势。第一章对全书进行了概括介绍,讨论了21世纪儿童的概念,并确定哪些方面发生了变化,以及同等重要的,哪些方面没有发生变化。第二章讨论了比过去更早涉足互联网的儿童对数字技术日益普遍的使用,分析了对政策造成挑战的一些紧迫问题,如数字公民身份和网络霸凌,以及这些挑战之间的相互联系。第三章的内容涵盖了情感幸福指标的发展趋势,以及趋势背后的一些保护性和风险性关键因素。这一章还审视了一些更紧要的政策挑战,如焦虑、压力和精神疾病等,以及它们之间的相互关系。

## 第二部分　21世纪儿童的人际关系

第二部分关注的是儿童的人际关系和他们生活中的支持性角色,包括父母和同伴。第四章对有关积极和支持性人际关系重要性的文献进行了综述,概括介绍了各种养育方式并对友谊进行了研究,包括现实生活中和虚拟世界里的。第五章进一步分析了线上和线下的友谊关系。线上关系是否已取代线下关系,改善了友谊的网络并赋能了弱势群体?第六章探讨了数字育儿实践,专门以"晒娃"(在社交媒体上分享子女信息的做法)为例,分析了这样做不仅会危及儿童的权利和隐私,还会对亲子关系和儿童身心健康产生负面影响。第七章讨论了气候变化、流离失所、日益增长的个人主义倾向和数字化等全球趋势,如何对青少年的成长、人际关系和心理健康造成影响。

## 第三部分　互联网上的机会与风险：保障儿童情感幸福

第三部分从儿童情感幸福的视角出发,剖析了互联网带来的机会和风险之间复杂的相互作用。第八章回顾了有关儿童上网时间的研究,强调数字技术对儿童的影响还缺乏确凿证据,需要更仔细地考量在研究结论和政策制定中研究方法的局限性。第九章探讨了社会不平等背景之下,数字化所带来的不同结果,特别关注最弱势群体——未就业,也未接受教育和培训的年轻人。第十章报告了2012年OECD《保护儿童上网的若干建议》的修订情况,强调了儿童上网保护作为一项公共政策,其特点是必须要与时俱进,并概括介绍了OECD国家对此加以监管的相关举措。

## 第四部分　儿童作为数字公民:通过政策与伙伴关系培育数字素养和适应力

第四部分探讨了将儿童作为数字公民,列举各国的案例,以应对之前章节中所提出的诸多挑战。第十一章介绍了各国在缩小数字鸿沟和加强数字素养,同时也兼顾学生的情感幸福方面作出的重要举措,包括对屏幕使用时间加以控制等政策。第十二章关注了作为数字公民的复杂性,包括国家采取的政策,一方面对积极且得到授权的网络用户多加鼓励,另一方面尽可能让网络风险最小化。此外,本章还涵盖了儿童对个人隐私的理解、网络礼仪以及增强网络适应力所起到的重要作用等问题。第十三章探讨了这些政策在教育的范畴之内的实践意义,并且特别关注了教师教育和伙伴关系问题。

## 第五部分　后续计划

第十四章聚焦了一些横向主题,它们在与各国共同努力以及本书出版的过程中出现。本章指出了为了给积极主动、品行端正的下一代数字公民赋能,需要填补的知识空白,需要改进的领域,以及政策、研究和实践的下一步方向。

本书旨在分析那些通常不归类于教育传统话语体系的关键性变革,以及可能给教育带来的挑战,提出了应对这些挑战的解决方案,其目的是提供研究和政策选择,帮助各国教育好21世纪的儿童,明确他们在现代社会所面临的机遇和挑战。书中提到的很多发展趋势还在不断变化之中。教育系统的工作是要努力保持领先,或至少是走在变化趋势曲线的前面。

要做到这一点,教育和其他公共部门一样,必须打破壁垒,跨政府部门、跨研究学科开展工作;必须会同日益广泛的社会参与者,包括私营公司和部门;还必须顺应社会和公民的发展不断进化和成长,对变化有所预期,并找到预防性的解决方案,而不是简单地应对出现的问题。我们有责任让儿童有效区分现实生活与虚幻世界,帮助并支持他们获得更好的人生起步。

## 第一部分

背景描绘:
21 世纪的儿童

# 第一章

# 数字时代的童年

当代童年的本质是什么?由于公共安全的改善和对儿童身心健康的支持,在多项措施上,当代儿童的生活得到了明显的改善。许多儿童在能够走路或说话之前,就可以使用智能手机,获得数字世界提供的无限机会。但与此同时,21世纪的儿童也面临更多的压力和焦虑,无处不在的数字世界给儿童带来了新的风险,如网络霸凌,这些风险从校园到家庭,始终伴随着儿童。

本章概述了儿童的身体健康、情感幸福、家人和同伴以及数字技术方面的发展趋势。本章特别关注了两个主题之间的交叉点——情感幸福和数字技术,为本书的其余部分奠定了基础。

## 了解当代的童年

当代童年的本质是什么？年纪更长、受教育程度更高的父母越来越支持儿童，并在儿童的教育中发挥着积极的作用。更安全的环境和更完善的规章制度（如关于物理游戏空间以及更安全、有效的自行车头盔和汽车座椅的规定）有助于降低 OECD 国家因意外伤害而导致的儿童死亡率。新技术增强了儿童自我表达、信息搜寻和社交的能力。在需要的时候，一通电话或某个应用程序中的一条信息就能帮助他们。更好的医疗服务、公共安全措施以及对儿童身心健康的支持（OECD，2016[1]；OECD，2019[2]），让当代儿童的生活得到了明显改善。

但与此同时，新的压力迹象也随之出现。在 21 世纪，越来越多过度保护儿童的"直升机式"父母强迫儿童做更多的事情。他们"盘旋"在儿童的身边，保护他们免受潜在的伤害。当代父母也更有可能在未经儿童同意的情况下在网上分享儿童的照片，这可能会引发人们对网络安全的担忧。在情感层面上，儿童面临更多的压力和焦虑，包括在竞争越来越激烈的教育环境中期望值和压力的增加。

在身体健康方面，报告显示儿童的睡眠时间在减少。在 OECD 国家中，患肥胖症的儿童比例正在上升，并带来了一系列潜在的身体、社会和心理方面的挑战。有人担心，儿童在户外奔跑等活动上花费的时间越来越少，而更愿意坐在电脑屏幕前。原本用来帮助父母与儿童保持联系的技术也使得儿童一旦拥有自己的设备，就更难监测他们的行为。数字世界无处不在的本质也意味着，"网络霸凌"这种新的网络风险会跟随儿童从校园进入他们的家庭，并渗入他们的空闲时间。

我们迫切需要探索当代儿童的生活，并更好地了解这对教育意味着什么。这些趋势引发了一系列问题：

- 当代童年的本质是什么？
- 教师和学校应该如何与父母及社区合作，在保护和指导儿童的同时，仍然允许他们保持孩童的本真，在犯错中学习和成长？

- 从幼儿保育到高中阶段,当代儿童的生活对这些阶段中的教育产生了怎样的影响?对每个教育阶段中的教与学又意味着什么?

教育必须随着社会的发展而发展并预测变化,而不是简单地对问题作出反应。本书探索了教育系统与我们的社区及儿童一起主动适应及发展的潜力。总体目标是确立创新型的合作模式,将父母、社区和学校联结在一起,以增强儿童的适应力,降低他们的压力水平,提高幸福感并促进学习。

## 21世纪的儿童

"21世纪的儿童"一词让人联想到天翻地覆的改变,以前的生存方式发生了转变。新的世纪给儿童带来了无限的机遇,也可能带来了无限的风险。然而,尽管当代儿童的生活在许多方面都发生了变化,但其中许多变化已经持续了一段时间。家庭的演变已经持续了50年。几十年来,公共卫生运动和医学一直不断地致力于提升儿童的幸福感,改善身体健康状况。儿童肥胖率的上升是多种因素的产物,其中一些是代际因素。

同样地,虽然数字技术是新生事物(或至多只有几十年的历史),但技术变革总是伴随着社会焦虑。印刷机、收音机和汽车刚出现时都引起了人们的担忧。电影、广播和电视等新兴技术都被指控有各种各样的弊端:从破坏文化标准、鼓励恶习和不道德的行为,到被用作威胁民主的工具[see Syvertsen(2017)[3] for a fascinating review]。当代读者对"电视会腐蚀你的大脑"以及"无线电(收音机)可能会以不受控制的方式传播信息——或者更准确地说是传播错误的信息"的警告特别熟悉[Hendy(2013)[4], cited in Syvertsen(2017)[3]]。

尽管我们可以怀着善意的宽恕来回顾这些警告,但作为指导政策和实践的依据,思考这些问题意味着什么,才既有趣又重要。21世纪的头几十年是世纪之交和技术飞速变革的交汇点。然而,不能仅仅因为我们正处于新的世纪,一切就从头开始了。虽然有必要了解儿童的生活中真正发生的变化,但同样重要的是还要了解没有发生改变的那部分。

防止人们过分夸大事实很重要,尤其面临世纪之交和颠覆性的技术变革之时。为了做到这一点，我们必须将研究和证据作为出发点，了解儿童真实的生活，并为观察到的挑战制定负责任的政策解决方案。这对于社会科学（包括教育）和医学一样重要，如信息框1-1所示。

> **信息框1-1 当夸张的说法与科学相遇：以睡眠指南为例**
>
> 医学研究的严谨性经常在教育中被夸大。马特里恰尼（Matricciani）等人（2012[5]）对1897—2009年的32条关于睡眠时间的医学建议进行了系统性的综述，结果令人惊讶。他们发现，建议的睡眠时间总是比实际的睡眠时间长约37分钟……就好像儿童总需要额外的睡眠，不管他们实际上拥有多少睡眠时间。100多年来，建议加长儿童睡眠时间的理由也惊人地一致：当代生活的刺激使儿童负担过重，而刺激体现在当时的技术产物中，且它仍在继续。这些"刺激"包括教科书、广播、电视和互联网。
>
> 综述还强调了"尽管有极其详细和量化的指南，但作者承认其建议缺乏实证基础。值得注意的是，100多年后，我们仍然在公认缺乏有意义证据的情况下发布睡眠建议"。
>
> 资料来源：Matricciani et al.（2012[5]）

## 四个主题

接着再回到最初的问题：当代童年的本质是什么？这是宏观的问题，它涵盖了从儿童价值的哲学思辨到对童年的社会和政治解释等各个方面。为了更好地了解童年的本质发生转变的背景，我们决定关注这四个主要主题①：身体健康、情感幸福、数字技术和家庭及同伴群体，如图1-1所示。

---

① 主题由OECD教育研究与革新中心（CERI）理事会成员共同决定。

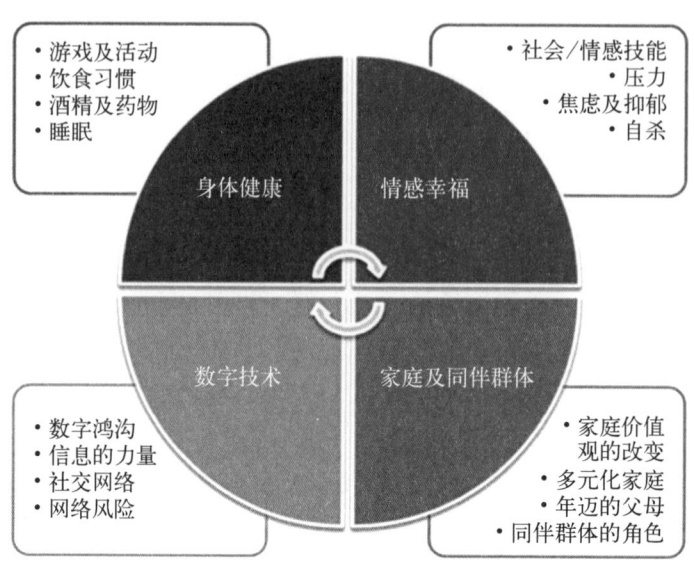

图1-1　21世纪的儿童：四大主题

这四大主题不仅相互关联，还与更广泛的社会趋势相互作用。不平等就是一个例子：收入越集中在前1%的人群中，其他的人们生活满意度越低，他们感受到压力、愤怒、痛苦、担忧和悲伤的可能性更高（Burkhauser, Neve and Powdthavee, 2016[6]）。在社会经济上处于不利地位的人们更有可能采取危险的生活方式及行为，如滥用药物。他们获取服务的机会也更有可能减少（由于费用、地点、交通等因素），这些机会包括使用安全的体育活动设施和绿地（OECD, 2015[7]）。

在教育方面，弱势儿童的受教育程度也可能会更低，学业成绩较低，留级率较高（OECD, 2018[8]）。此外，不平等现象会持续存在，低收入家庭的儿童日后也更有可能陷入贫困（OECD, 2017[9]）。

**信息框1-2　21世纪儿童项目**

　　OECD CERI的21世纪儿童项目于2017年1月启动，其目的包括以

下三点:

(1) 确定涉及的多学科研究,并制定与教育研究和政策相关的分析框架。

(2) 分享各国经验及面临的共同挑战,并确定良好做法的范例。

(3) 确定研究中的不足和需要进一步研究的问题。

该项目通过分析多学科研究、组织专家会议、发放和分析政策问卷和组织一系列专题会议来开展。这项工作涉及多门学科,借鉴了许多不同的政策和研究传统。它还采用了生命周期法,即将童年(0—18岁)视为整体,而不受制于教育体系本身的结构。

本书将特别关注其中的两个主题及其交叉点:情感幸福与数字技术。友谊和家庭——如何影响这些主题,以及如何被这些主题影响——都会贯穿于整个讨论之中。在具体谈到本书的重点之前,本章将对这四个主题进行简要的概述。

## 身体健康

身体健康的儿童和青少年可以更好地在课堂上学习,更广泛地融入他们的社区和社会。平均而言,2000—2016年OECD国家中与儿童和青少年身体健康状况不良相关的行为有所增加[可参见Aston(2018[10])以获取更全面的综述]。

这类趋势的例子包括体能活动不足(每天中强度体能活动时间不足60分钟)、超重和肥胖,以及不良饮食习惯(包括对软饮料、糖果、咸味零食和快餐的过度摄入)的人数增加(OECD,2017[9])。随着时间的推移,儿童和青少年睡眠的持续时间和质量也在下降(Matriccciani et al.,2012[5];Reiter and Rosen,2014[11])。

但可喜的是,最近的数据表明,在一些OECD国家中儿童的超重和肥胖率已经趋于稳定(OECD,2017[9])。儿童的水果和蔬菜摄入量有所增加(OECD/

EU，2016[12]）。另一种积极变化是酒精和烟草消费的减少（OECD/EU，2016[12]）。然而，接触二手烟的变化趋势还不太明确。研究表明，多达39％的15岁以下儿童可能会接触二手烟。这种接触大多发生在婴儿期。一旦儿童开始上学，与二手烟的接触就会减少（Milanzi et al.，2017[13]；WHO，2016[14]）。

这些变化趋势还与Ⅱ型糖尿病和心脑血管疾病等可预防疾病的增加有关。来自全球疾病负担项目的数据表明，全球18.5％的疾病负担主要归因于心脑血管疾病、酒精滥用和Ⅱ型糖尿病（Institute for Health Metrics and Evaluation，2017[15]；WHO，2008[16]）。这些统计数据令人担忧且不容低估：过去认为的成年期疾病，如心脑血管疾病和Ⅱ型糖尿病，现在在两岁的儿童中也很常见（Van Buren and Tibbs，2014[17]）。

通过支持和模拟儿童在学校、家庭及社区中的健康生活方式和行为，可以改善和维持儿童的身体健康（OECD，2019[18]）。让利益相关者（包括教育工作者、父母/照料者、政策制定者和医生）参与设计和实施干预措施，并在适当情况下使用新技术，可以改变儿童和青少年的行为。此外，在改善儿童和青少年健康方面的投资必须考虑利益相关者如何共同工作，以及如何将健康纳入教育之中，使干预措施能改善OECD国家儿童和青少年的身体健康，维持他们的幸福感。

**信息框 1-3　游戏的重要性**

游戏有助于个人的认知、身体、社会和情感幸福的发展。游戏有助于培养个人的创造力和想象力，可以提高个人的精细运动技能和身体素质，是社交互动和协作的基石。事实上，游戏非常重要，联合国《儿童权利公约》（1989[19]）认为游戏是每个儿童的权利。

尽管如此，在一些国家中，人们担心较高水平的压力（在学校内外）会导致儿童游戏时间的减少，尤其是活动性和非结构化的游戏时间。导致这种变化的因素包括（OECD，2019[20]）：

- 城市化进程的加快、信任水平的降低以及对开放的自然空间的限制,导致风险和暴力行为增加,从而限制了儿童在无人监管情况下的自主游戏。
- 部分儿童在课外时间安排了过多的结构化活动,还有部分儿童则缺乏成人的监管,待在室内进行被动的活动,如看电视。

这些因素在家庭、学校和社区,甚至在政策和监管领域都产生了影响。但一些迹象表明,这一趋势可能正在逆转,因为支持儿童游戏的新举措(包括"冒险游戏",如爬树和其他有受伤风险的活动)在陆续实施(Brussoni et al., 2015[21])。

## 情感幸福

情感幸福对我们的日常生活和整体的幸福感而言至关重要。童年期和青春期是神经系统发育的关键时期,成人近50%的心理健康问题始于14岁。平均而言,OECD国家儿童的情感幸福呈现出以下发展趋势[详细的概述见Choi(2018[22])第三章]:

- 1990—2015年间,15—19岁青少年的自杀率有所下降,但也有一些明显的例外(如韩国、墨西哥和新西兰)。
- 遭受霸凌和出现心理疾病的身体症状(如头痛、胃痛、头晕)的儿童比例基本保持不变。
- 抑郁和焦虑的发病率较高,生活满意度较低。

对儿童和青少年而言,提高对心理健康问题的认识并尽早寻求帮助非常重要。因为这些问题往往会不断发生,并对他们的生活满意度、教育和进入劳动力市场产生持久的负面影响。

与父母和教师保持稳定、积极的关系对于提高儿童的幸福感以及社会和情感技能至关重要。尊重和信任儿童,在他们面临困难时提供支持,关心他们幸福感的父母及教师可以帮助儿童变得更有适应力并能更好地应对生活中的逆境。相反,贫困、不健全的家庭、被虐待和精神疾病史会对儿童的幸福感造成重大风险[见 Choi(2018[22])以获取详细的概述]。

**家庭及同伴群体**

社交和人际关系对人的生活和幸福感具有重大的影响。家庭在儿童的认知、发展、教育、劳动和健康发展方面发挥着巨大的作用,尤其是在儿童最年幼的时期。除了家庭,同伴群体在儿童的社会情感发展中也起着重要作用,特别是从童年中期到青春期这段时间。

在家庭环境之外,个人与朋友及同伴群体建立联系的方式近年来也发生了变化。由于人类社会发展日益多样化的趋势,OECD 国家的儿童和青少年更有可能与来自不同文化背景、种族和性取向的同龄人及教师见面和互动。此外,随着数字技术使用量的增加,社交互动方式也发生了显著变化,尤其那些大量使用短信、即时通信工具和社交网站的青少年。

家庭和朋友对儿童技能的形成也至关重要,并且可能会影响以后的结果。考虑父母和同伴群体在儿童生活中的作用时,儿童的年龄及生长发育阶段很重要:

- 幼儿期:强烈的亲子依恋关系与积极的生理、社会及情感发展有关。
- 童年中期:同伴群体越来越重要,但家庭仍然是核心。
- 青春期:同伴群体是关键,但家庭仍然很重要。

**数字技术**

无论是获得新技能,还是与身边或远方的朋友和家人联系,互联网在儿童的生活中都起着重要作用。获得线上信息和服务已变得十分重要,包括哥斯达黎加、爱沙尼亚、芬兰、法国、希腊和西班牙在内的多个国家政府已正式承认上网是一项人权。

对数字技术的文献综述强调了以下趋势[更多详情参见 Hooft Graafland

(2018[23]),第二章]:

**弥合第一道数字鸿沟:获取技术**

OECD 国家中的大多数儿童都会上网,他们在网上花费的时间也越来越多。2015 年,参加了国际学生评估项目(PISA)的 15 岁学生中,91%的学生表示会使用智能手机,74%的学生表示会使用便携式笔记本电脑,60%的学生表示会使用台式电脑,53%的学生表示会使用连接互联网的平板电脑。OECD 国家的学生平均每个工作日会花费近 2.5 小时在校外上网,周末的平均上网时间超过 3 小时。

另一个主要趋势是儿童的上网年龄越来越小。在 OECD 国家中,2015 年平均有 18%的学生首次上网是在 6 岁之前,这个数据比 2012 年增加了 3%。更重要的是,儿童上网的时间与父母上网的时间以及家庭环境中技术设备的可用性显著相关。

**第二道数字鸿沟:技能和使用方面的不平等**

数字技能可分为四类(Helsper, Van Deursen and Eynon, 2016[24]):
- 使用互联网和其他计算机设备的操作技能。
- 浏览信息的技能,用于搜索、查找和理解互联网上的信息,以及验证和评估来源。
- 进行线上沟通和互动,以及建立数字社交资本的社交技能。
- 线上创作和分享优质内容的创造性技能。

儿童的数字技能受其数字体验数量和质量的影响。尽管现在 OECD 国家的儿童普遍能获取技术,但第二道数字鸿沟(即技术的使用方式)是一个严重的问题。

在校外,弱势学生往往更喜欢使用互联网聊天,而不是发送电子邮件。与优势学生相比,他们也不太可能使用互联网阅读新闻或获取实用信息(OECD, 2017[25])。

弱势学生可能也不知道如何利用技术资源[如 MOOC(大规模开放在线课

程）、金融服务或求职平台］，或者缺乏将线上机会转化为线下机会所需的技能、动机及参与度（Hatlevik et al.，2018[26]）。

尽管学校是让优势学生和弱势学生之间的竞争关系得以平衡的最佳环境，但也有人担心教师是否有能力让儿童掌握良好的数字技能。教师一直将"在教学中使用 ICT 技能"列为其专业发展的第二大需求，仅次于"教育有特殊需求的学生"（OECD，2018[27]）。

### 数字风险

儿童在网上花费的时间越多，就越容易面临数字风险，如遭受网络霸凌、接触色情信息或其他有害的内容。为了帮助与保护儿童，应确定哪些儿童更容易受到数字风险和上网强迫症的影响。风险因素包括：① 个性因素，如寻求刺激、自卑以及心理障碍（既是网络成瘾的原因也是后果）；② 社会因素，如缺乏父母的支持以及同龄人的行为标准；③ 数字因素，如具体的线上实践、线上网站和技能（OECD，2018[28]；Anderson，Steen and Stavropoulos，2017[29]）。

## 特别关注：情感幸福和数字技术

互联网使用的广度和强度引起了人们对个人身心健康潜在影响的担忧。因此，我们迫切需要更好地理解情感幸福与数字技术之间的关系。从 PISA 2015 中，我们了解到以下内容（Hooft Graafland，2018[23]）：

- 平均而言，54%的学生表示，不能上网时，他们会感觉很糟糕。
- 在欧洲国家，与社会经济背景处于优势地位的学生相比，处于劣势地位的学生更有可能在不能上网时感觉很糟糕。

数字技术的大规模使用是相对较新的现象。迄今为止，包括社交媒体在内的数字技术是否会导致儿童和青少年的心理健康问题，还缺乏确凿的证据（OECD，2018[30]）。"金发女孩假说"①认为，适度使用技术可以对儿童的情感

---

① 来自童话《金发女孩和三只熊》，意思是面对三个选择时，人们往往会偏向选择中间的那一个。

幸福产生积极影响(Przybylski and Weinstein,2017[31])。适度使用可以让儿童利用技术所提供的机会,如通过社交网络与朋友联系,利用互联网寻找信息。儿童还可以利用互联网增进现有的友谊并保持联系。事实上,儿童们倾向于在网上向朋友透露更多私密的细节,这有助于建立不同(有时是更亲密)的关系(见第五章)。系统性的文献综述发现,最有力的研究表明,这种关系是 U 型的,即不使用和过度使用技术都可能会对儿童的心理健康产生轻微的负面影响,但适度使用可能会产生轻微的积极影响(Kardefelt Winther,2017[32])。

情感幸福和数字技术是快速变化的研究领域,关注新兴的高质量研究是指导政策和实践的关键。例如,在有关风险的话题上,许多父母对特定的活动或内容采用时间限制和禁令。这些限制性策略旨在降低风险,但也以丧失数字机会为代价(OECD,2018[28])。对自己或儿童的数字技能更有信心的父母则较少限制儿童使用数字技术。通过鼓励和与儿童一起参与数字活动,这些父母在不妨碍儿童的权利和学习的情况下创造了更安全的环境,帮助他们更好地管控风险(Livingstone et al.,2017[33])。

情感幸福和数字技术之间的联系也表现为其他方式,如科技正在影响育儿方式,社交媒体允许父母在网上分享儿童的照片,通常不需要征得儿童的同意。但这可能对儿童有害,并且可能会增加人们对网络安全的担忧(见第六章)。

儿童使用数字技术时,也会产生一些数据,其中一些是显而易见的(如他们必须登录某一应用程序时)。然而,诸如物联网这类技术的发展意味着,儿童和青少年可能在没有意识到他们是相互"联系"的情况下就建立了相互联系。例如,通过线上活动、数字玩具或智能语音助手生成的数据意味着,可以从一系列并不总是被视为"计算机"的设备中收集可视化数据、录音和元数据。如何使用这些数据,由谁使用,以及用于什么目的,是需要重点研究,并且具有政策影响力的领域。

尽管这些问题很重要,但现有的证据、媒体和公众的看法与拟议的政策方针之间似乎存在脱节。信息框 1-4 展示了一个案例。

> **信息框 1-4　研究与政策之间的脱节：网络成瘾的案例**
>
> 研究与政策和实践之间脱节的例子中，最令人警醒的是"网络成瘾"。很少有证据表明，相当多的儿童和青少年依赖数字技术设备，面临着产生严重健康后果的风险，或会对他们生活的某个主要领域造成严重的损害，而这正是"成瘾"的定义。关于这一主题的文献在很多方面存在问题，参见（Kardefelt Winther,2017[32]）：
>
> - 如何定义或衡量网络成瘾行为，目前还没有达成共识，研究人员也不确定数字技术是否应该被视为会"成瘾"。
> - 不谨慎地使用"成瘾"术语可能会淡化"成瘾"行为的实际后果，同时也会夸大那些可能过度使用了技术，但无负面影响的人的危害风险。
> - 声称"新技术'重新连接'了儿童的大脑"导致成瘾的说法基本上是没有根据的——大脑的变化（即可塑性）是儿童和青少年时期的正常发育过程，由于使用技术而导致的任何"重新连接"都是不可能的。
>
> 因此，旨在改善儿童情感幸福的政策和做法应侧重于关注家庭功能、学校社会动态和社会经济条件等因素。研究人员不应该只关注花在数字技术上的时间，而应该更多地关注儿童的社会和家庭环境，以及他们在网络上遇到的内容和参与的活动对他们的影响。
>
> 资料来源：Kardefelt-Winther（2017[32]）和 UNICEF（2017[34]）

对教育、政策和实践而言，了解如何培养儿童的数字素养及适应力，才能帮助增强最弱势学生的幸福感。这意味着要了解伙伴关系是如何运作的，以及在系统的各个层面需要什么样的能力，才能利用不同行动者的知识。这还意味着要仔细思考数字世界中教师和学校领导所需的技能和能力，并为他们提供培养这些能力所需的工具和支持。

数字技术的变革速度,意味着我们还需要进一步思考如何继续发展这些技能、工具和伙伴关系,以实现不断变化的目标。目前,几乎没有教育系统能够很好地做到这一点,通用的定义和可靠的衡量标准的缺失,使得达成目标在国际层面上尤其具有挑战性。因此,具有国际可比性的证据对于理解和追踪内在的、无国界的数字世界的趋势至关重要。

## 本书概述

互联网使用的广度和强度已引起了人们对个体身心健康潜在影响的担忧。因此,迫切需要更好地理解儿童的情感幸福与数字技术的使用之间的关系。本书分为四个部分,与 OECD CERI 21 世纪儿童项目的工作密切相关。

---

**信息框 1-5　OECD CERI 21 世纪儿童项目政策问卷**

《21 世纪儿童项目政策问卷》围绕四大主题探讨了 21 世纪儿童面临的共同挑战和政策举措。这四大主题包括身体健康、情感幸福、数字技术及家庭和同伴群体。

问卷于 2018 年 9 月至 2019 年 2 月期间分发给 CERI 理事会成员。受访者需要反馈所在部门或政府对研究中提出的挑战和主题的看法。

问卷收到了 26 个国家[澳大利亚、比利时(主要是佛拉芒区及法语区)、加拿大、捷克、丹麦、芬兰、法国、希腊、爱尔兰、日本、韩国、拉脱维亚、卢森堡、墨西哥、荷兰、新西兰、挪威、葡萄牙、俄罗斯、西班牙、瑞典、瑞士、土耳其、英国(主要是苏格兰)和美国]和地区的响应。

问卷反馈主要来自各系统的教育部门或其他负责教育的协调机构。大多数情况下,这些反馈综合了来自其他部门的信息,包括国际和外交事务部门、公共卫生部门、司法部门、社会事务部门、环境保护与区域发展

> 部门、文化和体育部门。
>
> 　　问卷反馈详细呈现了教育部门在数字时代增进情感幸福所面临的挑战。此外，各国还为这些挑战提供了一系列具有创新性的解决方案和丰富范例。本书也将介绍各国所报告的挑战和解决方案。

## 总结

　　本书全面介绍了当代童年里包含的情感幸福和数字技术，以及它们之间的交叉点。其目的是，确定可能超出传统教育话语体系的那些关键变化，以及这些变化可能给教育带来的挑战。本书还提出了应对这些挑战的可行性解决方案，以供研究和政策参考，帮助各国培养21世纪的儿童，应对他们在当代世界所面临的机遇和挑战。

　　与所有公共部门一样，教育部门必须打破壁垒，跨越政府部门和研究学科，更全面地开展工作；必须会同更广泛的参与者，包括私营公司和部门；还必须顺应社会和公民的发展不断进化和成长，预测变化并找到预防性的解决方案，而不是简单地作出反应。通过分析不同学科现有研究和数据，并将这些发现与教育政策和实践联系起来，本书将探索教育系统具备的潜力，从而与我们的社区及儿童一起主动适应时代，顺应变革。

## 参考文献

Anderson, E., E. Steen and V. Stavropoulos (2017), "Internet use and problematic internet use: A systematic review of longitudinal research trends in adolescence and emergent adulthood", *International Journal of Adolescence and Youth*, Vol. 22/4, pp. 430–454, http://dx.doi.org/10.1080/02673843.2016.1227716. 【29】

Aston, R. (2018), "Physical health and well-being in children and youth: Review of the literature", *OECD Education Working Papers*, No. 170, OECD Publishing, Paris, https://dx.doi.org/10.1787/102456c7-en. 【10】

Brussoni, M. et al. (2015), "What is the relationship between risky outdoor play and health in children? A systematic review", *International Journal of Environmental Research and Public Health*, Vol. 12/6, pp. 6423-6454, http://dx.doi.org/10.3390/ijerph120606423. 【21】

Burkhauser, R., J. Neve and N. Powdthavee (2016), "Top incomes and human well-being around the world", *CEP Discussion Papers*, https://ideas.repec.org/p/cep/cepdps/dp1400.html. 【6】

Choi, A. (2018), "Emotional well-being of children and adolescents: Recent trends and relevant factors", *OECD Education Working Papers*, No. 169, OECD Publishing, Paris, https://dx.doi.org/10.1787/41576fb2-en. 【22】

Hatlevik, O. et al. (2018), "Students' ICT self-efficacy and computer and information literacy: Determinants and relationships", *Computers & Education*, Vol. 118, pp. 107-119, http://dx.doi.org/10.1016/j.compedu.2017.11.011. 【26】

Helsper, E., A. Van Deursen and R. Eynon (2016), *Measuring Types of Internet Use: From Digital Skills to Tangible Outcomes Project Report*, https://ris.utwente.nl/ws/files/5135433/DiSTO-MTIUF.pdf. 【24】

Hendy, D. (2013), "The dreadful world of Edwardian wireless", in Nicholas, S. and T. O'Malley (eds.), *Moral Panics, Social Fears, and the Media: Historical Perspectives*, Routledge, http://sro.sussex.ac.uk/id/eprint/42353/. 【4】

Hooft Graafland, J. (2018), "New technologies and 21st century children: Recent trends and outcomes", *OECD Education Working Papers*, No. 179, OECD Publishing, Paris, https://dx.doi.org/10.1787/e071a505-en. 【23】

Institute for Health Metrics and Evaluation (2017), *GBD Compare | IHME Viz Hub*, https://vizhub.healthdata.org/gbd-compare/. 【15】

Kardefelt-Winther, D. (2017), *How Does the Time Children Spend Using Digital Technology Impact Their Mental Well-being, Social Relationships and Physical Activity? An Evidence-Focused Literature Review*, UNICEF, http://www.unicef-irc.org. 【32】

Livingstone, S. et al. (2017), "Maximizing opportunities and minimizing risks for children online: The role of digital skills in emerging strategies of parental mediation", *Journal of Communication*, Vol. 67/1, pp. 82-105, http://dx.doi.org/10.1111/jcom.12277. 【33】

Matricciani, L. et al. (2012), "Never enough sleep: A brief history of sleep recommendations for children.", *Pediatrics*, Vol. 129/3, pp. 548-56, http://dx.doi.org/10.1542/peds.2011-2039. 【5】

Milanzi, E. et al. (2017), "Lifetime secondhand smoke exposure and childhood and adolescent asthma: findings from the PIAMA cohort", *Environmental Health*, Vol. 16/1, http://dx.doi.org/10.1186/s12940-017-0223-7. 【13】

OECD (2019), "A healthy mind in a healthy body", *Trends Shaping Education Spotlights*, No. 17, OECD Publishing, Paris, https://dx.doi.org/10.1787/eb25b810-en. 【18】

OECD (2019), "Play!", *Trends Shaping Education Spotlights*, No. 18, OECD Publishing, Paris, https://dx.doi.org/10.1787/a4115284-en. 【20】

OECD (2019), *Trends Shaping Education 2019*, OECD Publishing, Paris, https://dx.doi.org/10.1787/trends_edu-2019-en. 【2】

OECD (2018), "A brave new world: Technology and education", *Trends Shaping Education Spotlight* No. 15, https://doi.org/10.1787/9b181d3c-en. 【28】

OECD (2018), *Children and Young People's Mental Health in the Digital Age: Shaping the Future*, 【30】
OECD Publishing, www. oecd. org/els/health-systems/Children-and-Young-People-Mental-Health-in-the-Digital-Age. pdf.

OECD (2018), *Equity in Education: Breaking Down Barriers to Social Mobility*, PISA, OECD 【8】
Publishing, Paris, https://dx. doi. org/10. 1787/9789264073234-en.

OECD (2018), *TALIS 2018 Results (Volume I): Teachers and School Leaders as Lifelong Learners*, 【27】
TALIS, OECD Publishing, Paris, https://doi. org/10. 1787/1d0bc92a-en.

OECD (2017), *Obesity Update 2017*, OECD Publishing, www. oecd. org/health/obesity-update. htm. 【9】

OECD (2017), *PISA 2015 Results (Volume III): Students' Well-being*, PISA, OECD Publishing, 【25】
Paris, https://dx. doi. org/10. 1787/9789264273856-en.

OECD (2016), *Trends Shaping Education 2016*, OECD Publishing, Paris, https://dx. doi. org/10. 【1】
1787/trends_edu-2016-en.

OECD (2015), *How's Life? 2015: Measuring Well-being*, OECD Publishing, Paris, https://dx. doi. 【7】
org/10. 1787/how_life-2015-en.

OECD/EU (2016), *Health at a Glance: Europe 2016: State of Health in the EU Cycle*, OECD 【12】
Publishing, Paris, https://dx. doi. org/10. 1787/9789264265592-en.

Przybylski, A. and N. Weinstein (2017), "A large-scale test of the Goldilocks Hypothesis", 【31】
*Psychological Science*, Vol. 28/2, pp. 204 – 215, http://dx. doi. org/10. 1177/0956797
616678438.

Reiter, J. and D. Rosen (2014), "The diagnosis and management of common sleep disorders in 【11】
adolescents", *Current Opinion in Pediatrics*, Vol. 26/4, pp. 407 – 412, http://dx. doi. org/10.
1097/MOP. 0000000000000113.

Syvertsen, T. (2017), "Resistance to early mass media", in *Media Resistance*, Springer International 【3】
Publishing, Cham, http://dx. doi. org/10. 1007/978-3-319-46499-2_2.

UNICEF (2017), *The State of the World's Children 2017: Children in a Digital World*, UNICEF, 【34】
www. unicef. org/publications/index_101992. html.

United Nations Assembly (1989), *Convention on the Rights of the Child*, United Nations Human Rights 【19】
Office of the High Commissioner, New York, NY, https://digitalcommons. ilr. cornell. edu/cgi/
viewcontent. cgi? article = 1007&context = child.

Van Buren, D. and T. Tibbs (2014), "Lifestyle interventions to reduce diabetes and cardiovascular 【17】
disease risk among children", *Current Diabetes Reports*, Vol. 14/12, http://dx. doi. org/10. 1007/
s11892-014-0557-2.

WHO (2016), *Second-hand Smoke Exposure Data by Region*, Global Health Observatory data 【14】
repository, http://apps. who. int/gho/data/? theme = main&vid = 34800.

WHO (2008), *The Global Burden of Disease: 2004 Update*, www. who. int/healthinfo/global_burden_ 【16】
disease/2004_report_update/en/.

# 第二章

# 儿童与数字技术：趋势与结果

  21世纪，数字技术无处不在，儿童也热衷使用互联网及多种信息和通信技术。在OECD国家中，尽管数字不平等现象持续存在，但儿童的上网时间比以往都长，而且首次接触互联网的年龄越来越小。随着互联网的广泛运用，儿童面临着不同的网络风险，但也可以利用大量的网络机会。然而，家长、教师和政策制定者难以平衡网络所提供的潜在机会和对网络风险的恐惧。本章概述了儿童使用数字技术的多种趋势、模式和结果，并强调了各国所面临的一些政策挑战。

## 引言

在大多数OECD国家,数字技术是人们日常生活中不可或缺的组成部分。随着新技术的渗透,21世纪的生活发生了改变,人们的工作、学习和交流方式都发生了变化。平均而言,OECD国家已接近实现可持续发展目标,即确保学校能够出于教学目的使用互联网,并实现移动网络覆盖(OECD,2019[1])。截至2017年底,宽带订阅数超过了OECD国家的人口总数(OECD,2019[2])。

这些变化意味着这个时代的儿童一生都在接触数字技术,并且是新兴的线上和数字服务使用最频繁的用户(OECD,2016[3])。儿童在不同的环境中"连接"上网,不仅在家庭环境中,在路上和学校里也使用着移动技术。

花时间上网既有潜在的风险,也有回报。一方面,上网给儿童提供了自我表达、学习和巩固友谊的机会(见第五章);另一方面,上网也会让儿童接触有害的内容和遭受网络霸凌等风险(见第十章)(Livingstone et al.,2011[4])。

然而,数字技术带来的各种风险和机遇并不显著,对所有儿童来说也不尽相同。事实上,儿童并不能平等地从互联网和数字技术中受益。一般来说,在线下易受伤害的儿童在线上空间中也更容易受到伤害。在数字接入、技能和使用方面仍然存在着巨大差距,而这可能对儿童在线上和线下的行为产生不同的影响(Helsper, Van Deursen and Eynon,2015[5])。尽管存在这些风险,但通过联合国《儿童权利公约》,儿童游戏和获取信息的权利在国际上得到了承认。因此,旨在保护、包容和培养儿童数字技能和适应力的政策和实践是必不可少的。帮助儿童实现这些权利和机会,比限制儿童使用数字技术更为可取,因为后者可能会妨碍儿童参与数字实践。

本章将探讨21世纪儿童使用数字技术的一些趋势,以及相关的挑战、风险和机遇。

## 儿童与数字技术:趋势、模式和结果

### 儿童比以往任何时候都更紧密地与网络联系在一起

在OECD国家中,可以在家上网和使用一系列数字设备的儿童数量一直在稳步上升。2006—2015年，OECD国家中有机会在家上网的15岁儿童比例从75%上升至95%(OECD,2017[7])。欧盟的28个成员国中也出现了类似的结果，互联网接入率从2007年的55%上升至2017年的87%(Eurostat,2018[8])，这一比例从荷兰的98%到保加利亚的67%不等。保加利亚是欧盟成员国中儿童互联网接入率最低的国家。其中有子女的家庭比没有子女的家庭更有可能上网(96%比82%)(Eurostat,2017[9])。

在技术获取方面，其他一些比例的增长也是显而易见的。电脑曾经是年轻人上网的首选设备。然而，随着时间的推移，平板电脑和智能手机等上网设备的受欢迎程度已经超过了电脑。例如，根据PISA 2015的数据，91%的15岁儿童报告说会使用智能手机，74%的儿童会使用便携式笔记本电脑，60%的儿童会使用台式电脑，53%的儿童会使用连接互联网的平板电脑(OECD,2017[7])。在英国的一组学龄前儿童样本中，家长们报告说，他们的孩子可以使用一系列的技术设备。50%的儿童可以使用4—10台设备，32%的儿童可以使用11—20台设备，9%的儿童可以使用超过20台设备(Marsh et al.,2015[10])。设备范围从智能手机到平板电脑再到电视，其中儿童最有可能使用平板电脑。尽管许多OECD国家在这一方面取得了进步，但值得注意的是，在OECD以外的许多国家，互联网的使用并不那么普遍(OECD,2019[11])。

## 数字儿童(i-kids)：儿童数字技术使用的兴起

2015年，在OECD国家中，有18%的学生在6岁之前首次上网，该比例比2012年增加了3%(OECD,2017[7])。一些研究表明，学龄前儿童在接触书籍之前就已经熟悉了数字设备(Hopkins,Brookes and Green,2013[12])。国际趋势表明，年幼的儿童越来越多地使用数字技术，而且儿童首次使用数字技术的年龄正在变小(Hooft Graafland,2018[13])。英国最近的研究结果显示，52%的3—4岁儿童和82%的5—7岁儿童都会上网(Ofcom,2019[14])。儿童通常在2岁之前就有了第一次使用数字技术的经历(Chaudron,Di Gioia and Gemo,2018[15])。学界的数字技术研究对象侧重于年龄较大的儿童或青少年，缺乏对

0—8岁儿童的相关研究。然而,近年来,这一缺口开始引起人们的关注,不同的研究团体和研究人员正在解决这一问题。

在一段时间的文献中,儿童被称为"数字原住民",这是指儿童在数字设备和产品的包围下长大,且知道如何使用它们。然而,这一定义受到了批评(Helsper and Eynon,2010[16];Selwyn,2009[17];OECD,2012[18])。仅仅会上网,或者能够使用线上工具,并不意味着儿童拥有了安全有效使用互联网的技能或知识,或者能够获得上网带来的好处。近年来,越来越多的区域将ICT融入学前课程框架中,我们可以看出,教育系统认识到,需要向幼儿介绍并逐步培养其ICT技能(OECD,2017[19])。

儿童使用各种设备上网,其原因也多种多样。例如,"数字未来的育儿调查"项目对英国的2 000名家长进行了调查,发现大多数(73%)0—4岁儿童的家长表示,他们的孩子在过去一个月内使用过平板电脑上网。与此同时,41%的受访者表示,他们的孩子使用过手机或智能手机,24%的受访者表示,他们的孩子使用过笔记本电脑或台式电脑(Livingstone et al.,2018[20])。在一组0—3岁孩子的爱沙尼亚家长样本数据中发现,儿童会使用视频聊天(FaceTime)和Skype等通信应用程序与家人保持联系,也会花时间查看照片。此外,25%的幼儿每天使用智能手机和平板电脑在YouTube上观看电视节目、视频和动画片(Nevski and Siibak,2016[21])。儿童往往更喜欢触摸屏设备,平板电脑由于其便携性、屏幕小巧以及交互式屏幕的易使用性,在儿童中很受欢迎(Chaudron,Di Gioia and Gemo,2018[15])。

儿童所面临的一项特殊风险是,他们使用的应用程序并不适合他们的年龄(Marsh et al.,2018[22])。因此,父母及看护者应该监管儿童的数字活动,确保相关内容与儿童的年龄相适应。此外,从小逐步培养儿童的数字技能非常重要,可以使儿童安全有效地使用设备。即使在幼儿样本中,基本的数字技能也表现得很明显。例如,在英国的一组0—5岁儿童样本中,65%的儿童能够在没有他人帮助的情况下滑动屏幕,60%的儿童能够用手指描绘形状并在屏幕上拖动项目。对父母而言幸运的是,只有14%的儿童能够在没有帮助的情况下在应用商店或市场上购买新的应用程序,61%的儿童无法或不知道如何购买(Marsh et al.,2015[10])。

### 上网的时间

随着数字技术的发展和互联网普及率的提高,儿童上网的时间也在增加。通常,在一个典型的工作日里,OECD国家的15岁儿童会在校外花费近2.5小时上网;而在周末,时间会增加至3个多小时。2012—2015年,无论是在工作日还是周末,儿童每天花在网上的时间都增加了40分钟(OECD,2017[7])。

移动通信技术的普及也使得儿童上网的地点及时间有所扩展。"无处不在的互联网"表明,人们可以永远在线,前提是他们拥有合适的硬件设备,而不用考虑时间或地点(Peter and Valkenburg,2006[23])。儿童不再需要坐在电脑前才能上网。尽管互联网可能无处不在,但报告中的儿童表示,他们最常在家里使用互联网,而不是在"移动"时或在学校里使用(Mascheroni and Ólafsson,2014[24];OECD,2015[25])。

随着互联网可用性和使用率的增加,一些儿童每天会花好几个小时上网。PISA将"极端互联网用户"定义为每天在校外上网超过6小时的学生。2015年,OECD国家的学生在周末被认定为"极端互联网用户"的比例为26%,在工作日被认定为"极端互联网用户"的比例为16%(OECD,2017[7])。美国的一份报告显示,美国青少年平均每天花在屏幕媒体上的时间约为6.5小时,其中8—12岁儿童每天花在屏幕媒体上的时间约为4.5小时(Rideout,2015[26])。

### 儿童网络活动的演变

儿童在校内外的活动都在使用数字技术。年轻人使用数字设备有很多目的,如看电视、玩游戏、聊天和为学校项目做研究。来自英国的数据显示,大多数儿童都在使用电视机和平板电脑。随着花费在传统电视机上时间的减少,Netflix和Amazon Prime等流媒体服务器迅速普及,YouTube成了8—11岁儿童首选的网络平台(Ofcom,2019[14])。YouTube还很受幼儿欢迎。事实证明,与"愤怒的小鸟"和"神庙逃亡"等流行的游戏应用程序相比,这款应用更受学前儿童的喜爱(Marsh et al., 2015[10])。

PISA调查了OECD国家15岁学生的线上休闲活动,发现在2012年至2015年间,每天参与线上活动的学生比例平均增加了4%。总体而言,73%的学生表示每天都接触社交网络,61%的学生表示每天都在网上聊天,34%的学生表示每天或几乎每天都在玩网络游戏(OECD,2017[7])。此外,在OECD国家中,88%的学生表示互联网是获取信息的资源库,49%的学生表示他们会使用互联网与他人交流一些问题的解决方案(OECD,2017[7])。

儿童使用社交媒体的现象非常普遍,尤其是在青少年群体中。例如,在美国,大约97%的13—17岁青少年至少活跃在一个社交媒体平台上(Pew Research Center,2018[27])。数据表明,在英国,69%的12—15岁儿童拥有一个社交媒体账号,如图2-1所示(Ofcom,2019[14])。一小部分幼儿也拥有社交媒体账号,这违反了许多平台的年龄限制(如Facebook、Instagram、Snapchat、Tumblr及Twitter都有13岁以下儿童禁止使用的年龄限制)。

| 3—4岁 | 5—7岁 |
|---|---|
| 1%的儿童拥有自己的智能手机<br>10%的儿童拥有自己的平板电脑<br>96%的儿童平均每周看14个小时的电视<br>52%的儿童一周的上网时间近9个小时<br>1%的儿童有社交媒体账号<br>36%的儿童一周玩6.5小时的游戏 | 5%的儿童拥有自己的智能手机<br>42%的儿童拥有自己的平板电脑<br>97%的儿童平均每周看13.5小时的电视<br>67%的儿童一周的上网时间近9.5小时<br>4%的儿童有社交媒体账号<br>63%的儿童一周玩7.5小时的游戏 |
| **8—11岁** | **12—15岁** |
| 35%的儿童拥有自己的智能手机<br>47%的儿童拥有自己的平板电脑<br>94%的儿童平均每周看13个小时的电视<br>93%的儿童一周的上网时间近13.5小时<br>18%的儿童有社交媒体账号<br>74%的儿童一周玩10个小时的游戏<br>40%的儿童被允许将自己的手机带上床 | 83%的儿童拥有自己的智能手机<br>50%的儿童拥有自己的平板电脑<br>90%的儿童平均每周看13.5小时的电视<br>99%的儿童一周的上网时间近20.5小时<br>69%的儿童有社交媒体账号<br>76%的儿童一周玩13.5小时的游戏<br>71%的儿童被允许将自己的手机带上床 |

图2-1 儿童数字媒体的使用概况(英国)

资料来源:改编自Ofcom(2019[14])

随着不同社交媒体平台人气的兴衰,几乎每天都有应用程序被开发和下架,因此儿童选择的平台可能会迅速发生变化。如图 2-2 所示,在四年的时间里,不同平台在美国青少年中的受欢迎程度发生了相当大的变化。在英国,脸书(Facebook)仍然是 12—15 岁群体中最受欢迎的社交媒体网站,照片墙(Instagram)和聊天软件 WhatsApp 的受欢迎程度在 2017—2018 年间有所上升(Ofcom,2019[14])。

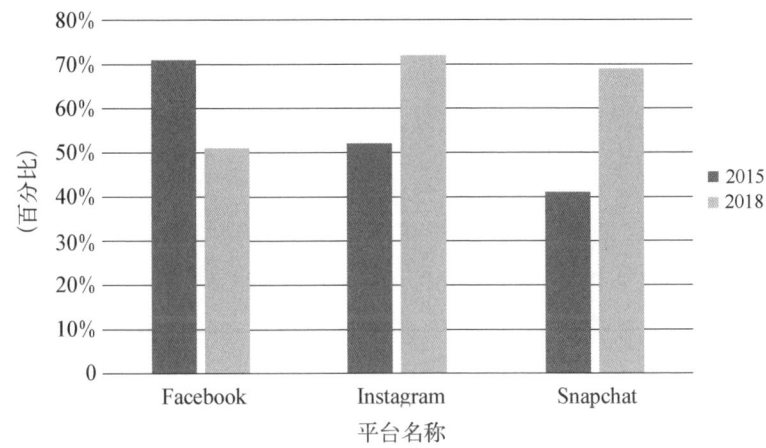

图 2-2　2015—2018 年美国青少年使用大众社交媒体平台情况的变化

资料来源:Lenhart(2015[28])和 Pew Research Center(2018[27])

除了这些总体使用情况,不同的儿童群体(如男孩和女孩)使用互联网的方式也不同。各个年龄段的男孩都更有可能使用台式机和游戏机,女孩则更可能使用智能手机、笔记本电脑和平板电脑上网(Mascheroni and Ólafsson,2014[24])。就 OECD 国家而言,75% 的 15 岁男孩会经常玩单人游戏,其中超过 13% 的男孩每天都玩。经常玩多人或协作式网络游戏的男孩比例则略低(70%),其中 20% 的男孩每天都玩。相比之下,大多数女孩表示她们从未或几乎从未玩过单人游戏,并且更高比例的女孩也未参与协作式网络游戏(OECD,2017[7])。在美国,女孩比男孩更有可能使用多媒体聊天软件。男孩们则将 YouTube 评为他们首选的网络平台（Pew Research Center, 2018[27]）。来自不同社会经济或文化背景的儿童的上网习惯也可能会不同,这在某些情况下可能会加剧数字不平等程度。

**数字技术的多样化：超越屏幕**

数字技术的发展正在超越屏幕,这为儿童提供了不同的机会。人工智能、机器学习、物联网（Internet of Things,缩写为IoT）和自适应技术等领域正不断迅速发展。物联网是指那些在被标记后,可以与其他标记对象关联的对象（Pascual-Espada et al., 2011[29]）,物联网在儿童的生活中已变得越来越普遍（Hooft Graafland,2018[13]）。可穿戴式健身追踪器、让父母随时了解孩子位置的设备以及能提供孩子的睡眠模式及其他生理功能反馈的21世纪婴儿监护仪,都会带来一些问题（见第六章）。这些问题包括这些设备对儿童行为的影响,以及与数据安全和隐私相关的问题（Manches et al., 2015[30]）。

在物联网不断发展的世界中,互联网玩具（Internet of Toys）是其中之一。玩具可以通过无线方式连接到其他玩具或数据库。预计在未来几年,互联网玩具的受欢迎程度会上升（Mascheroni and Holloway, 2017[31]）。随之而来的是各种数据安全及安全风险（Holloway and Green, 2016[32]）。玩具对儿童的潜在益处则包括娱乐、教育方面,以及使儿童获得编程和三维设计等技能的机会（Holloway and Green,2016[32]）。自适应技术（能够在不被告知该做什么的情况下自动运行的技术）也变得越来越普遍。这些技术使儿童能够与似乎有感情的人造"同伴"互动,缩小了机器和生物之间的差距（Druga et al.,2017[33]）。

**信息框2-1 人工智能**

随着数字技术的发展和数字技术产品的多样化,人工智能一直在蓬勃发展,成为许多国家日常生活中的一部分。人工智能是指"机器和系统

> 具备获取和应用知识的能力,包括执行各种认知任务的能力"(OECD,2019,p. 20[34])。这些任务可以包括模式识别、进行决策制定和语言处理。例如,学习算法可以检测人们在线行为模式,然后利用这些模式影响网页搜索结果和广告等内容。
>
> 人工智能还会通过虚拟助手在儿童和成人的日常生活中发挥重要作用,如Siri(苹果)和Alexa(亚马逊)。语音识别允许儿童向这些工具发送多种命令,而拟人化的框架(即给Siri和Alexa起名字并配备人声)有助于激发儿童的同理心(Hooft Graafland,2018[13])。人工智能也有机会为世界各地的教育系统提供帮助。例如,可以使用人工智能接管日常事务,来帮助儿童的个性化学习,从而节约教师直接辅导学生的时间(Pedró et al.,2019[35])。
>
> 尽管提供了巨大的机遇,但道德、公平、透明度、安全、责任和隐私等问题在以人工智能为重点的政策计划中占有重要地位(OECD,2019[34])。例如,对无人驾驶车辆安全的担忧,以及在机器学习中与种族、性别和刻板印象有关的偏见可能会带来危害(OECD,2019[34])。

数字技术的多样化,包括移动设备和固定设备,引发了儿童不同的行为表现。例如,"屏幕堆叠"也被称为媒体多任务处理(即同时使用多个技术设备),是一种相对而言未得到充分研究的现象。因此,尚不清楚这可能会导致什么样的潜在结果(Uncapher et al.,2017[36])。

## 数字不平等性质的变化

数字不平等与社会不平等相互交叉:社会经济背景和性别等因素会影响数字不平等(Robinson et al.,2015[37]),而数字领域的不平等有可能强化和加剧现有的社会不平等(DiMaggio and Garip,2012[38])。这使得它们成为政策制定者需要考虑的重要因素。文献指出了"数字鸿沟"或数字不平等的三个层次,即第一、第二和第三道的鸿沟,本章将在后文进行阐述。这里使用的是"鸿沟"一词,因为这是政策领域普遍使用和理解的。然而,这一术语的使用存在一些学术上的争论,因为它表示的是"有"和"没有"之间的差异,而没有描述有关数字设备的接入和数字技能(见第九章)。

随着宽带接入和 ICT 的普及,第一道数字鸿沟——能接入互联网的人和不能接入互联网的人之间的差距——正在缩小。到目前为止,OECD 国家的大多数青少年都可以访问互联网,使用数字设备(OECD,2017[7])。尽管这一差距正在缩小,但 OECD 国家的儿童仍然面临着一些主要障碍,如材料获取(即接入的硬件、软件和外围设备,如打印机和硬盘驱动器)方面的差距(Gonzales,2016[39])。

不同社会经济背景的儿童之间,以及农村和城市儿童之间也存在着差距。农村地区的数字接入率较低,原因包括这些地区宽带普及率不高、较难服务地区的宽带接入价格较高,以及宽带速度和可靠性等质量问题。国家内部或国家间的宽带速度不一致,通常是由于地理限制,使得为偏远或农村地区提供服务较为困难。然而,一些 OECD 国家已经制定了雄心勃勃的目标,为大多数人口提供更高速度的宽带覆盖(速度至少达 100 Mbps)(OECD,2019[11])。确保良好的宽带速度和质量对儿童参与线上空间和充分利用互联网至关重要。

随着越来越多的人获得接入互联网的机会,第二道数字鸿沟——技能和使用模式的差距(Hargittai,2002[40])——变得越来越重要。有关成人数字技能调查的结果显示,56%的成人不具备 ICT 技能,或者所具备的技能仅够完成基本的技术相关工作,同时年轻人比年长的人更精通 ICT(OECD,2016[41])。然而,许多儿童也缺乏数字技能,因此尤其需要扩大儿童发展数字素养的机会(UNICEF,2017[42])。儿童在数字素养上存在差距,他们使用数字技术的方式也不同。例如,PISA 的数据结果表明,与弱势学生相比,优势学生更有可能阅读新闻并使用互联网获取实用的信息,弱势学生更有可能将线上时间花在玩游戏或聊天上(OECD,2016[43])。很明显,简单地获取数字技术并不能确保机会的平等(Livingstone and Helsper,2007[44])。儿童需要足够的数字技能和学习动力,才能充分利用互联网提供的机会,并保护自己免受危险,提高数字适应力。

在互联网几乎普及的国家,第三道数字鸿沟指的是数字技术给人们带来的线下影响的差距(如物质或社会福利和影响),已经变得更加明显。这道鸿沟表明,同样能获得数字技术,掌握使用技能,线下的产出却各不相同(Hooft Graafland,2018[13])。互联网可能因此加剧了现有的线下不平等。

## 有机会就有风险,反之亦然

随着儿童越来越频繁地上网,他们面临的网络风险和获得的机会也在增加。斯塔克斯路德(Staksrud)及其同事(2009[45])将线上机遇和风险分为三类:内容、联系和行为,如表2-1所示。这些风险和机遇随着技术的发展和不同的参与模式而变化(详见第十章)。

表2-1 网络风险和机遇概述

| 风险类型 | 儿童角色 | 机 遇 | 风 险 |
| --- | --- | --- | --- |
| 内容 | 接受者 | ● 获取个人或健康问题的建议<br>● 寻找教育资源和信息 | ● 广告和垃圾邮件<br>● 伪装成新闻或嵌入式营销的商业广告<br>● 接收有关色情、暴力、种族主义、仇恨或其他有害的内容 |
| 联系 | 参与者 | ● 与其他有相似兴趣的人联系<br>● 与他人分享经验或想法<br>● 创建或参与共同的线上活动 | ● 被欺负、骚扰或跟踪<br>● 遇见陌生人,被培养进行或屈服于网络诈骗<br>● 跟踪或收集个人信息(线上隐私),个人数据滥用 |
| 行为 | 行动者 | ● 公民参与<br>● 自主学习或协作学习<br>● 生成内容并表达身份或想法 | ● 进行非法下载或非法侵入等活动<br>● 霸凌或骚扰他人<br>● 创作或上传有害的材料(如色情内容)<br>● 提供有害的建议(如与自杀、饮食失调有关的内容) |

资料来源:改编自 Staksrud et al.(2009[45])、OECD(2018[46])和 OECD(2014[47])。

值得注意的是,在线下易受伤害的儿童也在线上易受伤害(Livingstone and Bulger,2014[48]),并且更有可能报告遭受网络风险带来的伤害(UNICEF,2017[42];Kardefelt Winther,2017[49])。使儿童更容易遭受网络风险的因素包括个性因素(如自卑、心理障碍和寻求刺激)、社会因素(如缺乏父母的支持、受同伴的行为影响)和数字因素(如具体的线上实践、线上网站和技能)(OECD,2018[46])。此外,儿童在线上往往比成人更容易受到巧妙的营销和广告的影响,并且不善于区分商业和非商业内容(OECD,2014[47])。虽然儿童可能会批判性地思考他们所访问的网站,但往往不太可能了解搜索引擎广告(Ofcom,2019[14])。

因此,在网络保护、培养儿童的数字素养和适应力方面,政策和实践要重点关注弱势群体。如果学校将旨在发展数字素养和技术的项目整合到课程中,儿童会更容易意识到与使用数字技术相关的风险(Chaudron, Di Gioia and Gemo, 2018[15])。青少年还应该准备好处理和了解生活中出现的各种广告。

## 信息框 2-2  直面风险以构建网络适应力

在大众媒体中,风险往往比机遇体现得更为突出。一项对儿童和互联网媒体报道的分析显示,64%的报道是关于风险的,而只有18%的报道是关于机遇的。其中被最广泛报道的风险是色情和网络霸凌(Livingstone et al., 2011[50])。这种对风险的关注会让儿童在上网时总处于负面阴影中,夸大潜在的危害,可能会忽视潜在的益处、机遇和儿童的适应力。

儿童需要探索如何面对不同的网络风险,以培养数字技能和适应力。在心理学意义上,适应力指的是不同因素(即社会、关系和性格)的相互作用,有助于促进儿童在面对逆境时发展积极的适应能力。换句话说,尽管在网上面临危险的情况或有过负面的经历,能够适应的人最终还是能取得相对较好的结果(Rutter,2007[51])。因此,数字适应力指的是儿童在面对网络逆境时能够进行积极调整的能力。因此,儿童需要适度接触风险,以构建数字适应力(UNICEF,2017[42];Livingstone et al.,2011[50])。

家庭可以在干预儿童的网络经历方面发挥重要作用。赋能型干预和限制型干预是两种被广泛采用的策略。数字技能水平高的父母更有可能采取赋能的方式,为孩子提供更多的机会,帮助他们应对风险。数字技能水平较低的父母可能会采取限制性的做法,从而也限制了儿童的可获得的机会和会面临的风险(Livingstone et al.,2017[52])。赋能型干预似乎是一种更有效、更合适的方法,可以让儿童接受技术并从数字工具中获益(Middaugh,Clark and Ballard,2017[53])。这凸显了OECD国家对数字化终身学习方式的需求,以确保家长能及时掌握有效使用数字工具的知识和技能,并指导和调节孩子的线上活动。

学校也可以发挥一定的作用。学校促进数字适应力培养的有效途径包括培训教师了解数字风险及其影响,培养人们对网络霸凌等行为的零容忍态度,以及将数字道德和网络安全学习纳入课程中(OECD,2018[46])。

## 幸福感是什么?

随着数字技术的普及,人们对儿童幸福感的担忧日益增加。媒体,甚至一些研究机构都十分担忧智能手机正在毁掉一代人,并且担心儿童会因数字技术而产生抑郁情绪。虽然数字技术对儿童的影响尚不明确,但这种道德恐慌可能是毫无根据的,因为相关的文献资料没有定论,而且有证据表明,使用数字技术会对儿童产生一些有益的影响。例如,他们可以用它来放松,在需要的时候找到道德和社会支持的来源,并维持社交关系,这些都有利于儿童的情感幸福。此外,使用数字技术会"取代"其他更有益的活动的观点也受到了争议和批评(Kardefelt Winther,2017[49];Gottschalk,2019[54])。

PISA 的数据结果显示,"极端互联网用户"报告的生活满意度较低,在学校更容易受到霸凌(OECD,2017[7])。与"高频互联网用户"(每天使用 2—6 小时)、"适度互联网用户"(每天使用 1—2 小时)和"低频互联网用户"(每天使用 1 小时以下)相比,"极端互联网用户"更有可能在学校感到孤独(OECD,2017[7])。学生在没有互联网时也倾向于报告"感觉不好",这种情况因国家和学生性别而存在差异。PISA 研究表明,不同的情感幸福结果与上网时间之间存在关联,但这种关联的指向尚不明确。也就是说,目前尚不明确生活满意度较低或感到孤独的儿童是否会花更多时间上网,或者上网时间是否会导致这些结果(见信息框 2-3)。

对于适度或低频互联网用户来说,上网时间与行为结果(如犯罪行为、危险行为、性行为和药物滥用)的关联度也不显著。在一些研究中,即使是"过度使用屏幕"(每天使用超过 6 小时),也被认为与抑郁症及青少年的违法行为只存在微弱的相关性(Ferguson,2017[56])。一些研究报告称,这两者之间存在非线性关系,表明儿童可能存在"理想"的屏幕使用时间量,"使用"比"不使用"或"过度使用"要好。这种抛物线效应被称为"金发女孩假说"(Przybylski and Weinstein,2017[57])。这一假说也在 2—5 岁的幼儿认知结果中得到了验证(Przybylski and Weinstein,2017[58])。PISA 2015 的结果表明,在许多国家,高频及适度互联网用户的表现都优于低频及极端互联网用户(OECD,2017[7])。

越来越多的证据表明,屏幕使用时间与儿童情感幸福之间呈现弱相关(见第八章)。即使是对同一数据集进行重新分析,这一领域的研究结果也往往不一致,存在许多相互矛盾的结果。但即使是在相关性很小的情况下,该领域的研究结果也受到了众多关注(Orben and Przybylski,2019[59];Gottschalk,2019[54])。当报告的效应量很小时,即使它在统计意义上是显著的,也往往不能明确其结果在"现实生活"中是否有意义。同时,尽管技术对年轻人的幸福感存在潜在的消极影响,但一些学者认为,由于数字技术的使用而导致的儿童幸福感差异太小,不足以支撑政策发生变革(Orben and Przybylski,2019[59])。

> **信息框 2-3　数字技术和儿童情感幸福的相关性及因果关系讨论**
>
> 绝大多数关于屏幕使用时间对儿童幸福感影响的研究都认为两者是相关的。这具体是指研究人员通常无法明确地认定是数字技术的使用导致了测量结果,只能说数字技术的使用与他们的测量结果具有相关性。
>
> 越来越多的文献将数字技术与对儿童产生的众多影响联系起来。这些结论往往依赖于横向的大规模社会数据(在某个时间点收集的数据),在不同时间点追踪同一样本的纵向数据很难获得。遗憾的是,"对于相互关联的数据,不可能完全脱离经验体系,从而明确地确定变量之间关系的性质"(Cliff,1983[55])。事实上,相关数据可以指向潜在的因果关系,但单凭这些数据不可能建立确定的因果关系。
>
> 与许多研究领域一样,数字技术影响儿童发展的方式很难通过实验进行研究。进行纵向研究可以帮助该领域推进两者因果关系与相关性的讨论。不过,就目前而言,政策制定者、家长和教育者应该谨慎行事,并批判性地评估研究者和媒体提供的相关证据。这些结果可能具有误导性,并且会错误地暗示因果关系,从而提供不准确的儿童数字设备使用的意见和建议。

家长、教师和政策制定者担心儿童可能因使用数字技术而导致大脑"重新连接",但幸运的是,由于屏幕使用时间过长而导致儿童大脑变化(和"重新连接")是不大可能的(Mills,2014[60])。儿童的成长由许多不同的因素决定,如经历、环境和基因。任何投入,包括技术的使用,都可能对儿童发展产生影响。因此关键是最大限度地提高儿童认知的潜在效益、扩大对儿童自身及社会良好的影响,同时最大限度地降低风险,培养儿童数字适应力。

## 制定成功的政策

一般来说,成功的政策将侧重于改善数字技术基础设施和支持儿童数字技能的发展。充足的基础设施是儿童数字技能发展的必要前提,丰富的线上内容也可以成为儿童技能发展的驱动力。通过教育政策培养儿童的数字技能需要多方协同努力,包括在学校提供 ICT、教师培训和专业发展的机会,以及支持ICT 在课程中的整合和实施(Hooft Graafland,2018[13])。此外,确保本地语言和内容的使用可以提供更多的线上机会。

尽管儿童较早且频繁地接触了数字技术,但仍需要有关安全和负责任地使用数字技术的指导。如前文所述,儿童是"数字原住民"的观点在研究界存在着争议(见第九章)。因此,成人必须具备充足的数字技术使用技能及知识,了解儿童在使用数字技术时可能遭遇的风险和获得的机会,才能在这一领域有效地指导儿童。儿童自己的声音在政策讨论中也很重要,但这一点经常被忽视(Hooft Graafland,2018[13])。政策和指导方针也必须以可靠、高质量的证据作为基础(Gottschalk,2019[54])。

## 有待进一步研究的领域

尽管关于这一主题的研究越来越多,但在儿童和数字技术方面仍有许多未知领域。目前,该研究领域存在如下一些问题:

- 关于幼儿的研究还很少。过去的研究重点一直是青少年和10岁以上的儿童,因此有必要填补关于幼儿如何参与数字技术使用以及技术如何影响幼儿的研究缺口。
- 人们非常重视使用数字技术给儿童带来的负面影响,如风险和适应不良行为。我们有必要对儿童个人生活和教育环境中不同的线上机会加以拓展。
- 人们重点关注了某些风险,但还有其他风险未被研究。例如,迄今为止,很少有关于"网络旁观者"的研究,即在网上目睹了网络霸凌的儿童,尽管他们不是施暴者或受害者。
- 研究往往滞后于形势发展。在研究取得某些进展时,很可能已经过时或被新的发展覆盖。不同社交网络平台人气的起伏,使得人们很难研究和了解网络平台对儿童及父母的影响(见第六章)。
- 儿童使用数字技术时健康和幸福感方面的研究往往比较薄弱。现有研究通常选择横向研究设计获取结果。因此,我们还需要纵向数据,来评估儿童使用技术的方式和原因。此外,研究的效度对现实世界产生的影响也很重要。

## OECD国家教育体系面临的高优先级挑战

21世纪数字技术的普及使儿童对技术的使用、学习和获取成为国际政策计划的重要议题。不可否认的是,数字技能是儿童在21世纪的劳动力市场生存、在教育体系中学习所必不可少的技能。保护和引导儿童上网,同时仍然允许他们保持童真,并在错误中学习和培养适应力是至关重要的。《21世纪儿童项目政策问卷》要求各教育体系确定他们在国家和地区环境下面临哪些挑战,以及在政策优先事项上哪些挑战最为紧迫。24个国家对政策问卷的这一部分作出了反馈,表2-2进行了概括。

教育体系普遍关注儿童在网上的行为,特别关注发展儿童的数字公民身份、网络霸凌以及过度使用社交媒体和互联网等问题。各国都将网络霸凌作为政策计划中最前沿的挑战。这一点反映在15个教育体系在文本中将其列为对儿童的"紧迫挑战",凸显了这一问题的感知强度。网络霸凌不仅会影响线上结果,还会影响学生的情感幸福和学业成绩。教育体系强调了这一挑战的跨领域性。

儿童在网上展现自己,需要一定程度的数字技能。然而,在许多OECD国家,儿童的ICT和线上技能方面,技能水平较高和较低的人群之间的差距越来越大(Hooft Graafland,2018[13])。这一点反映在问卷结果中,因为第二道数字鸿沟在19个不同的教育体系中被视为政策问题,在8个教育体系中被视为优先事项。相反,第一道数字鸿沟在被调查国家中的政策关注度较低。

然而,那些将第一道数字鸿沟视为一项挑战的国家也可能会表示,第二道

表 2-2 各国教育体系在数字技术方面的优先事项和紧迫挑战

| | 面临这一挑战的国家数量 | 将这一挑战列为最紧迫挑战的国家数量 | 澳大利亚 | 比利时(佛拉芒区) | 比利时(法语区) | 加拿大 | 瑞士 | 捷克 | 丹麦 | 西班牙 | 法国 | 英国(苏格兰) | 希腊 |
|---|---|---|---|---|---|---|---|---|---|---|---|---|---|
| 数字公民身份 | 22 | 13 | • | • | | | | | • | | • | | • |
| 网络霸凌 | 20 | 15 | • | | | • | | | | | | | • |
| 过度使用 | 20 | 2 | | | | | | | | | | | |
| 第二道数字鸿沟 | 19 | 8 | | | • | | | | | • | | | |
| IA/GD* | 18 | 3 | | | | | • | | | | | | |
| 有害的内容 | 17 | 1 | | | | | | | | | | | |
| 安全及隐私 | 17 | 5 | • | | | | | | | • | | • | |
| 色情短信 | 16 | 3 | | | | | | | | | | | |
| 网络狩猎者 | 15 | 1 | | | | | | | | | | | |
| 第一道数字鸿沟 | 14 | 8 | • | | | | | • | | | | • | |
| 色情报复 | 12 | 1 | | | | | | | | | | | |

40

（续 表）

| | 爱尔兰 | 日本 | 韩国 | 卢森堡 | 拉脱维亚 | 墨西哥 | 荷兰 | 挪威 | 葡萄牙 | 俄罗斯 | 瑞典 | 土耳其 | 美国 |
|---|---|---|---|---|---|---|---|---|---|---|---|---|---|
| 数字公民身份 | ■ | ■ | | ● | ● | ■ | ■ | ■ | ■ | ● | | ● | ● |
| 网络霸凌 | ● | ■ | ● | ■ | ■ | | ■ | ■ | ■ | ● | | ■ | ● |
| 过度使用 | ■ | | | ■ | ■ | | ■ | ● | ■ | ■ | | ○ | ■ |
| 第二道数字鸿沟 | ● | ■ | | ● | ■ | | ■ | ■ | ■ | ■ | | ○ | ■ |
| IA/GD* | | ■ | | ● | | | ■ | | | ■ | | | ■ |
| 有害的内容 | ■ | | | ■ | ■ | ■ | ■ | ■ | ■ | ■ | | ■ | ■ |
| 安全及隐私 | ■ | ■ | | ■ | ■ | ● | ■ | ● | ● | ■ | | ■ | ■ |
| 色情短信 | ■ | ■ | | ■ | ■ | | ■ | | | ■ | | | ■ |
| 网络猎猎者 | ● | ■ | | ■ | ● | | ■ | ■ | ■ | ■ | | ■ | ■ |
| 第一道数字鸿沟 | ■ | | | ■ | ■ | ■ | ■ | ■ | ■ | ■ | | ■ | ■ |
| 色情报复 | ■ | ■ | | ■ | ■ | | | | ■ | ■ | | | ■ |

注：26个教育体系中有24个回答了该问题。对可选挑战的数量（用灰色表示）不作限制，最紧迫的挑战（用白点表示）只能选择三项。

*IA=网络成瘾，GD=游戏障碍

资料来源：21世纪儿童项目政策问卷

数字鸿沟带来的挑战更为紧迫,表明各国对这一挑战的感知强度更高。报告显示,大国和农村人口众多的国家把第一道数字鸿沟看作一项紧迫的政策优先事项。如前文所述,OECD国家在宽带的提供和质量方面存在巨大差异。

从所确定的最紧迫的挑战中可以明显看出,各国都对国民的数字技能和行为存在担忧,尤其是第二道数字鸿沟、网络霸凌和数字公民身份。将网络霸凌视为紧迫挑战的国家也可能同时将数字公民身份视为紧迫挑战(见图2-3)。数字公民身份包括网络接入和包容、媒体及信息素养、道德、隐私和安全等因素(Council of Europe, 2019[61])。因此,那些关注儿童线上行为和结果的国家也面临着发展数字公民身份的挑战,这是可以理解的。通常,针对网络霸凌等其他线上行为的项目都包含了建构数字公民身份。例如,2012年,常识媒体

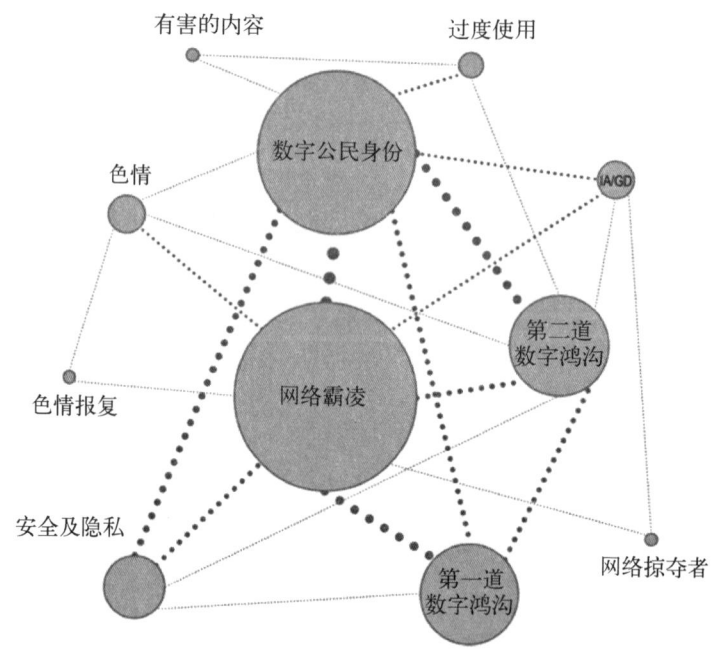

**图2-3 最紧迫的挑战之间的联系**

注:连线的宽度反映了各项挑战同时选择的次数,圆圈的大小反映了各项挑战被选为紧迫挑战的次数。

资料来源:21世纪儿童项目政策问卷

(Common Sense Media)为数字公民教育开发了媒体教育项目,重点关注网络霸凌、版权和隐私等话题(Common Sense Media,2012[62])。数字公民教育既可以作为预防性措施,也可以作为应对线上行为问题的措施。

## 总结

数字技术真实存在于21世纪儿童的生活中。儿童获取信息、进行社交、玩耍和学习的方式都受到了新技术的影响。数据表明,儿童上网的频率更高、时间更长、年龄更小、设备更多,目的也不同。互联网为儿童提供了多种机会,但也带来了相应的风险,并非所有儿童都能平等地从网上潜在的机会中受益。

尽管这一领域的相关研究正在蓬勃发展,但研究方法的问题、研究质量的问题和儿童使用数字技术会导致何种结果,仍然存在着争议。许多主题需要更多的研究来填补知识方面的空白,并确定如何有效地保护儿童,避免数字技术带来的新风险,同时鼓励他们抓住所有可用的机会。

政策制定者意识到了这些挑战,许多国家在互联网接入、不同的网络风险以及培养一代具有数字道德的网络用户方面都面临着阻碍。许多教育体系针对这些挑战实施了一系列的政策和方案,本书将进一步探讨。

## 参考文献

Chaudron, S., R. Di Gioia and M. Gemo (2018), *Young Children (0-8) and Digital Technology, a Qualitative Study Across Europe*, European Union, http://dx.doi.org/10.2760/294383. 【15】

Cliff, N. (1983), "Some cautions concerning the application of causal modeling methods", *Multivariate Behavioral Research*, Vol. 18/1, pp. 115-126, http://dx.doi.org/10.1207/s15327906mbr1801_7. 【55】

Common Sense Media (2012), *K-12 Digital Literacy and Citizenship Curriculum: Scope and Sequency Tool*, http://commonsensemedia.org/educators/scope-and-sequence. 【62】

Council of Europe (2019), *Digital Citizenship Education Handbook*, Council of Europe Publishing, Strasbourg. 【61】

DiMaggio, P. and F. Garip (2012), "Network effects and social inequality", *Annual Review of Sociology*, Vol. 38/1, pp. 93-118, http://dx.doi.org/10.1146/annurev.soc.012809.102545. 【38】

Druga, S. et al. (2017), "Hey Google is it OK if I eat you?", *Proceedings of the 2017 Conference on Interaction Design and Children — IDC '17*, http://dx.doi.org/10.1145/3078072.3084330. 【33】

Eurostat (2018), *Digital Economy and Society Statistics — Households and Individuals*, https://ec. europa. eu/eurostat/statistics-explained/index. php/Digital_economy_and_society_statistics_-_households_and_individuals#Internet_access. 【8】

Eurostat (2017), *Being Young in Europe Today — Digital World*, https://ec. europa. eu/eurostat/statistics-explained/index. php? title=Being_young_in_Europe_today_-_digital_world#A_digital_age_divide. 【9】

Ferguson, C. (2017), "Everything in moderation: Moderate use of screens unassociated with child behavior problems", *Psychiatric Quarterly*, Vol. 88/4, pp. 797-805, http://dx. doi. org/10. 1007/s11126-016-9486-3. 【56】

Gonzales, A. (2016), "The contemporary US digital divide: From initial access to technology maintenance", *Information, Communication & Society*, Vol. 19/2, pp. 234-248, http://dx. doi. org/10. 1080/1369118X. 2015. 1050438. 【39】

Gottschalk, F. (2019), "Impacts of technology use on children: Exploring literature on the brain, cognition and well-being", *OECD Education Working Papers*, No. 195, OECD Publishing, Paris, https://dx. doi. org/10. 1787/8296464e-en. 【54】

Hargittai, E. (2002), "Second-level digital divide: Differences in people's online skills", *First Monday*, Vol. 7/4, http://dx. doi. org/10. 5210/fm. v7i4. 942. 【40】

Helsper, E. and R. Eynon (2010), "Digital natives: Where is the evidence?", *British Educational Research Journal*, Vol. 36/3, pp. 503-520, http://dx. doi. org/10. 1080/01411920902989227. 【16】

Helsper, E., A. Van Deursen and R. Eynon (2015), *Tangible Outcomes of Internet Use: From Digital Skills to Tangible Outcomes Project Report*, http://oii. ox. ac. uk/research/projects/? id=112. 【5】

Holloway, D. and L. Green (2016), "The Internet of toys", *Communication Research and Practice*, Vol. 2/4, pp. 506-519, http://dx. doi. org/10. 1080/22041451. 2016. 1266124. 【32】

Hooft Graafland, J. (2018), "New technologies and 21st century children: Recent trends and outcomes", *OECD Education Working Papers*, No. 179, OECD Publishing, Paris, https://dx. doi. org/10. 1787/e071a505-en. 【13】

Hopkins, L., F. Brookes and J. Green (2013), "Books, bytes and brains: The implications of new knowledge for children's early literacy learning", *Australasian Journal of Early Childhood*, Vol. 38/1, pp. 23-28. 【12】

Kardefelt-Winther, D. (2017), "How does the time children spend using digital technology impact their mental well-being, social relationships and physical activity? An evidence-focused literature review", *Innocenti Discussion Paper 2017-02*, UNICEF Office of Research — Innocenti, Florence, https://unicef-irc. org/publications/pdf/Children-digital-technology-wellbeing. pdf. 【49】

Lenhart, A. (2015), *Teens, social media & technology: Overview 2015*, Pew Research Center, http://pewinternet. org/2015/04/09/teens-social-media-technology-2015/. 【28】

Livingstone, S. et al. (2018), *In the Digital Home, How Do Parents Support Their Children and Who Supports Them? Parenting for a Digital Future: Survey Report 1*, LSE, London. 【20】

Livingstone, S. and M. Bulger (2014), "A global research agenda for children's rights in the digital age", *Journal of Children and Media*, Vol. 8/4, pp. 317-335, http://dx. doi. org/10. 1080/17482798. 2014. 961496. 【48】

Livingstone, S. et al. (2011), *EU Kids Online: Final Report 2011*, EU Kids Online, London, http://eprints.lse.ac.uk/id/eprint/45490. 【50】

Livingstone, S. et al. (2011), *Risks and Safety on the Internet: The Perspective of European Children: Full Findings and Policy Implications From the EU Kids Online Survey of 9–16 Year Olds and Their Parents in 25 Countries*, LSE: EU Kids online, http://eprints.lse.ac.uk/33731/. 【4】

Livingstone, S. and E. Helsper (2007), "Gradations in digital inclusion: Children, young people and the digital divide", *New Media & Society*, Vol. 9/4, http://dx.doi.org/10.1177/1461444807080335. 【44】

Livingstone, S. et al. (2017), "Maximizing opportunities and minimizing risks for children online: The role of digital skills in emerging strategies of parental mediation", *Journal of Communication*, Vol. 67/1, pp. 82–105, http://dx.doi.org/10.1111/jcom.12277. 【52】

Manches, A. et al. (2015), "Three questions about the Internet of things and children", *TechTrends*, Vol. 59/1, pp. 76–83, http://dx.doi.org/10.1007/s11528-014-0824-8. 【30】

Marsh, J. et al. (2018), "Play and creativity in young children's use of apps", *British Journal of Educational Technology*, Vol. 49/5, http://dx.doi.org/10.1111/bjet.12622. 【22】

Marsh, J. et al. (2015), *Exploring Play and Creativity in Pre-schoolers' Use of Apps: Final Project Report*, www.techandplay.org. 【10】

Mascheroni, G. and D. Holloway (2017), *The Internet of Toys: A Report on Media and Social Discourses Around Young Dhildren and IoToys*, DigiLitEY, https://publicatt.unicatt.it/handle/10807/103759#.XOVrr8gzZpg. 【31】

Mascheroni, G. and K. Ólafsson (2014), *Net Children Go Mobile: Risks and Opportunities*, Educatt, Milano, http://netchildrengomobile.eu. 【24】

Middaugh, E., L. Clark and P. Ballard (2017), "Digital media, participatory politics, and positive youth development", *Pediatrics*, Vol. 140/Suppl 2, pp. S127–S131, http://dx.doi.org/10.1542/peds.2016-1758Q. 【53】

Mills, K. (2014), "Effects of Internet use on the adolescent brain: Despite popular claims, experimental evidence remains scarce", *Trends in Cognitive Sciences*, Vol. 18/8, pp. 385–387, http://dx.doi.org/10.1016/J.TICS.2014.04.011. 【60】

Nevski, E. and A. Siibak (2016), "The role of parents and parental mediation on 0–3-year olds' digital play with smart devices: Estonian parents' attitudes and practices", *Early Years*, Vol. 36/3, pp. 227–241, http://dx.doi.org/10.1080/09575146.2016.1161601. 【21】

OECD (2019), *Going Digital: Shaping Policies, Improving Lives*, OECD Publishing, Paris, https://dx.doi.org/10.1787/9789264312012-en. 【34】

OECD (2019), *Measuring Distance to the SDG Targets 2019: An Assessment of Where OECD Countries Stand*, OECD Publishing, Paris, https://dx.doi.org/10.1787/a8caf3fa-en. 【1】

OECD (2019), *Measuring the Digital Transformation: A Roadmap for the Future*, OECD Publishing, Paris, https://dx.doi.org/10.1787/9789264311992-en. 【11】

OECD (2019), *Trends Shaping Education 2019*, OECD Publishing, Paris, https://dx.doi.org/10.1787/trends_edu-2019-en. 【2】

OECD (2018), "A brave new world: Technology and education", *Trends Shaping Education Spotlights*, No. 15, OECD Publishing, Paris, https://dx.doi.org/10.1787/9b181d3c-en. 【46】

OECD (2017), *PISA 2015 Results (Volume III): Students' Well-being*, PISA, OECD Publishing, Paris, https://dx.doi.org/10.1787/9789264273856-en. 【7】

OECD (2017), *Starting Strong V: Transitions from Early Childhood Education and Care to Primary Education*, Starting Strong, OECD Publishing, Paris, https://dx.doi.org/10.1787/9789264276253-en. 【19】

OECD (2016), *PISA 2015 Results (Volume II): Policies and Practices for Successful Schools*, PISA, OECD Publishing, Paris, https://dx.doi.org/10.1787/9789264267510-en. 【43】

OECD (2016), *Policy Brief on the Future of Work: Skills for a Digital World*, http://oecd.org/els/emp/Skills-for-a-Digital-World.pdf. 【41】

OECD (2016), *Trends Shaping Education 2016*, OECD Publishing, Paris, https://dx.doi.org/10.1787/trends_edu-2016-en. 【3】

OECD (2015), *Students, Computers and Learning: Making the Connection*, PISA, OECD Publishing, Paris, https://dx.doi.org/10.1787/9789264239555-en. 【25】

OECD (2014), "Infinite connections: Education and new technologies", *Trends Shaping Education Spotlights*, No. 5, OECD Publishing, Paris, https://dx.doi.org/10.1787/79ac3b84-en. 【47】

OECD (2012), *Connected Minds: Technology and Today's Learners*, Educational Research and Innovation, OECD Publishing, Paris, https://dx.doi.org/10.1787/9789264111011-en. 【18】

Ofcom (2019), *Children and Parents: Media Use and Attitudes Report 2018*, https://ofcom.org.uk/data/assets/pdf_file/0024/134907/Children-and-Parents-Media-Use-and-Attitudes-2018.pdf. 【14】

Orben, A. and A. Przybylski (2019), "The association between adolescent well-being and digital technology use", *Nature Human Behaviour*, Vol. 3/2, pp. 173–182, http://dx.doi.org/10.1038/s41562-018-0506-1. 【59】

Pascual-Espada, J. et al. (2011), "Virtual objects on the Internet of things", *International Journal of Interactive Multimedia and Artificial Intelligence*, Vol. 1/Special Issue on Computer Science and Software Engineering, https://ijimai.org/journal/node/184. 【29】

Pedró, F. et al. (2019), "Artificial intelligence in education: Challenges and opportunities for sustainable development", UNESCO, Paris, https://unesdoc.unesco.org/ark:/48223/pf0000366994. 【35】

Peter, J. and P. Valkenburg (2006), "Adolescents' internet use: Testing the 'disappearing digital divide' versus the 'emerging digital differentiation' approach", *Poetics*, Vol. 34/4–5, pp. 293–305, http://dx.doi.org/10.1016/J.POETIC.2006.05.005. 【23】

Pew Research Center (2018), *Teens, Social Media and Technology 2018*. 【27】

Przybylski, A. and N. Weinstein (2017), "A large-scale test of the Goldilocks Hypothesis", *Psychological Science*, Vol. 28/2, pp. 204–215, http://dx.doi.org/10.1177/0956797616678438. 【57】

Przybylski, A. and N. Weinstein (2017), "Digital screen time limits and young children's psychological well-being: Evidence from a population-based study", *Child Development*, http://dx.doi.org/10.1111/cdev.13007. 【58】

Rideout, V. (2015), *The Common Sense Census: Media Use by Tweens and Teens*, Common Sense. 【26】

Robinson, L. et al. (2015), "Digital inequalities and why they matter", *Information Communication and Society*, Vol. 18/5, pp. 569–582, http://dx.doi.org/10.1080/1369118X.2015.1012532. 【37】

Rutter, M. (2007), "Resilience, competence, and coping", *Child Abuse & Neglect*, Vol. 31/3, pp. 205-209, http://dx.doi.org/10.1016/J.CHIABU.2007.02.001. 【51】

Selwyn, N. (2009), "The digital native-myth and reality", *Aslib Proceedings: New Information Perspectives*, Vol. 61/4, pp. 364-379, http://dx.doi.org/10.1108/00012530910973776. 【17】

Staksrud, E. et al. (2009), *What Do We Know About Children's Use of Online Technologies? A Report on Data Availability and Research Gaps in Europe*, EU Kids Online, LSE, http://eprints.lse.ac.uk/24367/. 【45】

Uncapher, M. et al. (2017), "Media multitasking and cognitive, psychological, neural, and learning differences", *Pediatrics*, Vol. 140/Supplement 2, pp. S62-S66, http://dx.doi.org/10.1542/PEDS.2016-1758D. 【36】

UNICEF (2017), *The State of the World's Children: Children in a Digital World*, https://unicef.org/publications/index_101992.html. 【42】

United Nations Assembly (1989), *Convention on the Rights of the Child*, United Nations Human Rights Office of the High Commissioner, New York, NY, https://digitalcommons.ilr.cornell.edu/cgi/viewcontent.cgi?article=1007&context=child. 【6】

# 第三章

# 儿童情感幸福的发展趋势

情感幸福对我们的身心健康和日常生活至关重要。大量研究发现，在童年期和青春期发展社会情感能力和保持积极的心理健康状态对个人发展具有长期的益处。童年期和青春期是个人发展的关键期。研究表明，很多成人心理障碍都起源于这一时期，因此这可以成为今后生活中情感幸福的重要预测指标。本章将概述一些儿童情感幸福方面的长期趋势和面临的挑战，包括内化（如焦虑和抑郁）以及外化行为（如霸凌和网络霸凌）。本章还将专门探讨 OECD 国家教育体系面临的政策优先事项和挑战。

## 情感幸福为什么重要

情感幸福对于健康和日常生活至关重要。它是我们整体幸福感的重要因素之一(Pollard and Lee, 2003[1])。幸福和自信,对于获得"良好的生活质量"来说必不可少(Morgan et al., 2007[2])。大量研究记录了在儿童早期发展社会情感能力以及保持积极的心理健康状态带来的益处,并证明了这可以成为个人后期情感幸福的重要预测指标。例如,纵向数据分析表明,在韩国,责任感较强的14岁孩子在19岁时患抑郁症的可能性较小;在美国,社会情感能力分布中处于前十分之一的幼儿园学生在八年级时患抑郁症的可能性较小;在挪威,高度自信的15—19岁学生在26—31岁之间患抑郁症的可能性较小(OECD, 2015[3])。

童年期和青春期是关键的发展时期。在大脑发育方面,人生的这两个阶段是许多大脑结构和神经系统迅速成熟的阶段,对认知功能、情绪调节、动机激发和社会交往都会产生影响(Paus, Keshavan and Giedd, 2008[4])。越来越多的人认为,青春期是个人发展的敏感期,发展的机会和风险都有所增加,尤其是精神疾病的风险(Fuhrmann, Knoll and Blakemore, 2015[5])。

童年期的个人发展风险和机会会对儿童未来的幸福感产生影响。有重要证据表明,成人的心理障碍可能起源于童年期或青春期(Paus, Keshavan and Giedd, 2008[4];Kieling et al., 2011[6];Jones, 2013[7];WHO, 2017[8])。例如,成人心理健康问题,有50%始于14岁之前,75%从20多岁开始(WHO, 2017[8])。然而,由于污名化、缺乏认识和其他文化或社会规范,这些疾病通常到后期才开始被发现和治疗(Choi, 2018[9])。在病情转为慢性和加重之前,尽早诊断心理健康问题,并对病因和促成因素加以分析非常重要(Morgan et al., 2007[2];OECD, 2015[3])。

## 定义情感幸福和心理健康

"幸福"已成为越来越受欢迎的研究领域(Dodge et al., 2012[10])和政策领域(Choi, 2018[9])。然而,对其定义几乎没有达到共识,已有的研究常常只侧重幸福的维度而非一般定义(Dodge et al., 2012[10])。本章重点关注情感幸福,它也常被称为"享乐式幸福",意指引起不愉快或愉快感觉的个人情绪和经验的质量(即悲伤、焦虑、担忧、快乐、应激抑郁、愤怒、喜悦和爱恋)(Choi,2018[9])。

情感幸福通常被视为积极心理健康状态的核心组成部分(Westerhof and Keyes,2010[11])。世界卫生组织(以下简称WHO)将心理健康定义为:"一种健康状态,在此种状态下,个人能够意识到自己的能力,能够应对正常的生活压力,能够富有成效地工作,并能够为社区作出贡献。"(2018[12])另有研究概述了心理健康的两个维度:积极的(幸福和应对困难)和消极的(症状和障碍)。积极的心理健康状态不仅意味着没有焦虑或抑郁等症状,还包括快乐、自尊和情绪平衡等其他因素(Korkeila et al.,2003[13])。

尽管情感幸福很重要,但是其相关指标并不总是明确地包含在儿童幸福感框架中。这可能是由于定义其范围和衡量其组成部分具有一定难度(Choi,2018[9])。部分原因也可能是由于整体幸福感的不同维度具有相互依存性,因为各个维度可以产生相互影响(Choi,2018[9])。

本章将概述儿童情感幸福的最新趋势,还将专门探讨OECD国家教育体系面临的政策重点和挑战。

## 青少年心理健康和情感幸福趋势

虽然在过去几十年中,自陈出现心理健康问题和精神障碍症状的儿童和青少年数量显著增加(Costello, Copeland and Angold,2011[15];Olfson et al.,2014[16]),但是如表3-1所示,其他问题的发生率却降低了。本节将对青少年的情感幸福趋势进行整体分析。

表3-1 情感幸福趋势汇总

| 情感幸福测量结果 | 趋 势 方 向 |
|---|---|
| 心理健康问题<br>● 焦虑和抑郁<br>● 饮食障碍及外貌焦虑症 | ● 上升,国家间存在差异**<br>● 稳定* |

(续 表)

| 情感幸福测量结果 | 趋 势 方 向 |
| --- | --- |
| 与学校有关的焦虑与压力 | 稳定* |
| 生活满意度 | 稳定,国家间存在差异* |
| 主观健康抱怨(如情绪低落) | 稳定,国家间存在差异* |
| 霸凌*** | 下降* |
| 自杀 | 下降,国家间存在差异** |

注:这些趋势基于 2001—2014* 和 2015 年** 的数据。"稳定"指任一方向都没有显著变化。
*** 这不包括网络霸凌,因为没有长期的可比较的国际数据可用。
来源:Choi(2018[9])和 HBSC Data Management Centre(2016[14])

## 心理健康问题

总体而言,世界上有 10%—20%的儿童和青少年遭受心理健康问题和疾病的困扰(Kieling et al.,2011[6];Henderson et al.,2017[17])。有证据表明,有些问题在青少年中变得越来越普遍(Choi,2018[9])。尤其是处于青春期的女孩,其心理疾病问题令人担忧。多项研究指出这类心理问题的增长趋势令人不安(Bor et al.,2014[18];Blomqvist et al.,2019[19])。

心理疾病患病率的上升可能是由于青少年及其父母警惕意识的提高和求助行为的增加。这与筛查和诊断的加强,以及对疾病更广泛的分类有关(Collishaw,2015[20])。然而,青少年心理健康问题的增加也可能反映了患病率的真实增长,特别是某些疾病在早期难以被发现和诊断,更容易被漏报(Choi,2018[9])。

从短期和长期来看,童年期和青春期的心理障碍与情感幸福、健康状况和教育均呈负相关(Collishaw,2015[20])。慢性病的复发也可能导致更多的问题。例如,青春期抑郁症与负面的身心健康结果有关,包括自杀的想法和企图,还有社交功能问题(Maughan, Collishaw and Stringaris, 2013[21])。

## 焦虑和抑郁

有证据表明,自20世纪80年代以来,多个国家的焦虑症和抑郁症患病率一直在上升。在德国、希腊、冰岛、新西兰、挪威、中国和瑞典有更多的青少年报告患有此类症状(Choi, 2018[9])。2005—2014年,美国青少年的抑郁症发生率从不到9%发展到高于11%(Mojtabai, Olfson and Han, 2016[25])。

抑郁症与很多因素有关,包括"在学校取得成功的压力,家庭不稳定,贫困,睡眠不足,低自尊或低自信,与同伴、父母和教师的不良社会关系带来的长期压力以及霸凌"(OECD, 2018[26])。青少年的心理健康也是教育成就的重要预测因素,并对贫困与教育成就的关联起中介作用(Sznitman, Reisel and Romer, 2011[27])。

### 信息框3-1 与心理疾病相关的禁忌

对于童年期和青春期心理疾病的污名化、防范意识缺乏,以及其他社会文化规范,可能导致疾病直到后期才开始治疗。事实上,"人们认为对心理疾病污名化和歧视比疾病本身会产生更严重的后果"(Thornicroft et al., 2016[22])。研究表明,成人的心理健康障碍多半起源于童年期或青春期(Choi, 2018[9]),因此这个问题令人担忧。

培养针对该问题的意识至关重要。比利时佛拉芒区开展了一项全国性宣传活动,名为"Rode Neuzen Dag and Te Gek!?"("偶尔跌倒没关系"),专门讨论心理健康问题,向心理疾病的污名化发起挑战。有些教育部门还把围绕心理健康的讨论纳入学校课程,以提高大家的意识,如英国(苏格兰)的卓越课程。

随着人们对心理健康问题的认识不断提高,对治疗的需求往往会相应增加。过去几年,在多个司法管辖区,儿童和青少年心理健康服务的需求明显增加,包括苏格兰(Murphy, 2016[23])和加拿大(安大略省)(Gandhi et al., 2016[24])。对于教育而言,这影响到如何以及何时发现有心理健康问题的学生,以及如何在课堂内外为他们提供支持。此外还需要医疗保健部门参与干预政策的制定和实施过程,确保应对措施的全面和一致。

## 饮食失调和与外貌有关的社会压力

尽管研究证实,与其他心理健康问题相比,饮食失调不太常见,但它有可能成为影响青少年的严重疾病,而且女孩比男孩更容易出现这种问题(Costello, Copeland and Angold, 2011[15])。1999—2013年,不同国家的多项研究发现,厌食症和暴食症的患病率没有变化或有所下降(Litmanen et al., 2017[28]; Loth et al., 2015[29]; Keski-Rahkonen and Mustelin, 2016[30])。但在2001—2014年期间,作答学龄儿童健康行为(HBSC)①问卷的学生中,认为自己太胖的学生比例一直稳定在29%(HBSC Data Management Centre, 2016[14])。

## 与学校有关的焦虑和压力

11岁、13岁和15岁的学生中有35%表示感受到一些或很大的学业压力,尽管在2001—2014年期间,这一比例总体保持稳定(WHO, 2016[31]; HBSC Data Management Centre, 2016[14])。学生的压力来自同龄人、父母和教师,也来自本人希望在学业上出类拔萃的个人动机。这可能表现为对考试成绩以及考取高等院校的担忧和焦虑,竞争激烈的学校尤其如此(OECD, 2017[32])。这种焦虑表现为学生对自身所犯错误的反应和解释,或者害怕犯错,并且可能会因竞争性的学校氛围和长时间学习等因素而加剧。女孩一般会比男孩感受到更

---

① "WHO学龄儿童健康行为"(HBSC)研究是一项涉及43个国家的合作性横向研究。HBSC通过自我报告问卷中的关键健康指标及结果、行为和背景变量,每4年收集11岁、13岁和15岁儿童的数据。2013—2014年的最新研究调查了22万名儿童和青少年。

多的与学校有关的焦虑和压力(OECD,2017[32];WHO,2016[31])。有关学业的压力源和学业太难的想法也与抑郁症症状(Moksnes et al.,2016[33])相关。此外相关的还有对健康状态更为频繁的主观报怨,以及较低的生活满意度(WHO,2016[31])。

**生活满意度**

根据 PISA 2015 调查,在 OECD 国家中,与学校有关的焦虑水平最高的学生也报告了较低的平均生活满意度(OECD,2017[32])。一般来说,生活满意度随着年龄的增长而下降,而 11—15 岁女孩生活满意度的下降幅度大于男孩。总体而言,女孩的生活满意度也低于男孩(WHO,2016[31];Goldbeck et al.,2007[34])。PISA 2015 结果证实了这一性别差异,在所有数据可用的国家,女孩的平均生活满意度都低于男孩(OECD,2017[32])。

随着时间的推移,生活满意度的变化趋势并不一致,国家之间存在差异。卡瓦洛(Cavallo)及同事(2015[35])通过 2002—2010 年的 HBSC 数据发现,欧洲和北美有 12 个国家的儿童生活满意度呈上升趋势,12 个国家保持稳定,7 个国家有所下降。2006—2014 年儿童的总体生活满意度保持稳定(HBSC Data Management Centre,2016[14])。

**主观健康抱怨(如情绪低落)**

虽然儿童和青少年不时出现主观健康抱怨(如头痛、胃痛、情绪低落、易怒或脾气暴躁)是正常的,但如果是有规律地长期出现这些问题,可能会对情感幸福产生严重的负面影响。一般来说,随着年龄的增长,越来越多的儿童报告至少每周一次出现多项主观健康抱怨。例如,报告情绪低落的儿童从 11 岁时的 13% 增加到 15 岁时的 21%(WHO,2016[31])。对 1982—2013 年 36 个国家的国内和国际研究进行元分析发现,尽管很多国家报告情绪低落的学生数量呈上升趋势(Choi,2018[9]),出现主观健康抱怨的学生数量在 21 世纪保持稳定(Potrebny,Wiium and Lundegård,2017[36])。

除了年龄,社会经济地位和性别与情绪低落也有不同的关联。与富裕的同龄人相比,贫困学生更有可能感到情绪低落。女孩也比男孩更有可能感觉情绪低落,并且随着年龄的增长,报告情绪低落的次数逐渐递增。截至2014年,29%的15岁女孩表示每周至少一次感到情绪低落,但男孩的比例只有13%(WHO, 2016[31])。如图3-1所示,2006—2014年报告情绪低落的男孩比例平均保持稳定,但13岁和15岁女孩的比例有所增加。

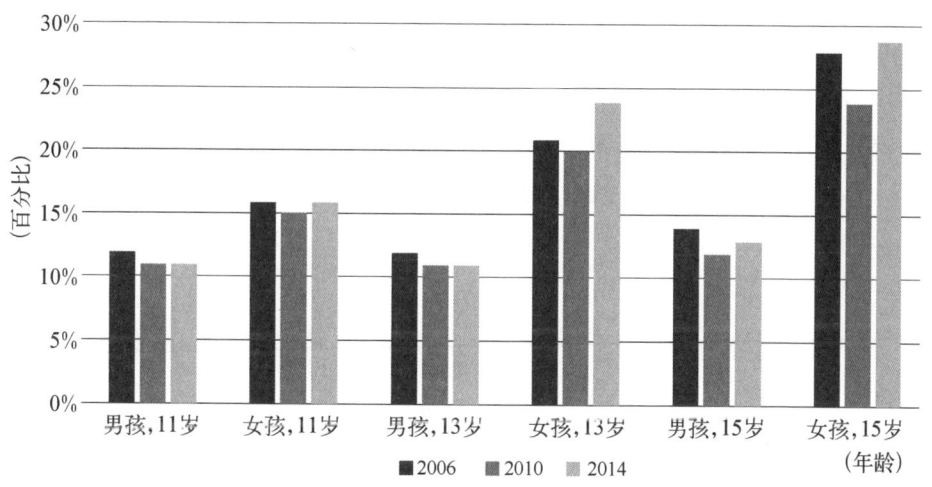

**图3-1 报告每周不止一次情绪低落的青少年比例(2006—2014)**

资料来源:改编自 HBSC Data Management Centre (2016[14]) 和 WHO (2016[31])
注:比例以提供全部三个周期数据的34个国家的未加权平均数为基础。

## 霸凌

尽管各国存在差异,但在大多数有可用数据的国家,1994—2014年霸凌和遭受霸凌(偶尔和长期)的发生率一直在下降(UNESCO, 2019[37];HBSC Data Management Centre, 2016[14])。然而,这仍然是一个重要的问题:根据 PISA 2015年的数据,在 OECD 国家中,19%的学生报告平均每月至少遭受几次霸凌,其类型有人际关系方面的(即社会排斥)、身体方面的(即拳打或脚踢)和语言方面的(辱骂或嘲弄)。言语霸凌和关系霸凌是最常见的形式,男孩和女孩存在差异,男孩更有可能成为身体霸凌的受害者,而女孩更有可能成为恶意谣言的受害者(OECD,2017[32])。根据 HBSC 的数据,在实施霸凌方面,男孩比女孩明显更经常被报告霸凌他人。此外,平均而言,随着年龄的增长,被霸凌的情况减少,而实施霸凌则相反,在 15 岁时比 11 岁时更常见(WHO,2016[31])。

虽然很多 OECD 国家中的霸凌行为平均而言在减少,但它仍然影响着世界上的许多儿童,并产生持久的不良后果。作为受害者或霸凌者的青少年更有可能出现抑郁和焦虑症状、自尊心低下、感到孤独并对活动失去兴趣(Kochel,Ladd and Rudolph,2012[38];Swearer and Hymel,2015[39])。对于感到内疚或无助的旁观者,霸凌也会产生负面影响(Huitsing and Veenstra,2012[40];Molcho et al.,2009[41])。这些不利影响可能会持续到成年期,导致就业率降低等后果(Drydakis,2014[42])。

### 信息框 3-2 弱势群体

某些学生群体更有可能面临情感幸福方面的挑战。例如,在新西兰的一项研究中,同性恋学生受到霸凌的可能性是异性恋同龄人的 3 倍,而变性学生遭受霸凌的可能性是同龄人的 5 倍(Lucassen et al.,2014[43])。联合国教科文组织的一项研究在全球范围内证实了这一结论,例如在美国,高达 85% 的 LGBTQ+(女同性恋、男同性恋、双性恋、变性者和酷儿+①)学生报告受到霸凌(UNESCO,2016[44])。残疾学生和少数族裔群体,包括新西兰的毛利人、太平洋岛民以及澳大利亚和加拿大的土著民族,也更容易受到霸凌。这些学生也更倾向于出现其他情感幸福问题,如心理健康问题以及更大的自杀可能性。

---

① 注:酷儿+(queer+),指不符合主流性别规范的性少数群体所使用的身份(政治和学术术语)。

> 心理健康状况和霸凌导致弱势青少年自杀和出现自杀想法的风险增加,而这些是相互交叉的问题(McLoughlin, Gould and Malone, 2015[45]; Mueller et al., 2015[46])。这种复杂性使得寻找有效的干预措施和政策解决方案尤其具有挑战性。

### 网络霸凌

霸凌行为随着时间的推移而演变。伴随着智能手机、社交媒体和其他通信技术的兴起,它转移到网络空间,以网络霸凌的新形式出现(Choi, 2018[9])。尽管与传统形式的霸凌高度相关,但网络霸凌没有那么普遍(Modecki et al., 2014[47])。2013年,12%以下的青少年表示遭受过网络霸凌(如恶意即时消息、涂鸦墙留言、电子邮件和短信,或创建取笑他们的网页)(Choi, 2018[9]; WHO, 2016[31])。

与传统霸凌一样,网络霸凌会对儿童的幸福感产生严重的负面影响。研究指出了网络霸凌与焦虑抑郁等心理健康问题之间的重要联系。网络霸凌还与行为问题有关,如注意力不集中(尤其在学校中)、愤怒敌对行为以及逃学。这可能会对学生的成绩和情感幸福产生不利影响(Choi, 2018[9]; Tokunaga, 2010[48])。网络霸凌也可能与自杀想法或行为有关(Brailovskaia, Teismann and Margraf, 2018[49])。

### 自杀

自20世纪90年代以来,青少年自杀率平均呈下降趋势,从每10万人(15—19岁)中有8.5人,下降到2015年的每10万人中有7.4人。这种下降大部分发生在21世纪。然而在此期间,日本、韩国、拉脱维亚、墨西哥和新西兰等国家的青少年自杀率增幅令人担忧(OECD, 2017[50])。

男孩和女孩的倾向不同,男孩的自杀率较高,而女孩的自杀倾向(即自杀念头、自残、自杀企图和自杀)较高(McLoughlin, Gould and Malone, 2015[45])。最近,包括美国在内的一些国家的女孩自杀率高于男孩,10—14岁的自杀率增幅高于15—19岁(Ruch et al., 2019[51])。鲁奇(Ruch)及同事(2019[51])认为,这种差距的缩小可能是由于女孩使用了更暴力和致命的方法。研究证实,青少年自杀与抑郁症和其他心理健康问题之间存在密切联系(Collishaw, 2015[20];Mojtabai, Olfson and Han, 2016[25])。

## 影响情感幸福的不断变化的因素

### 不断变化的社会和经济状况

家庭贫困与儿童情感幸福之间的因果关系已得到充分证实(Yoshikawa, Aber and Beardslee, 2012[52])。更广泛地说,国家的社会和经济状况也可以通过影响个体家庭及其整体财力,以及外部和内部压力及对未来的担忧,对儿童的情感幸福发挥作用(Ottova-Jordan et al., 2015[53])。

很多OECD国家在过去几十年经历了经济增长和繁荣。然而,国家之间和国家内部的收入不平等也在加剧(OECD, 2019[54])。虽然较高的家庭收入通常与较高的生活满意度和较低的负面情绪体验相关(Kahneman and Deaton, 2010[55]),但在收入不平等程度较高的国家,这种关联较弱(Ng and Diener, 2019[56])。这种相关适用于OECD国家的15岁儿童,即使考虑到社会经济地位,那些家庭财富水平低于学校同龄人的学生的生活满意度明显较低(OECD, 2017[32])。使用HBSC数据进行的分析也表明,儿童早期(0—4岁)受到收入不平等的影响预示着女孩的生活满意度降低和身心失调症状的出现(Elgar et al., 2017[57])。

### 越来越多的移民

随着越来越多的移民涌入OECD国家,这些国家的儿童更有可能与来自不同文化背景的同龄人和教师见面并互动。这可能会为移民学生融入不同的学校社区带来新的挑战(OECD, 2017[32])。例如,由于文化、语言、种族和民族的差异,第一代移民儿童比第三代和本土出生的儿童面临更高的霸凌受害率(Pottie et al., 2015[58])。与作为移民抵达时年龄较小的学生相比,13—16岁的移民学生更有可能在学校遭受更多的霸凌(OECD, 2017[32])。此外,流离失所的儿童面临很多影响其情感幸福的风险因素。这一人群的心理健康问题可能因其本国经历造成的创伤、流离失所以及对新环境的重新适应而加剧(见第七章)。

### 不断变化的家庭结构

在过去的20年里,家庭在许多方面发生了变化:离婚率上升、年龄更大的父母、非婚生子女和单亲家庭增多。在多个OECD国家,父母离婚或分居的比例有所增加。2017年,17%的儿童与单亲一起生活(OECD, 2018[59])。家庭变化可能对儿童的心理健康、情感幸福和教育成就产生影响。对于父母离异的孩子来说,经济来源、父母关系和参与、家庭压力和冲突水平发生变化,都与情感幸福和学习成绩呈现负相关(参见信息框3-3中自然灾害、家庭变化和情感幸福之间结果相互作用的案例)。尽管人们预估,随着非传统家庭结构变得更加普遍和社会污名化的减少,这些关联会减弱,但研究表明,随着时间的推移,这些关联反而更稳定(Härkönen, Bernardi and Boertien, 2017[60])。

### 不断变化的睡眠模式

现代儿童的生活方式因素,包括压力、更少的玩耍时间和更多的学习时间,意味着当今OECD国家的儿童睡眠时间不足的概率更高(Choi, 2018[9])。大多数研究都引用了儿童和青少年睡眠时间长期下降的证据,尽管数据并不极端(Matricciani et al., 2017[64])。充足的睡眠对儿童的身心健康至关重要。睡眠不足会对儿童的心理健康和情绪调节产生负面影响,并与人际关系压力和自杀想法有关(Sarchiapone et al., 2014[65];Chaput et al., 2016[66])。患有睡眠障碍的青少年平均生活质量更低,主观健康抱怨更多(Paiva, Gaspar and Matos, 2015[67])。

**不断推进的城市化**

世界上近一半的人口居住在城市(OECD, 2016[68])。这一人口比例一直在增长,同时农村地区的人口流失也在增加(OECD, 2019[54])。城市化带来潜在好处的同时,也与当地社区和邻里的社会联系和归属感降低有关(OECD, 2016[68]),这可能会加剧社会疏离和排斥。在城市里成长也与心理健康问题、药物滥用和缺乏体能活动的风险增加有关(Patton et al., 2016[69])。不断推进的城市化还意味着越来越多的儿童在绿地空间较少的建筑环境中长大。有证据表明,儿童和青少年的心理健康与接触绿地空间正相关。这种关系已经在成人中得到充分证明,但仍需要进一步研究(Vanaken and Danckaerts, 2018[70])。

---

**信息框3-3 "玛娜·阿克":将自然灾害的干预措施升级为寻求全面幸福感的方法**

恶劣天气事件和自然灾害会显著加重困苦程度,从而使社会关系紧张,对心理健康产生不利影响,甚至导致暴力行为增加。

为应对2010年坎特伯雷地震和2011年余震受灾社区的重大心理健康问题,新西兰推出了"玛娜·阿克"(Mana Ake)——一个针对地震受灾社区5—12岁儿童的项目,由凯玛希(Kaimahi)团队实施。团队成员包括心理学家、社工、辅导员、教师和青年工作者。该项目的目的是促进服务机构与学校集群和教职工(包括幼教工作者)之间的合作,从而最有效地配置资源。

凯玛希团队的专家与教师和家庭合作,帮助儿童应对影响幸福感的持续性问题(焦虑、社交孤立、父母分居、悲痛失落和情绪管理)。这些专家受雇于13家非政府组织,他们可以在学校、社区或家里对个别学生开展工作,也可以在学校与学生群体合作。

2018年,新西兰宣布扩大该项目,使大基督城、胡鲁努伊和凯库拉的所有小学生和初中生都能参与"玛娜·阿克"(新西兰卫生部,Manatū Hauora,2018[61])。把它作为2019年首个幸福感政府预算的前期准备工作(新西兰政府,2019[62])。对"玛娜·阿克"前几轮的评估表明,该项目可以带来重要的社会成果与一定的经济效益,并产生可持续的、无形的和综合的影响(Savage et al., 2018[63])。

## 加强保护因素

有些因素可以保护儿童免受负面情感结果的影响,即使在面对逆境时也是如此。将保护因素纳入儿童的生活对于培养适应力非常重要(Barnes,2016[71])。个人保护因素,如社会情感能力(动机、自我调节、自主性和合作性、自我效能感和自我价值感)对增进儿童的情感幸福很重要(OECD,2015[3])。社会情感能力可以通过在幼儿时期与父母建立亲密和安全的关系来培养(见第四章),同时在学校培养这些技能的方案已被纳入国家课程中。人际关系不仅有助于提高儿童的社会情感能力,而且在应对诸如长期压力、霸凌和抑郁等情感挑战时,稳定的情感支持可以作为一种保护或补偿因素(OECD,2015[3];OECD,2017[32];Goldman et al.,2016[72])。

### 信息框3-4 有效预防和干预项目的共同特征

学校的有效预防和干预项目有助于减少和预防焦虑和抑郁,并提高青少年对不同心理健康问题的认识(Choi,2018[9])。青少年抑郁、焦虑和自杀预防项目中最常见的组成部分是认知行为疗法(CBT)。该类项目侧重于认知和行为风险因素,教授儿童和青少年认知重组技能,帮助他们发现和克服消极想法和情绪,并提高他们解决问题的能力(Das et al.,

2016[73]；Choi,2018[9]）。

针对心理健康、药物滥用、暴力、性健康和生活技能的预防干预项目得到广泛研究。最近对现有研究的回顾发现，解决问题是最常见的共同实践要素（76%的项目），其次是沟通技巧（45%）、坚定自信（45%）和发展洞察力（38%）。随着越来越多的证据出现，预防项目的共性都表明了社会情感能力的重要性——它们可以成为抑制和克服心理健康问题不利影响的有力工具（Choi,2018[9]）。

作为导师、教育者和榜样，教师在增进学生的情感幸福方面发挥着重要作用（OECD,2015[3]）。与教师保持良好关系的学生往往更快乐，得到教师高度支持的学生往往在学校能更好地应对压力（Malecki and Demaray,2006[74]；Goldman et al.,2016[72]）。积极的师生关系也与更好的情绪调节和积极的同伴关系有关（Goldman et al.,2016[72]），并能减少自杀的想法、药物滥用和暴力等行为（Bergin and Bergin,2009[75]）。相反，消极的师生关系会使学生更容易受到挑战。例如，学生对教师不公平对待和学校纪律氛围的看法已被认定为霸凌受害的最重要预测因素之一（OECD,2017[32]）。

在实施干预时，家长、教师和学生之间的坦诚沟通和信息交流，对在学校被霸凌或遇到心理健康问题的学生至关重要。许多父母没有意识到他们的孩子面临的困难，并缺乏参与学校活动的指引，或不清楚他们的参与怎样帮助孩子发展，导致了沟通障碍（Choi,2018[9]），所以这一点尤其重要。提高青少年对抑郁、焦虑和饮食失调等心理健康问题的认识非常关键。这样这些问题就不会变成更严重或长期的问题（Gladstone,Beardslee and O'Connor,2011[76]），尤其是大多数出现问题的青少年没有得到或去寻求治疗（Choi,2018[9]）。最需要帮助的青少年往往是那些不寻求支持，获得帮助或治疗机会最少的人，这加大了干预的难度（McLoughlin,Gould and Malone,2015[45]）。

很多国家制定了战略政策框架,以应对整体幸福感框架中的情感幸福挑战。这些框架常常通过综合方法解决多重挑战,侧重于预防和控制不同问题产生的影响。研究普遍证实,同时关注预防和应对的"全校""综合"或"学校和教育体系范围的干预措施"是有效的(Richard, Schneider and Mallet, 2012[77];UNESCO,2017[78])。

## 未来研究的关切因素

尽管我们实施了包含情感幸福指标的大规模国际调查,但是大多数独立研究和数据库都非常有限——原因包括样本容量往往较小、调查只在发达国家进行,而且大多设计为横向研究(Choi, 2018[9])。未来的研究应侧重于加固基础。目前的差距和需要进一步研究的领域包括:

- 从童年期到青春期,以及从青春期到成年的代表性数据样本很少,但这些样本对于理解精神疾病和其他情感幸福因素的变化和持续性是必要的。
- 需要更新涉及幼儿的网络霸凌和其他挑战的数据,以了解长期关系和趋势。大多数跨国数据来自调查青少年的大规模评估。
- 不同的心理疾病和情感问题往往具有重叠的原因、症状和后果。因此,未来应考虑研究多个结果和指标(即研究压力、焦虑和抑郁的综合影响,而不是分开研究),最大限度地提高认识和减少负面后果。
- 需要进一步研究来调查如何加强保护因素,特别是发挥父母和教师的作用。各国越来越广泛采用宏观的幸福感框架和政策途径。
- 教师在实施预防和干预项目方面发挥着至关重要的作用(Durlak et al., 2011[79];Neil and Christensen, 2009[80])。未来的研究应评估培训计划的有效性,帮助教师识别心理健康和情感问题的早期迹象和症状(Choi, 2018[9]),以及提升实用性(即开展培训和实施项目的成本、教师的额外负担以及实施培训和项目的必要支持)。
- 需要研究如何让父母有效地参与预防、检测和干预项目,特别是在有高风险学生的情况下。还应研究通过新兴的虚拟幸福感中心促进教师和父母在线交流和合作的方法。

## OECD 国家教育体系中的高优先级挑战

在过去几十年里,政策制定者对个人的幸福感,尤其是儿童和青少年的幸福感更加重视(Choi, 2018[9])。在"21世纪儿童项目政策问卷"中,各国提出了一系列本国或区域内面临的对儿童的情感幸福产生不利影响的问题,以及在政策优先事项方面最为紧迫的挑战,如表3-2所示。

霸凌是政策最常见的关注点,在回答政策问卷的24个国家中,有23个提到这一点。与学校有关的焦虑和压力以及心理疾病也是普遍存在的挑战。各国都认为霸凌问题是最严重的,而且非常普遍和紧迫。心理疾病和与学校有关的焦虑和压力也被认为是既紧迫又普遍。

各国在确定最紧迫的挑战时经常引用国际调查数据的趋势,但情况并非总是如此。事实上,特定国家的问题影响了人们对一些问题及其强度的看法。例如,尽管一些国家的儿童自杀率有所下降,但他们还是引用了媒体大量报道的有关某些问题的案例(如网络霸凌、心理健康和自杀)。其他国家(如希腊)则强调了宏观因素对生活满意度的影响,如2008年经济危机的影响(父母必须从事几份工作而没有太多时间陪伴孩子)。

进一步的分析还表明,由于当地情况或特定背景,各国虽然选择了相同的问题,但原因不同。"对威胁的恐惧和焦虑"就是这种情况。例如,美国将问题归因于枪支暴力的盛行,而土耳其则提出这是由于紧张的地缘政治局势。这表明,虽然国际指标有助于确定趋势,但是背景和定性分析对于更细致地了解根本原因也至关重要。

儿童和青少年情感幸福面临的挑战往往不是独立存在的。很多国家在应对措施中指出紧迫挑战之间的交叉和相互关系,这些挑战经常被同时选择。表3-2直观地描述了这些挑战之间的相对重要性和关联。

表 3-2 各个国家和系统中情感幸福相关的优先事项和紧迫挑战概览

| 与情感幸福相关的优先事项 | 全部挑战 | 全部最紧迫的挑战 | 澳大利亚 | 比利时(佛拉芒区) | 比利时(法语区) | 加拿大 | 瑞士 | 捷克 | 西班牙 | 法国 | 英国苏格兰 | 希腊 | 爱尔兰 |
|---|---|---|---|---|---|---|---|---|---|---|---|---|---|
| 霸凌(包括网络霸凌) | 23 | 18 | ● | ● |  | ● |  |  | ● |  | ● | ● | ● |
| 与学校有关的焦虑 | 22 | 10 | ● | ● |  | ● |  |  | ● |  | ● | ● |  |
| 心理疾病 | 19 | 10 |  |  |  | ● | ● |  | ● | ● |  |  | ● |
| 人际关系压力 | 14 | 3 |  |  |  | ● |  | ● |  |  |  |  |  |
| 自杀 | 14 | 4 |  | ● |  | ● |  |  | ● | ● |  |  | ● |
| 外貌焦虑 | 13 | 2 |  |  |  | ● |  |  |  |  |  |  |  |
| 自卑 | 13 | 2 |  |  |  | ● |  |  | ● | ● |  | ● |  |
| 进食障碍 | 12 | 1 |  |  |  | ● |  |  |  |  |  |  |  |
| 主观健康抱怨 | 11 | 1 |  | ● |  |  |  | ● |  |  |  |  |  |
| 自我伤害 | 11 | 0 |  |  |  |  |  |  |  |  |  |  |  |
| 孤独 | 10 | 1 |  |  |  |  |  |  |  |  |  |  |  |
| 生活满意度低 | 8 | 1 |  |  |  |  |  |  |  |  |  | ● |  |
| 对威胁的恐惧和焦虑 | 6 | 3 |  |  |  |  |  |  |  |  |  |  |  |

（续表）

| 与情感幸福相关的优先事项 | 日本 | 韩国 | 拉脱维亚 | 卢森堡 | 墨西哥 | 荷兰 | 新西兰 | 挪威 | 葡萄牙 | 俄罗斯 | 瑞典 | 土耳其 | 美国 |
|---|---|---|---|---|---|---|---|---|---|---|---|---|---|
| 霸凌（包括网络霸凌） | | | • | • | | • | • | • | | | | | • |
| 与学校有关的焦虑 | | • | | | • | • | | • | | | | | • |
| 心理疾病 | | | | | | | | | | | | | • |
| 人际关系压力 | | | • | | • | | • | | • | • | | | • |
| 自杀 | | | | | | | • | | • | | | | |
| 外貌焦虑 | | | | | | | | • | | | | | |
| 自卑 | | | | • | | | | • | | | | | |
| 进食障碍 | | | | | | | | | | | | | • |
| 主观健康抱怨 | | | | | | | | | | | | | |
| 自我伤害 | | | | • | | | | | | | | | |
| 孤独 | | | | | | | | | | | | | • |
| 生活满意度低 | | • | | | | | | | | | | | |
| 对威胁的恐惧和焦虑 | | | | | • | | | | | | | | |

注：26 个系统中有 24 个回答了该问题。挑战的数量（用灰色表示）不作限定；最紧迫的挑战（用白点表示）只能选三项。
* SHC＝主观健康抱怨（例如头痛、胃痛，情绪低落、易怒，头晕）
来源：21 世纪儿童项目政策问卷

第三章　儿童情感幸福的发展趋势

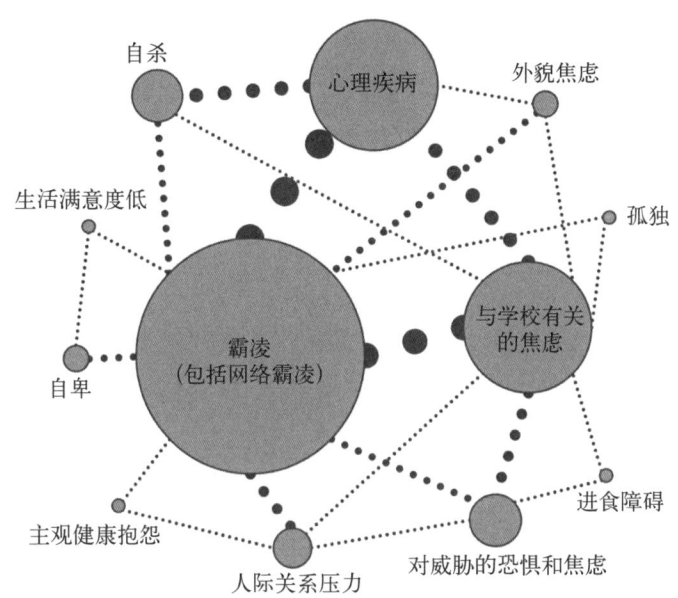

**图 3-2　紧迫的挑战之间的关联**

来源：21 世纪儿童项目政策问卷

注：国家和系统只能选 3 项可以标记为"最紧迫"的问题。连线的宽度反映了各个挑战被同时选择的次数。圆圈的大小反映了每个挑战被选为"紧迫"的次数。

例如，自杀经常和心理疾病以及霸凌同时被选择。与学校有关的压力通常和心理疾病同时被选择，人际关系压力经常和霸凌同时被选择。文献证实了这些挑战在个人层面上的关联（Choi, 2018[9]）。虽然问卷要求各国独立选择所面临的挑战，但答复中呈现的情况说明，经常被同时选择的挑战也可能在更大的全系统范围内相互关联。

## 总结

虽然在 21 世纪报告心理健康问题的儿童显著增加，但是其他情感幸福挑战的发生率一直在下降。这既凸显了改善儿童情感幸福的现有措施取得的成效，也凸显了一些应该优先考虑的挑战，特别是改善女孩以及弱势和移民背景儿童的情感幸福状况。

鉴于儿童身心健康与整体幸福感之间的相互依存关系,童年期的情感幸福也是后期情感幸福的预测指标,因此制定有效的政策举措至关重要。新的数据、政策和计划,对于短期和长期更有效的监测、加强儿童的情感幸福和保护因素是必要的。

## 参考文献

Barnes, A. (2016), "Childhood stress and resilience", in *Health Promotion for Children and Adolescents*, Springer US, Boston, MA, http://dx.doi.org/10.1007/978-1-4899-7711-3_5. 【71】

Bergin, C. and D. Bergin (2009), "Attachment in the classroom", *Educational Psychology Review*, Vol. 21/2, pp. 141-170, http://dx.doi.org/10.1007/s10648-009-9104-0. 【75】

Blomqvist, I. et al. (2019), "Increase of internalized mental health symptoms among adolescents during the last three decades", *European Journal of Public Health*, http://dx.doi.org/10.1093/eurpub/ckz028. 【19】

Bor, W. et al. (2014), "Are child and adolescent mental health problems increasing in the 21st century? A systematic review", *Australian & New Zealand Journal of Psychiatry*, Vol. 48/7, pp. 606-616, http://dx.doi.org/10.1177/0004867414533834. 【18】

Brailovskaia, J., T. Teismann and J. Margraf (2018), "Cyberbullying, positive mental health and suicide ideation/behavior", *Psychiatry Research*, Vol. 267, pp. 240-242, http://dx.doi.org/10.1016/J.PSYCHRES.2018.05.074. 【49】

Cavallo, F. et al. (2015), "Trends in life satisfaction in European and North-American adolescents from 2002 to 2010 in over 30 countries", *The European Journal of Public Health*, Vol. 25/suppl 2, pp. 80-82, http://dx.doi.org/10.1093/eurpub/ckv014. 【35】

Chaput, J. et al. (2016), "Systematic review of the relationships between sleep duration and health indicators in school-aged children and youth", *Applied Physiology, Nutrition, and Metabolism*, Vol. 41/6 (Suppl. 3), pp. S266-S282, http://dx.doi.org/10.1139/apnm-2015-0627. 【66】

Choi, A. (2018), "Emotional well-being of children and adolescents: Recent trends and relevant factors", *OECD Education Working Papers*, No. 169, OECD Publishing, Paris, https://dx.doi.org/10.1787/41576fb2-en. 【9】

Collishaw, S. (2015), "Annual Research Review: Secular trends in child and adolescent mental health", *Journal of Child Psychology and Psychiatry*, Vol. 56/3, pp. 370-393, http://dx.doi.org/10.1111/jcpp.12372. 【20】

Costello, E., W. Copeland and A. Angold (2011), "Trends in psychopathology across the adolescent years: What changes when children become adolescents, and when adolescents become adults?", *Journal of Child Psychology and Psychiatry*, Vol. 52/10, pp. 1015-1025, http://dx.doi.org/10.1111/j.1469-7610.2011.02446.x. 【15】

Das, J. et al. (2016), "Interventions for adolescent mental health: An overview of systematic reviews", *Journal of Adolescent Health*, Vol. 59/4, pp. S49–S60, http://dx.doi.org/10.1016/J.JADOHEALTH.2016.06.020. 【73】

Dodge, R. et al. (2012), "The challenge of defining wellbeing", *International Journal of Wellbeing*, Vol. 2/3, http://internationaljournalofwellbeing.org/ijow/index.php/ijow/article/view/89. 【10】

Drydakis, N. (2014), "Bullying at school and labour market outcomes", *International Journal of Manpower*, Vol. 35/8, pp. 1185–1211, http://dx.doi.org/10.1108/ijm-08-2012-0122. 【42】

Durlak, J. et al. (2011), "The impact of enhancing students' social and emotional learning: A meta-analysis of school-based universal interventions", *Child Development*, Vol. 82/1, pp. 405–432, http://dx.doi.org/10.1111/j.1467-8624.2010.01564.x. 【79】

Elgar, F. et al. (2017), "Early-life income inequality and adolescent health and well-being", *Social Science & Medicine*, Vol. 174, pp. 197–208, http://dx.doi.org/10.1016/J.SOCSCIMED.2016.10.014. 【57】

Fuhrmann, D., L. Knoll and S. Blakemore (2015), "Adolescence as a sensitive period of brain development", *Trends in Cognitive Sciences*, Vol. 19/10, pp. 558–566, http://dx.doi.org/10.1016/J.TICS.2015.07.008. 【5】

Gandhi, S. et al. (2016), "Mental health service use among children and youth in Ontario: Population-based trends over time", *The Canadian Journal of Psychiatry*, Vol. 61/2, pp. 119–124, http://dx.doi.org/10.1177/0706743715621254. 【24】

Gladstone, T., W. Beardslee and E. O'Connor (2011), "The prevention of adolescent depression", *Psychiatric Clinics of North America*, Vol. 34/1, pp. 35–52, http://dx.doi.org/10.1016/J.PSC.2010.11.015. 【76】

Goldbeck, L. et al. (2007), *Life Satisfaction Decreases during Adolescence*, Springer, http://dx.doi.org/10.2307/27641333. 【34】

Goldman, E. et al. (2016), "Child mental health: Recent developments with respect to risk, resilience, and interventions", in *Health Promotion for Children and Adolescents*, Springer US, Boston, MA, http://dx.doi.org/10.1007/978-1-4899-7711-3_6. 【72】

Government of New Zealand (2019), *Budget 2019: Focus on wellbeing*, www.budget.govt.nz/budget/2019/wellbeing/mental-health/supporting-young-people.htm. 【62】

Härkönen, J., F. Bernardi and D. Boertien (2017), "Family dynamics and child outcomes: An overview of research and open questions", *European Journal of Population*, Vol. 33/2, pp. 163–184, http://dx.doi.org/10.1007/s10680-017-9424-6. 【60】

HBSC Data Management Centre (2016), *Open Access – HBSC Data Portal – 2001/2002 to 2013/2014*, University of Bergen, www.uib.no/en/hbscdata/113290/open-access. 【14】

Henderson, J. et al. (2017), "Integrated collaborative care teams to enhance service delivery to youth with mental health and substance use challenges: protocol for a pragmatic randomised controlled trial", *BMJ Open*, Vol. 7/2, http://dx.doi.org/10.1136/bmjopen-2016-014080. 【17】

Huitsing, G. and R. Veenstra (2012), "Bullying in classrooms: Participant roles from a social network perspective", *Aggressive Behavior*, Vol. 38/6, pp. 494–509, http://dx.doi.org/10.1002/ab.21438. 【40】

Jones, P. (2013), "Adult mental health disorders and their age at onset", *British Journal of Psychiatry*, Vol. 202/s54, pp. s5–s10, http://dx.doi.org/10.1192/bjp.bp.112.119164. 【7】

Kahneman, D. and A. Deaton (2010), "High income improves evaluation of life but not emotional well-being.", *Proceedings of the National Academy of Sciences of the United States of America*, Vol. 107/38, pp. 16489–93, http://dx.doi.org/10.1073/pnas.1011492107. 【55】

Keski-Rahkonen, A. and L. Mustelin (2016), "Epidemiology of eating disorders in Europe", *Current Opinion in Psychiatry*, Vol. 29/6, pp. 340–345, http://dx.doi.org/10.1097/YCO.0000000000000278. 【30】

Kieling, C. et al. (2011), "Child and adolescent mental health worldwide: Evidence for action", *The Lancet*, Vol. 378/9801, pp. 1515–1525, http://dx.doi.org/10.1016/s0140-6736(11)60827-1. 【6】

Kochel, K., G. Ladd and K. Rudolph (2012), "Longitudinal associations among youth depressive symptoms, peer victimization, and low peer acceptance", *Child Development*, Vol. 83/2, pp. 637–650, http://dx.doi.org/10.1111/j.1467-8624.2011.01722.x. 【38】

Korkeila, J. et al. (2003), "Review Article: Establishing a set of mental health indicators for Europe", *Scandinavian Journal of Public Health*, Vol. 31/6, pp. 451–459, http://dx.doi.org/10.1080/14034940210165208. 【13】

Litmanen, J. et al. (2017), "Are eating disorders and their symptoms increasing in prevalence among adolescent population?", *Nordic Journal of Psychiatry*, Vol. 71/1, pp. 61–66, http://dx.doi.org/10.1080/08039488.2016.1224272. 【28】

Loth, K. et al. (2015), "Disordered eating and psychological well-being in overweight and nonoverweight adolescents: Secular trends from 1999 to 2010", *International Journal of Eating Disorders*, Vol. 48/3, pp. 323–327, http://dx.doi.org/10.1002/eat.22382. 【29】

Lucassen, M. et al. (2014), *Youth'12: The Health and Wellbeing of Secondary School Students in New Zealand. Results for Young People Attracted to the Same Sex or Both Sexes*, http://oro.open.ac.uk/43995/1/Same%20Sex%20Report_14NM.pdf. 【43】

Malecki, C. and M. Demaray (2006), "Social support as a buffer in the relationship between socioeconomic status and academic performance", *School Psychology Quarterly*, Vol. 21/4, pp. 375–395, https://doi.org/10.1037/h0084129. 【74】

Matricciani, L. et al. (2017), "Past, present, and future: Trends in sleep duration and implications for public health", *Sleep Health*, Vol. 3/5, pp. 317–323, http://dx.doi.org/10.1016/J.SLEH.2017.07.006. 【64】

Maughan, B., S. Collishaw and A. Stringaris (2013), "Depression in childhood and adolescence", *Journal of the Canadian Academy of Child and Adolescent Psychiatry / Journal de l'Academie canadienne de psychiatrie de l'enfant et de l'adolescent*, Vol. 22/1, pp. 35–40, www.ncbi.nlm.nih.gov/pubmed/23390431. 【21】

McLoughlin, A., M. Gould and K. Malone (2015), "Global trends in teenage suicide: 2003–2014", *QJM*, Vol. 108/10, pp. 765–780, http://dx.doi.org/10.1093/qjmed/hcv026. 【45】

Modecki, K. et al. (2014), "Bullying prevalence across contexts: A meta-analysis measuring cyber and traditional bullying", *Journal of Adolescent Health*, Vol. 55/5, pp. 602–611, http://dx.doi.org/10.1016/J.JADOHEALTH.2014.06.007. 【47】

Mojtabai, R., M. Olfson and B. Han (2016), "National trends in the prevalence and treatment of depression in adolescents and young adults", *Pediatrics*, Vol. 138/6, http://dx.doi.org/10.1542/peds.2016-1878. 【25】

Moksnes, U. et al. (2016), "The association between school stress, life satisfaction and depressive symptoms in adolescents: Life satisfaction as a potential mediator", *Social Indicators Research*, Vol. 125/1, pp. 339–357, http://dx.doi.org/10.1007/s11205-014-0842-0. 【33】

Molcho, M. et al. (2009), "Cross-national time trends in bullying behaviour 1994–2006: Findings from Europe and North America", *International Journal of Public Health*, Vol. 54/S2, pp. 225–234, http://dx.doi.org/10.1007/s00038-009-5414-8. 【41】

Morgan, A. et al. (2007), *Mental Well-being in School-aged Children in Europe: Associations with Social Cohesion and Socioeconomic Circumstances*, www.euro.who.int/data/assets/pdf_file/0006/74751/Hbsc_Forum_2007_mental_well-being.pdf. 【2】

Mueller, A. et al. (2015), "Suicide ideation and bullying among US adolescents: Examining the intersections of sexual orientation, gender, and race/ethnicity.", *American journal of public health*, Vol. 105/5, pp. 980–5, http://dx.doi.org/10.2105/AJPH.2014.302391. 【46】

Murphy, R. (2016), *Child and Adolescent Mental Health — Trends and Key Issues*, SPICe: The Information Centre, www.parliament.scot/ResearchBriefingsAndFactsheets/S5/SB_16-76_Child_and_Adolescent_Mental_Health_Trends_and_Key_Issues.pdf. 【23】

Neil, A. and H. Christensen (2009), "Efficacy and effectiveness of school-based prevention and early intervention programs for anxiety", *Clinical Psychology Review*, Vol. 29/3, pp. 208–215, http://dx.doi.org/10.1016/j.cpr.2009.01.002. 【80】

New Zealand Ministry of Health — Manatū Hauora (2018), *Mental health workers begin in Canterbury schools*, New Zealand Ministry of Health, www.health.govt.nz/news-media/news-items/mental-health-workers-begin-canterbury-schools. 【61】

Ng, W. and E. Diener (2019), "Affluence and subjective well-being: Does income inequality moderate their associations?", *Applied Research in Quality of Life*, Vol. 14/1, pp. 155–170, http://dx.doi.org/10.1007/s11482-017-9585-9. 【56】

OECD (2019), *Trends Shaping Education 2019*, OECD Publishing, Paris, https://dx.doi.org/10.1787/trends_edu-2019-en. 【54】

OECD (2018), *Children in Families*, OECD Family Database, www.oecd.org/els/family/database.htm. 【59】

OECD (2018), *How is Depression Related to Education?*, OECD Publishing, Paris, https://dx.doi.org/10.1787/eag-2017-en. 【26】

OECD (2017), *PISA 2015 Results (Volume III): Students' Well-Being*, OECD Publishing, Paris, https://dx.doi.org/10.1787/9789264273856-en. 【32】

OECD (2017), *Teenage Suicides (15–19 years old)*, OECD Family Database, www.who.int/classifications/icd/en/. 【50】

OECD (2016), *Trends Shaping Education 2016*, OECD Publishing, Paris, https://dx.doi.org/10.1787/trends_edu-2016-en. 【68】

OECD (2015), *Skills for Social Progress: The Power of Social and Emotional Skills*, OECD Skills Studies, OECD Publishing, Paris, https://dx.doi.org/10.1787/9789264226159-en. 【3】

Olfson, M. et al. (2014), "National trends in the mental health care of children, adolescents, and adults by office-based physicians", *JAMA Psychiatry*, Vol. 71/1, p. 81, http://dx.doi.org/10.1001/jamapsychiatry.2013.3074. 【16】

Ottova-Jordan, V. et al. (2015), "Trends in multiple recurrent health complaints in 15-year-olds in 35 countries in Europe, North America and Israel from 1994 to 2010", *The European Journal of Public Health*, Vol. 25/suppl 2, pp. 24–27, http://dx.doi.org/10.1093/eurpub/ckv015. 【53】

Paiva, T., T. Gaspar and M. Matos (2015), "Sleep deprivation in adolescents: Correlations with health complaints and health-related quality of life", *Sleep Medicine*, Vol. 16/4, pp. 521–527, http://dx.doi.org/10.1016/j.sleep.2014.10.010. 【67】

Patton, G. et al. (2016), "Our future: A Lancet commission on adolescent health and wellbeing", *Lancet (London, England)*, Vol. 387/10036, pp. 2423–78, http://dx.doi.org/10.1016/S0140-6736(16)00579-1. 【69】

Paus, T., M. Keshavan and J. Giedd (2008), "Why do many psychiatric disorders emerge during adolescence?", *Nature Reviews Neuroscience*, Vol. 9/12, pp. 947–957, http://dx.doi.org/10.1038/nrn2513. 【4】

Pollard, E. and P. Lee (2003), "Child well-being: A systematic review of the literature", *Social Indicators Research*, Vol. 61/1, pp. 59–78, http://dx.doi.org/10.1023/a:1021284215801. 【1】

Potrebny, T., N. Wiium and M. Lundegård (2017), "Temporal trends in adolescents' self-reported psychosomatic health complaints from 1980–2016: A systematic review and meta-analysis", *PLOS ONE*, Vol. 12/11, p. e0188374, http://dx.doi.org/10.1371/journal.pone.0188374. 【36】

Pottie, K. et al. (2015), "Do first generation immigrant adolescents face higher rates of bullying, violence and suicidal behaviours than do third generation and native born?", *Journal of Immigrant and Minority Health*, Vol. 17/5, pp. 1557–1566, http://dx.doi.org/10.1007/s10903-014-0108-6. 【58】

Richard, J., B. Schneider and P. Mallet (2012), "Revisiting the whole-school approach to bullying: Really looking at the whole school", *School Psychology International*, Vol. 33/3, pp. 263–284, http://dx.doi.org/10.1177/0143034311415906. 【77】

Ruch, D. et al. (2019), "Trends in suicide among youth aged 10 to 19 years in the United States, 1975 to 2016", *JAMA Network Open*, Vol. 2/5, p. e193886, http://dx.doi.org/10.1001/jamanetworkopen.2019.3886. 【51】

Sarchiapone, M. et al. (2014), "Hours of sleep in adolescents and its association with anxiety, emotional concerns, and suicidal ideation", *Sleep Medicine*, Vol. 15/2, pp. 248–254, http://dx.doi.org/10.1016/j.sleep.2013.11.780. 【65】

Savage, C. et al. (2018), *The Evaluation of Wave 6: Whānau Initiatives for Te Pūtahitanga o Te Waipounamu The Evaluation of Wave Six Whānau Initiatives for Te Pūtahitanga o Te Waipounamu*, Ihi Research, https://static1.squarespace.com/static/548669c2e4b0e9c86a08b3ca/t/5b20404f1ae6cf43f6d29056/1528840319694/Wave+6+Evaluation.pdf. 【63】

Swearer, S. and S. Hymel (2015), "Understanding the psychology of bullying: Moving toward a social-ecological diathesis-stress model", *American Psychologist*, Vol. 70/4, pp. 344–353, http://dx.doi.org/10.1037/a0038929. 【39】

Sznitman, S., L. Reisel and D. Romer (2011), "The neglected role of adolescent emotional well-being 【27】 in national educational achievement: Bridging the gap between education and mental health policies", *Journal of Adolescent Health*, Vol. 48/2, pp. 135 – 142, http://dx.doi.org/10.1016/j.jadohealth.2010.06.013.

Thornicroft, G. et al. (2016), "Evidence for effective interventions to reduce mental-health-related stigma and discrimination", *The Lancet*, Vol. 387/10023, pp. 1123 – 1132, http://dx.doi.org/10.1016/S0140-6736(15)00298-6. 【22】

Tokunaga, R. (2010), "Following you home from school: A critical review and synthesis of research on cyberbullying victimization", *Computers in Human Behavior*, Vol. 26/3, pp. 277 – 287, http://dx.doi.org/10.1016/J.CHB.2009.11.014. 【48】

UNESCO (2019), *Behind the numbers: Ending school violence and bullying*, https://unesdoc.unesco.org/ark:/48223/pf0000366483. 【37】

UNESCO (2017), *School Violence and Bullying: Global Status Report*, https://unesdoc.unesco.org/ark:/48223/pf0000246970. 【78】

UNESCO (2016), *Out in the Open: Education Sector Responses to Violence Based on Sexual Orientation or Gender Identity/Expression: Summary Report*, https://unesdoc.unesco.org/ark:/48223/pf0000244652. 【44】

Vanaken, G. and M. Danckaerts (2018), "Impact of green space exposure on children's and adolescents' mental health: A systematic review", *International Journal of Environmental Research and Public Health*, Vol. 15/12, p. 2668, http://dx.doi.org/10.3390/ijerph15122668. 【70】

Westerhof, G. and C. Keyes (2010), "Mental illness and mental health: The Two Continua Model across the lifespan", *Journal of Adult Development*, Vol. 17/2, pp. 110 – 119, http://dx.doi.org/10.1007/s10804-009-9082-y. 【11】

WHO (2018), *Mental Health: Strengthening our Response*, www.who.int/en/news-room/fact-sheets/detail/mental-health-strengthening-our-response. 【12】

WHO (2017), *Child and Adolescent Mental Health*, www.who.int/mental_health/maternal-child/child_adolescent/en/. 【8】

WHO (2016), *Growing up Unequal: Gender and Socioeconomic Differences in Young People's Health and Well-being*, www.euro.who.int/en/publications/abstracts/growing-up-unequal.-hbsc-2016-study-20132014-survey. 【31】

Yoshikawa, H., J. Aber and W. Beardslee (2012), "The effects of poverty on the mental, emotional, and behavioral health of children and youth: Implications for prevention.", *American Psychologist*, Vol. 67/4, pp. 272 – 284, http://dx.doi.org/10.1037/a0028015. 【52】

第二部分

21世纪儿童的人际关系

# 第四章

# 21世纪的父母教养方式和同伴友谊

从出生到年迈,社会化以及人际关系始终是我们生活的重要组成部分。对于儿童和青少年而言,与家人和同伴建立的牢固且积极的关系对于幸福感的提升和健康发展都是至关重要的。本章回顾了积极的和支持性人际关系对儿童发展重要性的相关文献,从生命历程的角度看待父母和同伴在儿童每个发展阶段所扮演的角色。随后提出问题:在数字世界里,儿童与父母和同伴的关系是否发生了改变?这对于21世纪的儿童来说意味着什么?本章概述了父母的教养方式,同时对这些教养方式对儿童所产生的已知和未知的影响进行了阐述。本章还特别关注在OECD国家中的"直升机式育儿"方式。本章在结束时讨论了传统友谊和虚拟友谊。

## 背景

人际关系能够对人的一生产生重要影响。尤其在人的婴幼儿时期,家庭对其认知、发展、教育和健康都有着举足轻重的作用。同伴是除家庭以外的另一项关键要素,特别是从童年中期到青少年时期,同伴在儿童的社会和情感发展过程中扮演着重要的角色。

然而,家庭正在发生改变。在过去的20年中,我们目睹了生育率和结婚率的下降、离婚率的上升、单亲家庭的数量不断攀升。OECD各国政府正在努力使同性婚姻合法化。老一辈人的年龄在不断增长,而他们拥有的子女数量却在减少。这种现象在很大程度上与近几十年来女性在劳动力市场上的参与度上升以及受教育程度的提高相一致(Bongaarts, Mensch and Blanc, 2017[1])。

除了家庭环境的改变,个人与朋友和同伴间建立关系的方式也已然发生了变化。社交方式的日益多样化意味着OECD国家中的儿童和青少年更有可能拥有来自不同文化背景、种族和不同性取向的同伴。无所不在的技术已经极大地改变了社会互动的方式。短信、即时消息和社交网站正在成为强化儿童和青少年与朋友、家庭、伙伴之间关系的主要手段,网络友谊和虚拟同伴正变得越来越重要。

本章将从生命历程的角度概述家庭和同伴关系的重要性,并着重强调家庭和同伴关系对儿童情感幸福的影响。本章还会特别关注父母教养方式和同伴友谊,并分析它们在数字化时代所呈现出的特征,以及这些特征和变化将给21世纪的儿童带来的影响。

## 生命历程视角下的家庭和同伴

在大量社会学、经济学以及有关儿童发展的研究中都提到了家庭对儿童的认知、发展、教育、劳动和健康的重要性(OECD, 2011[2])。

除了家庭以外,同伴也会通过与儿童的互帮互助,为儿童提供社会支持与社交机会,以此促进社会化对儿童的认知、社会性、情感、行为与发展的影响

(Hay, 2005[3]; Haynie and Osgood, 2005[4]; Hinde et al., 1985[5]; Ost, 2010[6]; Reitz et al., 2014[7])。但是同时也可能带来许多负面影响,如犯罪和攻击行为等。

人际关系在人的一生中发挥着重要作用。人际关系中关键角色的重要性会随着儿童的发展不断发生改变。接下来的几个部分将从幼儿期、童年中期和青春期3个阶段分别对儿童发展中的关键角色进行简要概述。

### 幼儿期

在幼儿期,家庭关系是所有关系的核心。强烈的亲子依恋关系以及强调以养育、照护和支持为特征的教养方式通常被认为是促进儿童身体、社会性和情感积极发展的保护因素。(Chan, Lake and Hansen, 2017[8]; OECD, 2015[9])。在幼儿阶段,父母育儿的响应性和一致性是衡量儿童认知和社会性发展的重要指标,与儿童日后健康的人际关系息息相关(Schneider, Atkinson and Tardif, 2001[10])。

无论是从短期还是长期来看,家庭破裂、贫困和矛盾都会影响儿童成长。父母的无效管教、父母的抑郁症或者心理问题、压力,以及父母之间的关系等问题导致了家庭结构和人际关系的改变,对儿童今后的发展和幸福感会产生持久的负面影响(Carlson and Corcoran, 2001[11])。

除家庭以外,儿童从出生的第一年就开始与他们的同伴建立了相互关系。共同注意能力、情绪调节、控制及模仿等社交技能可以强化儿童的同伴关系。

### 童年中期

家庭支持在童年中期仍然关键。安全型依恋关系能够促进儿童积极情绪的发展以及亲社会行为的形成,同时也有利于其建立良好的同伴关系(Hartup, 1992[12])。许多在幼儿期对儿童产生影响的危险和保护性因素到童年中期也会对儿童产生类似的影响。在这个阶段经受家庭压力的儿童更易于表现出行为问题,相比之下,家庭压力对于儿童学业成绩的影响则是微乎其微的(Duncan et al., 2012[13]）。在幼儿期遭受严厉且低响应性养育的儿童和青少年,发生创伤性事件的频率居高不下。他们也更易于表现出更严重的内化和外化问题（Jaffee et al., 2015[14]）。

这些负面影响往往会进一步影响儿童的同伴关系。一项有关6—13岁儿童的纵向研究发现,儿童的早期行为问题,如破坏行为和社交敏感障碍,都与童年中期所经历的同伴拒绝和同伴的"不友善"有关（Pedersen et al., 2007[15]）。被拒绝型和被忽视型的同伴交往关系能够有效预测儿童在学校发生逃学、辍学和纪律问题的概率（Hartup, 1992[12]）。

### 青春期

青春期是一个重要的过渡时期。处于青春期的儿童逐渐走向独立和自主,与同伴相处的时间更多。一则好消息是:从15岁青少年的自我报告结果来看,那些与同伴相处时间越久的青少年对生活的满意度越高,同时还会产生一系列其他积极影响（OECD, 2017[16]）。

处于青春期的青少年的大脑仍然处于发育阶段,却要适应不断增加的压力。有关神经系统发育的研究结果表明,人脑中情感控制区域和认知控制区域之间的发展不平衡,导致青少年在青春期更易做出缺乏深思熟虑的冒险行为（Telzer et al., 2015[17]）。

尽管在这个阶段同伴的作用不言而喻,但是家庭仍然发挥着关键作用。青少年抑郁以及自卑与家庭关系紧张、家庭满意度低显著相关（Stavropoulos et al., 2015[18]）,且这种影响是持久的。与父母缺乏沟通、与同伴关系紧张（如与同学闹矛盾、经常独处等）是预测成年后患心理和功能性疾病概率的重要指标（Landstedt, Hammarström and Winefield, 2015[19]）。

### 21世纪的教养方式

在帮助儿童获得成功的道路上,家长经常感受到巨大压力,包括帮助孩子结交朋友、学习等方面。当家长试图通过互联网来寻求帮助时,就会发现大量令人困惑的信息：搜索一个简单的关键词"教养"，在0.5秒内便可跳出385 000 000个结果[①]。每一种可以想到的教养方式都会出现在网上，从正面管教到全面育儿，再到自由放养式育儿、"虎妈"式育儿等。过多的教养方式引发了一个问题：父母的教养方式在当代真的发生改变了吗？如果是的话，这种改变对父母、孩子甚至对教育都意味着什么？

## 传统教养方式

标准的家庭教养模式包含两个维度：要求程度和响应程度。要求程度是指父母对儿童的行为和服从的期望程度以及执行家庭规则的严格程度。响应程度是指父母对于孩子的发展需求所表现出的温暖、接纳和尊重的程度。根据这两个维度，我们把教养方式分为四种类型（Pellerin, 2005[20]）：

**1. 权威型**

父母对孩子高要求、高响应。他们与孩子进行有效的沟通，对孩子不同的行为表现奖罚分明。这种类型的教养方式对孩子的发展有许多积极影响，包括良好的学业表现、高自尊和高自我效能感（Guyer et al., 2015[21]），孩子欺凌他人或受欺凌的可能性也较低（Georgiou, Ioannou and Stavrinides, 2017[22]）。

**2. 专制型**

父母对孩子高要求、低响应。他们倾向于使用权力、强制性策略和惩罚迫使孩子顺从（Chen, Dong and Zhou, 1997[23]）。这种教养方式会导致孩子产生许多心理健康问题，如抑郁症（Uji et al., 2014[24]；King, Vidourek and Merianos, 2016[25]）。在不同国家和不同文化之间，专制型教养方式和儿童学业发展间关系的研究结果并未达成一致。

**3. 放纵型**

父母对孩子高响应、低要求。他们通常对孩子充满爱，无条件地满足孩子的要求，但很少对孩子进行惩罚。他们对孩子的行为很少设定规则和标准。相

---

① 截至2019年9月。

比责任,他们更强调的是让孩子自由地表达自己的感受和冲动。放纵型教养方式下的孩子学业表现和社交能力较差(Lamborn et al., 1991[26]),也更有可能欺凌他人(Dehue et al., 2012[27])。不过研究发现,至少在某些国家中,这种教养方式成长下的孩子自尊心更强(Calafat, 2014[28])。

**4. 忽视型**

父母对孩子低响应、低要求。他们对孩子漠不关心,对孩子的行为不会有任何期待,也不会对其表现出爱和支持。忽视型教养方式下的孩子学业表现最差,更有可能具有攻击性、破坏性和不合作性,同时也更有可能产生情绪问题,如抑郁和自杀倾向(Hildyard and Wolfe, 2002[29];Singh and Behmani, 2018[30])。

## 教养方式的演变

除了传统的教养方式,还存在大量其他类型的教养方式。其中有许多方式被宣传为一种"新型"育儿方式,并认为这种方式可以帮助孩子在学校、工作或生活中更成功。然而,许多关于当代父母教养方式的潜在积极影响并非是通过研究得出的,事实上根本没有进行过相关研究。表4-1中概述了各种教养方式,包括传统教养方式和现代教养方式,以及这些教养方式对孩子产生的潜在影响。此外还注明了这些所谓的影响在学术领域中的研究程度。

如表4-1所示,我们有必要对新型教养方式的影响作进一步研究。有关教养方式的类型以及不同类型教养方式产生的影响的研究仍有欠缺之处。主要包括:

**研究数量不足。**对现代教养方式(如"虎妈"式、"直升机"式、"低头族"式和"晒娃"式)的研究数量不足,在研究内容上通常是不加批判地直接反映父母的做法、经验和意见。

**研究方法受限。**现有的研究大多是基于调查、问卷和自我报告数据进行研究分析。缺少随机对照实验和纵向研究,影响了我们对于父母教养方式和孩子幸福感之间因果关系的理解。此外,由于缺少严格的定性研究方法(如焦点小组访谈或半结构式访谈),导致了大量相关信息的缺失,包括缺少孩子自己对于不同教养方式的看法。

**文化来源单一**。对教养方式的研究大多集中在对西方国家的白人家庭。由于教养方式受文化和环境的影响,因此,文化来源越广越能提高研究结果的有效性和可推广性（Gicevic et al., 2016[31]）。

表4-1 教养方式概览

| 类 型 | 定 义 | 对孩子的潜在影响 | 研究程度 |
|---|---|---|---|
| 传统方式 | | | |
| 专制型 | 表现为高控制（要求）、低温暖（响应） | 孩子出现行为和情绪问题,社会技能不足 | 大量研究 |
| 权威型 | 表现为高控制（要求）、高温暖（响应） | 孩子学业表现良好,有较强的社会技能和情感技能,身心健康 | 大量研究 |
| 放纵型 | 表现为低控制（要求）、高温暖（响应） | 孩子学业表现和社交能力较差;但是在某些文化下的孩子会表现出高自尊的特点 | 大量研究 |
| 忽视型 | 表现为低控制（要求）、低温暖（响应） | 孩子容易欺凌他人或受他人欺凌,较易患精神疾病、荒废学业 | 大量研究 |
| 现代方式（并非所有的都是最新的） | | | |
| 依恋式 | 通过快速且持续地满足孩子的情感和生理需求来加强亲子关系 | 孩子有安全感,对生活抱有积极的态度,认为世界是美好的 | 无相关研究 |
| 称兄道弟式 | 没有规矩和界限地宠爱孩子 | 孩子被宠坏,有行为问题 | 无相关研究 |
| 自由放养式 | 在信任的基础上帮助孩子掌握安全技能,并适时退出 | 孩子成长后具有处理错误的能力,能够对自己的行为负责,适应力更强、更能体会到快乐 | 无相关研究 |
| 直升机式 | 像直升机一样整天盘旋在孩子身边,不顾一切保护孩子使其远离危险 | 孩子的适应能力较弱,容易焦虑和抑郁 | 始于2004年 |

(续　表)

| 类　型 | 定　义 | 对孩子的潜在影响 | 研究程度 |
|---|---|---|---|
| 孵化器式 | 违背孩子认知发展规律,让孩子过早开始学习 | 孩子比同龄人更优秀,尤其是在学业上;抑或变得焦虑、追求完美主义和抑郁 | 无相关研究 |
| 割草机式/推土机式 | 为孩子铺平道路,扫清成长道路上的绊脚石 | 孩子缺乏克服困难的信心;青少年开始对父母的控制感到不满 | 无相关研究 |
| 自恋式/附属品 | 自恋型父母认为,孩子的成就就是自己的成就 | 孩子的身份受到威胁。孩子与父母之间存在不健康的依恋关系,相互依恋以寻求自我价值感 | 无相关研究 |
| 偏执狂式 | 疯狂地保护孩子免受任何身体或者心理伤害 | 孩子变得焦虑和缺乏自信 | 无相关研究 |
| 正面管教式 | 通过无条件的支持和引导来赋予孩子权利 | 孩子在做决策前会先考虑可能性以及自己的行为会带来的后果 | 无相关研究 |
| 快速修复/创可贴式 | 依靠快速解决方案来暂时解决问题,而不是追求真正的、持久的改变 | 孩子在警告、奖励或金钱的条件下学会表现,因此往往会重蹈覆辙 | 无相关研究 |
| 慢/滋养式 | 一场反对过度育儿的运动:为孩子提供时间和空间来发现自身兴趣,成为自己想要成为的人 | 培养孩子面对和处理生活中困难/挑战的能力 | 无相关研究 |
| 心灵式/全面化 | 尊重孩子的个性,为孩子创造发展自己信仰的空间 | 通过促进孩子的身体、情感、心理和精神健康最大化地释放孩子的天性 | 无相关研究 |
| 虎妈式 | 负面管教(严格的规则)和正面管教(温暖和支持)相结合 | 孩子效率更高、动力更足、更有责任感;抑或变得难以正常工作,从而导致抑郁、焦虑、缺乏社交技能 | 始于2014年 |
| 无条件/有意识 | 为孩子提供无条件的爱,不管他们做了什么都无条件接受 | 孩子有高度的自尊和自我价值感 | 无相关研究 |

## "直升机"式育儿

"直升机"式育儿是指父母整天"盘旋"在孩子身边,不顾一切保护孩子远离潜在危险。虽然这种教养方式在OECD国家中非常普遍,但是这种方式会给孩子带来何种影响的相关研究非常少。仅有的研究结果也是极具争议的:一方面,"直升机"式教养方式下的孩子往往成绩较差,在学校的参与度较低,自我效能感和适应能力较差(Shaw,2017[32])。在"直升机"式教养方式下成长的孩子,到了大学阶段更容易抑郁、焦虑、酗酒和发生危险性行为,其心理健康水平也较低(Odenweller, Booth-Butterfield and Weber, 2014[33]; LeMoyne and Buchanan, 2011[34]; Segrin et al., 2012[35]; Bendikas, 2010[36])。但另一方面,有研究显示,父母的高度参与与孩子成年后的心理适应能力和生活满意度呈正相关,同时可以改善孩子的身体健康(Fingerman et al., 2012[37])。

从教育的角度来看,"直升机"式育儿给教师和家长的关系带来了巨大挑战。"直升机"式家长经常质疑教师的权威,在教师和孩子发生冲突时选择维护自己的孩子。家长高度参与日常教学事务,有时候甚至达到令人不快的程度(Dor and Rucker-Naidu, 2012[38])。

## 数字世界中的教养行为

除了传统教养方式以外,有些教养方式是随着生活中无处不在的数字技术产生的。对这些教养行为的研究,并非处于中性立场,学者们越来越关注这些行为所带来的潜在负面影响。以下列举了两个简要的案例(更详细的讨论见第六章)。

**1. "低头"族**

也被称为"科技干扰",即科技的使用成为父母与孩子之间、夫妻之间交流的障碍。这种现象在当下非常普遍。在一项研究中,超过50%的受访者表示,自己在看手机时不会理会孩子的需求;有80%的受访者表示,即使在与家人交流时,自己也很难将目光从手机上移开(Hiniker et al., 2015[39])。这些行为形成了一种潜在的恶性循环,父母对孩子的需求没有反应,或者对孩子的不当行为做出过激反应(Radesky et al., 2015[40])。父母将注意力从孩子身上转移到数码产品上时,孩子会感到焦虑(Khourochvili, 2017[41])。为了重新吸引父母的注意力,孩子会表现出一系列的危险行为(Kildare and Middlemiss,2017[42])。

**2."晒娃"式**

即父母在社交媒体上过度分享孩子的信息。现有的对"晒娃"式育儿的研究事实上都是基于调查的定性研究。"晒娃"式育儿在现代家庭中非常普遍,特别是母亲(Brosch,2016[43];Muge Marasli et al.,2016[44])。父母用这种方式来表达对孩子的自豪感,来满足他们自我实现的需求或是用这种方式来获得社会认可、进行社会比较,以及寻求与养育相关的建议和社会支持(Wagner and Gasche,2018[45])。但是,孩子对父母的过度分享感到很苦恼,特别是父母会发布一些不恰当的照片(全裸和半裸照,或者在不合时宜的场合展示照片)(Hiniker,Schoenebeck and Kientz,2016[46];Moser,Chen and Schoenebeck,2017[47])。

---

**信息框 4-1 "晒娃"式**

虽然父母很享受"晒娃",但是几项研究结果给这种行为可能带来的风险提出了警告。例如,侵犯儿童隐私权,使儿童尴尬或者受伤,以及未来可能出现的数字风险。

有些父母非常清楚这些风险,因此在"晒娃"的同时也采取了保护措施,如遮挡脸部或者将可识别的信息模糊处理(Wagner and Gasche,2018[45])。这里提供一些其他的建议(Steinberg,2017[48]):

1. 熟悉社交媒体上的隐私政策。
2. 设置通知,孩子的姓名出现在谷歌搜索结果中时能及时收到提醒。
3. 匿名分享,并且避免分享孩子的实际位置。
4. 给予孩子对网络上信息的"否决权"。
5. 避免分享孩子全裸或半裸照。
6. 考虑"晒娃"对孩子当前和未来的自我意识和幸福感的影响。

## 现代友谊

友谊对儿童而言是必不可少的,占据了儿童大部分的时间和精力,在儿童的成长过程中为他们提供社会、情感和功能性支持(Foucault Welles, Van Devender and Contractor, 2010[49];Helliwell and Huang, 2013[50])。由于儿童接触网络的年龄越来越早,接触的时间也越来越长,虚拟互动,如图像、游戏或聊天,已成为他们日常生活中不可或缺的部分(Hooft Graafland, 2018[51])。因此,越来越多的现代儿童会在网上交友(Zhang, 2016[52];Lenhart et al., 2015[53];Holloway and Livingstone, 2013[54])。

尽管如此,我们对虚拟同伴知之甚少①。他们只是在网上简单地聊天吗?他们是从什么时候开始相互认定为朋友的(是用传统的对朋友的衡量方式还是用新的方式)?

### 理解虚拟友谊

随着网络交流的不断发展,线上友谊和线下友谊之间的界限变得越来越模糊。在早期研究中,线上友谊一般被定义为在线上发起的交友,在线下发起的交友则被称为线下友谊(Mesch and Talmud, 2007[55])。然而,该定义已经无法准确描述复杂的现实状况,那些开始于现实生活而后延伸至数字世界的友谊(如同学之间通过 Snapchat/Instagram 在课后保持联系),又或者是开始于网络而后转为线下交流的模式(如那些通过网络游戏认识的朋友,之后相约线下见面)(Antheunis, Valkenburg and Peter, 2007[56];Parks and Floyd, 2006[57];Parks and Roberts, 1998[58])。

一般而言,儿童通常是在虚拟世界、网络游戏和社交网站(SNS)中结识网络伙伴(Livingstone et al., 2011[59];Lenhart et al., 2015[53])。尽管8—11岁儿童上网的比例正在上升,但是青少年拥有社交媒体或视频共享资料的比例仍然高于儿童[(Ofcom, 2019[60])另见第二章]。年轻用户群体参与度的增加是需

---

① 在本章中,"虚拟"同伴及友谊将与"在线""数字"同伴及友谊轮流使用。

要引起注意的,特别是在许多社交媒体平台禁止 13 岁以下的用户使用之后,这一比例仍然在上升。3—5 岁儿童上网人数的不断增加,同样也引起了人们对行业和家长责任问题的质疑(见第六章和第十章)。

### 虚拟友谊与传统友谊

有关友谊的研究主要探讨了两个问题:儿童是如何结交朋友的?高质量友谊的特征是什么,带来的好处是什么?

## 结交朋友

影响虚拟友谊的因素与推动线下友谊形成的因素大体相同,不过也存在少许区别:

**趋同性**。儿童倾向于和与自己相似的人交朋友(性格相似或人口学特征相似)。这种相似性被认为是儿童的一种自我肯定(Antheunis, Valkenburg and Peter, 2007[56])。McPherson、Smith-Lovin 和 Cook(2001[61])发现,在传统友谊中,相似的人口学特征对于友谊的影响要大于性格上的相似——其中相同人种和相同民族是最强的影响因子,随后依次是年龄、宗教、教育、职业和性别。在虚拟友谊中,没有证据能支持性别、人种、宗教和教育背景的相似会对友谊产生影响。只有在年龄因素中存在相关研究结论:Utz 和 Jankowski(2016[62])发现虚拟世界和网络游戏中的玩家更有可能与年龄相仿的玩家互动。

**亲近度**。儿童通常会与距离近的人交朋友,因为有更多的机会一起玩耍、相互交换信息以及一起参加集体活动(Mesch and Talmud, 2006[63])。这种亲近度机制适用于现实生活中的友谊,同样也适用于虚拟友谊,即角色亲近度,因为玩家在游戏中的角色与其他角色之间的亲近程度是很重要的(Chesney et al., 2014[64])。虚拟世界和网络游戏中的玩家会倾向于和围绕在他们角色周围的其他角色交朋友,并不会随机发送交友请求。但是,由于个体所处位置的关系,这种形式的交友结果颇具争议。

**地位**。儿童倾向于和那些比较受欢迎的孩子交朋友,但这些孩子往往已经拥有很多朋友了。与传统友谊一样,地位因素也会影响虚拟友谊:玩家的等级越高,就越容易收到交友邀请,也就越容易在网上结交朋友(Utz and Jankowski, 2016[62])。地位因素对虚拟友谊的影响会因数字平台的不同而产生差异。在社交网站上,好友/联系人越多地位就越高。在游戏中,经验值越高、虚拟货币越多、人物角色越精致、账户等级越高也就代表地位越高,因为需要达到这个等级往往需要每月消费。

**社会吸引力**。儿童通常会和那些他们认为极具社会吸引力的人交朋友,因为与这些人交流通常会感到更愉快(Berndt, Hawkins and Hoyle, 1986[65])。通过促进朋友之间的社会交流和互动,社会吸引力不仅有助于建立友谊,还能够提高友谊的质量(Reagans, 2005[66])。研究发现,线上友谊的社会吸引力显著低于线下友谊(Antheunis, Valkenburg and Peter, 2007[56])。

## 友谊的质量和影响因素

友谊有三个相互关联的影响因素:① 相互关心。朋友对彼此的需求会做出反应,并且在需要的时候愿意提供帮助(Berndt, Hawkins and Hoyle, 1986[65])。② 陪伴。朋友之间喜欢用聊天或者一起参加活动的方式来消磨时间(Munn, 2012[67])。③ 亲密度。朋友之间相互分享个人信息和隐私信息、想法和感受(Żurko, 2011[68];Cocking and Matthews, 2001[69])。

相互关心、陪伴以及亲密度的程度越高就表示友谊的质量越高。无论传统友谊还是线上友谊都受这三个因素的影响。事实上,有人认为,数字世界能够增加孩子之间的相互陪伴时间和亲密度,因为只要能够上网,他们便能随时联系。线上友谊还能够帮助那些在线下被群体疏远的儿童在网络上找到与自己有相似爱好的人,但由于现实生活中的社会规范,这类群体未必能够找到合适的朋友,如社交焦虑儿童、残疾儿童以及 LGBTQ+ 儿童。

## 总结

家庭和同伴对儿童和青少年的幸福感以及将来的生活质量有着巨大的影响。然而，随着世界逐渐发展，我们的家庭观念也在不断发展。在20世纪，主要的家庭模式特点是父亲养家糊口，母亲负责日常家务以及照顾孩子。但这种模式如今已经发生了变化。在过去的50年里，重组家庭以及单亲家庭的数量不断增加。家庭的规模越来越小，个人计划的生育时间越来越晚，或者干脆选择不生育。

由于父母不想让自己的孩子输在起跑线上，因此教养方式正在不断发生变化（如"直升机"式育儿）。社交媒体使得父母和家庭精心策划的自身形象被越来越多的人知晓，新的教养行为也随之而生。不过，并不是所有的教养行为都是正面的。虽然这个问题还需要更深入的研究，但是如"晒娃"式和"低头族/科技干扰"教养行为已经表明，成人应该知晓如何使用数字技术，这将对周围孩子的幸福产生影响。

除家庭环境外，朋友间的社会互动在过去的10年里同样也发生了重大变化。线上友谊对儿童和青少年来说十分重要。他们主要通过短信、即时消息以及社交网站来维护相互之间的关系。线上友谊和线下友谊之间的界限正在变得越来越模糊。

在未来的几年中，所有这些问题都将变得越来越重要。而教育（从幼儿教育开始一直贯穿整个生命周期）如何才能最大限度地为家庭提供支持，特别是如何为那些贫穷和处境最不利的家庭提供帮助，是当下的重要问题。与之同等重要的是，我们需要跟踪研究在孩子的一生中扮演支持性角色的人物之间的关联（家庭和朋友），以及他们如何在我们的现代世界中发挥作用。以下章节将对这些问题进行更详尽的阐述。

## 参考文献

Antheunis, M., P. Valkenburg and J. Peter（2007），"The quality of online, offline, and mixed-mode friendships among users of a social network site", *Journal of Psychosocial Research on Cyberspace*, Vol. 6/3, http://dx.doi.org/10.5817/CP2012-3-6. 【56】

Bendikas, E. (2010), *Do Helicopter Parents Cause Life Turbulence for Their Offspring? Implications of Parental Psychological Control for College Students' Adjustment*, https://etd.ohiolink.edu/pg_10? 0;;NO;10;P10_ACCESSION_NUM;miami1276092075#abstract-files. 【36】

Berndt, T., J. Hawkins and S. Hoyle (1986), "Changes in friendship during a school year: Effects on children's and adolescents' impressions of friendship and sharing with friends", *Child Development*, Vol. 57/5, p. 1284, http://dx.doi.org/10.2307/1130451. 【65】

Bongaarts, J., B. Mensch and A. Blanc (2017), "Trends in the age at reproductive transitions in the developing world: The role of education", *Population Studies*, Vol. 71/2, pp. 139–154, http://dx.doi.org/10.1080/00324728.2017.1291986. 【1】

Brosch, A. (2016), "When the child is born into the Internet: Sharenting as a growing trend among parents on Facebook", *The New Educational Review*, http://dx.doi.org/10.15804/tner.2016.43.1.19. 【43】

Calafat, A. (2014), "Which parenting style is more protective against adolescent substance use? Evidence within the European context.", *Drug & Alcohol Dependence*, Vol. 138, pp. 185–192, http://dx.doi.org/10.1016/j.drugalcdep.2014.02.705. 【28】

Carlson, M. and M. Corcoran (2001), "Family structure and children's behavioral and cognitive outcomes", *Journal of Marriage and Family*, Vol. 63/3, pp. 779–792, http://dx.doi.org/10.1111/j.1741-3737.2001.00779.x. 【11】

Chan, M., A. Lake and K. Hansen (2017), "The early years: Silent emergency or unique opportunity?", *The Lancet*, Vol. 389/10064, pp. 11–13, http://dx.doi.org/10.1016/S0140-6736(16)31701-9. 【8】

Chen, X., Q. Dong and H. Zhou (1997), "Authoritative and authoritarian parenting practices and social and school performance in chinese children", *International Journal of Behavioral Development*, Vol. 21/4, pp. 855–873, http://journals.sagepub.com/doi/pdf/10.1080/016502597384703 (accessed on 14 June 2018). 【23】

Chesney, T. et al. (2014), "Determinants of friendship in social networking virtual worlds", *Communications of the Association for Information Systems*, Vol. 34/72, pp. 1397–1416, http://aisel.aisnet.org/cais/vol34/iss1/72. 【64】

Cocking, D. and S. Matthews (2001), "Unreal friends", *Ethics and information technology*, Vol. 2/4, pp. 223–231, http://dx.doi.org/10.1023/A:1011414704851. 【69】

Dehue, F. et al. (2012), "Cyberbullying and traditional bullying in relation to adolescents' perception of parenting", *Journal of cybertherapy & rehabilitation*, Vol. 5/1, pp. 25–34, www.researchgate.net/publication/233919272_Cyberbullying_and_traditional_bullying_in_relation_to_adolescents'perception_of_parenting. 【27】

Dor, A. and T. Rucker-Naidu (2012), "Teachers' attitudes toward parents' involvement in school: Comparing teachers in the USA and Israel", *Issues in Educational Research.*, Vol. 22, pp. 246–262, https://eric.ed.gov/?id=EJ997341. 【38】

Duncan, G. et al. (2012), "The importance of early childhood poverty", *Social Indicators Research*, Vol. 108/1, pp. 87–98, http://dx.doi.org/10.1007/s11205-011-9867-9. 【13】

Fingerman, K. et al. (2012), "Helicopter parents and landing pad kids: Intense parental support of grown children", *Journal of Marriage and Family*, Vol. 74/4, pp. 880–896, http://dx.doi.org/10.1111/j.1741-3737.2012.00987.x. 【37】

Foucault Welles, B., A. Van Devender and N. Contractor (2010), *Is a Friend a Friend?*, ACM Press, New York, New York, USA, http://dx.doi.org/10.1145/1753846.1754097. 【49】

Georgiou, S., M. Ioannou and P. Stavrinides (2017), "Parenting styles and bullying at school: The mediating role of locus of control", *International Journal of School & Educational Psychology*, Vol. 5/4, pp. 226 – 242, http://dx.doi.org/10.1080/21683603.2016.1225237. 【22】

Gicevic, S. et al. (2016), "Parenting and childhood obesity research: A quantitative content analysis of published research 2009 – 2015", *Obesity Reviews*, Vol. 17/8, pp. 724 – 734, http://dx.doi.org/10.1111/obr.12416. 【31】

Guyer, A. et al. (2015), "Temperament and parenting styles in early childhood differentially influence neural response to peer evaluation in adolescence", *Journal of Abnormal Child Psychology*, Vol. 43/5, pp. 863 – 874, http://dx.doi.org/10.1007/s10802-015-9973-2. 【21】

Hartup, W. (1992), "Peer relations in early and middle childhood", in *Handbook of Social Development*, Springer, Boston, MA, https://link.springer.com/chapter/10.1007/978-1-4899-0694-6_11. 【12】

Hay, D. (2005), "Early peer relations and their impact on children's development", *Encyclopedia on Early Childhood Development*, www.child-encyclopedia.com/peer-relations/according-experts/early-peer-relations-and-their-impact-childrens-development. 【3】

Haynie, D. and D. Osgood (2005), "Reconsidering peers and delinquency: How do peers matter?", *Social Forces*, Vol. 84/2, pp. 1109 – 1130, http://dx.doi.org/10.1353/sof.2006.0018. 【4】

Helliwell, J. and H. Huang (2013), "Comparing the happiness effects of real and on-line friends", *PLoS ONE*, http://dx.doi.org/10.1371/journal.pone.0072754. 【50】

Hildyard, K. and D. Wolfe (2002), "Child neglect: Developmental issues and outcomes", *Child Abuse & Neglect*, Vol. 26/6 – 7, pp. 679 – 695, http://dx.doi.org/10.1016/S0145-2134(02)00341-1. 【29】

Hinde, R. et al. (1985), "Incidence of 'friendship' and behavior toward strong associates versus nonassociates in preschoolers", *Child Development*, Vol. 56/1, pp. 234 – 245, http://dx.doi.org/10.2307/1130190. 【5】

Hiniker, A., S. Schoenebeck and J. Kientz (2016), *Not at the Dinner Table: Parents' and Children's Perspectives on Family Technology Rules*, ACM Press, New York, New York, USA, http://dx.doi.org/10.1145/2818048.2819940. 【46】

Hiniker, A. et al. (2015), "Texting while parenting: How adults use mobile phones while caring for children at the playground", http://dx.doi.org/10.1145/2702123.2702199. 【39】

Holloway, D. and S. Livingstone (2013), *Zero to Eight. Young Children and Their Internet Use Zero to Eight*, LSE, London: EU Kids Online, http://www.eukidsonline.net. 【54】

Hooft Graafland, J. (2018), "New technologies and 21st century children: Recent trends and outcomes", *OECD Education Working Papers*, No. 179, OECD Publishing, Paris, https://dx.doi.org/10.1787/e071a505-en. 【51】

Jaffee, S. et al. (2015), "Interactive effects of early and recent exposure to stressful contexts on cortisol reactivity in middle childhood", *Journal of Child Psychology and Psychiatry*, Vol. 56/2, pp. 138 – 146, http://dx.doi.org/10.1111/jcpp.12287. 【14】

Khourochvili, M. (2017), *Technology and Caregiver-child Interaction: The Effects of Parental Mobile Device Use on Infants*, York University, https://yorkspace.library.yorku.ca/xmlui/bitstream/handle/10315/34309/Khourochvili_Mariami_2017_Masters.pdf?sequence=2&isAllowed=y. 【41】

Kildare, C. and W. Middlemiss (2017), "Impact of parents mobile device use on parent-child interaction: A literature review", *Computers in Human Behavior*, Vol. 75, pp. 579–593, http://dx.doi.org/10.1016/J.CHB.2017.06.003. 【42】

King, K., R. Vidourek and A. Merianos (2016), "Authoritarian parenting and youth depression: Results from a national study", *Journal of Prevention & Intervention in the Community*, Vol. 44/2, pp. 130–139, http://dx.doi.org/10.1080/10852352.2016.1132870. 【25】

Lamborn, S. et al. (1991), "Patterns of competence and adjustment among adolescents from authoritative, authoritarian, indulgent, and neglectful families", *Child Development*, Vol. 62/5, p. 1049, http://dx.doi.org/10.2307/1131151. 【26】

Landstedt, E., A. Hammarström and H. Winefield (2015), "How well do parental and peer relationships in adolescence predict health in adulthood?", *Scandinavian Journal of Public Health*, Vol. 43/5, pp. 460–468, http://dx.doi.org/10.1177/1403494815576360. 【19】

LeMoyne, T. and T. Buchanan (2011), "Does 'hovering' matter? Helicopter parenting and its effect on well-being", *Sociological Spectrum*, Vol. 31/4, pp. 399–418, http://dx.doi.org/10.1080/02732173.2011.574038. 【34】

Lenhart, A. et al. (2015), *Teens, Technology, and Friendships*, www.pewinternet.org/2015/08/06/teens-technology-and-friendships/. 【53】

Livingstone, S. et al. (2011), *Risks and Safety on the Internet: The Perspective of European Children: Full Findings and Policy Implications From the EU Kids Online Survey of 9–16 Year Olds and Their Parents in 25 Countries*, LSE: EU Kids online, http://eprints.lse.ac.uk/33731/. 【59】

Mcpherson, M., L. Smith-Lovin and J. Cook (2001), "Birds of a feather: Homophily in social networks", *Annual Review of Sociology*, Vol. 27, pp. 415–444, www.researchgate.net/publication/200110353_Birds_of_a_Feather_Homophily_in_Social_Networks. 【61】

Mesch, G. and I. Talmud (2007), "Similarity and the quality of online and offline social relationships among adolescents in Israel", *Journal of Research on Adolescence*, Vol. 17/2, pp. 455–465, http://dx.doi.org/10.1111/j.1532-7795.2007.00529.x. 【55】

Mesch and Talmud (2006), "Online friendship formation, communication channels, and social closeness", *International Journal of Internet Science*, Vol. 1/1, pp. 29–44. 【63】

Moser, C., T. Chen and S. Schoenebeck (2017), *Parents' and Children's Preferences About Parents Sharing About Children on Social Media*, http://dx.doi.org/10.1145/3025453.3025587. 【47】

Muge Marasli et al. (2016), "Parents' shares on social networking sites about their children: Sharenting", *The Anthropologist*, Vol. 24/2, pp. 399–406, http://dx.doi.org/10.1080/09720073.2016.11892031. 【44】

Munn, N. (2012), "The reality of friendship within immersive virtual worlds", *Ethics and Information Technology*, Vol. 14/1, pp. 1–10, http://dx.doi.org/10.1007/s10676-011-9274-6. 【67】

Odenweller, K., M. Booth-Butterfield and K. Weber (2014), "Investigating helicopter parenting, family environments, and relational outcomes for millennials", *Communication Studies*, Vol. 65/4, pp. 407–425, http://dx.doi.org/10.1080/10510974.2013.811434. 【33】

OECD (2017), *PISA 2015 Results (Volume III): Students' Well-being*. 【16】

OECD (2015), *Skills for Social Progress*, Organisation for Economic Co-operation and Development, Paris, www.oecd-ilibrary.org/content/book/9789264226159-en. 【9】

OECD (2011), *Doing Better for Families*, OECD Publishing, Paris, https://dx.doi.org/10.1787/9789264098732-en. 【2】

Ofcom (2019), *Children and Parents: Media Use and Attitudes Report 2018*, Ofcom, www.ofcom.org.uk/data/assets/pdf_file/0024/134907/Children-and-Parents-Media-Use-and-Attitudes-2018.pdf. 【60】

Ost, B. (2010), "The role of peers and grades in determining major persistence in the sciences", *Economics of Education Review*, Vol. 29/6, pp. 923 – 934, http://dx.doi.org/10.1016/j.econedurev.2010.06.011. 【6】

Parks, M. and K. Floyd (2006), "Making friends in cyberspace", *Journal of Computer-Mediated Communication*, Vol. 1/4, pp. 0 – 0, http://dx.doi.org/10.1111/j.1083-6101.1996.tb00176.x. 【57】

Parks, M. and L. Roberts (1998), "'Making moosic': The development of personal relationships on line and a comparison to their off-line counterparts", *Journal of Social and Personal Relationships*, Vol. 15/4, pp. 517 – 537, http://dx.doi.org/10.1177/0265407598154005. 【58】

Pedersen, S. et al. (2007), "The timing of middle-childhood peer rejection and friendship: Linking early behavior to early-adolescent adjustment", *Child Development*, Vol. 78/4, pp. 1037 – 1051, http://dx.doi.org/10.1111/j.1467-8624.2007.01051.x. 【15】

Pellerin, L. (2005), "Applying Baumrind's parenting typology to high schools: Toward a middle-range theory of authoritative socialization", *Social Science Research*, Vol. 34, pp. 283 – 303, http://dx.doi.org/10.1016/j.ssresearch.2004.02.003. 【20】

Radesky, J. et al. (2015), "Maternal mobile device use during a structured parent-child interaction task.", *Academic pediatrics*, Vol. 15/2, pp. 238 – 44, http://dx.doi.org/10.1016/j.acap.2014.10.001. 【40】

Reagans, R. (2005), "Preferences, identity, and competition: Predicting tie strength from demographic data", *Management Science*, Vol. 51/9, pp. 1374 – 1383, http://dx.doi.org/10.1287/mnsc.1050.0389. 【66】

Reitz, A. et al. (2014), "How peers make a difference: The role of peer groups and peer relationships in personality development", *European Journal of Personality*, Vol. 28/3, pp. 279 – 288, http://dx.doi.org/10.1002/per.1965. 【7】

Schneider, B., L. Atkinson and C. Tardif (2001), "Child-parent attachment and children's peer relations: A quantitative review.", *Developmental psychology*, Vol. 37/1, pp. 86 – 100, www.ncbi.nlm.nih.gov/pubmed/11206436. 【10】

Segrin, C. et al. (2012), "The association between overparenting, parent-child communication, and entitlement and adaptive traits in adult children", *Family Relations*, Vol. 61/2, pp. 237 – 252, http://dx.doi.org/10.1111/j.1741-3729.2011.00689.x. 【35】

Shaw, K. (2017), *Hovering or Supporting: Do Parenting Behaviours Affect Their College-offspring's Perseverance?*, Miami University, https://etd.ohiolink.edu/! etd.send _ file? accession = miami1498148068465252&disposition=inline. 【32】

Singh, V. and R. Behmani (2018), "Parenting style and adolescent suicide ideation: A review", *International Journal of Academic Research and Development*, Vol. 3/2, pp. 1245 – 1252, www.academicsjournal.com/download/1848/3-2-186-322.pdf. 【30】

Stavropoulos, V. et al. (2015), "Low family satisfaction and depression in adolescence: The role of self-esteem", *Journal of Educational and Developmental Psychology*, Vol. 5/2, p. 109, http://dx.doi.org/10.5539/jedp.v5n2p109. 【18】

Steinberg, S. (2017), *Sharenting — In Whose Interests? Parenting for a Digital Future*, http://eprints.lse.ac.uk/79156/. 【48】

Telzer, E. et al. (2015), "The quality of adolescents' peer relationships modulates neural sensitivity to risk taking", *Social Cognitive and Affective Neuroscience*, Vol. 10/3, pp. 389–398, http://dx.doi.org/10.1093/scan/nsu064. 【17】

Uji, M. et al. (2014), "The impact of authoritative, authoritarian, and permissive parenting styles on children's later mental health in Japan: Focusing on parent and child gender", *Journal of Child and Family Studies*, Vol. 23/2, pp. 293–302, http://dx.doi.org/10.1007/s10826-013-9740-3. 【24】

Utz, S. and J. Jankowski (2016), "Making 'friends' in a virtual world: The role of preferential attachment, homophily, and status", *Social Science Computer Review*, Vol. 34/5, pp. 546–566, http://dx.doi.org/10.1177/0894439315605476. 【62】

Wagner, A. and L. Gasche (2018), "Sharenting: Making decisions about other's privacy on social networking sites", *Multikonferenz Wirtschaftsinformatik*, http://mkwi2018.leuphana.de/wp-content/uploads/MKWI_81.pdf. 【45】

Zhang, H. (2016), *Digital Literacy and Growth of Children in Urban China in the New Media Age*, https://milunesco.unaoc.org/wp-content/uploads/Final-version-Digital-Literacyand-Growth-of-Children-in-Urban-China-in-the-New-Media-Age.pdf. 【52】

Zurko, M. (2011), "Friendship during adolescence : The necessity for qualitatitive research of closerelationships", *Polish Journal of Applied Psychology*, Vol. 9/1, pp. 21–38, www.bibliotekacyfrowa.pl/Content/38639/02_Magdalena_Zurko.pdf. 【68】

# 第五章

# 线上关系和线下关系

> 曾几何时,青少年局限于通过邻里关系、学校和课外活动结识朋友。互联网的兴起打破了交友过程中的地域局限和社会圈层,数字化的手段帮助年轻人拓宽了社交圈。随着线上交友的蔚然成风,人们开始担心它会取代"高质量"的线下关系。线上交友确实能扩大儿童的交友范围,提高交往对象的多样性,并通过加强原本薄弱的联系,为弱势群体赋能。线上关系不会取代面对面交往,只会对其形成补充,而且线上沟通也可以强化在线下建立起的友谊。此外,友谊究竟是在线上还是线下建立的其实并不重要,真正重要的是,新建立的友谊能否迁移到电话和面对面交流等具备更丰富的语言和非语言特征的沟通模式中。

---

本章作者为古斯塔沃·梅施(Gustavo Mesch),以色列海法大学社会学系学者。

## 引言

线上社交是人们数字素养的组成部分之一,也是科技产品(如台式机、笔记本和智能手机)的文化消费。互联网促进了人们在线上的联系,特别是促进了在地理位置上相隔遥远的人们之间的联系。这不仅激发了大众群体的想象力,也吸引了实证研究人员对于网络关系的关注。

在进入信息时代(以 21 世纪的数字革命为特征)之前,青少年的社交选择极大地受制于时间和空间。他们缺乏流动性,而且都处于学龄阶段,因而从结构上缩小了他们的社交圈,只能通过邻里关系、学校和课外活动结识朋友。从这个意义上讲,物理空间的距离是建立关系的核心社会制约因素。住在同一个社区或在同一所学校上学的孩子往往在社会圈层上高度相似。

互联网和移动通信技术的普及给社交沟通方式带来了许多变化。人们已经不再局限于通过地理互动空间(即邻里、学校)来建立人际关系,而是开始向数字空间(即社交网站)延伸。过去的友谊以社会圈层为基础,有着明显的边界和彼此互动的社交期望,但如今却变成了多样而分散的个性化同伴网络,缺乏明确的边界和社交行为规范(Rainie and Wellman, 2012[1])。人际沟通渠道越来越多元化,除了面对面沟通和电话交流外,移动应用和社交媒体平台也相继涌现。这导致人际沟通的界限越发模糊。比如,人们可以借助社交网络随时随地保持联系;能够依靠自我网络①而不是社会圈层进行个性化交流;交流的信息也未必是私密的,甚至可以在不知道原始发送人的情况下转发出去;还可以利用线上渠道和移动社交网络组织和协调各种活动。

由此可见,在人与人之间形成、维持和交流友谊的过程中,其模式、频率、内容、质量都发生了重大变化。许多研究从不同切入点强调了这些变化。本章重点关注其中一个重要方面,即青少年的线上和线下社交关系之间的异同和重叠。

---

① 在社交网络分析中,自我网络是由一个人(自我)及与其他人(他人)的所有社会关系组成的网络。在以自我为中心的社交网络中,相关的人被称为"自我",他在网络中指定的人(亲戚、朋友、顾问等)被称为"他人"(Djomba and Zaletel-Kragelj, 2016[30])。

## 以发展的眼光看待线上和线下交友

随着社交媒体的普及和渗透,公众越来越担心激增的线上关系可能取代高质量的线下关系。就连一些研究人员也怀有类似的担忧。20世纪90年代初进行的研究发现,西方国家的青少年承认自己会与线上结交的朋友和线下结交的朋友保持沟通。例如,美国的一项研究显示,14%的美国青少年承认自己在网上建立了亲密的友谊(Wolak, Mitchell and Finkelhor, 2003[2])。英国的一项研究发现,11%的青少年承认自己在网上认识了新的朋友(Livingstone and Bovill, 2001[3])。以色列也有12%的青少年表示,至少有一个亲密朋友是在网上认识的(Mesch and Talmud, 2006[4])。

早先,人们会根据一段关系的最初来源以及彼此互动时所在的空间来定义线上/线下友谊。线上关系是在社交网站建立起来的,包括论坛、聊天室、游戏空间和通信平台。线下关系通常是在邻里、学校和其他面对面的社交互动场合建立起来的。

我们必须认识到的问题是:当我们以线上或线下两个维度来对比人际关系时,就暗示着它们之间是彼此互斥或相互对立的。但随着时间的推移,我们已经清楚地认识到,人际关系是通过线上和线下互动方式的融合来建立、发展和维持的。从家庭到学校、从工作到邻里,人们所有的线下关系都可能以近乎原封不动的方式呈现到线上。而且一些通过线上建立起来的关系,最终也可能转移到线下的环境中。有一种流行的观点认为,线上关系与"真实世界"(一个人的实际线下关系或"更真实的"线下关系所在的那个世界)的关系有着显著区别。现在看来,这种看法过于简单粗暴,而且存在误导性。这与早期对"虚拟"概念的批评相一致,那是互联网发展初期使用的重要术语之一。但作为研究人员,我们必须认识到这种沿袭至今的观念,并承认线上线下之间的对比仍然是世界各地的人们理解和体验数字媒体的主要模式。

由于存在这种线上线下对立的观念,本书首先总结了与人们在网上建立社交关系的诱因和结果有关的观点。

## 线上交友的动机

"富者更富"假说认为,外向的人或比较喜欢社交的人,更有可能使用社交媒体建立在线关系来拓宽他们的社交网络,提高友谊的质量(Kraut et al., 2002[5];Desjarlais and Willoughby, 2010[6])。根据这种假说,外向及已经具备强大社交能力的人,在网上分享观点和寻求帮助时表现更好,因此能通过网络空间获得更多的社交支持和更高的生活满意度(Khan et al., 2016[7])。

"穷者更穷"假说认为,内向、社交焦虑程度较高、社交能力较差、自信心较弱的人,更有可能利用互联网逃避现实生活中的问题,从而加剧负面影响(Armstrong, Phillips and Saling, 2000[8])。

相反,"社交补偿"假说认为,社交焦虑程度较高或社交支持度较低的人,会利用社交媒体建立线上关系,补偿他们在社交关系方面的不足,因为社交焦虑是建立线下关系的障碍(Van Ingen and Wright, 2016[9])。根据这种假说,社交媒体的相对匿名性和人们在网上的自我表露过程,为这些人营造了更加舒适的社交环境。这是因为,非语言线索的缺乏使人们认为自我表露的风险较低(Schouten, Valkenburg and Peter, 2007[10])。另外,互联网还可以为一些人提供更多机会来获取社交支持,寻求社会认同和自我认同,提升社交能力,还能有更多机会来利用线上的应对资源(Van Ingen and Wright, 2016[9])。此外,埃里森(Ellison)和同事(2007[11])还认为,线上活动有助于人们在社交网站上建立弱关系,这对自尊心较弱的人非常有用,可以增加他们的社交资本。另一方面,这对于自尊心较强的人是有害的,因为这会降低他们维持强大线下关系的能力。换言之,就是"穷者变富""富者变穷"。

之前的多数观点都认为,人格特质是建立线上关系的诱因。"社交多样化"假说依靠社交网络和社交资本假设来解释社会上的弱势群体在这些诱因上的变化。

"社交多样化"假说专门用来阐述在少数种族或少数民族中造成信息和通信技术(ICT)使用差异的诱因(Mesch and Talmud, 2010[12];Gonzales,

2017[13])。许多文献证明,多元文化社会根据种族和社会经济地位来划分社会圈层,这也成为社交多样化假说的基础。这种理论认为,基于网络的社会封闭(即一个群体为维持其资源而排斥他人的现象)会对人们获得社交资本的能力产生影响,更有可能令优势群体受益(Mesch, Mano and Tsamir, 2012[14])。基于这种观点,社交媒体平台可能会支持人们扩展社交关系,包括为人们提供在当地无法获得的信息、知识和技能,并为社交关系的多样化创造机会(Mesch and Talmud, 2010[12])。马祖(Mazur)和科扎里安(Kozarian)(2010[15])在一项针对年龄较大的青少年进行的研究中发现,尽管线上和线下关系存在一定的重叠,但线上交流通常可以令同伴网络的结构更加多元化,使青少年接触到其他与之有共同兴趣的人,打破年龄、性别或所在地域的限制。从这个意义上讲,社交多样化假说认为,社交媒体提供了一个打破现有社会屏障的平台。因此,这种观点认为,弱势群体更有动力使用社交网站扩大自己的社交圈,突破现有的物理障碍和社会障碍来获取信息和建立关系。与此同时,多数群体也会使用互联网维持现有的关系,保持自身网络的封闭性。此外,他们使用社交网站扩展自己社交关系的意愿,也不像处于弱势地位的少数群体那么强烈。

社交多样化假说强调,社交媒体平台有望通过发展弱关系来为弱势群体赋能(Mazur and Kozarian, 2010[15])。有一项研究调查了美国加利福尼亚州的一大片农村地区的青少年,统计他们在规划未来职业发展时采取了哪些线上措施。结果发现,这些青少年依靠以计算机为媒介的交流和通过弱关系建立的联系来获取他们在当地无法获得的信息(Robinson, 2011[16])。同样,社交媒体的使用情况也与核心社交网络的多样性有关(Hampton, Sessions and Her, 2011[17])。一项针对美国大学生的大样本研究发现,白人学生的互联网使用率高于拉美裔和非洲裔美国学生。然而,如果把目光转向使用社交媒体平台进行内容创作(如博客、视频剪辑)这种增加社交资本的活动,非洲裔和拉美裔美国学生在网上平均创作的内容却高于白人学生。即使对社会经济地位、性别和年龄、互联网经验和心理预测因素加以控制后,结果依然如此(Correa and Jeong, 2011[18])。

由于线上关系通常围绕彼此都感兴趣的特定话题建立,所以被视作弱关系。因为这种关系最初不会延伸到参与者关注的所有领域和他们参加的所有活动中。假以时日,随着线上关系发展成为更加全面的关系,往往也可以包含更加私密的话题(Mesch and Talmud, 2006[4])。

对于青少年来说,社交网站可能为他们提供了扩大社交网络规模和扩充社交网络构成元素的机会,特别是在弱势或少数群体中。事实上,一项针对塞浦路斯的希腊和土耳其青少年的代表性抽样研究表明,互联网使用方面存在反向的数字鸿沟,因为弱势群体反而更经常使用互联网来表达自我和建立弱关系(Milioni, Doudaki and Demertzis, 2014[19])。梅施(Mesch)(2018[20])验证了这一假说,同时对年龄较小的青少年进行调查,了解种族和民族因素对其自称的社交关系强度产生了怎样的影响。社交多样化假说认为,在多元文化社会中,种族和民族是决定社交关系性质的关键因素。基于这一假说,该研究调查了青少年 Facebook 用户的关系数量和关系强度是否存在民族和种族差异,以及这些关系的强度对一些积极结果产生的影响。梅施利用了皮尤研究中心的"互联网和美国生活项目"对 802 名 12—17 岁的美国青少年进行的名为"青少年、社交媒体和隐私调查"的数据得出结论:不同民族和种族群体的青少年报告的关系总数没有差异。然而,非洲裔美国人报告的线上弱关系的数量明显较多,而美国白人的线上强关系的数量明显较多,这些结果符合社交多样化假说。

## 线上关系和青少年社交网络结构

文献中经常会关注一个重要的社交网络维度,即建立线上社交关系会在多大程度上减少、扩大或不改变一个人的朋友数量。研究声称,过度使用互联网可能会使青少年疏远自己的朋友[e. g. Šmahel and Blinka (2012[21])]。现有数据表明,建立线上关系并不会影响社交网络的规模。随着人们投入更多的精力和时间在网上建立人际关系,社交网络的规模可能确实会出现短暂下降,但随着时间的推移和线上关系的融合,社交网络的规模甚至会略有增加,因为新的关系会被纳入现有的关系中(Valkenburg and Peter, 2007[22])。

## 第五章 线上关系和线下关系

与社交网站相比,手机在信息时代也对友谊的形成有着相似的影响。五十岚(Igarashi)、高井(Takai)和吉田(Yoshida)(2005[23])分析了日本的手机短信后发现,有一种说法能够得到普遍的证据支持:手机可以增加可能的联系人数量和促进选择性关系的形成,从而改变青少年的社交网络。手机增加了沟通的频率,使人们有机会拓宽人际关系(Igarashi,Takai and Yoshida,2005[23])。

社交网络的扩大对外向者的影响似乎比对内向者更明显。但总的来说,对于大多数选择参与这项活动的青少年,线上交友扩大了他们的社交网络(Mesch and Talmud,2010[12])。

与相似的人交往是另一个因线上交友而受到影响的社交网络维度。文献中报告的最重要、最一致的发现是,社交关系以社会相似性(或同质性)为特征。对亲密社交关系的形成进行的研究,强调了社会相似性在友谊中的重要性,以及吸引力在亲密社交关系中的重要性(McPherson,Smith-Lovin and Cook,2001[24];Mazur and Richards,2011[25])。相似性塑造了网络关系,并催生了社会人口、行为和人际关系特征方面的同质化社交网络。人们和与自己相似的人交往的倾向会产生重要的社会影响。例如,相似的个体会交换符合其个人特征和社交风格的信息。与相似个体的接触限制了个人的社会视野,限制了他们与不同人群接触的机会,可能会导致社会成见的产生(Mazur and Richards,2011[25])。

但研究发现,建立线上社交关系的青少年表示,他们的社交网络在年龄、性别和地理位置方面的异质性较高。梅施和塔木德(Talmud)(2010[12])对比了青少年与他们的线上和线下朋友之间的平均年龄差距。前者表示青少年的网友比自己平均年龄大,后者则表示不存在这种情况。但这种差异并不明显,网友的平均年龄比受访者高出1.5岁。从某种程度上讲,网上交友打破了学校的社会结构造成的年龄障碍。

研究比较了有网友和没有网友的青少年报告的异性朋友比例,结果发现,前者的性别隔离程度低于后者(Mesch and Talmud,2006[4])。如果青少年的线下朋友在年龄、种族背景和地理位置方面都很相似,就更有可能在网上结交朋友（Mesch and Talmud，2006[4]）。

住处相邻也可以为相互接触创造机会。住处相邻可以增加见面和互动的机会，从而促进交友和交流的概率。对于行动受限的青少年来说，住处相近尤为重要。因为他们出行时必须乘坐公共交通工具，但这种工具却并不总是那么可靠。青少年社交互动的主要场所是学校、社区和课外活动地点，互联网则代表了共同活动的新地点。青少年会上网与朋友、朋友的朋友及陌生人聊天、互发电子邮件。他们在这些活动中发现了能促进集体活动和社交互动的新空间。对于成人和大多数青少年来说，互联网都是不同于电话和电视的新型社交互动场所。

青少年线上社交网络的重要考虑因素是他们之间的感知亲密度，以及对青少年面对面关系的感知亲密度产生的影响。网上交友是动态过程，因此需要进行纵向研究。如果感觉与网友不太亲密，可能是因为正处于人际关系的发展阶段。与线下交友相比，网上交友是相对较新的现象，且交往基础是某一领域的共同兴趣（Mesch and Talmud，2006[4]）。关系的发展需要时间，要获得更亲密的感受需要加强彼此的了解。至于网友对现有关系的影响，没有证据表明青少年正在用亲密的友谊来换取遥远且局限于某一领域的友谊。因此，网上交友似乎不会取代面对面的关系，而是可以形成补充。

## 线下关系和线上关系的质量

友谊质量的关键特征之一，是朋友之间的亲密、信任和理解程度。10多年前的一些研究调查和比较了线上和线下友谊的质量（Mesch and Talmud，2006[4]）。研究结论一致表明，线上友谊的质量被认为低于线下友谊（Mesch and Talmud，2006[4]）。此外，线上和线下友谊的质量都会随着时间的推移而提高，但线上友谊的质量改善程度明显强于线下友谊。具体来说，研究人员发现，线上友谊持续一年以上时，其质量将变得与线下友谊相当。然而，这是一项横向研究，随着时间的推移，其作用对于了解线上关系的长期影响至关重要。

瓦尔肯堡(Valkenburg)和彼得(Peter)(2007[26])使用了12—17岁的荷兰青少年大样本,调查了线上沟通是否会提升或降低朋友之间的亲密度,以及在网上详细披露个人信息是否会影响网友之间的亲密度。调查发现,只有30%的青少年认为在线沟通是更有效的个人信息披露手段。此外,在网上与陌生人交流也不会影响青少年与朋友之间的感知亲密度,与现有朋友交流则会增加朋友之间的亲密度(Valkenburg and Peter, 2007[26])。

以色列的一项研究使用更大的代表性样本,为人们感觉线上关系的亲密度更低提供了可能的解释。他们发现,人们认为线上关系的亲密度较低,其实是关系的持续时间过短导致的。网友通常比面对面的好友认识的时间短,仍处于关系发展阶段,所以人们才会认为网上结交的友谊在深度和广度上更逊一筹(Mesch and Talmud, 2006[4])。然而,随着时间的推移,随着话题从少数共同兴趣扩展到更广泛的领域,这种关系在人们心目中的亲密度会越来越高。

## 最近的研究

在线上交流的早期,线上与线下关系之间存在显著区别。这些关系的定义基于关系的来源,关系的来源往往又会影响沟通的渠道和内容。随着互联网的日益普及,以及在线交流平台和社交网站的流行,这种区分变得越发困难。今天,更合理的方式是将青少年和成人的社交世界理解成由线上、线下和混合模式的友谊共同组成的。混合模式的友谊指的是线上和线下关系相互融合,并在人们生活中相互影响。因此,混合模式的友谊是那些起源于线上并延伸到线下的友谊(Antheunis, Valkenburg and Peter, 2012[27])。

这里需要澄清"建立线上关系"这个概念。大多数研究都没有明确界定线上关系的含义。迄今为止的研究主要集中在两个方面:一方面是阐明渠道特征对人际交流的影响,强调互联网交流中缺乏社会临场感、缺乏丰富性、缺乏社交线索;另一方面则是确定互联网交流在哪些情况下会成为非个人的交流或超个人的交流(Walther, 1996[28])。

线上、线下和混合模式的友谊有什么不同？安特尤尼斯（Antheunis）、瓦尔肯堡和彼得（2012[27]）进行了一项研究，比较了线上、线下和混合模式友谊的质量，以及住处距离和感知相似度对友谊质量的影响。这项研究基于荷兰一家社交网络的用户的大量样本完成（n=2 188）。其中一项重要的发现是，线上和线下友谊之间存在着质量差异，而且差异随着时间的推移仍然很明显。而混合模式和线下友谊之间的质量差异却会随着时间的推移而消失。正如文献中所说，从线上转移到线下的交流渠道（比如与网上认识的人进行面对面和电话交流）是提高关系亲密度的重要步骤（Mesch and Talmud, 2006[4]）。

研究人员还探讨了住处距离和感知相似度在线上、混合模式和线下友谊中的差异程度。各类友谊在住处距离方面显示出明显差异，线下朋友之间的实际距离最近，其次是混合模式和线上朋友（Antheunis, Valkenburg and Peter, 2012[27]）。感知相似度在线上与混合模式的友谊之间，以及线上和线下的友谊之间都存在显著差异。混合模式和线下友谊的感知相似度最高，线上友谊最低（Antheunis, Valkenburg and Peter, 2012[27]）。

与早期的研究结果一致，研究人员发现，受访者认为线下友谊的质量高于线上友谊。但研究也发现，混合模式友谊（如前所述，指的是起源于线上，但后来迁移到电话和面对面等线下交流模式的友谊）在质量上与线下友谊相似。因此，友谊究竟是通过线上还是线下方式建立起来的似乎并不重要，重要的是，这些新建立的友谊是否会迁移到电话和面对面等线索更丰富的交流模式（Antheunis, Valkenburg and Peter, 2012[27]）。

与早期的研究结果一致[如 Mesch and Talmud（2006[4]）]，该研究发现，所有类型的友谊，其质量都会随着友谊的发展而提高。然而，经过两年的跟踪调查发现，线上友谊的质量仍然明显低于线下友谊和混合关系的质量。

就住所距离而言，该研究发现，线下朋友比混合模式的朋友和线上朋友住得更近。这表明，在线上和混合模式友谊中，实际的距离对建立友谊影响不大。这一发现表明，线上关系克服了地理限制带来的障碍。

就相似性而言，该研究发现，与混合模式和线下友谊相比，线上友谊的感知相似度较低。然而,相似性对线上友谊质量的影响大于对混合模式和线下友谊的影响。这些结果表明,尽管线上友谊的相似度较低,但与其他两类友谊相比,相似度却是决定线上友谊质量的更重要的因素(Antheunis,Valkenburg and Peter,2012[27])。

## 总结和未来研究方向

本章讨论了人们如何在建立关系时使用线上空间,以及如何通过 ICT 手段建立友谊,强调在青少年面临具体限制时,在线交流为他们提供替代性和补充性的交友空间。这些限制主要在地理位置方面,由此构成了情景障碍,促使一些青少年转向互联网来寻觅那些与他们有共同兴趣,或在种族、民族背景和社会特征上存在差异的人。研究发现,除了结构上的限制,具有某些人格特质的人(包括内向、自我概念和依恋类型)更愿意通过互联网建立关系。

青少年通过在线渠道建立友谊时,其社交网络往往更容易呈现出异质性。这会对他们的成长产生何种影响,还需要进一步调查。例如,斯坦顿-萨拉查(Stanton-Salazar)和乌索-斯皮纳(Urso Spina)(2005[29])发现,青少年通过互联网与异性建立起的非恋爱关系被证明是社会支持的重要来源,因为它们提供了情感支持,对男性尤其如此。如果互联网减少了青少年友谊中的性别隔阂,便有可能对他们未来的约会过程和首次性关系产生影响。此外,由于在线友谊能够较早接触不同民族和种族的群体以及持有不同政治观点的人,也可能对青少年产生潜在影响。如果这一点在未来的研究中得到证实,互联网很可能成为社会化的核心媒介。因此我们必须在研究青少年社会化的过程中将此纳入考虑。

研究中没有准确地对虚拟与现实进行划分,青少年在社会化过程中或在适应同伴群体过程中,实际社交体验和身份协商也没有将线下和线上空间相互交织的复杂性纳入考虑。这些空间如何彼此交织?这些关系的复杂性如何?这些问题将是未来的重要研究领域,可以帮助我们了解这对 21 世纪的儿童究竟意味着什么。

ICT出现在青少年的身份管理、个人社区和交友过程中,似乎改变了他们在屏幕上和屏幕周围的活动所构成的"私人"和"公共"空间的特征。如今,线上与线下似乎正在融合,人际关系在日常生活中受空间、心理和其他方面的制约,不断地在线上、线下和混合交流的社交网络中穿梭。最近一项关于线上、混合和线下社会关系融合情况的研究认为,有证据表明,线上线下融合程度较高的受访者对生活的满意度更高,性格更外向,对互联网的看法更积极,孤独感更少(Antheunis, Valkenburg and Peter, 2012[27])。未来对其他国家进行的具有全国代表性的样本研究将对这一研究领域作出贡献,可以借此对不同国家进行比较,并研究这些现象是否会影响不同环境下的儿童。

## 参考文献

Antheunis, M., P. Valkenburg and J. Peter (2012), "The quality of online, offline, and mixed-mode friendships among users of a social networking site", *Cyberpsychology: Journal of Psychosocial Research on Cyberspace*, Vol. 6/3, http://dx.doi.org/10.5817/cp2012-3-6. 【27】

Armstrong, L., J. Phillips and L. Saling (2000), "Potential determinants of heavier internet usage", *International Journal of Human-Computer Studies*, Vol. 53/4, pp. 537–550, http://dx.doi.org/10.1006/IJHC.2000.0400. 【8】

Correa, T. and S. Jeong (2011), "Race and online content creation", *Information, Communication & Society*, Vol. 14/5, pp. 638–659, http://dx.doi.org/10.1080/1369118x.2010.514355. 【18】

Desjarlais, M. and T. Willoughby (2010), "A longitudinal study of the relation between adolescent boys and girls' computer use with friends and friendship quality: Support for the social compensation or the rich-get-richer hypothesis?", *Computers in Human Behavior*, Vol. 26/5, pp. 896–905, http://dx.doi.org/10.1016/j.chb.2010.02.004. 【6】

Djomba, J. and L. Zaletel-Kragelj (2016), "A methodological approach to the analysis of egocentric social networks in public health research: A practical example", *Slovenian Journal of Public Health*, Vol. 55/4, pp. 256–263, http://dx.doi.org/10.1515/SJPH-2016-0035. 【30】

Ellison, N., C. Steinfield and C. Lampe (2007), "The benefits of Facebook 'friends:' Social capital and college students' use of online social network sites", *Journal of Computer-Mediated Communication*, Vol. 12/4, pp. 1143–1168, http://dx.doi.org/10.1111/j.1083-6101.2007.00367.x. 【11】

Gonzales, A. (2017), "Disadvantaged minorities' use of the Internet to expand their social networks", *Communication Research*, Vol. 44/4, pp. 467–486, http://dx.doi.org/10.1177/0093650214565925. 【13】

Hampton, K., L. Sessions and E. Her (2011), "Core networks, social isolation, and new media: How internet and mobile phone use is related to network size and diversity", *Information, Communication & Society*, Vol. 14/1, pp. 130–155, http://dx.doi.org/10.1080/1369118X.2010.513417. 【17】

Igarashi, T., J. Takai and T. Yoshida (2005), "Gender differences in social network development via mobile phone text messages: A longitudinal study", *Journal of Social and Personal Relationships*, Vol. 22/5, pp. 691–713, http://dx.doi.org/10.1177/0265407505056492. 【23】

Khan, S. et al. (2016), "Exploring the relationship between adolescents' self-concept and their offline and online social worlds", *Computers in Human Behavior*, Vol. 55, pp. 940–945, http://dx.doi.org/10.1016/j.chb.2015.09.046. 【7】

Kraut, R. et al. (2002), "Internet paradox revisited", *Journal of Social Issues*, Vol. 58/1, pp. 49–74, http://dx.doi.org/10.1111/1540-4560.00248. 【5】

Livingstone, S. and M. Bovill (2001), *Children and Their Changing Media Environment: A European Comparative Study*, L. Erlbaum. 【3】

Mazur, E. and L. Kozarian (2010), "Self-presentation and interaction in blogs of adolescents and young emerging adults", *Journal of Adolescent Research*, Vol. 25/1, pp. 124–144, http://dx.doi.org/10.1177/0743558409350498. 【15】

Mazur, E. and L. Richards (2011), "Adolescents' and emerging adults' social networking online: Homophily or diversity?", *Journal of Applied Developmental Psychology*, Vol. 32/4, pp. 180–188, http://dx.doi.org/10.1016/j.appdev.2011.03.001. 【25】

McPherson, M., L. Smith-Lovin and J. Cook (2001), "Birds of a feather: Homophily in social networks", *Annual Review of Sociology*, Vol. 27/1, pp. 415–444, http://dx.doi.org/10.1146/annurev.soc.27.1.415. 【24】

Mesch, G. (2018), "Race, ethnicity and the strength of Facebook ties", *Journal of Youth Studies*, Vol. 21/5, pp. 575–589, http://dx.doi.org/10.1080/13676261.2017.1396303. 【20】

Mesch, G., R. Mano and J. Tsamir (2012), "Minority status and health information search: A test of the social diversification hypothesis", *Social Science & Medicine*, Vol. 75/5, pp. 854–858, http://dx.doi.org/10.1016/J.SOCSCIMED.2012.03.024. 【14】

Mesch, G. and I. Talmud (2010), *Wired Youth: The Social World of Adolescence in the Information Age*, Routledge, https://doi.org/10.4324/9780203855102. 【12】

Mesch, G. and I. Talmud (2006), "The quality of online and offline relationships: The role of multiplexity and duration of social relationships", *The Information Society*, Vol. 22/3, pp. 137–148, http://dx.doi.org/10.1080/01972240600677805. 【4】

Milioni, D., V. Doudaki and N. Demertzis (2014), "Youth, ethnicity, and a 'reverse digital divide'", *Convergence: The International Journal of Research into New Media Technologies*, Vol. 20/3, pp. 316–336, http://dx.doi.org/10.1177/1354856513517366. 【19】

Rainie, H. and B. Wellman (2012), *Networked: The New Social Operating System*, MIT Press. 【1】

Robinson, L. (2011), "Information-channel preferences and information-opportunity structures", *Information, Communication & Society*, Vol. 14/4, pp. 472–494, http://dx.doi.org/10.1080/1369118X.2011.562224. 【16】

Schouten, A., P. Valkenburg and J. Peter (2007), "Precursors and underlying processes of adolescents' online self-disclosure: Developing and testing an "Internet-Attribute-Perception" model", *Media Psychology*, Vol. 10/2, pp. 292–315, http://dx. doi. org/10. 1080/15213260701375686. 【10】

Šmahel, D. and L. Blinka (2012), "Excessive nternet use among European children", in Livingstone, S., L. Haddon and A. Görzig (eds.), *Children, Risk and Safety on the Internet*, Policy Press, http://dx. doi. org/10. 1332/policypress/9781847428837. 003. 0015. 【21】

Stanton-Salazar, R. and S. Spina (2005), "Adolescent peer networks as a context for social and emotional support", *Youth & Society*, Vol. 36/4, pp. 379–417, http://dx. doi. org/10. 1177/0044118x04267814. 【29】

Valkenburg, P. and J. Peter (2007), "Online communication and adolescent well-being: Testing the stimulation versus the Displacement Hypothesis", *Journal of Computer-Mediated Communication*, Vol. 12/4, pp. 1169–1182, http://dx. doi. org/10. 1111/j. 1083-6101. 2007. 00368. x. 【22】

Valkenburg, P. and J. Peter (2007), "Preadolescents' and adolescents' online communication and their closeness to friends.", *Developmental Psychology*, Vol. 43/2, pp. 267–277, http://dx. doi. org/10. 1037/0012-1649. 43. 2. 267. 【26】

Van Ingen, E. and K. Wright (2016), "Predictors of mobilizing online coping versus offline coping resources after negative life events", *Computers in Human Behavior*, Vol. 59, pp. 431–439, http://dx. doi. org/10. 1016/j. chb. 2016. 02. 048. 【9】

Walther, J. (1996), "Computer-mediated communication", *Communication Research*, Vol. 23/1, pp. 3–43, http://dx. doi. org/10. 1177/009365096023001001. 【28】

Wolak, J., K. Mitchell and D. Finkelhor (2003), "Escaping or connecting? Characteristics of youth who form close online relationships", *Journal of Adolescence*, Vol. 26/1, pp. 105–19, www. ncbi. nlm. nih. gov/pubmed/12550824. 【2】

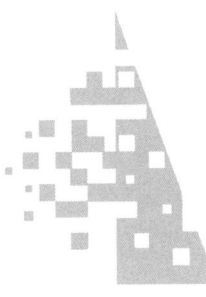

# 第六章

# 数字育儿与被数据化的儿童

> 如今很多家长不仅越来越担心孩子的健康和安全,而且对自己能否成为"称职"且"负责任"的父母也忧心忡忡。本章用实验研究的证据加以阐释,由信息产业、大众媒体、营销手段,以及通常意义上"负责任父母"的社会期望所共同催生的"数据迷信",创造出了一种"即插式"的养育模式,最终造成了在线上、线下两种情境下,孩子都始终处于严密的数据监管之下。各式各样的数字养育工具(从怀孕App、婴儿监视器到各种家长控制和追踪的工具)以及实践(如"晒娃癖"),本章都有所涉及,最终证明这些与数据权利和儿童隐私有关的事件是如何背弃了过度保护和科技适度的养育立场,从而导致了对童年时代的商品化和数据化。

---

本章作者为安德拉·西巴克(Andra Siibak),爱沙尼亚塔尔图大学社会学研究所学者。

## 引言

当代儿童，可以说是在数据科技浸润的世界里成长的第一代。西方城市社会里的大多数儿童都生活在媒介丰富的家庭（Livingstone, 2002[1]），生活环境里充斥着各种数字工具设备。数字工具与网络环境已经成为现代生活的固有组成部分。这些技术不仅开始塑造家庭日常生活的方式，而且影响了家庭生活的形态[cf. Carvalho, Francisco and Relvas（2015[2]）]。

父母经常为孩子使用数字工具而担忧，因此也越发试图掌控和调和孩子与各种数字技术之间的关系。与此同时，父母还会对养育孩子、家长的角色和责任等相关的内容产生疑问和关注。因此，学者们[cf. Dworkin, Connell and Doty（2013[3]）]关注到，越来越多的家长到不同的网站、在线群组或应用程序寻求信息、有见地的意见或来自实践经验的帮助，指导自己做好家长的角色。

为了更好地指代这种家长在养育儿童情境下与数字新技术之间形成的关系，近年来，人们开始使用一个模棱两可的概念——"数字式养育"（Mascheroni, Ponte and Jorge, 2018[5]）。一方面，它涵盖了家长试图掌控和调和儿童与数字媒体之间关系所采取的各种手段，如对上网加以限制和调控（Livingstone and Byrne, 2018[6]）。另一方面，"数字式养育"也指代父母本身在日常生活和养育实践中运用了数字媒体，并因此不断产生出新的养育形式（Mascheroni, Ponte and Jorge, 2018, p.9[5]）。正如林松松（Sun Sun Lim）（2018, p.31[7]）所认为的，在西方城市社会环境里，"数字互联的家庭，生活在一种被移动媒体赋能和环抱的环境中，这些媒介设备永远处于开机状态，并且总是唾手可得"，并因此诞生了"超能养育"，这种养育实践表现为："父母必须超越其子女使用的各种媒体消费环境，孩子的离线和在线社交环境，甚至超越无尽的时间。……好比他们所必须经历的无穷无尽的父母责任一样"（Lim, 2018, p.32[7]）。因此，生活在科技无所不在社会里的父母，需要习惯一周7天、一天24小时无休止的家庭角色，因为各种为人父母的责任，会在任何时间和地点阻止他们去承担其他社会角色，承担其他义务和责任。

# 第六章　数字育儿与被数据化的儿童

过去的10年中,伴随着父母过度焦虑和对儿童的过度关注,大众媒体和学术界创造出了各种新名词,如"直升机式""气垫船式""蜂鸟式""隐形战斗机式"和"黑鹰式"(LeMoyne and Buchanan,2011[8]),用来指代想要事无巨细对孩子管头管脚的、过度保护型家长。10年前,学界(e.g. Nelson,2008[9] and Malone,2007[10])已经关注到,一种尤其在中产阶级家长中比较典型的"新的焦虑形态"(Nelson,2008,p.516[9])开始出现。这些家长对孩子的安全和成长经常处于分外焦虑的状态,这种焦虑据说已深深植根于当今的危机社会(Ericson and Haggerty,2006[11]),即深受将来以及安危的影响,从而催生出"危机"的概念(Giddens and Pierson,1998[12])。很多家长开始采取额外的措施,比以往更严密地监视自己的子女。家长经常认为儿童处于危险之中,需要得到额外的保护,因此竭尽所能"保护儿童时代的纯真,让儿童乃至童年时代的本质,免受世界上潜在邪恶的伤害"(Malone,2007,p.515[10])。

因此,很多家长不仅对孩子的身心健康和安全愈发担忧,甚至对自己能否成为"称职"且"负责任"的父母也忧心忡忡。正如豪瓦尔(Howell)(2010[13])所认为的,原本已被社会文化所认可的照顾水平,在当代家长的干扰影响下,转变成了只有时时处处严密监管自己的孩子,才能同时达到控制和照料他们的目的(Howell,2010[13])。与过去的几十年形成鲜明对比的是,这种持续性的家长关注已经通过高科技得以实现(Howell,2010,p.1[13])。利弗(Leaver,2017,p.8[14])关注到,当今社会,人们已经达到了这样一种程度,即"即插式的育儿方式很有可能越来越被认定为不负责任和违反常理了"。正因为如此,广泛运用高科技工具和应用程序已经开始在产品营销的话语体系以及家长心目中,与"优质的教育方式"联系在了一起。

许多高科技公司和服务提供商理所当然地积极响应父母的担忧,提供了不计其数的技术解决方案以缓解家长的焦虑。数以百计的数字产品和数以千计的移动应用充斥着市场,目的就是让家长能够"与孩子远程虚拟共处"(Gabriels,2016,p.176[15])。威尔逊(Wilson,2018,p.1[16])辩解,数字产品已经与当今家长的养育方式捆绑在了一起,"如今的孩子,从怀胎孕育到长大成人,他的世界都日益严重地被技术全程监控、分析和操纵"。

与此同时,部分学者[e.g. Bonafide, Jamison and Foglia (2017[17])]愈发担心,这种对各式数字科技和养育应用程序的(过度)依赖,不仅对缓解家长的忧虑没有效果,反倒助长了他们的忧虑。并且研究人员宣称,"精细养育"的潮流趋势(即父母"积极地培养子女,将最优质的儿童养育实践知识,运用到密切监控孩子的成长发展和日常活动中")(Bernstein and Triger, 2010, p. 1225[19])也导致了"数据化儿童"的产生(Lupton and Williamson, 2017, p. 783[20])。关于儿童生活的海量数据被收集起来,对儿童的个人隐私以及认同能力都造成了风险。

本章对当今家长采用的各种数字式养育实践,从实验研究证据和学术讨论的角度进行简短回顾,得出这样的事实——如今的童年时代已经成为"被数字化和数据监管的争议之地"(Mascheroni, 2018, p. 1[21])。目的是要表明,由服务供应商培育出来的,被广大家长热情采纳的"数据迷信",如何最终导致了家长对数字技术、平台和应用程序的过分依赖。

本章首先概括介绍了数字化养育的实践,特别是通过使用怀孕和生育的应用软件,父母已经开始在未出生的孩子身上投下了"数字阴影"(Leaver, 2017, p. 150[14])。我们在讨论婴儿监管(Barassi, 2017[22])(使用各种移动终端应用程序和婴儿监控设备,或试图缓解家长焦虑,或让家长可以遵从社会和体制压力所主张的所谓"最佳养育方式")之后,继而阐明,家长所使用的追踪和监控工具及应用软件,是如何最终导致对孩子的"亲密数据监管"的。本章最后,以"晒娃癖"(家长在社交媒体上分享孩子的信息和照片)为例,说明这类数字式养育可能会危害孩子的权利和隐私,甚而导致影响亲子关系和儿童身心健康的负面结果。

## 强加在未出生孩子身上的数字阴影

在互联网发展的早期,怀孕的准妈妈们就投奔了在线论坛和网站(Lupton,

Pedersen and Thomas，2016[23]；Chen，Aram and Tannenbaum，2014[24]），以及"妈咪博客"（Orton-Johnson，2017[25]；Morrison，2011[26]），寻求精神支持和有关孕期及儿童养育方面的信息。一项有 24 个国家参与的研究发现（Lagan，Sinclair and George Kernohan，2010[27]），97%的怀孕女性（样本总量613）会使用互联网搜索有关怀孕的信息、与怀孕有关的社交网络、寻求帮助或是网购。大多数情况下（94%），女性把互联网作为从健康专业人士那里获取信息的补充。很多女性（48.6%）还表示对医生或助产士所提供的信息不够满意，或缺乏足够的时间向健康专业人士咨询问题（46.5%）。研究还发现，男性也开始使用互联网，特别是社交媒体，一方面练习扮演"上心的父亲角色"，与其他爸爸交流寻求鼓励、信任和建议（Eriksson and Salzmann-Erikson，2012[28]），另一方面也"学习如何能成为好爸爸"（Ammari and Schoenebeck，2015[29]）。

近年来，对未出生的孩子的干预在技术过载的社会里达到了新的高度（Thomas and Lupton，2015[30]）。生育跟踪应用程序专门瞄准了想要怀孕的女性（Gambier-Ross，McLernon and Morgan，2018[31]），让准妈妈们可以全程跟踪胚胎孕育的过程，并且获取相关的信息。孕期应用程序盛行一时，不仅初次做妈妈的女性爱用（Lee and Moon，2016[32]）[cf. Hughson et al. （2018[33]）]，准爸爸们也在用（Thomas，Lupton and Pedersen，2017[34]）。这种"量化自我"运动的趋势，已经蔓延到了全世界。休森（Hughson）等学者（2018[33]）甚至宣称，"高收入国家的大多数准妈妈都在使用这类软件"。例如，2015 年，苹果应用商店里的超过 9 万个应用程序中，有 7%是针对女性健康和怀孕的（Aitken and Lyle，2015[35]）。这一市场日益繁荣。与此同时，有实验研究［cf. Hughson et al. s（2018[33]）］表明，一些被边缘化了的群体（如低收入妇女、少数民族、其他很难触及数字技术的人口），以及英语语言能力、信息技术能力和健康知识都很缺乏的群体，依然深陷被信息技术排斥的恶性循环里（Baum，Newman and Biedrzycki，2014，p. 12[36]）。

然而，高科技正在重新定义大家对为人父母、健康以及身份的理解（Barassi，2017[22]）。针对父亲角色的孕期应用程序，起到的是"教学中介"的作用(Thomas, Lupton and Pedersen, 2017, p. 762[34])。它们的目标是就"如何做好怀孕女性的另一半、当好未来的父亲"提供建议和信息(如为婴儿准备好家具和托育环境)。这些软件经常把为人父母描绘成知识习得的锻炼过程。托马斯(Thomas)、卢普顿(Lupton)和佩德森(Pedersen)(2017[34])的分析却认为,这些应用程序对准爸爸的画像存在重大的歧义和矛盾。一方面,这些应用程序基于的是"中产阶级勇于担当的、新自由主义父亲形象"(2017, p. 767[34]),激进且富有创新性。另一方面,它们往往又会强调对父亲形象的一贯认知,不断复刻程式化的性别角色。例如,他们会把新生儿比作啤酒瓶或足球大小(2017[34]),把怀孕的过程比作在树林里进行的一次远足或是野营(如"爸爸爬山 App")。

尽管此类应用程序建构的理想父母,"基于的是中产阶级具备个人能力,能够承担自我教育责任这种新自由主义的假设"(Thomas, Lupton and Pedersen, 2017, p. 766[34]),沃马克(Womack)、安德森(Anderson)和莱德福德(Ledford)对孕期 App 所做的内容层面的分析却显示,应用程序提供的各种建议经常是相互矛盾的,毫无可信度。尽管此类应用程序经常被人当做成为称职和成功母亲的标志(Thornham, 2019, p. 181[38]),妈妈们会基于此类 App 来做健康方面的决策,如控制饮酒、进食鱼类和奶酪制品、怎样服药、染发或规划免疫接种等,但她们从中得到的建议也经常是相互矛盾的(Womack, Anderson and Ledford, 2018[37])。正因为如此,这些可能会影响母亲和孩子身心健康的资讯,很可能也不可靠,或从医疗健康的角度出发是靠不住的。再联系到如今,尚没有规定明确该由哪些机构来审核和批准此类应用程序上市(Gambier-Ross, McLernon and Morgan, 2018[31]),这些信息的可靠性问题难免会发生。此外,在数字技术领域之外也同样存在透明度的问题,如全世界范围内,对疫苗接种计划的临床指南、孕期饮酒指南(O'Leary et al., 2007[40])、产后体育运动指南(Evenson et al., 2014[41])以及其他很多与健康有关的问题,操作方法会略有不同,所提供的证据也会自相矛盾(MacDougall and Halperin, 2016[39])。

然而,这类应用程序流行的原因不仅是为热衷"各类健康话题"的准父母提供建议和推荐(Johnson, 2014[42])。事实上,除了建议和推荐,通过输入个人健康信息和身份信息,孕期应用程序还为女性提供了全程跟踪自己怀孕过程的机会,让她们可以了解备孕期间的饮食、受孕日期、父母的心路历程、病史、胎动次数和预产期等信息(Barassi, 2017[22])。也正因为如此,巴拉西(Barassi, 2017, p. 2[22])批评此类App,"不仅利用了用户诸如身体功能、行为举止、社会关系这些个人隐私,而且令准妈妈的整个身心都受到了影响"。

海伦·桑汉姆(Helen Thornham, 2019, p. 179[38])认为,对女性怀孕和抚养孩子的"数据化建构",通常只是一种"简洁明了、科学且自动进行的客观度量",而不是充满情感、焦虑和日常沮丧情绪,以及喜悦与痛苦交织的个人主观经历。例如,尽管此类App可以追踪睡眠持续的时长和频率,计算主动进行母乳喂养的次数,却不能测量睡眠的质量,或计算所有非主动的母乳喂养次数。因此,桑汉姆(2019, p. 179[38])声称,怀孕App并没有把"母亲的主观性"纳入考量范畴,反而让母亲平凡的日常生活和个人感受黯然失声。桑汉姆(2019[38])的小范围人种学研究的结论表明,手机上的怀孕应用程序,与其说缓解,不如说是助长了准父母的焦虑情绪,而且将其正常化,甚至到了不健康的程度。

此外,此类应用程序收集、管理和分享了大量有关父母和未出生婴儿的个人身份信息,实际造成了对个人隐私的巨大威胁。但看起来,用户们并未经常联想到隐私问题,而是更倾向于一笔带过。理由是,相对于此类App所提供的潜在机遇和全新知识,其他都无关紧要了。很多父母对使用此类软件可能造成的潜在个人隐私风险并不知情,原因是服务供应商撰写的数据政策并未清晰地写明隐私问题,反而将所有与隐私有关的责任全部推给用户自身(Bert et al., 2016[43];Barassi, 2017[22])(另参见第十章)。

与此同时,除了与服务提供商和其他潜在的第三方共享私人医疗健康数据之外,准父母们还为自己未出生的孩子创设了个人数据信息,并且使之商品化了。由此,正如巴拉西所认为的(2017, p. 2[22]),我们所见证的,不仅仅是"准父母们已知人生经历的商品化,同时还有对未出生婴儿数据流的利用",从而导致数据化儿童的产生。

## 通过婴儿监管缓解父母焦虑

父母的焦虑情绪出自要为孩子提供爱和不间断的照顾,伴随着孩子的降生,焦虑也在升级。虽然并没有"医学方面的建议要对家里的健康婴儿进行监控"(Bonafide, Jamison and Foglia, 2017, p. 2[17]),很多家长已经开始使用婴儿监控设备或是智能手机应用程序。这些终端可以与嵌入到腿带、尿片、袜子或连体衣里的传感器联动,不仅能监控婴儿的健康状况(如测量心率、体温、血氧浓度,警示心脏骤停、心动过速或过缓以及血氧饱和度下降),而且能提醒父母孩子翻身了、睡醒了、尿湿了等现象。如今的父母可以选择的科技产品数量繁多——有的可以传输声光,有的可以传输视频,有的可以探测运动,有的甚至还能作为对讲机。

玛格丽特·尼尔森(Margaret Nelson)开展的针对美国各地96个家庭的质性研究发现,父母在解释自己为何要使用婴儿监视器时,体现出鲜明的阶级差异。研究表明,高知中产阶级家庭(具有研究生学历)购买此类产品的积极性最高,因为这样做使得他们能建立起渴望的亲密亲子关系,帮助他们更好地监管孩子。工薪阶层(没有大学学历)和中产阶级(上过大学)家庭青睐婴儿监视器,主要是出于安全的考虑(Nelson, 2010[44])。然而,与怀孕App的情况类似,与其说此类产品安慰了家长、缓解了焦虑,不如说"这样的用户体验反而进一步引发了焦虑情绪,而且作出了婴儿面临死亡风险的错误假设"(Bonafide, Jamison and Foglia, 2017, p. 3[17])。此外,由于婴儿监视器是作为消费品而非医疗器械出售的,根本不会要求服务提供商给出观察性研究或随机试用的情况来作为佐证(King, 2014[45])。因此父母所获取的信息,从医学的角度也是不完全可靠的。

实际情况是,针对婴儿的应用程序和监控设施,目前尚缺乏公众可获取的能支持其具备安全性、准确性和有效性的证据。然而,过去几年里,这类产品的市场获得了蓬勃发展(Bonafide, Jamison and Foglia, 2017[17])。市场调查公司Technavio预测,未来四年,全球婴儿监视器市场,销售量将会从目前的5.61亿个递增至近9.43亿个（Jargon，2019[46]）。这一成绩可能也建立在服务供应商积极的营销策略之上,用他们的话来说,是"刺激了父母们,使他们对自身保护孩子安全的能力产生了不必要的恐惧、不确信和怀疑"（Bonafide，Jamison and Foglia，2017，p.1[17]）。一项在 Epinions.com 上所做的针对1 000余名婴儿监视器消费者评价的内容分析表明,父母不仅助长了此类产品的消费,同时也"参与了对焦虑情绪以及严密监测,甚至是监视孩子完全是正当行为"这种态度的贩卖"（Nelson，2008，p.519[9]）。纳尔逊（Nelson，2008，p.533[9]）的分析表明,使用婴儿监视器的父母似乎相信,"自己兼具权利和道德义务,有必要了解孩子身上所发生的一切"。焦虑的父母并不认为自己的焦虑情绪和日益泛滥的婴儿监控是同一个问题,反而坦然接受把婴儿监控看作是数字化社会和当今育儿实践日益普及和广泛传播的必要组成部分。

## 亲密数据监视：使用追踪软件和工具

以上章节论述了当今父母已经接纳了一种"充分保护的哲学"（Simpson，2014，p.275[18]）,这种哲学已经深深植根于他们的育儿实践之中,即使孩子渐渐长大,作为父母的担忧和焦虑也未见缓解。恰恰相反,由于孩子日常接触的线上或线下内容存在很多新的风险,父母们已经越来越多地开始使用各种技术设备,移动应用程序或家长控制手段（如内容过滤软件、互联网拦截器、附加监控软件）来监控孩子在线上和线下世界的行踪。

尽管家长控制手段的有效性还未得到明确证实（Zaman and Nouwen，2016[47]）,但最近的实证研究表明,过去几年里,家长控制软件的受欢迎程度和使用率都有所增加。例如,与2010年相比,当时爱沙尼亚仅有16%的父母对子女的互联网使用进行数据监管;到了2018年,参与欧盟儿童在线调查的爱沙尼亚父母,进行数据监管的比例达到了37%（调查样本是1 020名9—17岁孩子的父母）（Sukk and Soo，2018[48]）。此外,家长控制软件在其他国家的使用也在不断增长,如英国（Ofcom，2017[49]）。

市场上有各种各样的家长控制软件可用来实施监控,提供的安全和限制措施也有所不同。例如,扎曼(Zaman)和努温(Nouwen,2016[47])提供的综述表明,有些家长控制软件可自主设定地点、时间和所要限制的内容。家长可以对孩子登录网络的地点、时长和允许浏览的内容加以限定(如睡前一小时不准使用屏幕、卧室或学校里不准上网等),或者限定可在网上互动的对象(如设置允许孩子联网互动的朋友清单)。其他一些家长控制软件还可以限定各种在线活动形式,比如娱乐活动、社交媒体和在线游戏(如禁用内容分享功能)。爱沙尼亚最近开展的一项欧盟儿童在线调查结果显示,21%的父母使用某些控制软件来监控子女使用的网站和平台;也有父母使用一些应用程序和平台来拦截某些网上内容或限制孩子的上网时间(Sukk and Soo,2018[48])。

家长除了通过各种技术手段进行在线监控外,还希望保护孩子在线下世界的安全。与怀孕应用程序或婴儿监视器类似的是,离线追踪应用程序和设备已开始"被定义为与优秀父母的行为密切挂钩了"(Simpson,2014,p. 279[18])。这些追踪设备和应用程序被宣传成可以帮助大家做出更明智的消费选择,从而"赋能消费者,提升效率,让世界成为更美好(此处应为)更安全的所在"(Hasinoff,2017,p. 497[50])。

几十年前的孩子习惯于在户外与同伴玩耍、自己走路上学、在自家附近骑单车,他们的活动完全不在父母的视线范围之内。与之相比,而今的孩子几乎享受不到此等的自由和独立。尽管手机被称作"世界上最长的脐带"(Shellenbarger,2005[51]),但自20世纪初以来,最新的科技已经能让父母"在无须互动的情况下实施远程操控"(Gabriels,2016,p. 176[15])。这些设备大多提供了现实生活里各种跟踪选择,让父母能够确定孩子的确切位置和行踪,有的甚至还能提供孩子的行进速度信息。很多设备还配备了SOS紧急按钮。孩子遇到麻烦时,可以立即通过双向语音通信或视频与父母取得联系。

然而,科技的最新进展已经变得异常谨慎,设备的使用可以完全不被孩子知晓。例如,2019年"个人防护系统"领域爱迪生奖获奖项目B'zT,是一种可水洗的追踪补丁和芯片,可以反复嵌入T恤一类的衣服里。每当孩子走远了,都会触发警报通知父母。有些追踪设备甚至可以提供地理围栏选项,让父母在地图上标注具体的位置,将它们变成所谓的安全区域(即允许孩子涉足的区域)。一旦孩子走出安全区域,就会立即通知父母。有些应用程序还能在孩子去了陌生地方或回家太晚时通知父母。更昂贵的设备,比如安柏警报 GPS 定位器,甚至接入了美国国家性犯罪者数据库。当孩子距离登记在案的性犯罪者的家庭地址不到 500 英尺①时提醒父母。

上述例证均表明,父母可以从各种各样的"其他跟踪应用程序"中(Gabriels,2016[15])选择符合需要的产品。这些应用程序可以在不经孩子同意和知情的情况下,通过定位技术对孩子进行跟踪和监测。来自爱沙尼亚的欧盟儿童在线调查结果还显示,儿童(9—17 岁)往往不知道他们的父母正在使用亲密数据进行监视:有 22%的爱沙尼亚家长说自己使用了一些跟踪技术来监测他们的孩子,但只有 13%来自同一家庭的孩子知道监视的存在(Sukk and Soo, 2018, p. 58[48])(见图 6-1)。

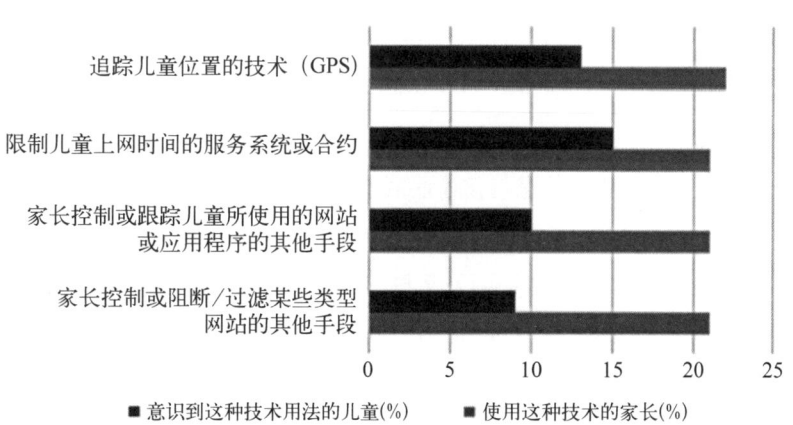

**图 6-1 儿童对技术干预的意识**

注:爱沙尼亚儿童(%)对技术干预的意识,(N=1 020)。
来源:Sukk and Soo (2018[48])

---

① 1 英尺=0.304 8 米。

以上这些发现表明,家长不仅刻意避免谈论这个话题,而且似乎也没有从儿童权利和隐私的角度来认识这种技术干预和亲密数据监视的使用。因此,无论这些技术工具的潜在良好意图究竟如何,我们依然要重视其潜在的负面影响,比如在亲子关系中会削弱家长和孩子之间的相互信任。

亲子关系中的信任感还会因为父母亲过度分享与家庭,特别是与孩子有关的私密信息而遭到破坏。因此,下一节将概要介绍"晒娃癖"的问题,即家长是如何为孩子创造数字足迹的。

## "晒娃癖":创造儿童的数字足迹

很多学者(Clark et al., 2015[52]; Blum-Ross and Livingstone, 2017[53]; Lipu and Siibak, 2019[54])指出,分享为人父母的乐趣和挑战,向公众展示孩子生活轨迹的记录,已经成为社交媒体时代的一种常态。正如布鲁姆-罗斯(Blum-Ross)和利文斯通(Livingstone, 2017[53])所指出的那样,当代的父母受到鼓励,积极分享为人父母的各种图片和亲身经历。最近的很多实证研究(Lipu and Siibak, 2019[54]; Wagner and Gasche, 2018[55]; Muge Marasli et al., 2016[56])表明,相当数量的父母都参与了"晒娃",也就是在社交媒体上分享子女的信息和照片,而没有考虑与孩子隐私有关的问题。

以往的研究指出了"晒娃癖"的几种潜在动机。来自爱沙尼亚的欧盟儿童在线调查结果显示,大多数情况下,父母"晒娃"是要借此与亲朋好友进行沟通(Sukk and Soo, 2018[48])(见表6-1)。达根(Duggan)和同事还提出(2015[57]),父母为自己的"晒娃"行为辩护,认为这是出于想让亲朋好友也参与到孩子成长中来的美好愿望,社交媒体平台因此也成为"分外有画面感的分享家庭新闻的媒介"(Lazard et al., 2019, p. 7[58])。然而,正如乌夫雷因(Ouvrein)和维尔斯威杰维尔(Verswijvel)所声称的(2019, p. 8[59]),"晒娃癖"也可以被看作是"一种间接的自我表达形式",因为父母们往往是以展示自己的养育能力为目的而开展网络内容创作的。

表6-1 爱沙尼亚家长的网络"晒娃"行为

| | 家长占比(%) | 人 数 |
|---|---|---|
| 出于与家人和朋友保持联络的目的而"晒娃" | 63 | 426 |
| 孩子希望我把照片/视频发布到网上 | 5 | 34 |
| 孩子要求我删除一些发布在网上的有关他的内容 | 4 | 29 |
| 我为自己曾经在网上发布的有关孩子的内容后悔不已 | 1 | 10 |
| "晒娃"前我会提前询问孩子是否愿意 | 38 | 257 |
| 我在网上发布孩子图片和视频前,从来不征询孩子本人意见 | 8 | 51 |
| 我在"晒娃"时不会发孩子清晰的面部图片 | 5 | 34 |
| 我不觉得在网上分享孩子照片有什么可担忧的 | 10 | 70 |
| 以上都不是 | 12 | 83 |
| 不清楚 | 3 | 22 |
| 不想讨论此问题 | 1 | 5 |

注:人数为672位家长,曾经在网上分享过孩子的照片或视频。家长可以选择多个选项。
数据来源:Sukk 和 Soo(2018[48])

父母们还会出于收集珍贵记忆的目的而"晒娃"(BlumRoss and Livingstone,2017[53]),或者是为了获得社会交往方面的支持(Duggan et al., 2015[57]),或者是就养育孩子所面临的挑战寻求他人意见或分享自己的意见和建议(Clark et al.,2015[52];Archer and Kao,2018[60])。正如拉扎德(Lazard)和他的同事所建议的(2019[58]),"晒娃"令母亲可以展现"好妈妈"的形象身份,也因此可稍稍降低母亲在养育子女这件事上的社会期望值。

Instagram软件(年龄不到13岁的用户不能拥有个人账户)上"名人宝宝"账户的出现,进一步助长了"晒娃"行为的合理化(Davidson-Wall,2018[61])。很多名人为自己的婴儿和学步儿创设了个人账号,赢得了成千上万的粉丝。令人瞩目的例子有迈克尔·菲尔普斯(Michael Phelps)和妮可·约翰逊(Nicole

Johnson)的儿子布默·菲尔普斯(Boomer Phelps)的 Instagram 账号;还有亚历克西斯·欧海宁(Alexis Ohanian)和塞雷娜·威廉姆斯(Serena Williams)的女儿亚历克西斯·奥林匹克·奥哈尼安(Alexis Olympia Ohanian)的账号,她的个人账号拥有 561 041 个粉丝(olympiaohanian, 2019[63])。

上述内容均说明,"晒娃"已经真正成为一种无所不在的数字化养育实践。正如布鲁姆·罗斯(Blum-Ross)和利文斯通(Livingstone)(2017, p. 122[53])所指出的,父母"不得不寻求一种能合理处置亲子关系身份的途径"。例如,最近一项质性研究调查了爱沙尼亚 20 位 0~3 岁孩子的母亲。结果表明,母亲在社交媒体上发布自己孩子的照片时,已经感到越来越不自在,因此真要做出"晒娃"的决定也不是出于草率(Siibak and Traks, 2019[64])。与其他研究者的发现相似[如 Autenrieth(2018[65])],西巴基(Siibak)和特拉卡斯(Traks)(2019[64])所调查的大多数年轻母亲都认为,她们非常审慎地做出决定,不在社交媒体上分享孩子的照片。但是,即便她们真的"晒"了图,也同时会对发图的数量和可见的受众设定限制条件。

此外,调查样本中,有些年轻母亲已经开始参与被奥滕里特(Authenrieth)(2018, p. 226[65])称作"抵制晒娃"的行动。也就是说,参与"特定的不分享行动",把照片展示的侧重点放在摄影和空间背景上,而不是孩子身上。例如,欧盟在爱沙尼亚进行的一项儿童在线调查结果显示,在网上分享过孩子照片或视频的受访者中,有 5% 的人参与了"抵制晒娃"行动(见表 6-1)。对年轻的爱沙尼亚母亲的访谈结果显示,在这样的情形下,后期修图(如表情符号贴纸)最常被用来"替代"孩子的面部表情以保护隐私(Siibak and Traks, 2019[64])。这样做,一方面,母亲们可以在社会期望和将自己描绘成一位慈母之间找到适当的平衡;另一方面,也尊重了孩子的隐私权(Siibak and Traks, 2019[64])。

再者,调查样本里的母亲们似乎坚决要守护孩子的网上隐私和身份,对"什么才是合适在网上展现的有关孩子的内容"肩负着决定权,同时还要确保家人和亲友同样也"完全尊重和坚持这些原则"(Kumar and Schoenebeck, 2015[66])。尽管如此,我们仍需要考虑的事实情况是,父母被赋予了权利及责任——来代表孩子做出此类决定（Moser, Chen and Schoenebeck, 2017[67]），过度分享信息依然有它不利的一面[参考 Lipu and Siibak（2019[54]）]。

"晒娃"所引起的问题,一方面与孩子的感受有关。他们会觉得尴尬、生气和沮丧（Levy, 2017[68]）。例如,最近一项针对英国 12—16 岁人群（总数 1 000 名）的研究表明,大多数受访者（71.3%）认为父母亲不尊重他们的网上隐私,超过三分之一（39.8%）的受访者有过被父母"晒"出令人尴尬照片的经历（Levy, 2017[68]）。这些受访者特别强调,像孩子"古怪行为或古怪样貌"、裸露身体（Ouvrein et al., 2019, p. 16[59]）这样令人尴尬的照片,父母尤其不应该在网上晒图,因为此类图片可能会歪曲孩子的自我形象。就这个问题的学术争论,目前还缺乏来自孩子本身的声音,因此今后的研究还需要探究孩子本人在"晒娃"问题上的认识。

总的来说,就家长应该多久征求一次孩子意见,以及是否应该得到允许后才能在社交媒体上"晒娃"这件事,家长和孩子所持的态度截然不同（Moser, Chen and Schoenebeck, 2017[67]；Hiniker, Schoenebeck and Kientz, 2016[69]）。例如,希尼克尔（Hiniker）、舍内贝格（Schoenebeck）和基恩茨（Kientz）（2016, p. 1385[69]）的研究表明,相对于父母未经允许在网上"晒"出孩子的个人信息,孩子有双倍的可能认为家长不应该"过度晒图"。同样的,爱沙尼亚一项针对青少年（9—13 岁）及其母亲（样本量为 14）的调查结果显示,对父母做出"晒娃"的决定,学龄前儿童经常会感到愤怒和沮丧。自己没法就照片的选择发表任何意见,即使发表了意见也总是被无视（Lipu and Siibak, 2019[54]）。该项研究里的学龄前儿童都宣称,父母在社交媒体上晒图前,并不习惯先征得孩子的许可。此外,即便自己明确表达了对照片选择的顾虑,特别是在父母已经上传了图片的情况下,孩子觉得图片令人尴尬、不讨人喜欢（"多丑的照片""我的头发一团糟"）,要求家长从历史记录里删除,这些要求也经常得不到响应（Lipu and Siibak, 2019[54]）。

很多情况下,孩子们的这些认识是准确的。尽管有的母亲表示,有必要在社交媒体上传照片或设置标签前征询孩子的意见,但样本中绝大多数母亲事前几乎都不会这么做(Lipu and Siibak, 2019[54])。大多数时候,这些妈妈们都认为,自己的立场是正义的,坚持认为家长有权决定和掌控社交媒体上哪些有关孩子的信息可以分享,特别是当孩子还很小的时候更是如此。

这些发现表明,青少年前期和他们的母亲在"晒娃"问题上存在相当大的分歧,这些分歧很可能导致"隐私边界波动"(Petronio and Durham, 2015[70])。当孩子的预期隐私水平与父母如何对待他们的个人信息不一致时,波动就会产生。这种不一致还可能导致亲子关系方面的困扰。

"晒娃"行为还可能产生另一种潜在风险,即"数字绑架"(Friedman, 2015[71]; Whigham, 2015[72])。在上述情境下,"数字绑架"指的是当陌生人从社交媒体上窃取了孩子的照片,将它用于其他场合。常用的手法是围绕孩子这个人物角色编造新的故事,或者谎称孩子是他自己的。有时候,还会用一组标签,诸如#babyrp 或#adoptionrp,跟窃取来的照片一起,暗示这个帖子是一种角色扮演。其他情况下,"数字绑架"还可能导致真的网络犯罪发生,如盗取孩子身份,或潜在导致网络性犯罪。

最近,一项针对爱沙尼亚0—3岁儿童母亲(样本量为20)进行的定性研究显示,母亲们已经关注到,当在社交媒体上进行交流时,特别是facebook上的母亲群体里,"数字绑架"虽然罕见,但这种威胁真实存在,已有孩子成了受害者(Traks, 2019[73])。例如,调查样本中的一位母亲,描述了陌生人是如何从她的博客上窃取孩子照片,再把它上传到约会网站上,声称孩子可以作为性奴隶购买(Traks, 2019[73])。还有受访的母亲报告发生过这样的情况,陌生人把遭遇"数字绑架"儿童的照片发布在Facebook的多个妈妈群里,配上说明,称照片上的孩子得了重病,急需支付昂贵的治疗费用,而且这位家长,也就是"数字绑架"的绑匪,则无力承担医疗费用。绑匪希望能从网络社区博取同情,筹集资金"治愈"孩子(Traks, 2019[73])。

尽管上述事例揭示的是"晒娃"可能会导致的最阴暗的潜在危险状况,但要引起父母对这个问题的警醒是最重要的。尽管大众媒体近年来对此类数字绑架的话题有所涉及[cf. Friedman (2015[71])],但针对性的科学研究才初见端倪。

## 总结

在被高科技浸润的当今社会,生活的方方面面几乎都被转化成可以量化的数据。社会科学家越来越需要仔细研究数据化过程如何影响我们的生活,例如,我们对社会、人类行为、表现举止和社会互动的理解。这样一个数字化的时代,对成人和儿童都产生了重要的影响,认识到这一点极为重要。此外,当今儿童的个人信息正在以各种方式,在各个层面被收集、监控、存储和分享。正如巴拉西(Barassi)所强调的 (2018, p. 169[74]) , "家长的数字实践与这种转变直接相关"。相应地,其他人也讽刺地提出,在"超凡的养育时代"(Lim, 2018[75]),暗中监视已成为一种"增强型养育工具"(Marx and Steeves, 2010, p. 205[76])。

这种过度保护并由高科技主导的养育方式很大程度上源于人们所面临的社交、工作和家庭生活的竞争性需求,以及想要成为好父母,真正养育好孩子的愿望。在由其他父母引发的道德恐慌,公共媒介、充斥着焦虑的营销术语以及社交媒体羞辱妈妈的言论中,越来越多的父母已经成为受害者。而所有这些,都影响了对什么才是"优质养育"的社会预期。与蒂登堡(Tiidenberg)和贝姆(Baym)(2017[77])的认识相似,他们认为,当准妈妈在 Instagram 上展示自己怀孕过程(分享孕期)的时候,便注定要"认识、购买和使用"这些数字工具。

如今的家长日益陷入一种特定的"即插式"养育模式。本章阐释了准父母最初是如何转向社交媒体和网站,学习各种体现责任心的育儿技巧,随后又感觉有必要购买和使用移动应用和数字设备,以免成为不负责任和粗心大意的父母的过程。

关心孩子的身心健康与安全一直以来都是育儿哲学的基础之一。然而,需要提醒当今的父母的是,"育儿问题不会因为'有了一个应用程序'就都迎刃而解了"(Zaman and Nouwen, 2016, p. 6[47])。相反,各种数字化的育儿工具——从怀孕应用程序和婴儿监控设备,到父母监控和追踪设备——都倾向于片面地强调保护和预防功能(Zaman and Nouwen, 2016[47]),而几乎完全置与儿童的数字权利有关的问题于不顾。

各种政策文件[如《成员国部长委员会建议》(CM/REC),(2018)7(欧洲委员会,2018[78])]都强调,父母和照护者要承担起保护儿童隐私、个人信息和网络声誉的责任,以及尊重网络通信的保密性。然而,针对这个话题,父母的认识以及公众舆论都还需要更加谨慎。

此外,我们不仅有必要进行实证研究,"记录下不同家庭里发生着的虚构及真实的监控情况"(Mascheroni,2018,p. 10[21]),而且采取以儿童为导向的数据监测也日益迫切(Lupton and Williamson,2017[20])。由于目前还没有就父母采取严密监视措施后针对儿童自己的观点和经历的实证研究,未来的研究应该致力于填补这一空白,这将会为家长和政策制定者提供重要的参考。不仅一个国家内部以及国际的政策层面要出台举措,促进行业参与者担起责任(这一需求变得愈发迫切),而且将父母的焦虑进一步商品化的科技行业,也迫切需要出台基于伦理道德的解决方案。

## 参考文献

Aitken, M. and J. Lyle (2015), *Patient Adoption of mHealth: Use, Evidence and Remaining Barriers to Mainstream Acceptance*, IMS Institute for Healthcare Informatics, www.iqvia.com/-/media/iqvia/pdfs/institute-reports/patient-adoption-of-mhealth.pdf. 【35】

Ammari, T. and S. Schoenebeck (2015), *Understanding and Supporting Fathers and Fatherhood on Social Media Sites*, ACM Press, New York, New York, USA, http://dx.doi.org/10.1145/2702123.2702205. 【29】

Archer, C. and K. Kao (2018), "Mother, baby and Facebook makes three: Does social media provide social support for new mothers?", *Media International Australia*, Vol. 168/1, pp. 122 – 139, http://dx.doi.org/10.1177/1329878X18783016. 【60】

Autenrieth, U. (2018), "Family photography in a networked age: Antisharing as a reaction to risk assessment and behaviour adaption", in G. Mascheroni, C. Ponte, A. (ed.), *Digital Parenting. The Challenges for Families in the Digital Age*, Nordicom, Göteborg. 【65】

Barassi, V. (2018), "The child as datafied citizen: Critical questions on data justice in family life", in Giovanna Mascheroni, C. (ed.), *Digital Parenting: The Challenges for Families in the Digital Age*, The International Clearinghouse on Children, Youth and Media, https://norden.diva-portal.org/smash/get/diva2:1265024/FULLTEXT01.pdf#page=21. 【74】

Barassi, V. (2017), "BabyVeillance? Expecting parents, online surveillance and the cultural specificity of pregnancy apps", *Social Media + Society*, Vol. 3/2, p. 205630511770718, http://dx.doi.org/10.1177/2056305117707188. 【22】

Baum, F., L. Newman and K. Biedrzycki (2014), "Vicious cycles: Digital technologies and determinants of health in Australia", *Health Promotion International*, Vol. 29/2, pp. 349–360, http://dx.doi.org/10.1093/heapro/das062. 【36】

Bernstein, G. and Z. Triger (2010), "Over-parenting", *U. C. Davis Law Review*, Vol. 44, https://heinonline.org/HOL/Page? handle=hein.journals/davlr44&id=1231&div=&collection=. 【19】

Bert, F. et al. (2016), "There comes a baby! What should I do? Smartphones' pregnancy-related applications: A web-based overview", *Health Informatics Journal*, Vol. 22/3, pp. 608–617, http://dx.doi.org/10.1177/1460458215574120. 【43】

Blum-Ross, A. and S. Livingstone (2017), ""Sharenting," parent blogging, and the boundaries of the digital self", *Popular Communication*, Vol. 15/2, pp. 110–125, http://dx.doi.org/10.1080/15405702.2016.1223300. 【53】

Bonafide, C., D. Jamison and E. Foglia (2017), "The emerging market of smartphone-integrated infant physiologic monitors", *JAMA*, Vol. 317/4, p. 353, http://dx.doi.org/10.1001/jama.2016.19137. 【17】

boomerrphelps (2019), *boomer phelps (@boomerrphelps)*, Instragram, www.instagram.com/boomerrphelps/?hl=en. 【62】

Carvalho, J., R. Francisco and A. Relvas (2015), "Family functioning and information and communication technologies: How do they relate? A literature review", *Computers in Human Behavior*, Vol. 45, pp. 99–108, http://dx.doi.org/10.1016/j.chb.2014.11.037. 【2】

Chen, P., D. Aram and M. Tannenbaum (2014), "Forums for parents of young children: Parents' online conversations in Israel and France", *International Journal about Parents in Education*, Vol. 8/1, pp. 11–25, www.ernape.net/ejournal/index.php/IJPE/article/viewFile/287/205. 【24】

Clark, S. et al. (2015), *Parents on Social Media: Likes and Dislikes of Sharenting*, C. S. Mott Children's Hospital, the University of Michigan Department of Pediatrics and Communicable Diseases, and the University of Michigan Child Health Evaluation and Research Unit, https://mottpoll.org/sites/default/files/documents/031615_sharenting_0.pdf. 【52】

Council of Europe (2018), *Recommendation CM/Rec(2018)7 of the Committee of Ministers to Member States on Guidelines to Respect, Protect and Fulfil the Rights of the Child in the Digital Environment*, https://search.coe.int/cm/Pages/result_details.aspx?ObjectId=09000016808b79f7. 【78】

Davidson-Wall, N. (2018), *"Mum, Seriously!": Sharenting the New Social Trend With No Opt-out*, Debating Communities and Social Networks 2018 OUA Conference, http://networkconference.netstudies.org/2018OUA/wp-content/uploads/2018/04/Sharenting-the-new-social-trend-with-no-opt-out.pdf. 【61】

Duggan, M. et al. (2015), *Parents and Social Media: Mothers are Especially Likely to Give and Receive Support on Social Media*, www.pewinternet.org/2015/07/16/parents-and-social-media/. 【57】

Kumar, P. and S. Schoenebeck (2015), *The Modern Day Baby Book: Enacting Good Mothering and Stewarding Privacy on Facebook*, ACM Press, New York, New York, USA, http://dx.doi.org/10.1145/2675133.2675149. 【66】

Lagan, B., M. Sinclair and W. George Kernohan (2010), "Internet use in pregnancy informs women's decision making: A web-based survey", *Birth*, Vol. 37/2, pp. 106–115, http://dx.doi.org/10.1111/j.1523-536X.2010.00390.x. 【27】

Lazard, L. et al. (2019), "Sharenting: Pride, affect and the day - to - day politics of digital mothering", *Social and Personality Psychology Compass*, Vol. 13/4, p. e12443, http://dx. doi. org/10. 1111/spc3. 12443. 【58】

Leaver, T. (2017), "Intimate surveillance: Normalizing parental monitoring and mediation of infants online", *Social Media + Society*, Vol. 3/2, p. 205630511770719, http://dx. doi. org/10. 1177/2056305117707192. 【14】

Lee, Y. and M. Moon (2016), "Utilization and content evaluation of mobile applications for pregnancy, birth, and child care", *Healthcare Informatics Research*, Vol. 22/2, p. 73, http://dx. doi. org/10. 4258/hir. 2016. 22. 2. 73. 【32】

LeMoyne, T. and T. Buchanan (2011), "Does "hovering" matter? Helicopter parenting adn its effect on well-being", *Sociological Spectrum*, Vol. 31/4, pp. 399 – 418, http://dx. doi. org/10. 1080/02732173. 2011. 574038. 【8】

Levy, E. (2017), *Parenting in the Digital Age: How Are We Doing?*, Parent Zone: Making the Internet work for Families, https://parentzone. org. uk/sites/default/files/Parenting%20in%20the%20Digital%20Age%20conference% 20report. pdf. 【68】

Lim, S. (2018), "Transcendent parenting in digitally connected families: When the technological meets the social", in Giovanna Mascheroni, Cristina Ponte, &. (ed.), *Digital parenting: The challenges for families in the Digital Age*, The International Clearinghouse on Children, Youth and Media, https://norden. diva-portal. org/smash/get/diva2: 1265024/FULLTEXT01. pdf#page = 21. 【75】

Lipu, M. and A. Siibak (2019), "'Take it down!': Estonian parents' and pre-teens' opinions and experiences with sharenting", *Media International Australia*, p. 1329878X1982836, http://dx. doi. org/10. 1177/1329878X19828366. 【54】

Livingstone, S. (2002), *Young People and New Media: Childhood and the Changing Media Environment*, SAGE. 【1】

Lupton, D., S. Pedersen and G. Thomas (2016), "Parenting and digital media: From the early web to contemporary digital society", *Sociology Compass*, Vol. 10/8, pp. 730 – 743, http://dx. doi. org/10. 1111/soc4. 12398. 【23】

Lupton, D. and B. Williamson (2017), "The datafied child: The dataveillance of children and implications for their rights", *New Media & Society*, Vol. 19/5, pp. 780 – 794, http://dx. doi. org/10. 1177/1461444816686328. 【20】

MacDougall, D. and S. Halperin (2016), "Improving rates of maternal immunization: Challenges and opportunities", *Human Vaccines & Immunotherapeutics*, Vol. 12/4, pp. 857 – 65, http://dx. doi. org/10. 1080/21645515. 2015. 1101524. 【39】

Malone, K. (2007), "The bubble - wrap generation: Children growing up in walled gardens", *Environmental Education Research*, Vol. 13/4, pp. 513 – 527, http://dx. doi. org/10. 1080/13504620701581612. 【10】

Marx, G. and V. Steeves (2010), "From the beginning: Children as subjects and agents of surveillance", *Surveillance & Society*, Vol. 7/3/4, pp. 192 – 230, http://dx. doi. org/10. 24908/ss. v7i3/4. 4152. 【76】

Mascheroni, G. (2018), "Datafied childhoods: Contextualising datafication in everyday life", *Current Sociology*, p. 001139211880753, http://dx. doi. org/10. 1177/0011392118807534. 【21】

Mascheroni, G. and C. Ponte (eds.) (2018), *Parenting in the digital age*, The International Clearinghouse on Children, Youth and Media, www.nordicom.gu.se/clearinghouse. 【6】

Mascheroni, G. and C. Ponte (eds.) (2018), *Transcendent parenting in digitally connected families: When the technological meets the social*, The International Clearing House on Children, Youth and the Media, https://norden.diva-portal.org/smash/get/diva2:1265024/FULLTEXT01.pdf#page=21. 【7】

Mascheroni, G., C. Ponte and A. Jorge (2018), *Digital Parenting: The Challenges for Families in the Digital Age*, Nordicom, University of Gothenburg, www.diva-portal.org/smash/record.jsf?pid=diva2%3A1265024&dswid=-7681. 【5】

Morrison, A. (2011), ""Suffused by feeling and affect": The intimate public of personal mommy blogging", *Biography*, Vol. 34/1, pp. 37–55, www.jstor.org/stable/23541177. 【26】

Moser, C., T. Chen and S. Schoenebeck (2017), *Parent's and Children's Preferences About Parents Sharing About Children on Social Media*, ACM Press, New York, New York, USA, http://dx.doi.org/10.1145/3025453.3025587. 【67】

Muge Marasli et al. (2016), "Parents' shares on social networking sites About their children: Sharenting", *The Anthropologist*, Vol. 24/2, pp. 399–406, http://dx.doi.org/10.1080/09720073.2016.11892031. 【56】

Nelson, M. (2010), *Parenting Out of Control: Anxious Parents in Uncertain Times*, New York University Press, New York. 【44】

Nelson, M. (2008), "Watching children: Describing the use of baby monitors on Epinions.com", *Journal of Family Issues*, Vol. 29/4, pp. 516–538, http://dx.doi.org/10.1177/0192513X07310319. 【9】

Ofcom (2017), *Children and Parents: Media Use and Attitudes Report*, OfCom, www.ofcom.org.uk/data/assets/pdf_file/0020/108182/children-parents-media-use-attitudes-2017.pdf. 【49】

O'Leary, C. et al. (2007), "A review of policies on alcohol use during pregnancy in Australia and other English-speaking countries, 2006", *The Medical Journal of Australia*, Vol. 186/9, pp. 466–471, http://dx.doi.org/10.5694/J.1326-5377.2007.TB00999.X. 【40】

olympiaohanian (2019), *Alexis Olympia Ohanian, Jr.* (@olympiaohanian), Instagram, www.instagram.com/olympiaohanian/?hl=en. 【63】

Orton-Johnson, K. (2017), "Mummy blogs and representations of motherhood: "Bad mummies" and their readers", *Social Media + Society*, Vol. 3/2, p. 205630511770718, http://dx.doi.org/10.1177/2056305117707186. 【25】

Ouvrein, G. et al. (2019), *Children and Youth Services Review*, Pergamon Press, https://econpapers.repec.org/article/eeecysrev/v_3a99_3ay_3a2019_3ai_3ac_3ap_3a319-327.htm. 【59】

Petronio, S. and W. Durham (2015), "Communication privacy management theory: Significance for interpersonal communication", in Schrodt, D. (ed.), *Engaging theories of interpersonal communication: Multiple perspectives*, Sage, http://dx.doi.org/10.1002/9781118540190.wbeic132. 【70】

Plantin, L. and K. Daneback (2009), "Parenthood, information and support on the internet. A literature review of research on parents and professionals online", *BMC Family Practice*, Vol. 10/1, http://dx.doi.org/10.1186/1471-2296-10-34. 【4】

Shellenbarger, S. (2005), "Tucking the kids in — in the dorm: Colleges ward off overinvolved parents", *The Wall Street Journal*, www.wsj.com/articles/SB112250452603298007. 【51】

Siibak, A. and K. Traks (2019), "The dark sides of sharenting", *Catalan Journal of Communication & Cultural Studies*, Vol. 11/1, pp. 115–121, http://dx.doi.org/10.1386/cjcs.11.1.115_1. 【64】

Simpson, B. (2014), "Tracking children, constructing fear: GPS and the manufacture of family safety", *Information & Communications Technology Law*, Vol. 23/3, pp. 273–285, http://dx.doi.org/10.1080/13600834.2014.970377. 【18】

Sukk, M. and K. Soo (2018), *EU Kids Online Eesti 2018. Aasta Uuringu Esialgsed Tulemused*, Ühiskonnateaduste instituut, Tartu, www.yti.ut.ee. 【48】

Thomas, G. and D. Lupton (2015), "Threats and thrills: Pregnancy apps, risk and consumption", *Health, Risk & Society*, Vol. 17/7–8, pp. 495–509, http://dx.doi.org/10.1080/13698575.2015.1127233. 【30】

Thomas, G., D. Lupton and S. Pedersen (2017), "'The appy for a happy pappy': Expectant fatherhood and pregnancy apps", *Journal of Gender Studies*, pp. 1–12, http://dx.doi.org/10.1080/09589236.2017.1301813. 【34】

Thornham, H. (2019), "Algorithmic vulnerabilities and the datalogical: Early motherhood and tracking-as-care regimes", *Convergence: The International Journal of Research into New Media Technologies*, Vol. 25/2, pp. 171–185, http://dx.doi.org/10.1177/1354856519835772. 【38】

Tiidenberg, K. and N. Baym (2017), "Learn it, buy it, work it: Intensive pregnancy on Instagram", *Social Media + Society*, Vol. 3/1, p. 205630511668510, http://dx.doi.org/10.1177/2056305116685108. 【77】

Traks, K. (2019), *Võrguvanemlus Ja Sellega Seonduvad Riskid: Väikelaste Emade Arvamused Ja Kogemused. [Sharenting and Its Potential Risks: Reflections and Experiences of the Mothers' of Toddlers]*, University of Tartu. 【73】

Wagner, A. and L. Gasche (2018), *Sharenting: Making Decisions About Other's Privacy on Social Networking Sites*, http://mkwi2018.leuphana.de/wp-content/uploads/MKWI_81.pdf. 【55】

Whigham, N. (2015), *Digital Kidnapping Will Make You Think Twice About What You Post to Social Media*, News.com.ua, http://www.news.com.au/lifestyle/real-life/wtf/digital-kidnapping-will-make-you-think-twice-about-what-you-post-to-social-media/news-story/4dc1c9a22b657f090c25c9393f66fe88. 【72】

Willson, M. (2018), "Raising the ideal child? Algorithms, quantification and prediction", *Media, Culture & Society*, p. 016344371879890, http://dx.doi.org/10.1177/0163443718798901. 【16】

Womack, J., L. Anderson and C. Ledford (2018), "Presence of complex and potentially conflicting information in prenatal mobile apps", *Health Promotion Practice*, p. 152483991879621, http://dx.doi.org/10.1177/1524839918796216. 【37】

Zaman, B. and M. Nouwen (2016), *Parental Controls: Advice for Parents, Researchers and Industry*, EU Kids Online, www.eukidsonline.net. 【47】

# 第七章

# 青春期关系的社会环境

> 青春期是生长发育的关键期。这一时期所发生的种种变化,对年轻人未来一生的经济安全、健康和幸福轨迹都有着深远和持久的影响。青春期的社会关系对青少年在个人、社区和社会层面的成功起到了基础性的作用。本章阐述了社会关系的重要性,讨论了全球趋势影响青春期关系行为以及关系维系的方式。本章探讨了21世纪气候变化、民众流离失所、青少年的个人主义以及新技术等远景下所发生的社会变化,如何影响了青春期发育、人际关系和心理健康。青少年不仅会直接体验社会变革的结果,而且也将成为社会变革的关键驱动力,无论变革的结果是好是坏。本章旨在促进对这一重要领域的研究,以便更好地理解当今各种挑战对青少年社会关系的影响,并为他们更好地迎接即将到来的挑战做好准备。

---

本章作者为卡特琳·芬克纳尔、亚尤克·威廉姆斯、玛迪塔·威斯和梅克·巴特尔斯,他们是来自荷兰乌得勒支大学跨学科社会科学系、荷兰阿姆斯特丹自由大学生物心理学系、荷兰阿姆斯特丹自由大学、阿姆斯特丹公共卫生研究所和英国剑桥大学社会学系的学者。

## 引言

青春期是人生中一段既令人兴奋又充满动荡的时期。虽然没有明确的时间界限,但青春期的范围大致为10—24岁,通常是生长发育的关键时期(Patton et al.,2018[1];Sawyer et al.,2018[2])。青少年最终必须脱离童年的安全感和父母的保护,牢牢把握成人的责任、机遇和要求。生理和心理上的飞速成熟与认知、情感、社交和行为上的变化交织在一起,对青少年的经济安全和身心健康产生重大而持久的影响(Dahl et al.,2018[3])。众多的变化使得青少年特别容易受到全球各种潮流趋势的影响,诸如气候变化,民众流离失所,日益增长的个人主义思潮以及新技术等。这些趋势一方面会加剧风险和不确定性(如环境过度开发、激进主义、物质滥用),另一方面也会增加机会并促进成长(如学习、创新、公众参与)。因此,考虑到青春期的阶段性,这些全球潮流趋势的影响,与随之发生的社会变革相呼应,进而更深远地塑造了青少年的成长。

青少年的成长是在动态变化的环境中发生的。在整个青春期过程中,个人日益深陷各种社会环境和组织之中,这对其成长会产生直接或间接的影响。这些社会环境,从较近端的(如朋友、恋人、家庭)到较远端的(如社区、社会、文化准则),成长中的青少年都要与其直接发生联系,环境会深刻影响人的成长进程。布朗芬·布伦纳(Bronfen brenner,1979[4])将这些环境归纳为一种相互嵌套的结构(见图7-1)。它们之间的相互作用非常复杂,因为个人与环境是相互影响的,并且会随着时间的推移而改变,从而影响青少年的身心健康(Solar and Irwin,2010[5])。

研究人员认识到,各个环境层面的风险和防范因素都可能影响青少年的成长发育(Sawyer et al.,2012[7])。对多种环境和时间因素的研究发现,得到的不同结果取决于

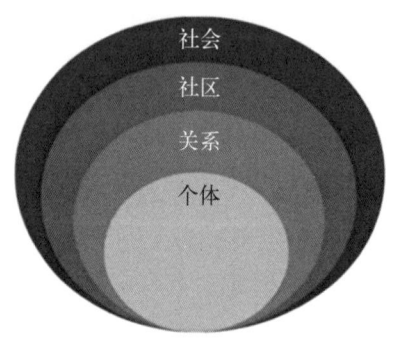

图7-1 影响青少年发展的环境因素

来源:选自Bronfen brenner(1979[4])及Holt-Lundtad(2018[6])

所研究的人口对象、时间因素、年龄组或文化背景（Ungar, Ghazinour and Richter, 2013[8]）。然而，大量证据均发现，社会关系——处于持久的、支持性的社会关系和网络中——是对人终身的心理健康、教育成功、职业成就和工作表现进行预测的最强有力的因素之一（Holt-Lunstad, 2018[6]）。

相反，与社会脱节（如孤立、独处、低质量人际关系）使得人的健康和社会经济抗风险能力更加脆弱，从而对人的一生造成累积性的影响（Cacioppo and Cacioppo, 2018[9]）。考虑到个人成长的空间和青春期的脆弱性，青少年成长最重要的任务之一，就是建立起支持性的社交网络并维护好社会关系。这两者对于年轻人在个人、公共和社交层面成功应对挑战具有基础性的作用。

对社会关系重要性的研究主要集中在近端的社会环境，如家庭、父母、朋友和恋人（Feeney and Collins, 2015[10]），而远端环境可能对青少年的社会关系产生何种影响的研究目前甚少。虽然社会环境的嵌套性结构可能暗示了一种等级顺序，但近端的社会环境也未必比远端环境更具有影响力（Bronfenbrenner, 1988[11]）。本章旨在评估远端社会变革的社会关系、人际关系对青少年身心健康和人生成就带来的潜在影响。换句话说，全球发展趋势如何影响青少年的社会关系？

本章研究了四种全球发展趋势，分别是气候变化、民众流离失所、日益增长的青少年个人主义倾向以及新技术，并分析它们对青少年形成及维持社会关系和社会网络能力的潜在影响。章节首先就社会和人际关系对人一生的健康和幸福的重要性进行了概述，随后描述并回顾了与社会变革有关的四种全球发展趋势，逐一探讨它们对青少年社会关系的影响。整章均特别强调了尚未得到解答的问题，为未来研究提供可行的路径。

## 社会关系的重要性与基本特征

现有文献毫无疑问地表明，良好的人际关系对人的益处良多。霍尔特-伦斯塔德（Holt-Lunstad）与其同事开展的元分析很好地说明了这一点。社会支持性网络对个体死亡风险的防范作用,远胜于包括吸烟在内的其他已知风险因素所造成的有害影响。在超过30万人参与的148项研究中,研究者发现,拥有更优良社会关系的受访者,其生存概率提升了50%。这与大量文献中所主张的,支持性社交网络对身心健康至关重要的结论是一致的(Feeney and Collins, 2015[10])。研究还表明,对于大多数人而言,缺乏支持性社交网络,便与健康长寿和幸福生活无缘了。举例来说,孤独状态会导致过早死亡的风险提升26%,并且能较为可靠地预示抑郁症及其他健康问题的发生(Cacioppo et al., 2015[13])。

尽管研究人员对社会和人际关系的定义各不相同,但他们都认识到,关系与生俱来一定是具备社会性的。在所有的关系中,人都是他们所生活的特定社会环境(如家庭、社区、社会或文化)的一部分,都是相互依存的(Kelley and Graaf, 1997[14])。个人和他们所处的社会环境在短期和长期内会产生相互影响。例如,在充斥着冲突、虐待、非支持性甚至是遭受忽视的环境中成长起来的儿童①,人生中不仅会经历一系列不利于身心健康的事件,自身建立起的人际关系和社交网络也会缺乏支持性和稳定性(Repetti, Taylor and Seeman, 2002[15])。

青少年②如果无法抑制冲动,情绪调节困难,会引发父母更为负面和严苛的养育,从而进一步弱化青少年控制冲动和情绪的能力(Willems et al., 2018[16])。对个人在社区中所扮演角色的研究表明,报告个体幸福程度高的人(即对生活满意度高,体验到更高程度幸福感的人)是受大家欢迎的,并且处在以乐趣和陪伴为特点的社交网络的中心。因此,人们更希望与积极且快乐的人交往来获得乐趣与兴奋感。具有高度同理心的人(即能与他人和谐共处且响应他人需求的人)是受大家欢迎的,并且处在以信任和支持为特点的社交网络的中心。此外,其他人会向富有同理心的个体寻求情感支持,特别是在面临压力的情况之下(Morelli et al., 2017[17])。

---

① 18岁以下的人群。
② 13—17岁。

个人与社会环境相互依存,人际关系是人与人之间发展出来的,仅靠个人是不够的。认识到这一点,对于理解青春期的社会关系是非常必要的。人际关系的相互依存,一方面强调青少年需要具备培养、参与和维持与他人关系的能力,他们需要在家庭、邻里、社区和不同文化中发挥伴侣或小组成员的作用。此外,对他们来说,至关重要的是能够感知与他人之间的联系,寻求或提供社会性的支持和帮助,表达同情,沟通关照,与人合作,容忍并理解他人会持有不同的观点并且回应他人的需求[e. g. Cacioppo, Reis and Zautra (2011)[18], Feeney 和 Collins (2015)[10]]。另一方面,青少年还需要感知这种人际关系的互利互惠性,认识到他人的关心、尊重和对自身需求做出的回应(Reis, Lemay and Finkenauer, 2017[19])。

虽然青少年的近端社会环境(如家庭)是他们发展社会和人际关系能力的决定因素,但远端环境的一些外部因素,尽管不造成直接影响,却也在塑造青少年成长的外部环境上(如全球化)发挥了越来越大的作用。为了凸显这一点,在对1990、1998和2002年的儿童群体所做的研究中,陈(Chen)和他的同事们(2005)[20]发现,害羞的适应性价值发生了变化。1990年,害羞与社会关系以及学业成绩呈现正相关;但到了1998年,这种关系就不复存在了;再到2002年,呈现了负相关。短短10年里,一个值得标榜的特质却成了产生社会脱节和心理健康问题的风险因素。作者认为,这一发现可能是由于中国社会经济发生的飞速变化,使得"自信、自我主导和探索精神,在充满挑战的市场导向社会里"显得尤为重要。

本章探讨的21世纪可能对青少年的社会和人际关系产生影响的每一种趋势,都可能对年轻人在不同类型的社会情景下发展并维系与他人稳定、和谐人际关系的能力带来机遇和挑战。这些内容同时也揭示了年轻人如何看待他人对自己的关心。对这几种潮流趋势,接下来将逐一加以剖析。

# 气候变化

气候变化对全球人口构成了重大威胁,是21世纪面临的主要挑战之一。

气候变化影响的范围从农业减产到生物多样性下降,再到海平面上升,以及更强劲的酷暑。虽然气候变化对环境的影响已经得到了翔实记载,但它对社会,尤其是对社会内部人际关系所造成影响的研究,还处在初期阶段。早期研究表明,气候变化对社会的重塑体现在对社区人际网络提出了挑战,并且提升了社会关系的攻击性水平(Burke, Davis and Diffenbaugh, 2018[21];Watts et al.,2018[22])。

气候变化加剧了对资源的竞争(如有限的收成和水资源、人们流离失所),给社会关系带来了压力。综合分析显示,气温升高、降水减少这些现象能够预测群体间的冲突和相互攻击(Hsiang, Burke and Miguel, 2013[23])。例如,有人把降水的减少与巴西的土地兼并(Hidalgo et al., 2010[24]),印度的印度教和伊斯兰教骚乱(Sarsons, 2015[25]),以及政治冲突与战争(Couttenier and Soubeyran, 2014[26])关联了起来。伯克(Burke)、湘(Hsiang)和米格尔(Miguel)(2015[27])估算出,气温每升高一个标准差,族群之间暴力行为发生的风险就会增加11.3%。

气温上升、强降雨等恶劣天气与暴力事件相关联,在欠发达的邻里和社区的发生概率尤其高。因此,那些已经面临与气候变化有关不利影响的高风险人群,遭受暴力事件影响的可能性也更大(Mares, 2013[28])。虽然这里提出的高温与暴力的关联性并没有考虑其他可用来解释的因素(如经济和社会方面的),但它确实说明了气候变化与社会关系之间存在关联性。

同样在个人层面,较高的人际冲突和暴力发生概率也与气候变化,如气温升高和气候灾害有关。众多研究表明,极端天气造成的压力水平升高对社交和人际关系都造成了压力。例如,研究人员揭示了遭遇"卡特丽娜"飓风与青少年的反应性攻击之间的关联(Marsee, 2008[29])。另一个样本中,阿尔维尔(Harville)和同事(2011[30])证明,即便是对来自不同社会经济背景这一因素加以控制的情况下,在遭遇"卡特丽娜"飓风的家庭中,亲密伴侣之间的暴力行为发生率更高。同样的,基南(Keenan)和同事(2004[31])调查了"弗洛伊德"飓风之后的家庭动态变化,发现遭受过此次天气灾害的家庭,虐待儿童的情况明显增多。

此外,气候变化对人的身心健康也产生了严重的影响,为人际关系的稳定增加了一重压力源。它与疾病的流行有关,例如:空气污染和高温造成了心血管和呼吸系统问题,传染病的加速传播、粮食减产会导致营养不良,极端气温会导致心理健康问题甚至死亡(Clayton et al., 2017[32];Watts et al., 2018[22])。

在这种情况下,社交网络不具备支持作用反而成了逆境中的关键风险因素(Holt-Lunstad, 2018[6];Kaniasty, 2012[33])。一项针对美国南部遭受"卡特丽娜"飓风的青少年的纵向研究表明,飓风期间,青少年获得的同辈和家庭支持水平较低,与多年以后产生了更多的抑郁和焦虑人群的结果有关(Banks and Weems, 2014[34])。关键是,遭受飓风的沉痛打击与从家庭和同辈处较少获得社会支持是相互关联的。这表明,气候变化引发的极端天气事件可能会导致个人与社区的可获得资源遭到破坏,从而让人们在最需要的时候得不到社会支持。

长期的压力、创伤、失业、丧失房产以及灾难过后的经济衰退,都会对支持性社会关系的发展和维系带来严峻的压力。这可能是因为焦虑、压力和未来的不确定性,会降低人们表达同情、关注他人需求和缓解冲突的能力。这种响应他人需求能力的降低,又会加剧人际交往的压力,削弱个人维持发达的社交网络和促进人际关系发展的能力(Finkenauer et al., 2017[35])。弱势群体特别会受到与气候变化相关的压力源的负面影响。帮助面临气候变化和灾难逆境的年轻人形成并维持社会关系,以免被孤立,这显然是一项重要的研究,也是公共健康事业应该优先考虑的事项(Clayton et al., 2017[32])。

从全球层面(地球变暖,灾害天气)到个体层面(人际关系和健康状况),都能看到气候变化导致的严重后果。它一方面带来了挑战,另一方面也为社会关系提供了新的契机,体现在青年人普遍提高了认识——气候变化带来的后果将重塑个人的未来,从而使青少年更多地参与公众活动和(国际性的)社会联络。

新一代人正在采取措施,敦促政治领袖采取行动应对气候变化。例如,2019年1月24日,大约35 000名比利时青年一起罢课,要求政治领导人采取行动应对气候问题。他们高举书写着"不能等到我长大再行动了""地球的温度比我男朋友的体温还高""世界上没有 B 星球"等标语,在布鲁塞尔的大街上游行。

接下来,全球很多城市都紧随其后,年轻人高举"青年"的旗帜就气候问题举行游行示威。显然,未来 15 年,青少年都会受到气候变化的直接影响,带给他们的很可能是身心健康和社会交往等其他生活领域的疤痕效应。与此同时,他们也将调动全世界各个方面和利益关联方,成为探寻可持续发展未来路径的关键驱动力。他们相信,通过社会各方的协调努力,可以获得成功的机会。这种信念会令他们努力做出改变,以促成可持续发展目标的实现。

## 流离失所

冲突和暴力的历史性激增,导致了民众流离失所的全球危机。截至 2017 年底,6 850 万人被迫离开家园(联合国难民署 UNHCR,2017[37];WeiWei,2017[38]),创下新的世界纪录。其包括 4 000 万在本国范围内的流离失所者(简称 IDPs),2 540 万难民和 310 万寻求庇护者,其中 52% 是 18 岁以下的儿童(联合国难民署 UNHCR,2017[37])。造成这种状况的主要原因是战争和冲突,但由于气候变化导致的民众流离失所也有所增加(Missirian and Schlenker,2017[39])。儿童和青少年,特别是缺乏成人陪伴的,是流离失所者中最脆弱的群体(Fazel et al.,2012[40])。民众流离失所是当今面临的主要全球挑战,对个人、社会和国家都会造成严重且持久的影响。因此,流离失所的青少年在形成社会关系,建立有韧性的社会关系的能力方面也面临着重大挑战。

大多数流离失所的青少年,在移民之前和移民期间都经历过严重的创伤,或是亲人离世、身体或性虐待、对自己或重要他人死亡的恐惧、与家人分离(El-Awad et al.,2017[41];World Bank,2017[42])。尽管基于不同研究和人群得到的数据存在较大差异,寻求庇护的青少年报告在流离失所之前或期间,平均经历过四次以上的创伤性事件(Goosen, Stronks and Kunst, 2013[43]; Jakobsen, Demott and Heir, 2014[44]; UNHCR, 2017[37])。

流离失所的青少年生活中都经历过不幸。这一点引起了人们的特别关注,因此在行为和生物医药科学领域里,有关这方面的研究日益增多。研究表明,儿童时期经历创伤性事件,会对人一生的身体和精神健康产生影响(Ehrensaft et al., 2003[45]; Felitti et al., 1998[46]; Miller, Chen and Parker, 2011[47])。值得注意的是,尽管有些人可以很快恢复,在一定程度上调节适应,但另一些人可能会在经历过压力事件后的很多年,遭受精神和身体周期性的功能障碍和痛苦(Bonanno and Diminich, 2012[48])。

经历多重创伤的儿童和青少年,会有高于普通人2—3倍的风险,产生诸如吸烟、酗酒、患癌症和心脏病等恶性后果,3—6倍的性风险和精神疾病风险,7倍的吸毒问题、人际暴力和自杀风险(Hughes et al., 2017[49])。虽然未来的研究还需要进一步建立其间的因果关联,但这些研究结果已表明,经历多个创伤事件是人一生中健康发展的主要风险因素,原因是许多遭受创伤的受害者日后会为人父母,从而带来将创伤代际传递的显著风险(Hughes et al., 2017[49]; Patton et al., 2018[1]; Willems et al., 2019[50])。

除了在移民前和移民期间的创伤经历之外,流离失所的青少年还可能会在日常生活中经历移民后的社会压力。所有人都会碰到某些压力,如与朋友和父母的矛盾(El-Awad et al., 2017[41]; Stefanek et al., 2012[51])。其他一些压力则是由于流离失所特定造成的,或者在某些情况下与文化适应有关,如歧视和社会排斥。流离失所的人会由于福利服务、工作或住房方面竞争的加剧而在自己的新社区遭遇敌意。这种情况下,新社区原居民和难民的关系会愈发紧张,从而使得紧密型社会交往的发展进一步复杂化。这些压力因素随着时间的推移,加剧了抑郁的发生风险,即使是在考量与战争有关的因素和创伤时也是如此(Keles et al., 2017[52])。

友谊、感觉被包容与接纳、社区中支持性的社交网络与联系等,对在本国和本土社区遭受的不良生活事件和压力因素能起到缓冲的作用(de Vroome and

Van Tubergen，2010[53]；Fazel et al.，2012[40]）。然而，遭受创伤的青少年与其所处的社会环境是相互影响的。一方面，形成和维持健康的人际关系对于青少年创伤的愈合、心理健康，以及融入新的国家或社区非常重要。另一方面，抵达新环境之后，创伤性的经历、心理健康问题和社会压力来源又会阻碍人们形成支持性社会关系的能力（Fazel et al.，2012[40]）。

更具体地来看，引起流离失所的不幸事件往往只是长期不确定性的开始。大多数流离失所的人都经历了危险的旅行，到一个陌生的国度寻求庇护。但他们刚一抵达就不得不应付复杂的法律制度，面临与居留权有关的持续不确定性，并经常会遭受歧视。同样，国内流离失所者和难民营里的人也面临着高度的不确定性和不安全因素。显然，这些不确定性挫伤了他们信任他人的能力。这种波折可能会直接地（如搬家、语言障碍、文化差异）或间接地（如无法表达需求、羞耻感与恐惧，阻碍他人提供足够的社会支持和照顾）阻碍他们发展和维持人际关系。

对于许多流离失所的青少年来说，建立和维持相互信任的人际关系不仅需要人身安全和心理支持，还需要不断发展的人际关系上的相互依赖。具体来说，受到创伤的年轻人需要学会彼此信赖，寻求支持，并能够得到支持。此外，那些与遭受创伤的青少年打交道的人（如专业人士、教师、办公室职员）需要有建立和修复信任关系的能力，且自身值得信赖（Finkenauer and Righetti，2011[54]）。

## 日益增长的个人主义倾向

不断增长的财富、教育、城市化和科技水平驱动了另一种全球趋势：日益增长的个人主义倾向（Chen et al.，2005[20]；Greenfield，2018[55]）。个人主义作为一种价值体系，优先考虑的是独立自主和自我表达，集体主义则强调的是相互依赖和适应（Santos, Varnum and Grossmann，2017[56]；Wheeler, McGrath and Haslam，2019[57]）。个人主义宣扬的观点是，个人应该是自我导向、自主且独立于他人的。

值得注意的是,个人主义并不意味着人一定是自私或自我本位的。相反,个人主义促进的是自我表达、言论自由和机会均等(Inglehart and Welzel, 2010[58])。此外,它与行为和社会准则相关联,鼓励更少依赖他人,更多关注自我表达和个人需要的满足(Wheeler, McGrath and Haslam, 2019[57])。个人主义者坚信,人有权利或义务在教育、职业和人际关系中寻求心理成长和个人幸福。

远端层面上社会人口统计的变化引发了近端层面社会环境的变化。桑托斯(Santos)和他的同事(2017[56])调查了51年来78个国家的个人主义指征并加以分析,其中包括家庭规模、独居和离婚这样的行为指征,以及对友情相对于亲情重要性的人际关系价值,促进儿童独立自主、偏好自我表达的价值。研究表明,20世纪60年代以来,个人主义全球递增了12%,表现反映在行为指征和人际关系价值上,而且并不仅局限于发达或富裕国家。不过,研究人员还得出结论,全球各地的文化差异依然相当可观,而且这些差异主要与社会经济发展相关。

个人主义的发展与社会对于亲密关系认知的变化是相一致的。随着时间的推移,人们对于人际关系的看法已经从社会义务转变为基于个人成就的认定(Campbell, Wright and Flores, 2012[59];Finkel et al., 2014[60])。对婚姻的认识,已经从促进家庭和经济稳定的正式机制逐步转变为获得爱和陪伴的手段,最近(20世纪末)又进一步转变为追求个人实现和自我表达的方式(Cherlin, 2004[61])。此外,恋人更频繁地要求伴侣提供情感和物质资源来满足自身对于安定和陪伴的需求。这些需求过去都是由诸如教堂和村庄这样的公共机构来提供的。一方面,这些变化在伴侣选择和人际关系的形式上提供了更多的个人自由。另一方面也表明,个人觉得伴侣无法满足他们自我表达的个人需求时,山盟海誓的亲密关系也会瓦解,转而由新的伴侣来满足这些需求。

人员流动性的增加、对婚姻和恋爱关系认识的变化、高期望值以及精神解放,是世界范围内与离婚风险递增有关的部分因素。离异或父母分居家庭的子女,自身有更大的离异风险（Amato and Patterson, 2017[62]；Salvatore et al., 2018[63]）。大量研究表明,高质量的亲子关系、高质量的父母关系,以及充足的经济社会资源(如经济收入、社会关系稳定)是儿童和青少年健康成长的关键因素。父母离异对上述三个因素都造成了损害,父母离异和生活在单亲家庭的孩子在各项指标上始终都表现出较低的幸福感(Amato, 2010[64]）。

此外,离异(风险)的代际传递,部分原因是孩子从父母那里学习和继承了人际交往的技能,并将其扩展到了自身的亲密关系上（Kamp-Dush et al., 2018[65]；Willems et al., 2018[16]）。离异的父母往往沟通技能较弱,对彼此提供的社会支持较少,更多地卷入容易进一步升级的破坏性冲突之中（Birditt et al., 2010[66]；Lavner and Bradbury, 2012[67]）。年轻人目睹了父母的离异或分居,之后在自身的亲密关系中,就有可能遭遇更差的关系和更具破坏性的冲突（Amato and Patterson, 2017[62]）。这表明,孩子从父母那里的习得可能是造成离异传递机制的原因。

个人主义在全球的增长,可能也代表了一种挑战,即青少年必须要在独立自主和相互依存之间建立起微妙的平衡。在成长过程中,青少年逐渐从照料他们的成人那里获得独立和自主权。最佳的平衡状态能够让青少年在顺境时建立一种自我依靠、自主行动和自由的健康心态,在逆境时有能力召唤家庭、朋友或社群（Finkenauer, Engels and Meeus, 2002[68]）。但是,个人主义也会让这种平衡偏于优先考虑独立自主和自力更生,而不是相互依存和寻求社会支持。个人主义会在青少年中助长一种信念:即便面临的是个人困难、心理健康问题或艰难的处境,寻求帮助也是软弱的表现,甚至被看作是彻底的失败（Gulliver, Griffiths and Christensen, 2010[69]；Orehek and Kruglanski, 2018[70]）。

呼应这一观点,有研究发现,在面对精神疾病和问题时,青少年比成人更倾向于自力更生,而不愿意寻求帮助（Gulliver, Griffiths and Christensen, 2010[69]）。因此,个人主义的人际关系价值观可能会削弱青少年表达其需求和感受以及接受社会支持的能力。

总体而言,个人主义的膨胀似乎与社会行为和人际关系价值观的变化有关。这种价值观影响了人的社会、认知和行为能力发展,而这些能力是青少年时期形成和维持持久的人际关系和社会网络所必需的。它还会削弱年轻人坚守亲密关系的动机。例如,在困境中(如疾病、损失)或人际关系需要苦心经营和采取维持策略时(如牺牲、谈判、宽恕),他们就会选择主动放弃,否则会被认为限制了个人可取得的成就。至关重要的一点是,新技术使得获取和寻找替代性的伴侣变得愈发简单和便利。方兴未艾的新技术拓展了建立社会关系的机会和挑战,这是我们将要探讨的第四种全球趋势。

## 新技术

新技术,特别是信息和通信技术以及社交媒体正在迅猛发展、日益普及。一般来说,脸书(Facebook)、照片墙(Instagram)和色拉布(Snapchat)①等社交网络平台占据了人们30%的上网时间(全球网络索引 GlobalWebIndex,2017[71])。青少年身处互联网应用的最前沿,15—24岁的年轻人中有71%使用互联网,而世界总人口使用互联网的比例是48%(联合国儿童基金会UNICEF,2017[72])。

青少年使用新技术和社交媒体建立社交联系是一把双刃剑,带来的结果让人喜忧参半。一方面,日益兴起的新技术和社交媒体的使用是有益的,因为它们提供了随时随地与他人联系的机会,促进了远程和近端的社交联系。自主学习和积极的社会身份参与,也促进了自我独立(Uhls, Ellison and Subrahmanyam, 2017[73])。对青少年的研究显示,花在使用社交媒体上的时间长短与自尊心的增强、通过社交网络获得更多的社会支持,以及安全自我身份的探索利用之间存在着相互关联的关系(Best, Manktelow and Taylor,2014[74])。社交和移动媒体令个人得以更便捷地维持一种更宽广、更多元的社交网络(Hampton, Sessions and Her, 2011[75]),使得互动的发起更加容易,还能帮助年轻人从脆弱或强大的社会关系中获取信息和支持。因此,新技术可以为

---

① 色拉布(Snapchat)是由斯坦福大学两名学生开发的一款"阅后即焚"照片分享应用。

青少年提供发展社交技能和加强社会关系的机会。另一方面,研究表明,新技术和社交媒体的使用对人的心理健康和社会性发展也会造成负面影响,特别是在青少年时期。例如,在社交媒体中展现在他人面前的理想自我会强化青少年对自身外表形象的关注,增加与现实社会的疏离感(Grabe, Ward and Hyde, 2008[76];Uhls, Ellison and Subrahmanyam, 2017[73])。接触新技术,频繁使用社交媒体,可能会降低人与人之间言语沟通的质量、削弱感知理解和同理心(Hales et al., 2018[77]),从而对亲密关系和社会关系的感知带来负面影响。社交媒体的使用还可能减少人与人之间的信任,导致亲密关系中更多嫉妒情绪的发生(Billedo, Kerkhof and Finkenauer, 2015[78];Kerkhof, Finkenauer and Muusses, 2011[79])。

研究尚未揭示人际关系的效益和成本是如何随着关系的类型(如朋友、恋人、家人、熟人)、媒介(社交媒体、新技术)、环境(私人交流、公共空间)和运用程度(脱离网络、网络成瘾)的变化而变化的。一些早期的研究结果表明,成人之所以停用脸书,与在线活动的减少,包括其他社交媒体的使用减少,线下活动的增加,如独自看电影、与家人和朋友社交往来,以及个人幸福感的增加有关(Allcott et al., 2018[80])。

尽管如此,相互依赖的伴侣关系仍然需要来自双方的投入和维护行为。伴侣之间需要沟通,表明他们重视、接纳和关心彼此,并且忠诚于双方人际的关系和网络。例如,乌茨(Utz, 2015[81])发现,爱的表白在Facebook的私人交流中,更多地指向亲密关系,但在公开场合里同样的交流则较少。该项研究还表明,线上交流中,伴侣对彼此的需求给予响应,相比于线下交流中给予响应,较少会令人们感受到这种亲密关系。尽管这些研究指出,在线交流和线下交流在人际关系上存在重要差异,但对在线交流的研究通常只局限于表白者的自我报告,还很少对人际关系相互依存双向过程进行深入研究。

研究通过对比在线交流和面对面交流两种方式发现,面对面交流在加强和维持人际关系方面更有影响力。举例来说,在发生过破坏性事件后(Lewandowski et al., 2011[82]),军人家庭的成员之间,相比于在线,面对面交流给予的支持力度更具有抚慰性。通过面对面互动防止老年人免受抑郁的折磨，是电子邮件和电话交流无法做到的（Teo et al., 2015[83]）。然而，值得注意的是，人际关系是通过线上、线下相结合的互动形式不断发展并加以保持的。线上互动通常会对线下的联系起到加强作用，反之亦然。此外，通过混合式媒介维持友谊越来越普遍，伙伴们在网上找到彼此，再转移到线下的交流渠道。通常，这种混合式媒介所维系的人际关系与仅局限于线下交流保持的人际关系在质量上也不相上下（见第五章内容）。显然，线上交流对现代人际关系正变得越来越重要。在现代人际关系中，线上与线下并非相互排斥的交流关系，而是协同使用、相互加强，并能放大人际关系带来的影响。

在线上、线下交流的比较中，很少受到关注的方面是肢体接触。这对建立和加强亲密关系至关重要。触觉所带来的身体愉悦与人际关系的质量密切相关，冲突更容易通过加强身体接触，包括拥抱和依偎得到解决（Gulledge, Gulledge and Stahmannn, 2003[84]）。此外，人与人之间日常的肢体接触，通过发出亲密信号（Debrot et al., 2013[85]）促进了身心健康。因此，尽管你可以发送一个"拥抱的表情"，但这和实际拥抱一个人是不一样的。

简言之，新技术日益兴起的全球趋势为社会人际关系提供了机遇和挑战。对于年轻人和他们所处的多重社会环境而言，认识到如何在增进新技术带来的好处的同时，减少一些相关联的负面影响，也将成为一种挑战。我们还没有很好地认识和了解人际关系和社会联系的效益与成本背后的过程，以及不同媒介交流沟通涉及个人和社会利益的确切运行机制。同样不清楚的，还有对于同时使用线上、线下沟通工具（或更频繁地使用线上工具）的年轻一代而言，单纯的线上交流是否不如面对面沟通更有影响力和更重要。

新技术和社交媒体也在迅速发生变化：在研究刚刚确立了社交媒介平台所带来的机遇和挑战时，媒介平台本身——很可能还有研究结果本身——已经过时了。因此，新技术的兴起会继续成为令人兴奋的研究领域，特别是我们正走向的，是一个"离线"变得越来越不可想象的未来。

## 总结：21世纪的青少年关系

形成持久的社会关系是青春期最重要的发展任务之一。它受到一系列已经得到深入研究的家庭和同伴关系的进一步促进。同时有大量研究表明，人的一生中，支持性的人际关系与心理健康和幸福之间有着很强的关联性。对于全球发展趋势会如何影响年轻人之间的关系行为和关系维系，我们还知之甚少。本章提出，社会关系对于揭示青少年的成长轨迹非常关键。具体而言，作者认为，要理解青少年的社会关系和人际关系，就必须认识到，他们是从近端到远端的各种社会环境中形成的社会关系。

远端环境下的社会变化——如气候变化、流离失所和创伤造成的终身影响、个人主义以及新技术——是理解和解读青少年社会发展及其人际关系的必要因素。这些关系在本质上是相互依存的：年轻人既影响着他们所处的社会环境，也被社会环境所塑造。除了概括描述四种全球趋势对青少年的社会关系所造成的影响之外，我们还希望本章能够激发未来在这一极具吸引力且重要领域的深入研究，希望这一领域的研究在未来几年得到蓬勃发展。

## 参考文献

Allcott, H. et al. (2018), "The welfare effects of social media", *SSRN Electronic Journal*, http://dx.doi.org/10.2139/ssrn.3308640. 【80】

Amato, P. (2010), "Research on divorce: Continuing trends and new developments", *Journal of Marriage and Family*, Vol. 72/3, pp. 650-666, http://dx.doi.org/10.1111/j.1741-3737.2010.00723.x. 【64】

Amato, P. and S. Patterson (2017), "The intergenerational transmission of union instability in early adulthood", *Journal of Marriage and Family*, Vol. 79/3, pp. 723-738, http://dx.doi.org/10.1111/jomf.12384. 【62】

Banks, D. and C. Weems (2014), "Family and peer social support and their links to psychological distress among hurricane-exposed minority youth", *American Journal of Orthopsychiatry*, Vol. 84/4, pp. 341-352, http://dx.doi.org/10.1037/ort0000006. 【34】

Bastian, B. (ed.) (2018), "Personal failure makes society seem fonder: An inquiry into the roots of social interdependence", *PLOS ONE*, Vol. 13/8, p. e0201361, http://dx.doi.org/10.1371/journal.pone.0201361. 【70】

Best, P. , R. Manktelow and B. Taylor (2014), "Online communication, social media and adolescent wellbeing: A systematic narrative review", *Children and Youth Services Review*, Vol. 41, pp. 27 – 36, http://dx.doi.org/10.1016/j.childyouth.2014.03.001. 【74】

Billedo, C. , P. Kerkhof and C. Finkenauer (2015), "The use of social networking sites for relationship maintenance in long-distance and geographically close romantic relationships", *Cyberpsychology, Behavior, and Social Networking*, Vol. 18/3, pp. 152 – 157, http://dx.doi.org/10.1089/cyber.2014.0469. 【78】

Birditt, K. et al. (2010), "Marital conflict behaviors and implications for divorce over 16 years", *Journal of Marriage and the Family*, Vol. 72/5, pp. 1188 – 1204, http://dx.doi.org/10.1111/j.1741-3737.2010.00758.x. 【66】

Bolger, N. et al. (eds.) (1988), *Interacting Systems in Human Development. Research Paradigms: Present and Future*, Cambridge University Press. 【11】

Bonanno, G. and E. Diminich (2012), "Annual Research Review: Positive adjustment to adversity — trajectories of minimal-impact resilience and emergent resilience", *Journal of Child Psychology and Psychiatry*, Vol. 54/4, pp. 378 – 401, http://dx.doi.org/10.1111/jcpp.12021. 【48】

Bronfenbrenner, U. (1979), *The Ecology of Human Development: Experiments by Nature and Design*, Harvard University Press, www.hup.harvard.edu/catalog.php?isbn=9780674224575&content=reviews. 【4】

Burke, M. , W. Davis and N. Diffenbaugh (2018), "Large potential reduction in economic damages under UN mitigation targets", *Nature*, Vol. 557/7706, pp. 549 – 553, http://dx.doi.org/10.1038/s41586-018-0071-9. 【21】

Burke, M. , S. Hsiang and E. Miguel (2015), "Climate and conflict", *Annual Review of Economics*, Vol. 7/1, pp. 577 – 617, http://dx.doi.org/10.1146/annurev-economics-080614-115430. 【27】

Cacioppo, J. and S. Cacioppo (2018), "The growing problem of loneliness", *The Lancet*, Vol. 391/10119, p. 426, http://dx.doi.org/10.1016/s0140-6736(18)30142-9. 【9】

Cacioppo, J. et al. (2015), "The neuroendocrinology of social isolation", *Annual Review of Psychology*, Vol. 66/1, pp. 733 – 767, http://dx.doi.org/10.1146/annurev-psych-010814-015240. 【13】

Cacioppo, J. , H. Reis and A. Zautra (2011), "Social resilience: The value of social fitness with an application to the military", *American Psychologist*, Vol. 66/1, pp. 43 – 51, http://dx.doi.org/10.1037/a0021419. 【18】

Cai, Z. (ed.) (2019), "Twentieth century morality: The rise and fall of moral concepts from 1900 to 2007", *PLOS ONE*, Vol. 14/2, p. e0212267, http://dx.doi.org/10.1371/journal.pone.0212267. 【57】

Campbell, K. , D. Wright and C. Flores (2012), "Newlywed women's marital expectations: Lifelong monogamy?", *Journal of Divorce & Remarriage*, Vol. 53/2, pp. 108 – 125, http://dx.doi.org/10.1080/10502556.2012.651966. 【59】

Carrington, D. (2018), *'Our Leaders Are Like Children,' School Strike Founder Tells Climate Summit*, www.theguardian.com/environment/2018/dec/04/leaders-like-children-school-strike-founder-greta-thunberg-tells-un-climate-summit. 【36】

Chen, X. et al. (2005), "Social functioning and adjustment in Chinese children: The imprint of historical time", *Child Development*, Vol. 76/1, pp. 182–195, http://dx.doi.org/10.1111/j.1467-8624.2005.00838.x. 【20】

Cherlin, A. (2004), "The deinstitutionalization of American marriage", *Journal of Marriage and Family*, Vol. 66/4, pp. 848–861, http://dx.doi.org/10.1111/j.0022-2445.2004.00058.x. 【61】

Clayton, S. et al. (2017), *Mental Health and Our Changing Climate: Impacts, Implications, and Guidance*, www.preventionweb.net/publications/view/52557. 【32】

Couttenier, M. and R. Soubeyran (2014), "Drought and civil war in Sub-Saharan Africa", *The Economic Journal*, Vol. 124/575, pp. 201–244, http://dx.doi.org/10.1111/ecoj.12042. 【26】

Dahl, R. et al. (2018), "Importance of investing in adolescence from a developmental science perspective", *Nature*, Vol. 554/7693, pp. 441–450, http://dx.doi.org/10.1038/nature25770. 【3】

de Vroome, T. and F. Van Tubergen (2010), "The employment experience of refugees in the Netherlands", *International Migration Review*, Vol. 44/2, pp. 376–403, http://dx.doi.org/10.1111/j.1747-7379.2010.00810.x. 【53】

Debrot, A. et al. (2013), "Touch as an interpersonal emotion regulation rrocess in couples' daily lives", *Personality and Social Psychology Bulletin*, Vol. 39/10, pp. 1373–1385, http://dx.doi.org/10.1177/0146167213497592. 【85】

Ehrensaft, M. et al. (2003), "Intergenerational transmission of partner violence: A 20-year prospective study.", *Journal of Consulting and Clinical Psychology*, Vol. 71/4, pp. 741–753, http://dx.doi.org/10.1037/0022-006x.71.4.741. 【45】

El-Awad, U. et al. (2017), "Promoting mental health in unaccompanied refugee minors: Reconmendations for primary support programs", *Brain sciences*, Vol. 7/11, http://dx.doi.org/10.3390/brainsci7110146. 【41】

Fazel, M. et al. (2012), "Mental health of displaced and refugee children resettled in high-income countries: Risk and protective factors", *The Lancet*, Vol. 379/9812, pp. 266–282, http://dx.doi.org/10.1016/s0140-6736(11)60051-2. 【40】

Feeney, B. and N. Collins (2015), "A new look at social support", *Personality and Social Psychology Review*, Vol. 19/2, pp. 113–147, http://dx.doi.org/10.1177/1088868314544222. 【10】

Felitti, V. et al. (1998), "Relationship of childhood abuse and household dysfunction to many of the leading causes of death in adults", *American Journal of Preventive Medicine*, Vol. 14/4, pp. 245–258, http://dx.doi.org/10.1016/s0749-3797(98)00017-8. 【46】

Finkel, E. et al. (2014), "The suffocation of marriage: Climbing Mount Maslow without enough oxygen", *Psychological Inquiry*, Vol. 25/1, pp. 1–41, http://dx.doi.org/10.1080/1047840x.2014.863723. 【60】

Finkenauer, C. et al. (2017), "Examining the role of self-regulatory strength in family violence", in *The Routledge International Handbook of Self-Control in Health and Well-Being*, Routledge, http://dx.doi.org/10.4324/9781315648576-27. 【35】

Finkenauer, C., R. Engels and W. Meeus (2002), "Keeping secrets from parents: Advantages and disadvantages of secrecy in adolescence", *Journal of Youth and Adolescence*, Vol. 31/2, pp. 123–136, http://dx.doi.org/10.1023/a:1014069926507. 【68】

Finkenauer, C. and F. Righetti (2011), "Understanding in close relationships: An interpersonal approach", *European Review of Social Psychology*, Vol. 22/1, pp. 316–363, http://dx.doi.org/10.1080/10463283.2011.633384. 【54】

GlobalWebIndex (2017), "Social media captures over 30% of online time", *GlobalWebIndex 2012–2017*, https://blog.globalwebindex.com/chart-of-the-day/social-media-captures-30-of-online-time/. 【71】

Goosen, S., K. Stronks and A. Kunst (2013), "Frequent relocations between asylum-seeker centres are associated with mental distress in asylum-seeking children: A longitudinal medical record study", *International Journal of Epidemiology*, Vol. 43/1, pp. 94–104, http://dx.doi.org/10.1093/ije/dyt233. 【43】

Grabe, S., L. Ward and J. Hyde (2008), "The role of the media in body image concerns among women: A meta-analysis of experimental and correlational studies.", *Psychological Bulletin*, Vol. 134/3, pp. 460–476, http://dx.doi.org/10.1037/0033-2909.134.3.460. 【76】

Greenfield, P. (2018), "Studying social change, culture, and human development: A theoretical framework and methodological guidelines", *Developmental Review*, Vol. 50, pp. 16–30, http://dx.doi.org/10.1016/j.dr.2018.05.003. 【55】

Gulledge, A., M. Gulledge and R. Stahmann (2003), "Romantic physical affection types and relationship satisfaction", *The American Journal of Family Therapy*, Vol. 31/4, pp. 233–242, http://dx.doi.org/10.1080/01926180390201936. 【84】

Gulliver, A., K. Griffiths and H. Christensen (2010), "Perceived barriers and facilitators to mental health help-seeking in young people: A systematic review", *BMC Psychiatry*, Vol. 10/1, http://dx.doi.org/10.1186/1471-244x-10-113. 【69】

Hales, A. et al. (2018), "Cell phone-induced ostracism threatens fundamental needs", *The Journal of Social Psychology*, Vol. 158/4, pp. 460–473, http://dx.doi.org/10.1080/00224545.2018.1439877. 【77】

Hampton, K., L. Sessions and E. Her (2011), "Core networks, social isolation, and new media", *Information, Communication & Society*, Vol. 14/1, pp. 130–155, http://dx.doi.org/10.1080/1369118X.2010.513417. 【75】

Harville, E. et al. (2011), "Experience of Hurricane Katrina and reported intimate partner violence", *Journal of Interpersonal Violence*, Vol. 26/4, pp. 833–845, http://dx.doi.org/10.1177/0886260510365861. 【30】

Hidalgo, F. et al. (2010), "Economic determinants of land invasions", *Review of Economics and Statistics*, Vol. 92/3, pp. 505–523, http://dx.doi.org/10.1162/rest_a_00007. 【24】

Holt-Lunstad, J. (2018), "Why social relationships are important for physical health: A systems approach to understanding and modifying risk and protection", *Annual Review of Psychology*, Vol. 69/1, pp. 437–458, http://dx.doi.org/10.1146/annurev-psych-122216-011902. 【6】

Holt-Lunstad, J., T. Smith and J. Layton (2010), "Social relationships and mortality risk: A meta-analytic review", *PLoS Medicine*, Vol. 7/7, p. e1000316, http://dx.doi.org/10.1371/journal.pmed.1000316. 【12】

Hsiang, S., M. Burke and E. Miguel (2013), "Quantifying the influence of climate on human conflict", *Science*, Vol. 341/6151, pp. 1235367–1235367, http://dx.doi.org/10.1126/science.1235367. 【23】

Hughes, K. et al. (2017), "The effect of multiple adverse childhood experiences on health: A systematic review and meta-analysis", *The Lancet Public Health*, Vol. 2/8, pp. e356 – e366, http://dx.doi.org/10.1016/s2468-2667(17)30118-4. 【49】

Inglehart, R. and C. Welzel (2010), *Changing Mass Priorities: The Link Between Modernization and Democracy*, American Political Science Association, http://dx.doi.org/10.2307/25698618. 【58】

Jakobsen, M., M. Demott and T. Heir (2014), "Prevalence of psychiatric disorders among unaccompanied asylum-seeking adolescents in Norway", *Clinical Practice & Epidemiology in Mental Health*, Vol. 10/1, pp. 53 – 58, http://dx.doi.org/10.2174/1745017901410010053. 【44】

Kamp-Dush, C. et al. (2018), "The intergenerational transmission of partnering", *PLOS ONE*, Vol. 13/11, p. e0205732, http://dx.doi.org/10.1371/journal.pone.0205732. 【65】

Kaniasty, K. (2012), "Predicting social psychological well-being following trauma: The role of postdisaster social support.", *Psychological Trauma: Theory, Research, Practice, and Policy*, Vol. 4/1, pp. 22 – 33, http://dx.doi.org/10.1037/a0021412. 【33】

Keenan, H. et al. (2004), "Increased incidence of inflicted traumatic brain injury in children after a natural disaster", *American Journal of Preventive Medicine*, Vol. 26/3, pp. 189 – 193, http://dx.doi.org/10.1016/j.amepre.2003.10.023. 【31】

Keles, S. et al. (2017), "The longitudinal relation between daily hassles and depressive symptoms among unaccompanied refugees in Norway", *Journal of Abnormal Child Psychology*, Vol. 45/7, pp. 1413 – 1427, http://dx.doi.org/10.1007/s10802-016-0251-8. 【52】

Kelley, J. and N. Graaf (1997), "National context, parental socialization, and religious belief: Results from 15 nations", *American Sociological Review*, Vol. 62/4, p. 639, http://dx.doi.org/10.2307/2657431. 【14】

Kerkhof, P., C. Finkenauer and L. Muusses (2011), "Relational consequences of compulsive internet use: A longitudinal study among newlyweds", *Human Communication Research*, Vol. 37/2, pp. 147 – 173, http://dx.doi.org/10.1111/j.1468-2958.2010.01397.x. 【79】

Lavner, J. and T. Bradbury (2012), "Why do even satisfied newlyweds eventually go on to divorce?", *Journal of Family Psychology*, Vol. 26/1, pp. 1 – 10, http://dx.doi.org/10.1037/a0025966. 【67】

Lewandowski, J. et al. (2011), "The effect of informal social support: Face-to-face versus computer-mediated communication", *Computers in Human Behavior*, Vol. 27/5, pp. 1806 – 1814, http://dx.doi.org/10.1016/j.chb.2011.03.008. 【82】

Mares, D. (2013), "Climate change and levels of violence in socially disadvantaged neighborhood groups", *Journal of Urban Health: Bulletin of the New York Academy of Medicine*, Vol. 90/4, pp. 768 – 83, http://dx.doi.org/10.1007/s11524-013-9791-1. 【28】

Marsee, M. (2008), "Reactive aggression and posttraumatic stress in adolescents affected by Hurricane Katrina", *Journal of Clinical Child & Adolescent Psychology*, Vol. 37/3, pp. 519 – 529, http://dx.doi.org/10.1080/15374410802148152. 【29】

Miller, G., E. Chen and K. Parker (2011), "Psychological stress in childhood and susceptibility to the chronic diseases of aging: Moving toward a model of behavioral and biological mechanisms.", *Psychological Bulletin*, Vol. 137/6, pp. 959 – 997, http://dx.doi.org/10.1037/a0024768. 【47】

Missirian, A. and W. Schlenker (2017), "Asylum applications respond to temperature fluctuations", *Science*, Vol. 358/6370, pp. 1610-1614, http://dx.doi.org/10.1126/science.aao0432. 【39】

Morelli, S. et al. (2017), "Empathy and well-being correlate with centrality in different social networks", *Proceedings of the National Academy of Sciences*, Vol. 114/37, pp. 9843-9847, http://dx.doi.org/10.1073/pnas.1702155114. 【17】

Patton, G. et al. (2018), "Adolescence and the next generation", *Nature*, Vol. 554/7693, pp. 458-466, http://dx.doi.org/10.1038/nature25759. 【1】

Reis, H., E. Lemay and C. Finkenauer (2017), "Toward understanding understanding: The importance of feeling understood in relationships", *Social and Personality Psychology Compass*, Vol. 11/3, p. e12308, http://dx.doi.org/10.1111/spc3.12308. 【19】

Repetti, R., S. Taylor and T. Seeman (2002), "Risky families: Family social environments and the mental and physical health of offspring", *Psychological bulletin*, Vol. 128/2, pp. 330-66, www.ncbi.nlm.nih.gov/pubmed/11931522. 【15】

Salvatore, J. et al. (2018), "Genetics, the rearing environment, and the intergenerational transmission of divorce: A Swedish national adoption study", *Psychological Science*, Vol. 29/3, p. 370, http://dx.doi.org/10.1177/0956797617734864. 【63】

Santos, H., M. Varnum and I. Grossmann (2017), "Global increases in individualism", *Psychological Science*, Vol. 28/9, pp. 1228-1239, http://dx.doi.org/10.1177/0956797617700622. 【56】

Sarsons, H. (2015), "Rainfall and conflict: A cautionary tale", *Journal of Development Economics*, Vol. 115, pp. 62-72, http://dx.doi.org/10.1016/J.JDEVECO.2014.12.007. 【25】

Sawyer, S. et al. (2012), "Adolescence: A foundation for future health", *The Lancet*, Vol. 379/9826, pp. 1630-1640, http://dx.doi.org/10.1016/s0140-6736(12)60072-5. 【7】

Sawyer, S. et al. (2018), "The age of adolescence", *The Lancet Child & Adolescent Health*, Vol. 2/3, pp. 223-228, http://dx.doi.org/10.1016/s2352-4642(18)30022-1. 【2】

Solar, O. and A. Irwin (2010), "A conceptual framework for action on the social determinants of health", *Social Determinants of Health Discussion Paper 2*, World Health Organization, https://apps.who.int/iris/bitstream/handle/10665/44489/9789241500852_eng.pdf;jsessionid=164D79C2CAE74BF15FEF46B790924B18?sequence=1. 【5】

Stefanek, E. et al. (2012), "Depressive symptoms in native and immigrant adolescents: The role of critical life events and daily hassles", *Anxiety, Stress & Coping*, Vol. 25/2, pp. 201-217, http://dx.doi.org/10.1080/10615806.2011.605879. 【51】

Teo, A. et al. (2015), "Does mode of contact with different types of social relationships predict depression in older adults? Evidence from a nationally representative survey", *Journal of the American Geriatrics Society*, Vol. 63/10, pp. 2014-2022, http://dx.doi.org/10.1111/jgs.13667. 【83】

Uhls, Y., N. Ellison and K. Subrahmanyam (2017), "Benefits and costs of social media in adolescence", *Pediatrics*, Vol. 140/Supplement 2, pp. S67-S70, http://dx.doi.org/10.1542/peds.2016-1758e. 【73】

Ungar, M., M. Ghazinour and J. Richter (2013), "Annual research review: What is resilience within the social ecology of human development?", *Journal of Child Psychology and Psychiatry*, Vol. 54/4, pp. 348-366, http://dx.doi.org/10.1111/jcpp.12025. 【8】

UNHCR (2017), *UNHCR Global Rrends — Forced Displacement in 2017*, www.unhcr.org/globaltrends2017/.　【37】

UNICEF (2017), *The State of the World's Children 2017: Children in a Digital World*, UNICEF Publications, www.unicef.org/publications/index_101992.html.　【72】

Utz, S. (2015), "The function of self-disclosure on social network sites: Not only intimate, but also positive and entertaining self-disclosures increase the feeling of connection", *Computers in Human Behavior*, Vol. 45, pp. 1–10, http://dx.doi.org/10.1016/j.chb.2014.11.076.　【81】

Watts, N. et al. (2018), "The 2018 report of the Lancet Countdown on health and climate change: Shaping the health of nations for centuries to come", *The Lancet*, Vol. 392/10163, pp. 2479–2514, http://dx.doi.org/10.1016/s0140-6736(18)32594-7.　【22】

WeiWei, A. (2017), "Human flow", *Amazon Studios and Participant Media*.　【38】

Willems, Y. et al. (2019), "Out of control: Examining the association between family conflict and self-control in adolescence in a genetically sensitive design", *Journal of the American Academy of Child & Adolescent Psychiatry*, http://dx.doi.org/10.1016/j.jaac.2019.02.017.　【50】

Willems, Y. et al. (2018), "The relationship between family violence and self-control in adolescence: A multi-level meta-analysis", *International Journal of Environmental Research and Public Health*, Vol. 15/11, p. 2468, http://dx.doi.org/10.3390/ijerph15112468.　【16】

World Bank (2017), *Forcibly Displaced: Toward a Development Approach Supporting Refugees, the Internally Displaced, and Their Hosts*, The World Bank, http://dx.doi.org/10.1596/978-1-4648-0938-5.　【42】

第三部分

互联网上的机会与风险:
保障儿童情感幸福

# 第八章
# 儿童的上网时间与幸福感的获得

随着儿童使用数字技术时间的增多,人们愈发关注数字技术对儿童的影响。本章回顾了儿童使用数字技术的时间对儿童幸福感影响的现有认识,以了解数字技术在何时以及为何会对儿童产生积极或消极的影响。一方面,本章通过对0—18岁儿童的相关实证研究进行文献综述,归纳总结了现有的研究证据,并强调了该研究领域中研究方法的局限性。另一方面,本章根据这些局限性对文献进行述评,以确定这些文献能在多大程度上真实地呈现数字技术对儿童幸福感的影响。研究方法的局限性导致了研究证据的缺乏,因此在相关研究中需要更认真仔细地考虑研究方法的局限性。与此同时,本章也为推进这一领域的研究提出了具体的建议。

---

本章作者为丹尼尔·卡德菲特-温瑟,联合国儿童基金会研究办公室研究者。

本章内容以早期已发表的一部著作为依据:Kardefelt-Winther, D. (2017), "How does the time children spend using digital technology impact their mental well-being, social relationships and physical activity? An evidence focused literature review", Innocenti Discussion Paper 2017-02, UNICEF Office of Research — Innocenti, Florence, www.unicef-irc.org/publications/pdf/Children-digital-technology-wellbeing.pdf

## 引言

近10年来,儿童对数字技术的使用量迅速增多,令"使用数字技术的时间可能给儿童带来什么影响"这一问题成为热点(Putnam, 2000[1];Turkle, 2011[2];Bell, Bishop and Przybylski, 2015[3];George and Odgers, 2015[4])。正如乔治及奥杰斯(2015[4])所说的,人们所关注的问题不再是儿童是否会使用数字技术,而是数字技术为什么会影响儿童、怎样影响儿童,以及对儿童产生了什么影响。显然,数字技术为儿童提供了许多潜在的益处,使他们能与同伴联系、获得教育资源以及进行娱乐游戏(Livingstone and Bober, 2006[5];Valkenburg and Peter, 2009[6];boyd, 2014[7])。但与此同时,儿童在网络上接触了什么人(Madden et al., 2012[8]),他们是否会遭受网络霸凌,是否会浏览与其年龄不相适宜的内容(boyd and Hargittai, 2013[9]),网上社交互动是否会不利于他们的社会性发展与幸福感(George and Odgers, 2015[4]),这些问题都令人担忧。

在本章中,数字技术泛指所有的数字设备,如电脑、平板电脑和手机,以及如今儿童通过这些设备参与的许多数字媒体活动,如使用互联网、进入社交网站、聊天或玩电子游戏,但这其中不包括看电视这一活动。儿童的幸福感是一个多维度的概念,本章中的儿童幸福感涵盖了心理、生理与社会三个维度。虽然儿童上网浏览的具体内容与经历可能也会对儿童幸福感产生重要影响,但本章并未详细考虑这些因素,本章研究的范围是儿童上网时间对其幸福感的影响。

尽管成人也大量使用数字技术,但人们往往更关注儿童对数字技术的使用,因为在人生的这一阶段,儿童的生理、心理、认知能力和社会性会发生许多变化。儿童沉浸于数字化时代的同时也经历着发展的关键期,例如,儿童会在这一时期进行身份认同与建立良好的友谊关系(George and Odgers, 2015[4])。特克(Turkle)(2011[2])认为,如今儿童过多地接触手机,缺乏与他人的沟通交流,可能会导致儿童错过重要社交经验的积累机会。但持不同意见的另一部分人认为,儿童与他人的沟通交流仍和之前一样多,并且沟通的质量也未降低,只是社会互动的场所发生了变化,变得数字化了[e.g. boyd(2014[7])]。与同龄人的交往及建立的友谊关系对儿童终身社交技能的发展起着重要的作用,因此也有人担心儿童的社交技能会因为数字技术而发生某种程度的改变,甚至产生消极影响[(George and Odgers, 2015[4]);另见本卷第五章]。这也延伸出了一个更为广泛的社会问题,即儿童可能会因为在屏幕前花费太多的时间而在生活中的一些重要领域丧失机会。数字时代为父母们带来了全新的挑战。他们面临着艰巨的任务,一方面要允许儿童利用数字技术进行独立的探索,另一方面也要适当地限制与监督儿童,作为父母需要在两者中找到平衡(Anderson, 2016[10])。

针对其中一些问题,研究人员对"儿童使用数字技术的时间如何影响他们生活的各个领域"这一问题进行了调查研究。在过去 20 年中,有个别研究表明,数字技术使用时间的增多可能会对儿童的健康产生一些消极影响,包括抑郁症(Kim et al., 2010[11])或网络成瘾症(Young, 1996[12])等心理健康问题,以及肥胖等公共健康问题(Sisson et al., 2010[13]),但大多数的这类结论受到了其他学者的质疑,因为有许多研究表明,数字技术给儿童带来了巨大的好处[e.g. Livingstone et al. (2011[14]); Byrne et al. (2016[15]); Baranowski et al. (2008[16]); Granic, Lobel and Engels (2014[17])]。有研究强调数字技术对儿童的社交互动起着重要的作用[e.g. boyd (2014[7]), Cole and Griffiths (2007[18]), Hussain and Griffiths (2009[19]), and Valkenburg and Peter (2007[20])]。还有研究表明,数字技术为儿童表现力、创造力及表达能力的发展带来了新的机遇(Lowood, 2008[21])。除此之外,儿童在家中利用网络与家人交流沟通,以及进行放松消遣也已成了日常习惯(Enevold, 2012[22])。最近也有研究表明,网络游戏对儿童的认知、动机、情感及社会性发展产生了积极的影响(Granic, Lobel and Engels, 2014[17]),但另有研究却表明,网络游戏可能会扰乱儿童的睡眠模式(Dworak et al., 2007[23])。那么,我们能从这些看似矛盾对立的研究证据中得出什么呢?

正如查尔斯·克瑞彻(Chas Critcher)所述,对新的数字技术、数字媒体活动及活动内容可能对儿童产生消极影响的担忧,并不是最近才出现在西方公众舆论中的,而是可以追溯到20世纪初(Livingstone and Drotner, 2008[24])。当时,人们不仅担心观看公共电影会对儿童产生影响,还有对漫画书消极影响的担忧。从20世纪40年代末开始,美国部分地区就发布了对漫画书的禁令,因为漫画书被认为会使青年的犯罪率与滥交概率上升。20世纪50年代,随着电视的出现,人们的担忧逐渐升级,电视被指控令人上瘾并导致了人的孤僻。在20世纪70年代,电脑游戏又被指控令人上瘾并使人变得具有攻击性。所以如今我们看到同样的担忧出现在数字技术上并不感到奇怪,但重要的是,要批判性地评估这些担忧的合理性。

随着儿童使用数字技术时间的增加,家长、教师和其他人不仅越来越担忧儿童的健康与幸福成长,也因为对"数字技术对儿童是好是坏"这一问题缺乏共识而感到困惑。这种困惑不仅在发达国家的家长中表现得极为明显,在越来越多的儿童可以接触到数字技术的发展中国家也是如此。来自瑞典媒体委员会的调查数据(Statens medierad, 2015[25])显示,在数字技术无处不在的发达国家中,家长们认为网络游戏是儿童生活中的一大宝贵财富,为儿童提供了许多好的机会,但同时他们也会担心儿童花太多时间在玩网络游戏上,因此感到很烦恼。

而在南非,在对互联网儿童用户的家长进行的焦点小组访谈中也出现了类似的叙述(Burton, Leoschut and Phyfer, 2016[26])。家长们承认互联网可以为他们的孩子带来许多好处,但同时也对儿童花在网络上的时间以及在这个过程中可能遇到的许多危险深表担忧。显然,家长需要正确地引导儿童去使用数字技术。这是一项艰巨却十分重要的任务,因为家长与数字技术在儿童的生活中都起着至关重要的作用。为了使这项任务变得更易实现,本章将对现有的数字技术使用时间对儿童生活影响的实证研究进行文献综述,主要关注使用数字技术的时间对儿童的心理健康、社会关系及体能活动三大领域的影响。同时明确现有研究中的不足,并针对未来研究的新方向及研究方法的可改进之处提出建议。

本章中提出的主要研究问题：儿童使用数字技术的时间怎样对儿童情感幸福产生影响。

儿童的幸福感是复杂的概念，并没有一种普遍认可的衡量方法，人们常将儿童幸福感视为涵盖心理、社会性和生理性的多维度概念（Chapple and Richardson，2010[27]）。

因此本章将研究问题细分为以下维度：

- 使用数字技术的时间对儿童心理健康的影响；
- 使用数字技术的时间对儿童社会关系的影响；
- 使用数字技术的时间对儿童体能活动的影响。

虽然相关研究使用了各种主观和客观的测量方法探讨数字技术与儿童幸福感的关系，但在本章中，儿童幸福感均指儿童的主观幸福感，除非另有说明。

## 专业术语与理论假设

为了规范定义，"数字技术"一词泛指电脑、平板电脑和手机等数字设备，以及如今儿童通过这些设备参与的多种数字媒体活动，如使用互联网、进入社交网站、聊天或玩电子游戏，这其中不包括电视，电视之后会单独讨论。

对于研究数字技术使用时间的学者来说，其主要目的通常是调查数字技术的使用时间如何影响各个领域的人们。研究可能会关注特定的结果，比如花在数字技术上的时间如何影响人的主观幸福感，可感知的交友质量是否会提高或降低。当研究对象为儿童时，其主要目的通常是揭示过度使用数字技术的风险、促进儿童的发展、避免数字技术干扰儿童的生活，并减少可能产生的有害健康的后果。

在这一研究领域中，普遍的假说认为时间是一种零和商品，因此花在数字技术上的时间必然会影响儿童参与其他更有价值的活动，如进行面对面的社交活动、读书或锻炼身体，这有时也被称为"取代假说"。该假说认为数字技术带来的消极影响与使用时间呈线性关系(Neuman,1988[28])。这一假说最初得到了一些支持,也为早期出台限制儿童使用数字技术的政策提供了参考,如美国儿科学会之前颁布的指南(AAP,1999[29])。然而,最近的许多证据表明,"取代假说"在今天可能过分简单化,甚至是不准确的,因为近年来数字技术的迅速发展为儿童提供了许多机会,让他们能追求更具发展价值的挑战及活动(Przybylski and Weinstein,2017[30])。这一点在美国儿科学会最新发布的政策声明中有所体现。在美国儿科学会最新发布的指南(AAP,2016[31])中,减少了对儿童使用数字技术的限制,承认了数字技术对年轻群体的价值。

鉴于这些发展,一些研究人员认为数字技术带来的消极影响与使用时间不一定呈线性关系,因为使用时间的增多并不总会导致不良后果。普日贝尔斯基(Przybylski)及温斯坦(Weinstein,2017[30])认为,数字技术带来的消极影响与使用时间应更倾向于用曲线关系来解释,"取代假说"受到了这一说法的挑战。换句话说,完全不使用数字技术可能会对儿童产生消极影响,适度使用可能会对儿童产生积极影响,过度使用则可能会对儿童产生消极影响。令人疑惑的是,数字技术使用时间"适度"与"过度"的界限并没有明确的共识,因为使用数字技术是高度个人化的活动。因此,"过度使用"其实是一个主观术语,要想确定"多长时间算过度使用",需要取决于儿童的年龄、个性特点、文化背景及生活环境。

特别是关于数字技术"多长时间算过度使用"的观点也随着时间的推移和代际更替发生了变化。我们能预想到成人和儿童在这个问题上会有不同的观点,但这两个群体的观点并无优劣之分,这使得与数字技术相关的"多长时间算过度使用"的问题变得尤为复杂。由于成人对"多长时间算过度使用"的观点往往会不断地推动调查研究的进展,所以研究人员很难进行关于数字技术适当使用时间的研究,并根据儿童的生活经验提出建议。同时由于我们还无法客观地确定多长时间对人来说算"过度使用",因此很难在人们全身心投入的数字化爱好和"过度使用"数字技术之间分清界限。因为不少人有时也会在业余爱好上花费太多时间而影响其他活动,这对他们个人来说并无问题,但可能给周围的人带来困扰(Cover,2006[32];Charlton and Danforth,2007[33];KardefeltWinther,2014[34])。

基于此,本章中的"过度使用"一词指人花费了大量时间使用数字技术,但并未为"过度使用"实际指多长时间设定具体的阈值。在这方面,我们采用了拉金(Larkin)和格里菲斯(Griffiths,1998[35])的观点,即对于某些情况下的某些人来说,"过度使用"是有意义的,因为其带来的积极影响大于消极影响。如果研究为"过度使用"设定了具体的时间阈值,这一点将会被忽视。

一些研究数字技术使用时间的学者对这一问题采取了专门的临床研究方法。他们认为,一些人"过度使用"数字技术是因为他们沉迷于数字技术,或者沉迷于通过数字技术进行的特定活动。数字技术成瘾的后果被认为与药物成瘾的危害相似。这一观点背后的假设是人的行为和活动可能与药物一样容易令人上瘾(Marlatt et al.,1988[36];Marks,1990[37]),而数字技术由于其许多有益的功能可能特别容易令人上瘾。

数字技术的成瘾通常需要通过基于药物成瘾评估工具提出的问题来进行判定(Petry et al.,2014[38])。而从成瘾角度进行研究的主要目的是证明数字技术的确会令人上瘾,以便倡导对受影响者进行专业治疗的必要性。但多年来,许多研究人员对数字技术可能会成瘾的说法提出了质疑,对于"过度使用"数字技术可能会成瘾的观点是否正确或有用,目前还未达成共识(Griffiths,2000[39];Cover,2006[32];Kardefelt-Winther,2014[34];Van Rooij and Prause,2014[40];Griffiths et al.,2016[41];Aarseth et al.,2016[42])。

关于数字技术使用时间和数字技术成瘾的研究涉及明显不同的问题,但研究人员经常将它们混为一谈。虽然这两类研究在一定程度上都关注数字技术的使用时间与消极影响之间的关系,但数字技术成瘾的观点是由一项基本假设所驱动的,即数字技术的"过度使用"可能是由数字技术成瘾症引起的,而非由迷恋或参与引起。

数字技术成瘾方面的研究通常采用的是二分法,即研究个体是否患有数字技术成瘾症,以及数字技术成瘾症是否总是对个体产生消极影响。数字技术使用时间的研究将儿童花在数字技术上的时间视为连续体。在这个连续体中，一些消极影响能与积极影响并存。但研究人员将这两个观点混为一谈，导致了这一研究领域和公共话语中观念上的斗争。近年来，多个研究团队对这一点表示认同，并进行了讨论（Griffiths et al., 2016[41]；Aarseth et al., 2016[42]；Kardefelt-Winther et al., 2017[43]）。

这种混乱引起的不良后果之一是许多研究都集中于探索数字技术成瘾的假设观点，而不是探索为什么有些儿童会花大量时间使用数字技术，以及这可能会对他们的生活和健康产生何种积极或消极影响（Kardefelt-Winther, 2014[34]）。但后一个研究问题似乎更适合回应社会对儿童数字技术使用量增多的日益关注①。

## 方法论

为了回答主要的研究问题，本章遵循系统性综述的核心原则，进行了实证研究的文献综述（Khan et al., 2003[44]），同时也为研究留下了反思与说明的空间。

综述涵盖了 2005—2017 年发表的文献。这一时段是西方社会儿童日常使用数字技术并成为常态的时期。文献的检索分为 3 个步骤：

1. 使用 PubMed、PsycINFO 和 GoogleScholar 数据库检索经过同行评议的期刊论文。

2. 选定该领域的 3 位专家，与他们通过电子邮件进行交流，以确定他们对文献资料的进一步了解与查阅情况，并得到有关文献其他来源的建议（"滚雪球"法）。

3. 浏览通过步骤 1 和 2 查找到的实证文献的参考文献列表，以获取其他相关文献。

---

① 原文的第二个目的是为读者提供网络成瘾假设观点的批判性综述，而本章综述只包括了关于儿童上网时间的研究，原文中还有关于数字技术与成瘾关系的独立章节。

基于三个关注领域进行文献检索,使用的检索关键词为:(children digital technology AND (wellbeing OR well-being)),(children digital media AND (wellbeing OR well-being),(digital* OR "digital technology" AND child*),(digital* OR "digital technology" AND (well-being OR wellbeing OR physical* OR social* OR relationship*)),(digital* OR "digital technology" AND (child* OR adolescent*) AND (well-being OR wellbeing OR physical* OR social* OR relationship*))。

每一关键词的检索结果都尽可能按相关性排序,或按照日期及与三个子问题的相关性进行排序。每个搜索引擎检索出的前10页检索结果均包括在内。选中的文献则根据主题(心理健康、社会关系或体能活动)进行分类。横向研究、纵向研究及整合分析均包含在内。之后首先需要排除包括文献综述在内的非实证章节,以避免依赖二手资料来源;其次只汇编研究对象为0—18岁儿童的研究;最后还需排除使用成瘾测量方法或缺乏使用时间指标的研究。

最终通过文献检索共找到了301篇经过同行评议的期刊论文。在这些文献中,有226篇文献因主题不符或缺乏使用时间这一指标被排除,有10篇文献因是文献综述被排除,另有45篇文献因是对成人的研究被排除。最终共保留了20篇文章,占检索文献总数的6.6%。

虽然研究者已尽一切努力获取可能与研究问题相关的资料,但预计仅通过数据库进行检索不太可能全面覆盖,所以通过联系专家还获取了六篇文献,同时浏览文献检索中实证文章的参考文献列表获取了另外29篇相关文献,最终本文献综述中包含的文章总数 N=55。但因文献检索过程中仅检索了英文文献,所以还存在局限性。

## 局限性

在呈现文献综述的结论之前,本章还需强调数字技术对人的影响的研究(有时称为"媒体影响"研究)的局限性。之所以强调这些局限性,是因为本章文献综述中的大多数研究都存在这样的局限性。这意味着即使是本章中提及的最严谨的研究,也应被谨慎解读。

第一,许多研究本质上是相关的,并且都使用了横向研究数据,也就意味着这些研究无法确定因果关系或长期的影响。换句话说,许多研究收集的数据不能确定使用数字技术对儿童的影响,比如抑郁程度的增加是使用数字技术的原因还是后果。实际上,这两者可能都是合理的,一个人在花大量时间上网后可能会感到沮丧,而感到沮丧的人也可能会花大量时间上网来缓解这些情绪。所以需要对此进行纵向研究,以明确两者间的因果关系,以及数字技术是否会对儿童产生持续性的影响。这对于确定使用数字技术的时间是否会对儿童的幸福感产生长期影响十分重要。

第二,数字技术对儿童的影响具有个体差异性,这取决于儿童的年龄、性别、性格特点、生活状况、社会文化环境以及一些其他因素(Livingstone et al., 2011[14]; Kardefelt-Winther, 2014[34]; Byrne et al., 2016[15]; Livingstone, 2016[45]; Banaji, 2016[46])。由于受科研成本与研究时长的限制,多数研究倾向于只考虑有限的背景变量。传统研究通常只考虑儿童的心理特点以及他们在网上做什么,而忽略了他们广阔的生活背景。这意味着研究可能会夸大数字技术对儿童的影响,同时数字技术对儿童的影响也可能受其他未测量因素的影响。

第三,儿童通过数字技术参与的活动及活动内容似乎与使用数字技术的时间同样重要,甚至更重要,因为它们都会对儿童产生积极或消极的影响(Etchells et al., 2017[47]; Przybylski and Weinstein, 2017[30])。只关注儿童使用数字技术的时间而不考虑儿童在网上做了什么,限制了研究的范围且降低了研究结论的价值。

第四,大多数关于媒体影响的研究方案未进行预注册。这意味着这些研究可能存在研究结论确认偏误或选择性报告的情况。对研究方案进行预注册是推动科学研究可重复性发展的一部分,这一措施鼓励研究人员在进行数据采集前公开注册研究方案及研究假设,保证研究分析的透明度。《自然》杂志最近的一篇文章也强调了预注册的重要性。这篇文章指出预注册是消除研究结论可重复性危机的方法,也是最大限度地提高公共科研投入利用效率的方法之一(Munafò et al., 2017[48])。虽然在临床医学中,对随机对照实验的研究方案进行预注册已成为标准惯例,但在心理学研究中并非如此。如今越来越多的人呼吁预注册研究,以打消其他研究团体的疑虑,保证研究分析是在研究前设计好的,避免研究结论的确认偏误及选择性报告情况的出现(Munafò et al., 2017[48])。

带着以上这些研究的局限性,下一节将呈现文献综述的内容。

## 文献综述

### 使用数字技术的时间对儿童心理健康的影响

一些横向研究发现,互联网和手机的使用与儿童主观的抑郁情绪之间存在正相关关系(Bezinović et al., 2015[49];Ikeda and Nakamura, 2014[50];Kim et al., 2010[11]),但通过更大规模和更有力的研究可以发现,两者之间呈弱正相关关系。例如,在一项针对6 000名12—18岁儿童的研究中,弗格森(Ferguson)(2017[51])发现,屏幕使用时间与儿童抑郁症及犯罪行为之间存在弱正相关关系。

塞尔霍特(Selfhout)及其同事进行的一项纵向研究(2009[52])为数字技术与儿童抑郁症之间的关系提供了更独特的研究视角。对于只有低质量友谊的儿童来说,花时间上网似乎会随着时间的推移导致主观抑郁情绪略有增加(Selfhout et al., 2009[52])。但对于友谊质量一般或拥有高质量友谊的儿童来说,上网时间的长短与主观抑郁情绪之间没有关联。然而,如果只有低质量友谊的儿童将时间花在网络社交上,将能有效地缓解其主观抑郁情绪。由此,研究者得出的结论是,除了关注儿童上网的时间以外,关注儿童上网做什么也是至关重要的。研究者认为,抑郁情绪的减少可能是因为在线社交增加了儿童获得社会支持的机会,若不进行在线社交,只拥有低质量友谊的儿童就难以获得这样的机会。

弗格森（2017[51]）发现,只有那些反复被报告每天屏幕使用时间超过六小时的儿童,其数字技术使用时间与抑郁情绪及犯罪行为之间存在微小但显著的正相关关系。考虑到数字技术的使用时间对每天屏幕使用时间超过6小时的儿童的影响也相对较弱,研究者认为,通过减少屏幕使用时间来改善心理健康对大多数儿童来说不太可能有效。基于这些发现,弗格森（2017[51]）指出,与多数政策指南建议的屏幕使用时间相比,儿童似乎能适应更长的屏幕使用时间——每天最多6小时。

这一观点也得到了最近在英国进行的一项经过预注册的大规模横向研究的进一步支持。该研究涉及120 000余名15岁儿童。通过这项研究,普尔兹比尔斯基和韦恩斯坦（2017[30]）发现,儿童使用数字技术的时间对其心理健康的影响微乎其微。在这项强有力的调查中,普兹比尔斯基和韦恩斯坦（2017[30]）研究了看电视和电影、玩电子游戏、使用电脑和智能手机等各种数字媒体活动对儿童心理健康的影响。

实际上,不同的数字技术活动对儿童心理健康的影响具有差异性。研究在控制了儿童的性别、种族和经济变量后,最终得出的总体结论是:一般来说,完全不使用数字技术会对儿童的心理健康产生消极影响,适度使用（根据活动的不同阈值也不同,约每天使用2—5小时）似乎会对儿童的心理健康产生较小的积极影响。每天看电视、看电影或使用电脑超过4小时会对儿童的心理健康产生较小的消极影响;每天使用智能手机超过2小时就会对儿童的心理健康产生较小的消极影响;玩电子游戏超过7小时后也会产生轻微的消极影响。每项活动在达到这些时间临界点之前都会对儿童的心理健康产生积极影响。在工作日,当儿童数字技术的使用时间超过这些临界点时,所产生的消极影响会更大。这表明对于一些儿童来说,屏幕使用时间可能会干扰他们每周的结构化活动,如家庭作业,但在周末可以允许儿童更多地使用数字技术。

研究者着重强调了这一点:即使儿童的数字技术使用时间超过了这些临界值后会产生消极影响,这些影响也是微乎其微的,对样本中儿童总体幸福感的影响不足1%。研究者由此得出结论,即"使用数字技术对儿童幸福感产生的消极影响可能并不像一些研究人员认为的那么严重"(Przybylski and Weinstein, 2017, p. 213[30])。此后在对三个大规模数据集(N=335 358)的研究分析也有类似的发现。这项研究是在本篇综述第一版发表后进行的,也是迄今为止,在探索数字技术的使用与儿童幸福感的关系方面最有力的研究(Orben and Przybylski, 2019[53])。

一项对英国13 000余名5岁儿童进行的大规模队列研究发现,对于年幼的儿童来说,每天使用网络进行娱乐活动超过2小时会导致女孩的情绪和行为问题略有增加。研究发现,没有证据能表明长时间使用屏幕与被调查的男孩或女孩的任何其他心理健康问题相关,如多动症、同伴关系问题或亲社会行为问题(Griffiths et al., 2010[54])。另一项质性研究通过对来自英国苏格兰的50多个家庭及其3—4岁的孩子进行参与式观察,为此提供了实证案例。该研究也未能发现证据表明数字技术会对儿童的行为、健康或学习方面产生不利影响(Plowman and McPake, 2013[55])。

还有一项针对英国5—7岁儿童进行的纵向研究进一步证实了这一观点。该研究发现玩电子游戏不会造成儿童的行为问题、情绪问题、多动症或注意力不集中以及同伴关系问题,也不会对儿童的亲社会行为[即对社会或社会环境做出积极贡献的行为(OECD, 2011[56])]产生消极影响,不论男孩还是女孩都是如此(Parkes et al., 2013[57])。但是,如果每天看电视的时间超过3小时,随着时间的推移,儿童的行为问题会略有增多。

而在一项针对10—15岁儿童进行的研究中,普尔兹比斯基(2014[58])发现,每天玩不到一小时的电子游戏对儿童有许多好处,如亲社会行为的增多与生活满意度的提高,还能有效缓解儿童的行为问题、多动症、同伴关系问题以及情绪问题。每天玩1—3小时电子游戏无法对儿童产生这些积极影响,而每天使用一半以上的空闲时间玩电子游戏就会对儿童产生一些轻微的消极影响。这一研究结论支持"电子游戏类似于传统的游戏形式,可以为儿童的自我认同发展以及认知和社会性发展提供机会"这一观点(Przybylski, 2014[58])。然而,如前文所述,儿童的游戏时间超过一定阈值后,这些积极影响可能会减少或消失。

针对使用社交网站这一流行的网络活动,有纵向研究发现,花费太多时间使用社交网站可能会对儿童的心理健康产生一些消极影响(Mcdool et al.,2016[59])。还有一项实验研究进一步探索社交网站使用时间与儿童心理健康之间的关系,发现儿童被动地使用脸书,即被动地浏览推送的新闻或查看朋友的页面和上传的照片而不与他人互动,会导致嫉妒感的增强与幸福感的降低(Verduyn et al.,2015[60])。这可能解释了在一些针对年轻人的研究中[e.g. Kross et al.(2013[61]),Chou and Edge(2012[62])],发现使用社交网站与幸福感之间存在负相关关系。由于社交网站上的个人资料经常塑造和传达一个人的正面形象,这可能会影响我们对他人及其生活的看法,并导致嫉妒感与无力感的产生。

使用数字技术的时间对儿童的心理健康既能产生积极影响,也能产生消极影响,这取决于儿童使用数字技术进行的活动与花费的时间。完全不使用或过度使用数字技术往往会对儿童产生消极影响,而适度使用数字技术似乎会对儿童产生积极影响。然而,产生的影响通常都很微弱,只是儿童心理健康的影响因素。

正如许多研究得出的结论一样,若想促进儿童的心理健康,确保儿童养成健康的生活方式似乎比减少上网时间更为重要。正如普尔兹比斯基(2014[58])、帕克斯等人(Parkes et al.,2013[57])及弗格森(2017[51])在各自的研究中所指出的那样,与家庭职能、学校及社会的动态、社会经济条件等对儿童健康产生重要而持久影响的因素相比,数字技术的使用时间对儿童健康产生的影响似乎并不那么重要。奥本及普尔兹比斯基(2019[53])进行的研究进一步调查了这一点,这一研究也是在本篇综述第一版发表后完成的。虽然儿童在如何使用数字技术方面存在性别差异,但在这些研究中,数字技术对儿童心理健康的影响并不存在显著的性别差异。

但同时,如普尔兹比斯基(2014[58])所指出的那样,即使大量使用数字技术也不会对儿童产生直接的消极影响,也存在着潜在的消极影响,即数字技术可能会影响儿童参与其他有益的活动。因此,了解儿童长期花费大量时间使用数字技术的累积影响,进行纵向研究并收集可追踪数据是非常有必要的。

## 使用数字技术的时间对儿童社会关系的影响

关于数字技术对儿童社会关系影响的研究往往遵循四个主要的研究假说,其中一些研究假说指向数字技术会对儿童产生积极影响,另一些则指向数字技术会对儿童产生消极影响。第五章对这些研究假说进行了详细的说明。

第一个研究假说即前文提到的"取代假说"。该假说认为网络社交正在取代面对面的社交,可能会导致儿童社交资本及朋友的减少(Kraut et al., 1998[63]; Putnam, 2000[1]; Turkle, 2011[2])。

第二个研究假说即"富人更富假说"(Kraut et al., 2002[64])。该假说认为,那些已经拥有强大的人际关系网及社交技能的人在进行网络社交时,将比那些社交能力较弱的人受益更多。

第三个研究假说则与"穷人变富假说"相对立,被称为"社交补偿假说"。该假说认为,处于社交焦虑及孤独中的人能从网络社交中受益更多,因为他们在安全的环境中发展网络友谊时可能会感到更自在(McKenna, Green and Gleason, 2002[65]; Kraut et al., 2002[64])。

第四个研究假说即"刺激假说"(Valkenburg and Peter, 2007[20])。该假说认为在线交流刺激了儿童与现实朋友的交流,这对儿童起到了积极的影响,总体上提升了儿童友谊的质量。

这一领域的研究通常侧重于探索上述的一个或几个研究假说。

一项针对美国1 300名12—18岁青少年进行的横向研究表明,尽管使用数字技术的时间确实导致了青少年与父母互动时间的减少,但实际上他们亲子关系的质量并没有降低(Lee, 2009[66])。虽然使用电脑学习的时间会使陪伴朋友的时间减少,但与朋友进行更多的在线交流似乎也能增进友谊。

在一些针对儿童与青少年进行的横向研究中,已经发现了在线交流与友谊质量或社交资本之间存在正相关关系(Peter, Valkenburg and Schouten, 2005[67]; Valkenburg and Peter, 2007[20]; Ellison, Steinfield and Lampe, 2007[68]; Jacobsen and Forste, 2011[69]; Davis, 2013[70])。例如,彼得及其同事(2005[67])发现,外向的人比其他人更善于自我表达与进行在线交流,这增进了他们的网络友谊。换句话说,我们有充分的理由相信,在网上更容易谈论个人话题与敏感话题,这就可以解释在线交流与人际关系之间存在的某些正相关关系。

研究人员在相关的质性研究中也得出了类似的结论(Davis, 2012[71])。瓦尔肯堡(Valkenburg)及彼得(2007[20])在对荷兰青少年进行的一项横向研究中发现,在线交流与陪伴朋友的时间呈正相关关系,并且在线交流还提高了现实友谊的质量,这也意味着他们会获得更多的幸福感。

现有研究表明,儿童将在线交流作为另一种提高现实友谊质量的方式,这的确是一种有效的策略(见第四章及第五章)。因此一些研究者认为,那些更频繁地进行线上交流的儿童也更能感受到自己与学校的紧密联系(Ellison, Steinfield and Lampe, 2007[68]; Lee, 2009[66])。因为在学校中,他们有更亲密的友谊关系。这些研究发现为"刺激假设"及"富人更富假设"提供了支持。同时也有一些研究发现表明,"取代假设"可能与青少年对某种关系的重视程度低有关。由于青少年对同伴关系的重视程度往往高于家庭关系,这就能解释为什么在线交流会使青少年与家庭成员相处的时间减少,与同伴相处的时间却不会减少(Lee, 2009[66])。

"社交补偿假设"也得到了一些相关研究的支持。彼得及其同事(2005[67])发现,内向的青少年更愿意进行线上交流,以弥补其社交技能的不足,这也增加了他们在网上交友的机会。这可能对那些认为在网上更容易自我表露的儿童特别有益。另外,男孩出现这种情况更为常见(Valkenburg and Peter, 2009[6])。

同样为了支持"社交补偿假设",研究人员通过针对脸书的使用与孤独感关系的8项研究进行元分析发现,感到孤独的人更倾向于频繁地使用脸书(Song et al., 2014[72]),而不是使用脸书导致人们感到孤独。然而,这一因果关系是基于横向数据得出的,这意味着真正的因果关系仍然不够明确。

综上,本综述的结论支持这一观点:互联网和数字技术本身并不是影响社交与人际关系的主要因素(McKenna and Bargh, 2000[73]; Peter, Valkenburg and Schouten, 2005[67]),两者之间的关系还受环境因素和个体因素的影响。瓦尔肯堡和彼得(2009[6])在回顾近10年关于互联网对青少年社会性发展影响的研究时得出结论,这一领域的研究结论已经发生了明显的转变。虽然20世纪90年代的早期研究认为,使用互联网会对青少年的社交和人际关系产生消极影响,但最近的研究倾向于报告互联网会对青少年的社交及人际关系产生积极影响,第五章乔治和奥杰斯(2015[4])发表的综述中也得出了这一相同的结论。

瓦尔肯堡及彼得(2009[6])推测,这与20世纪90年代青少年使用互联网的方式与今天相比发生的变化有关。虽然之前由于大部分人不进行网络社交而难以使用互联网来维持现实友谊,但今天的情况已不再如此,大多数年轻人现在都可以上网了,这就使得数字技术更有可能对人们的友谊和社交网络产生积极影响。因为人们将上网时的大量时间都花在了加强与现实朋友的联系上,或是花在了形成网络友谊或线上、线下相结合的友谊上,而不是使人们孤立在网络空间里。今天的互联网用户们并不孤独,这些似乎都可以解释使用数字技术对儿童社交关系产生的积极影响(Valkenburg and Peter, 2009[6])。

### 使用数字技术的时间对儿童体能活动的影响

由于"取代假说"的提出,儿童使用数字技术的时间与体能活动之间的关系也备受关注。有人担心,随着使用数字技术时间的增加,儿童进行体能活动的时间将会减少,这可能是导致儿童和青少年肥胖和身体健康问题的影响因素之一(Kautiainen et al., 2005[74])。亚诺蒂(Iannotti)及其同事(2009[75])从2000年在加拿大和美国进行的学龄儿童健康行为(HBSC)调查中提取了年龄较大的截面样本,发现屏幕使用时间的增加与儿童部分健康指标的小幅下降有关,如身体健康状况、生活质量及家庭关系。

另一项针对5 000多名9—11岁儿童的跨国横向研究(LeBlanc et al.,

2015[76]）发现,屏幕使用时间的增加与儿童体能活动和健康饮食的少量减少有关。然而这两项研究的效应量都很小。因此亚诺蒂及其同事（2009[75]）得出结论,仅针对屏幕使用时间进行干预,不太可能显著增加儿童体能活动的时间。勒布朗（Leblanc）及其同事（2015[76]）认为,尽管屏幕使用时间是导致久坐行为出现的重要原因,但除了屏幕使用时间外,还应考虑非屏幕使用时间中的久坐行为产生的积极和消极影响,以更好地了解它们的相对影响。

上述两项研究都只考虑了屏幕使用时间这一因素,而未考虑儿童所使用的数字设备及使用数字技术进行的活动或内容之间的差异。许多研究者也认为存在这一局限性[e. g. Kautiainen et al.（2005[74]）, Sisson et al.（2010[13]）and Straker et al.（2013[77]）]。

斯特拉克（Straker）及其同事（2013[77]）指出,不同的数字技术活动对儿童体能活动及健康指标产生的影响不同。他们的发现建立在一项对芬兰14—18岁青少年进行的早期横向研究的基础上。该研究发现只有某些形式的数字技术活动与儿童较高的肥胖率相关。看电视只会使女孩超重的可能性略微增加,但玩电子游戏并不会产生这一影响（Kautiainen et al., 2005[74]）。考提安（Kautiainen）及其同事（2005[74]）指出,考虑生理成熟时间与每周体能活动的强度等因素时,某些年龄段儿童或青少年使用数字技术的时间与肥胖的相关性并不显著。这可能表明,肥胖风险增高的原因是缺乏体能活动,而不是使用数字技术的时间。

本综述中包含的许多横向研究均表明,不同的数字技术活动对儿童体能活动的影响各不相同。在一项研究中,看电视与儿童体能活动的减少有关[e. g. Devís-Devís et al.（2012[78]）and Kimbro, Brooks-Gunn and McLanahan（2011[79]）]。而在另一项研究中,使用手机的时间与儿童体能活动的减少有关（Lepp et al., 2013[80]）。但若仅在工作日使用手机,儿童的体能活动反而会有所增加（Devís-Devís et al., 2012[78]）。德维斯-德维斯（Devís-Devís）及其同事（2012[78]）推测,在工作日,儿童可以在路上或从事其他活动时使用手机,这可以解释体能活动增加的原因,但在这一研究分析中所设置的控制变量较少。实际上,以上这些研究结论也出现在了屏幕使用时间对儿童体能活动影响的研究中,但这些研究也未考虑儿童所使用的数字设备及使用数字技术进行的活动方面的差异。一些研究发现,屏幕使用时间与儿童体能活动之间没有关联(Laurson et al.,2014[81]),还有一些研究则发现,两者之间存在负相关关系(Sisson et al.,2010[13])。

一项大型跨国研究收集了超过 200 000 名 11—15 岁青少年的调查数据,发现使用数字技术的时间与休闲时间中的体能活动之间的关系似乎也因年龄、性别和国籍而异(Melkevik et al.,2010[82])。总体而言,研究发现,每天花两个小时或更多时间使用数字技术,会导致青少年每周平均少花半小时进行休闲型的体能活动。

同样地,青少年的数字技术活动形式也影响着儿童的体能活动。经常使用电脑与儿童体能活动的增多有关,但玩电子游戏和看电视则与儿童体能活动的减少有关。然而,这些结论并不适用于所有国家。例如,在东欧和南欧,玩电子游戏、看电视及使用电脑都与儿童体能活动的增多有关。研究者由此得出结论,青少年多花时间使用数字技术不太可能直接导致体能活动的缺乏,而是已缺乏体能活动的青少年会花更多的时间使用数字技术。

这一结论得到了另一项针对 11—13 岁儿童进行的纵向研究结果的支持。该研究结果表明,更多地使用电脑或玩电子游戏不会对儿童休闲时间中的体能活动产生直接影响。这表明应从增进儿童健康活动的角度独立地看待与分析数字技术活动与体能活动(Gebremariam et al.,2013[83])。研究者认为,使用电脑与玩电子游戏以外的一些因素会对儿童进行体能活动的时间产生更大影响。同时一些研究还发现,儿童的肥胖可能与使用数字技术时的不良饮食行为有关,而与体能活动的缺乏无关。这一说法也得到了对儿童、青少年及成人久坐行为与食物摄入量进行的系统研究的支持(Pearson and Biddle,2011[84])。

总之,使用数字技术的时间对儿童体能活动影响的研究证据是混杂且无定论的。虽然有一些研究发现使用数字技术的时间与儿童体能活动的减少存在一定关联,但也有一些研究未发现两者之间存在关联。儿童体能活动的减少受多个因素的影响,不仅仅是使用数字技术的时间,但这其中的一些影响因素还尚待研究。

然而,研究人员普遍认同屏幕使用时间不太可能对儿童体能活动产生直接影响。例如,金布罗(Kimbro)及其同事(2011[79])认为,对社区安全和居住环境(是否靠近公园或游乐场)的看法可能会影响人们使用数字技术和进行体能活动的时间。有研究者认为,在不太富裕的社区和父母陪伴儿童时间较少的家庭,儿童的室内活动会成为室外活动的替代选择(Tandon et al.,2012[85])。支持这一说法的研究表明,生活在贫困社区的人们往往很少使用便携式的游乐设备,并且这些人的体能活动水平低、肥胖率较高,但这其中的因果关系尚不明确(Kimbro,BrooksGunn and McLanahan,2011[79];Tandon et al.,2012[85])。

数字技术活动与体能活动应该被独立看待,这一发现对于强调增进儿童健康活动的政策来说尤为重要。有纵向研究数据表明,仅减少数字技术的使用时间不会直接增加儿童体能活动的时间(Gebremariam et al.,2013[83])。一些研究者认为,直接促进儿童进行体能活动可能是一种更有效的策略。前文所提到的关于青少年看电视与体能活动关系的纵向研究也支持这一观点(Taveras et al.,2007[86])。

## 讨论

数字技术对儿童幸福感影响的研究已进行了近20年,本章回顾了2005—2017年进行的研究。虽然如今也出现了一些高质量的研究,但这一领域的研究仍然存在一些理论及方法上的局限,使得迄今为止收集的研究证据不够可靠,且不明确。相关研究还需解决以下四个问题以获得更确切的研究证据。

许多研究测量了研究对象的屏幕使用时间,其中研究对象自述的每天或每周使用数字技术的总时间被用于预测对其幸福感的影响。但同等对待所有屏幕使用时间的假设受到了批评,未来应分别研究使用屏幕从事特定活动产生的不同影响,如使用手机、玩电子游戏或使用社交网站[e.g. Przybylski and

Weinstein（2017[30]）]。这将有助于研究儿童使用数字技术的经历如何影响其幸福感,使有关屏幕时间的研究更加清晰、明确。

仍需在这一方面进行更多的纵向研究。横向研究对形成研究假设与建构初始的理论框架具有重要意义。但为了推动理论的发展并得出明确的研究结论,我们需要纵向研究的证据来探索数字技术如何随着时间的推移影响儿童。数字技术可能不会直接对儿童产生积极或消极影响,这可以解释一些研究的效应量小,但数字技术可能对儿童产生长期累积的影响,这需要进行长期的研究才能发现。

研究人员可以通过收集各年龄段男孩及女孩的数据资料,最大限度地考虑他们的生活环境及社会人口统计因素,从而推动制定针对年龄及具体情况的有关数字技术的政策［可参见 Byrne et al.（2016[15]）or Livingstone（2016[45]）的文献,以获得有用的研究框架］。同时在相关的定量研究中,也需纳入更多的背景变量作为对照,以确保我们不会排除那些已知的对儿童幸福感产生影响的变量。我们不能脱离儿童的生活去研究其网络体验,来自儿童及其父母的质性数据可能有助于了解儿童使用数字技术对其生活产生的积极或消极影响。定性数据的优势是,它允许研究对象自由地表达自我。这可以使研究者通过儿童自己的声音与经历体会获得新的知识与见解。

研究团队还需要加强研究的可重复性与研究结果的可靠性。研究人员应在收集数据之前预注册,在发表研究时共享原始数据与分析过程,使每项与政策相关的研究过程透明化并具有可重复性,同时支持在线免费查阅(比如通过 Open Science Framework 这一平台)。这将使相关的研究者能在研究证据用于政策或实践之前进行审查,并在研究界对此进行公开透明的讨论。

最后,媒体也应发挥好作用。理想情况下,媒体对与儿童使用数字技术有关的问题应提供有实证且保持中立的报道。正如乔治及奥杰斯(Odgers,2015[4])在围绕数字技术担忧的文献综述中所陈述的,媒体报道既能捕捉到社会对此的担忧,也能影响社会对此的担忧。这体现了媒体进行深入报道的重要性。但由于这一领域的研究证据尚不明确且矛盾,这一点并不容易做到,因此也让记者们陷入了困境。

新闻分享的大量证据来自单一的或研究方法存在局限性的研究,又或者存在着夸大或歪曲研究证据的情况。这可能会分散人们对儿童的一些更紧迫问题的关注,或导致相关研究及政策试图通过未得到适当评估的干预措施来快速解决问题。这不一定是媒体或记者的问题,大学和科研机构在传播科学文化方面可能也存在问题。

解决这一问题的方法之一是记者与研究人员一起撰写新闻稿,以确保对研究与结论中存在的局限性进行适当的沟通。这就要求研究人员应能意识到他们研究的局限性,并在与记者交谈时对所进行的研究进行恰当的说明。同时,明晰探索性研究与验证性研究两者间的区别也是至关重要的。横向数据经常被用于验证需要收集纵向实验数据的研究假设,但若不进行明确的说明,这类研究证据的可靠性就会有所降低,并导致研究人员、媒体、政策制定者和公众之间的混乱。只有当研究质量足够高时,进行更多的研究才是一件好事。面向未来,应确保基于高质量的研究证据进行政策制订或实施干预措施,记者、编辑和科学文化的传播者在其中发挥着重要作用。

## 总结

随着儿童使用数字技术的相关研究不断取得进展,我们如今面临着一项重要的挑战,即要明确"如何使用数字技术会有益"与"如何使用数字技术会有害"之间的界限。这可能需要单独考虑儿童个体以及他们的生活环境。虽然几乎未发现儿童使用数字技术的时间会对他们产生消极影响,但为了最大限度地发挥其积极影响,需要为不同年龄的儿童提供差异化的支持和规定。一些通过网络会对年幼的儿童产生消极影响的行为或活动,对年长的儿童来说可能并不会产生消极影响,甚至可能会产生积极的影响,所以在这方面,针对所有儿童提出的政策建议可能不太有效。

虽然有研究认为,儿童越来越多地使用数字技术可能会影响他们参与其他活动,但目前还存在着一个未解答的问题,即有关数字技术与儿童幸福感的研究几乎未调查如果儿童经常参与其他活动,是否会对儿童产生积极影响。这与前文提到的"取代假说"有关。尽管大量研究对这一假说进行了调查研究,但儿童数字技术使用量增多产生的后果与其他潜在有益活动的减少很少被一并考虑。

为了能准确地说明随着时间的推移,使用数字技术的时间是否会对儿童产生积极或消极的影响,还需要进行更全面的、大规模的纵向研究,全面考察儿童的上网时间使用情况。这些研究还必须考虑到一些可能被排除在外的活动,因为脱离儿童的生活而想要广泛研究数字技术对儿童产生的影响是不可行的。数字技术的使用涉及多方面的活动,需要与儿童生活中的其他活动进行比较,才能确定其利弊,进一步为平衡每个儿童的生活提供建议。

除此之外,为了适应当今社会数字技术使用量的增多,我们还需要在养育子女、开展研究和制定政策等方面进行调整。由于目前的情况特殊,儿童在许多领域都是先驱和专家,他们往往是第一个在网上尝试新应用程序的人,有时甚至自己创建了新的应用程序。为了有效地适应这种情况,并在家庭、学校和社会中围绕使用数字技术进行建设性的对话,我们可能需要更多地依赖儿童自己的声音和经验体会来进行调整。

## 参考文献

AAP (2016), "Media and young minds", *Pediatrics*, Vol. 138/5, p. e20162591, http://dx.doi.org/10.1542/peds.2016-2591. 【31】

AAP (1999), "Media education", *Pediatrics*, Vol. 104/2, pp. 341 – 343, https://pediatrics.aappublications.org/content/pediatrics/104/2/341.full.pdf. 【29】

Aarseth, E. et al. (2016), "Scholars' open debate paper on the World Health Organization ICD – 11 Gaming Disorder proposal", *Journal of Behavioral Addictions*, Vol. 6/3, pp. 267 – 270, http://dx.doi.org/10.1556/2006.5.2016.088. 【42】

Anderson, M. (2016), *Parents, Teens and Digital Monitoring*, Pew Research Center, www.pewinternet.org/2016/01/07/parents-teens-and-digital-monitoring/. 【10】

Banaji, S. (2016), *Global Research on Children's Online Experiences: Diversities and Inequalities*, Global Kids Online, http://globalkidsonline.net/tools/guides/inequalities/. 【46】

Baranowski, T. et al. (2008), "Playing for real: Video games and stories for healt-related behavior change", *American Journal of Preventive Medicine*, Vol. 34/1, pp. 74 – 82, http://dx.doi.org/10.1016/j.amepre.2007.09.027. 【16】

Bell, V., D. Bishop and A. Przybylski (2015), "The debate over digital technology and young people", *BMJ*, p. h3064, http://dx.doi.org/10.1136/bmj.h3064. 【3】

Bezinović, P. et al. (2015), "Patterns of internet use and mental health of high school students in Istria County Croatia: Cross-sectional study", *Croatian medical journal*, Vol. 56/3, pp. 297 – 305, http://dx.doi.org/10.3325/CMJ.2015.56.297. 【49】

boyd, D. (2014), *It's Complicated: The Social Lives of Networked Teens*, https://yalebooks.yale.edu/book/9780300199000/its-complicated. 【7】

boyd, D. and E. Hargittai (2013), "Connected and concerned: Variation in parents' online safety concerns", *Policy & Internet*, Vol. 5/3, pp. 245 – 269, http://dx.doi.org/10.1002/1944-2866.POI332. 【9】

Buckingham, D. and R. Willett (eds.) (2006), *Regulating the Internet at Home: Contrasting the Perspectives of Children and Parents*, Laurence Erlbaum Associates Inc. 【5】

Burton, P., L. Leoschut and J. Phyfer (2016), *South African Kids Online: A Glimpse Into Children's Internet Use and Online Activities*, The Centre for Justice and Crime Prevention, Cape Town, www.cjcp.org.za. 【26】

Byrne, J. et al. (2016), "Global kids online research synthesis, 2015 – 2016", *UNICEF and London School of Economics and Political Science*, www.unicef-irc.org/publications/869-global-kids-online-research-synthesis-2015-2016.html. 【15】

Chapple, S. and D. Richardson (2010), *Doing Better for Children*, OECD Publishing, http://search.oecd.org/social/family/44453235.pdf. 【27】

Charlton, J. and I. Danforth (2007), "Distinguishing addiction and high engagement in the context of online game playing", *Computers in Human Behavior*, Vol. 23/3, pp. 1531 – 1548, http://dx.doi.org/10.1016/J.CHB.2005.07.002. 【33】

Chou, H. and N. Edge (2012), "'They are happier and having better lives than I am': The impact of using Facebook on perceptions of others' lives", *Cyberpsychology, Behavior, and Social Networking*, Vol. 15/2, pp. 117 – 121, http://dx.doi.org/10.1089/cyber.2011.0324. 【62】

Cole, H. and M. Griffiths (2007), "Social interactions in massively multiplayer online role-playing gamers", *CyberPsychology & Behavior*, Vol. 10/4, pp. 575 – 583, http://dx.doi.org/10.1089/cpb.2007.9988. 【18】

Cover, R. (2006), "Gaming (ad)diction: Discourse, identity, time and play in the production of the gamer addiction myth", *The International Journal of Computer Game Research*, Vol. 6/1, http://gamestudies.org/0601/articles/cover. 【32】

Davis, K. (2013), "Young people's digital lives: The impact of interpersonal relationships and digital media use on adolescents' sense of identity", *Computers in Human Behavior*, Vol. 29/6, pp. 2281 – 2293, http://dx.doi.org/10.1016/j.chb.2013.05.022. 【70】

Davis, K. (2012), "Friendship 2.0: Adolescents' experiences of belonging and self-disclosure online", *Journal of Adolescence*, Vol. 35/6, pp. 1527–1536, http://dx.doi.org/10.1016/j.adolescence.2012.02.013. 【71】

Devís-Devís, J. et al. (2012), "Brief report: Association between socio-demographic factors, screen media usage and physical activity by type of day in Spanish adolescents", *Journal of Adolescence*, Vol. 35/1, pp. 213–218, http://dx.doi.org/10.1016/j.adolescence.2010.11.009. 【78】

Dworak, M. et al. (2007), "Impact of singular excessive computer game and television exposure on sleep patterns and memory performance of school-aged children", *Pediatrics*, Vol. 120/5, pp. 978–985, http://dx.doi.org/10.1542/peds.2007-0476. 【23】

Ellison, N., C. Steinfield and C. Lampe (2007), "The benefits of Facebook "friends:" Social capital and college students' use of online social network sites", *Journal of Computer-Mediated Communication*, Vol. 12/4, pp. 1143–1168, http://dx.doi.org/10.1111/j.1083-6101.2007.00367.x. 【68】

Etchells, P. et al. (2017), *Screen time guidelines need to be built on evidence not hype*, www.theguardian.com/science/head-quarters/2017/jan/06/screen-time-guidelines-need-to-be-built-on-evidence-not-hype. 【47】

Ferguson, C. (2017), "Everything in moderation: Moderate use of screens unassociated with child behavior problems", *Psychiatric Quarterly*, Vol. 88/4, pp. 797–805, http://dx.doi.org/10.1007/s11126-016-9486-3. 【51】

Gebremariam, M. et al. (2013), "Are screen-based sedentary behaviors longitudinally associated with dietary behaviors and leisure-time physical activity in the transition into adolescence?", *International Journal of Behavioral Nutrition and Physical Activity*, Vol. 10/1, p. 9, http://dx.doi.org/10.1186/1479-5868-10-9. 【83】

George, M. and C. Odgers (2015), "Seven fears and the science of how mobile technologies may be influencing adolescents in the digital age", *Perspectives on Psychological Science*, Vol. 10/6, pp. 832–851, http://dx.doi.org/10.1177/1745691615596788. 【4】

Granic, I., A. Lobel and R. Engels (2014), "The benefits of playing video games.", *American Psychologist*, Vol. 69/1, pp. 66–78, http://dx.doi.org/10.1037/a0034857. 【17】

Griffiths, L. et al. (2010), "Associations between sport and screen-entertainment with mental health problems in 5-year-old children", *International Journal of Behavioral Nutrition and Physical Activity*, Vol. 7/1, p. 30, http://dx.doi.org/10.1186/1479-5868-7-30. 【54】

Griffiths, M. (2000), "Does Internet and computer 'Addiction' exist? Some case study evidence", *CyberPsychology & Behavior*, Vol. 3/2, pp. 211–218, http://dx.doi.org/10.1089/109493100316067. 【39】

Griffiths, M. et al. (2016), "The evolution of Internet addiction: A global perspective", *Addictive Behaviors*, Vol. 53, pp. 193–195, http://dx.doi.org/10.1016/J.ADDBEH.2015.11.001. 【41】

Hussain, Z. and M. Griffiths (2009), "The attitudes, feelings, and experiences of online gamers: A qualitative analysis", *CyberPsychology & Behavior*, Vol. 12/6, pp. 747–753, http://dx.doi.org/10.1089/cpb.2009.0059. 【19】

Iannotti, R. et al. (2009), "Patterns of adolescent physical activity, screen-based media use, and positive and negative health indicators in the U.S. and Canada", *Journal of Adolescent Health*, Vol. 44/5, pp. 493–499, http://dx.doi.org/10.1016/j.jadohealth.2008.10.142. 【75】

Ikeda, K. and K. Nakamura (2014), "Association between mobile phone use and depressed mood in Japanese adolescents: A cross-sectional study", *Environmental Health and Preventive Medicine*, Vol. 19/3, pp. 187–193, http://dx.doi.org/10.1007/s12199-013-0373-3.  【50】

Jacobsen, W. and R. Forste (2011), "The wired generation: Academic and social outcomes of electronic media use among university students", *Cyberpsychology, Behavior, and Social Networking*, Vol. 14/5, pp. 275–280, http://dx.doi.org/10.1089/cyber.2010.0135.  【69】

Kardefelt-Winther, D. (2014), *Excessive Internet Use: Fascination or Compulsion?*, London School of Economics and Political Science (LSE), http://etheses.lse.ac.uk/1062/.  【34】

Kardefelt-Winther, D. et al. (2017), "How can we conceptualize behavioural addiction without pathologizing common behaviours?", *Addiction*, Vol. 112/10, pp. 1709–1715, http://dx.doi.org/10.1111/add.13763.  【43】

Kautiainen, S. et al. (2005), "Use of information and communication technology and prevalence of overweight and obesity among adolescents", *International Journal of Obesity*, Vol. 29/8, pp. 925–933, http://dx.doi.org/10.1038/sj.ijo.0802994.  【74】

Khan, K. et al. (2003), "Five steps to conducting a systematic review", *Journal of the Royal Society of Medicine*, Vol. 96/3, pp. 118–121, http://dx.doi.org/10.1177/014107680309600304.  【44】

Kimbro, R., J. Brooks-Gunn and S. McLanahan (2011), "Young children in urban areas: Links among neighborhood characteristics, weight status, outdoor play, and television watching", *Social Science & Medicine*, Vol. 72/5, pp. 668–676, http://dx.doi.org/10.1016/j.socscimed.2010.12.015.  【79】

Kim, J. et al. (2010), "Brief report: Predictors of heavy Internet use and associations with health-promoting and health risk behaviors among Hong Kong university students", *Journal of Adolescence*, Vol. 33/1, pp. 215–220, http://dx.doi.org/10.1016/j.adolescence.2009.03.012.  【11】

Kraut, R. et al. (2002), "Internet paradox revisited", *Journal of Social Issues*, Vol. 58/1, pp. 49–74, http://dx.doi.org/10.1111/1540-4560.00248.  【64】

Kraut, R. et al. (1998), "Internet paradox. A social technology that reduces social involvement and psychological well-being?", *The American Psychologist*, Vol. 53/9, pp. 1017–31, www.ncbi.nlm.nih.gov/pubmed/9841579.  【63】

Larkin, M. and M. Griffiths (1998), "Response to Shaffer (1996): The case for a 'complex systems' conceptualisation of addiction", *Journal of Gambling Studies*, Vol. 14/1, pp. 73–82, http://dx.doi.org/10.1023/A:1023050609939.  【35】

Laurson, K. et al. (2014), "Concurrent associations between physical activity, screen time, and sleep duration with childhood obesity", *ISRN Obesity*, Vol. 2014, pp. 1–6, http://dx.doi.org/10.1155/2014/204540.  【81】

LeBlanc, A. et al. (2015), "Correlates of total sedentary time and screen time in 9–11 year-old children around the world: The international study of childhood obesity, lifestyle and the environment", *PLOS ONE*, Vol. 10/6, p. e0129622, http://dx.doi.org/10.1371/journal.pone.0129622.  【76】

Lee, S. (2009), "Online communication and adolescent social ties: Who benefits more from Internet use?", *Journal of Computer-Mediated Communication*, Vol. 14/3, pp. 509–531, http://dx.doi.org/10.1111/j.1083-6101.2009.01451.x.  【66】

Lepp, A. et al. (2013), "The relationship between cell phone use, physical and sedentary activity, and cardiorespiratory fitness in a sample of U. S. college students", *International Journal of Behavioral Nutrition and Physical Activity*, Vol. 10/1, p. 79, http://dx.doi.org/10.1186/1479-5868-10-79. 【80】

Livingstone, S. (2016), "A framework for researching Global Kids Online: Understanding children's well-being and rights in the digital age", http://eprints.lse.ac.uk/71254/. 【45】

Livingstone, S. and K. Drotner (2008), *International Handbook of Children, Media and Culture*, SAGE, https://uk.sagepub.com/en-gb/eur/international-handbook-of-children-media-and-culture/book229723. 【24】

Livingstone, S. et al. (2011), "Risks and safety on the Internet: The perspective of European children: Full findings and policy implications from the EU Kids Online survey of 9 – 16 year olds and their parents in 25 countries", http://eprints.lse.ac.uk/33731/. 【14】

Lowood, H. (2008), *Found Technology: Players as Innovators in the Making of Machinima*, The MIT Press. 【21】

Madden, M. et al. (2012), *Parents, Teens, and Online Privacy*, Pew Research Center, www.pewinternet.org/2012/11/20/parents-teens-and-online-privacy/. 【8】

Marks, I. (1990), "Behavioural (non-chemical) addictions", *Addiction*, Vol. 85/11, pp. 1389 – 1394, http://dx.doi.org/10.1111/j.1360-0443.1990.tb01618.x. 【37】

Marlatt, G. et al. (1988), "Addictive behaviors: Etiology and treatment", *Annual Review of Psychology*, Vol. 39/1, pp. 223 – 252, http://dx.doi.org/10.1146/annurev.ps.39.020188.001255. 【36】

Mcdool, E. et al. (2016), *Social Media Use and Children's Wellbeing*, http://www.iza.org. 【59】

McKenna, K. and J. Bargh (2000), "Plan 9 from Cyberspace: The implications of the Internet for personality and social psychology", *Personality and Social Psychology Review*, Vol. 4/1, pp. 57 – 75, http://dx.doi.org/10.1207/s15327957pspr0401_6. 【73】

McKenna, K., A. Green and M. Gleason (2002), "Relationship formation on the Internet: What's the big attraction?", *Journal of Social Issues*, Vol. 58/1, pp. 9 – 31, http://dx.doi.org/10.1111/1540-4560.00246. 【65】

Melkevik, O. et al. (2010), "Is spending time in screen-based sedentary behaviors associated with less physical activity: A cross national investigation", *International Journal of Behavioral Nutrition and Physical Activity*, Vol. 7/1, p. 46, http://dx.doi.org/10.1186/1479-5868-7-46. 【82】

Munafò, M. et al. (2017), "A manifesto for reproducible science", *Nature Human Behaviour*, Vol. 1/1, p. 0021, http://dx.doi.org/10.1038/s41562-016-0021. 【48】

Neuman, S. (1988), "The Displacement Effect: Assessing the relation between television viewing and reading performance", *Reading Research Quarterly*, Vol. 23/4, p. 414, http://dx.doi.org/10.2307/747641. 【28】

OECD (2011), *Society at a Glance 2011: OECD Social Indicators*, OECD Publishing, Paris, https://dx.doi.org/10.1787/soc_glance-2011-en. 【56】

Orben, A. and A. Przybylski (2019), "The association between adolescent well-being and digital technology use", *Nature Human Behaviour*, Vol. 3/2, pp. 173 – 182, http://dx.doi.org/10.1038/s41562-018-0506-1. 【53】

Parkes, A. et al. (2013), "Do television and electronic games predict children's psychosocial adjustment? Longitudinal research using the UK Millennium Cohort Study", *Archives of Disease in Childhood*, Vol. 98/5, pp. 341–348, http://dx.doi.org/10.1136/archdischild-2011-301508. 【57】

Pearson, N. and S. Biddle (2011), "Sedentary behavior and dietary intake in children, adolescents, and adults", *American Journal of Preventive Medicine*, Vol. 41/2, pp. 178–188, http://dx.doi.org/10.1016/j.amepre.2011.05.002. 【84】

Peter, J., P. Valkenburg and A. Schouten (2005), "Developing a model of adolescent friendship for mation on the Internet", *CyberPsychology & Behavior*, Vol. 8/5, pp. 423–430, http://dx.doi.org/10.1089/cpb.2005.8.423. 【67】

Petry, N. et al. (2014), "Internet Gaming Disorder in the DSM–5", *Current Psychiatry Reports*, Vol. 17/9, p. 72, http://dx.doi.org/10.1007/s11920-015-0610-0. 【38】

Plowman, L. and J. McPake (2013), "Seven Myths About Young Children and Technology", *Childhood Education*, Vol. 89/1, pp. 27–33, http://dx.doi.org/10.1080/00094056.2013.757490. 【55】

Przybylski, A. (2014), "Electronic gaming and psychosocial adjustment", *Pediatrics*, Vol. 134/3, pp. e716–e722, http://dx.doi.org/10.1542/peds.2013-4021. 【58】

Przybylski, A. and N. Weinstein (2017), "A large-scale test of the Goldilocks Hypothesis", *Psychological Science*, Vol. 28/2, pp. 204–215, http://dx.doi.org/10.1177/0956797616678438. 【30】

Putnam, R. (2000), "Bowling alone", *Proceedings of the 2000 ACM conference on Computer supported cooperative work — CSCW '00*, http://dx.doi.org/10.1145/358916.361990. 【1】

Raine, K., M. Frans and S. Jaakko (eds.) (2012), *Domesticating Play, Designing Everyday Life: The Practice and Performance of Family Gender, and Gaming*, University of Tampere. 【22】

Selfhout, M. et al. (2009), "Different types of Internet use, depression, and social anxiety: The role of perceived friendship quality", *Journal of Adolescence*, Vol. 32/4, pp. 819–833, http://dx.doi.org/10.1016/j.adolescence.2008.10.011. 【52】

Sisson, S. et al. (2010), "Screen time, physical activity, and overweight in U.S. Youth: National survey of children's health 2003", *Journal of Adolescent Health*, Vol. 47/3, pp. 309–311, http://dx.doi.org/10.1016/j.jadohealth.2010.02.016. 【13】

Song, H. et al. (2014), "Does Facebook make you lonely?: A meta analysis", *Computers in Human Behavior*, Vol. 36, pp. 446–452, http://dx.doi.org/10.1016/j.chb.2014.04.011. 【72】

Statens medieråd (2015), *Föräldrar Och Medier 2015*, www.statensmedierad.se/publikationer/ungarochmedier/foraldrarochmedier2015.281.html. 【25】

Straker, L. et al. (2013), "Screen-based media use clusters are related to other activity behaviours and health indicators in adolescents", *BMC Public Health*, Vol. 13/1, http://dx.doi.org/10.1186/1471-2458-13-1174. 【77】

Sueur, C. (ed.) (2013), "Facebook use predicts declines in subjective well-being in young adults", *PLoS ONE*, Vol. 8/8, p. e69841, http://dx.doi.org/10.1371/journal.pone.0069841. 【61】

Tandon, P. et al. (2012), "Home environment relationships with children's physical activity, sedentary time, and screen time by socioeconomic status", *International Journal of Behavioral Nutrition and Physical Activity*, Vol. 9/1, p. 88, http://dx.doi.org/10.1186/1479-5868-9-88. 【85】

Taveras, E. et al. (2007), "Longitudinal relationship between television viewing and leisure-time physical activity during adolescence", *Pediatrics*, Vol. 119/2, pp. e314 – e319, http://dx.doi.org/10.1542/peds.2005-2974. 【86】

Turkle, S. (2011), *Alone Together: Why We Expect More From Technology and Less From Each Other*, New York, Basics Books, www.basicbooks.com/titles/sherry-turkle/alone-together/9780465093656/. 【2】

Valkenburg, P. and J. Peter (2009), "Social consequences of the Internet for adolescents", *Current Directions in Psychological Science*, Vol. 18/1, pp. 1 – 5, http://dx.doi.org/10.1111/j.1467-8721.2009.01595.x. 【6】

Valkenburg, P. and J. Peter (2007), "Online communication and adolescent well-being: Testing the Stimulation versus the Displacement Hypothesis", *Journal of Computer-Mediated Communication*, Vol. 12/4, pp. 1169 – 1182, http://dx.doi.org/10.1111/j.1083-6101.2007.00368.x. 【20】

Van Rooij, A. and N. Prause (2014), "A critical review of 'Internet addiction' criteria with suggestions for the future", *Journal of Behavioral Addictions*, Vol. 3/4, pp. 203 – 213, http://dx.doi.org/10.1556/JBA.3.2014.4.1. 【40】

Verduyn, P. et al. (2015), "Passive Facebook usage undermines affective well-being: Experimental and longitudinal evidence", *Journal of Experimental Psychology: General*, Vol. 144/2, pp. 480 – 488, http://dx.doi.org/10.1037/xge0000057. 【60】

Young, K. (1996), "Psychology of computer use: XL. Addictive use of the Internet: A case that breaks the stereotype", *Psychological Reports*, Vol. 79/3, pp. 899 – 902, http://dx.doi.org/10.2466/pr0.1996.79.3.899. 【12】

# 第九章

# 青少年群体在数字互动和幸福感上的不平等

> 本章着重研究了社会不平等背景下数字化成果的差异,特别探讨了ICT的获取、技能,以及使用与不同的社会文化及幸福感产出之间的关系。"幸福感"一词在研究和公共话语中被广泛提及,尽管其定义和组成部分仍存在争议。在本章中,"幸福感"被用来描述与公民社会参与以及追求闲暇相关的积极效益。本章对不同社会经济背景的青少年间的不平等现象进行了调查研究,重点关注了最为弱势的群体——未升学、未就业,也未参加职业培训的青少年的经历。想要更好地认识日常生活中的数字化如何加剧了青少年的不利现状,并且试图寻求改善这些不平等的方法,本章内容是非常有意义的。

---

本章作者为艾伦·赫尔斯珀和斯维特拉娜·斯米尔诺瓦,英国伦敦政治经济学院媒体与传播系学者。

## 数字不平等

有关数字不平等的文献在过去10年中不断增加,变得越来越细致和多层化。最初,研究人员将数字不平等或数字鸿沟简单地视为个人的数字接入问题,后来逐渐划分出了数字不平等中相互联系的三个层次(Tsatsou,2011[1];Van Deursen and Helsper,2015[2])。本章将对这三个层次进行探讨。数字不平等的第一个层次,指由于接入的数字设备和基础设施有限而处于不利地位。数字不平等的第二个层次,指由于个体ICT技能和用途的有限而产生的不平等。在这个方面,研究人员对技术操作技能、关键信息浏览技能、社交技能和内容创作技能进行了区分(Helsper and Van Deursen,2018[3];Van Deursen, Helsper and Eynon,2015[4])。

在本章中,我们不仅研究了ICT的"硬"技能和浏览技能,还纳入了更"软"的技能,如那些与内容创作及社交有关的技能。相关文献对这些技能的研究较少,但这些技能对社交及个人幸福感是至关重要的。在研究过程中,我们发现了一些不太可能被正式传授给青少年的技能,但这些技能已被证明能帮助成人避免其日常生活中的一些负面后果(Van Deursen et al.,2017[5])。例如,知晓如何以及在何处能找到与健康相关的信息,却不明白某个博主、朋友或家人为何会分享这些特定的健康建议,这可能会使人相信一些本应该批判性地看待的信息。在数字不平等的第二个层次中,ICT的用途大致分为搜寻信息、娱乐、金融或经济、通信、政治或公民参与以及促进身份认同感的活动(Cho et al.,2003[6];Eastin、Cicchirillo and Mabry,2015[7];Opgenhaffen and d'Haenens,2012[8])。使用数字技术的动机或对数字技术的态度有时是第一层次数字不平等的一部分(Van Dijk,2005[9]),在其他情况下也是第二层次数字不平等的一部分(Van Deursen and Van Dijk,2015[10])。

数字不平等的第三个层次,指的是由于个体使用ICT所产生的效果不同而产生的不平等(Nie、Sousa Poza and Nimrod,2016[11];Wei et al.,2011[12];Van Deursen and Helsper,2015[2]),也就是个体通过网络活动所获得的积极和负面后果的差异。例如,对一些人来说,在网上建立新的联系更有可能扩大其资源网络,使其获得有价值的资源(见第五章),但另一些人却可能遭受更高程度的骚扰与欺凌。

上述三个层次是相互关联的,在这其中需要一系列的技能使个体能将ICT的使用转化为积极的效益,并避免负面后果。因此,ICT技能的不平等导致了数字成果的不平等。例如,想进行积极的网络社交互动,就需要了解不同平台的设置(操作技能),能够在网上找到和解释他人分享的的内容(信息浏览技能),知道如何互动、与谁互动和在哪些平台上进行互动(社交技能),以及建立有吸引力的个人形象,以接触到合适的受众或联系人(内容创作技能)。

本章所使用的概念模型如图9-1所示。

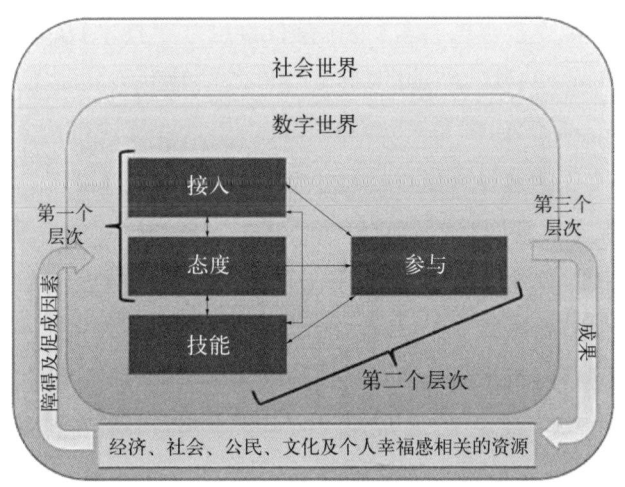

图9-1 思考社会和数字不平等之间联系的框架

综上所述,"数字包容"一词是指能够将ICT的获取、技能和使用转化为日常生活中积极效益的过程。"社会数字不平等"一词则是指来自不同社会经济和社会文化背景的青少年在数字包容方面的系统性差异。本章的重点是关注人们在获得社会效益、文化效益和幸福感方面机会和能力的不平等,而不是探讨其他文献中广泛讨论的经济效益及教育效益方面的不平等[e.g. Wei et al. (2011)[12])]。

## 数字原住民

已有研究已经深入探讨了成人数字不平等的三个层次与社会经济及社会文化不平等之间的关系。然而直到最近,政策制定者才开始关注这些内容,研究人员也开始了解这些关系对年轻一代的作用。其中,"数字原住民"这一术语的含义得到了揭示和调整(Prensky,2001[13];Prensky and Sapiens,2009[14])。它是指,或者更确切地诠释了青少年是天生就能毫不费力地使用ICT的人,而这仅仅是因为他们在数字技术的包围和浸润之下长大。研究表明,年龄本身并不能决定一个人的数字技能水平和使用数字技术的范围,人的社会经济和社会文化环境以及使用数字技术的经验(而不是仅接触数字技术)决定了他是否被数字技术包围(Bennett、Maton and Kervin,2008[15];Helsper and Eynon,2010[16];Jones and Czernewicz,2010[17])。这意味着,由于这些系统性的不平等,青少年在接触ICT时产生的差异可能与成人之间的一样大。

因此,本章将回答的问题是通过综合考虑弱势青少年的社会数字环境、所掌握的ICT技能及使用ICT的方式,来探寻他们是否获得了与优势同龄人相同的社会与幸福感效益①。

未升学、未就业,也未参加职业培训的青少年(NEET)是青少年中社会经济地位最不利的群体。截至2018年12月,英国共有78.8万名青少年(16—26岁)被归为NEET,占英国青少年总数的11.3%,高于OECD国家平均值(Office for National Statistics,2019[18])。NEET青少年受多种不利因素的影响,包括被排除在教育资源、社会及医疗机构之外。NEET青少年"感到自己被边缘化,并认为自己被正式及传统的组织机构(公共的和社区的)消极看待"(Buchanan

---

① 本章利用了伦敦政治经济学院(LSE)从国际数字化技能到实际结果(DiSTO)项目中收集的部分数据。有关 DiSTO 项目的更多信息请参见 www.lse.ac.uk/media@lse/research/DiSTO/Home.aspx。

and Tuckerman,2016,p. 529[19])。这种感觉是由于其日常生活中的许多负面经历引起的,如限制进入(如无法进入商店或乘坐公共交通工具通勤)、被严密监视、遭受霸凌、在学术环境中被漠视以及社会隔离(Miller et al.,2015[20];Russell,Simmons and Thompson,2011[21];Simmons and Thompson,2011[22];Thornham and Gómez Cruz,2016[23])。

## 弱势青少年的社会数字生态环境

虽然将所有青少年都归为"数字原住民"的观点存在争议(Prensky and Sapiens,2009[14]),但毫无疑问的是,青少年的自身经历和接触他人使用ICT的情况影响了他们对ICT的看法和使用(Helsper,2017[24];Livingstone,2003[25];Robinson and Schulz,2013[26])。因此,为了了解数字技术是如何被使用,以及为什么会被使用,了解弱势青少年生活的环境是非常重要的。通过了解弱势青少年怎样接触数字设备,遇到与ICT有关的问题时向谁求助,就能了解他们所处的数字生态环境①。

### 数字接入

为这项研究在全英国范围内进行的调查②表明,网络的接入率很高,几乎所有的青少年(90%),包括最边缘化的,都可以使用智能手机(见图9-2)。

然而,这并不意味着所有青少年都能使用他们的设备平等地上网。从逻辑上讲,NEET青少年在工作地点或学校上网的可能性较小,实际上他们也较少在朋友家、有Wi-Fi热点的地方、网吧以及公共图书馆上网。这尤其令人担忧,因

---

① 在接下来的内容中,除了少量的言语解释,尽量保证了引用的话语接近原话,以确保青少年的心声真实地呈现出来。
② 该研究将对NEET青少年进行的焦点小组访谈与一项全国范围的调查相结合,其中增加了抽样以代表NEET青少年,否则NEET青少年将不具有代表性。共有1 344名青少年参与了这项调查,其中包括1 026名青少年的代表性样本和318名NEET青少年的辅助样本,其中女性比例较高(反映了一般NEET青少年的构成)。

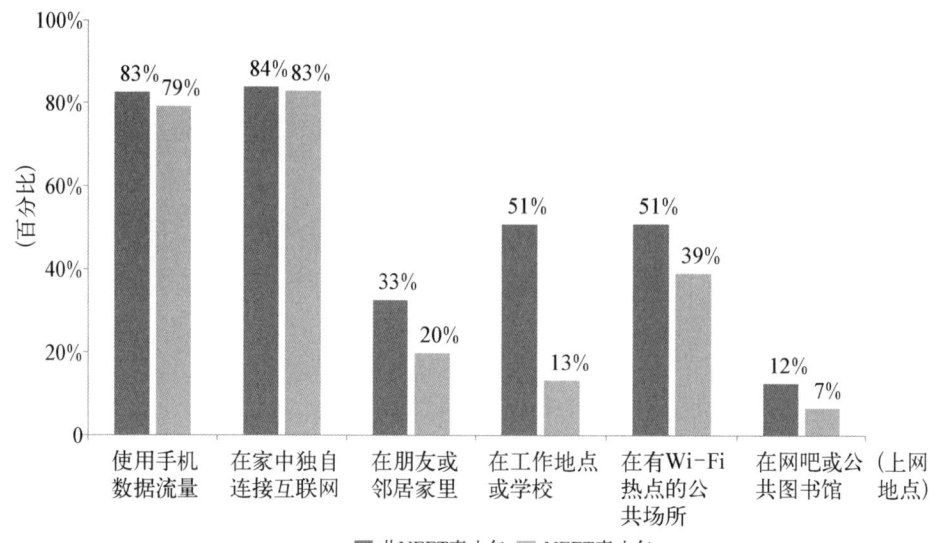

图9-2 不同就业状况青少年的上网地点：上个月，你是如何连接互联网的？

注：所有青少年（N=1 026 名非 NEET 青少年和 N=318 名 NEET 青少年）。NEET 被定义为目前未升学、未就业，也未参加职业培训的青少年，将这些青少年与已就业或正在进行职业培训的青少年进行比较。

为本研究进行的焦点小组访谈揭示了 NEET 青少年面临的挑战[1]，特别是他们在这些不同地点上网的连续性与质量方面。由于较少使用家中的 Wi-Fi 连接，并且有限的数据流量套餐通常无法满足 NEET 青少年的需求，所以他们的上网是间断的。因此，NEET 青少年倾向于以创造性的方式寻求更好的网络环境，如在公共图书馆、朋友家、有公共热点的地方和王子信托基金会（Prince's Trust，一个与被边缘化的青少年合作的英国非政府组织）等地点寻找上网机会。

---

[1] 在焦点小组中，我们与王子信托基金会（Prince's Trust）合作。该基金会是一个直接与英国边缘青少年合作的非政府组织。在焦点小组中接受访谈的大多数青少年都参加了王子信托基金会的 Fairbridge 项目。该项目旨在增强边缘青少年的信心，并为他们提供技能培训。焦点小组访谈持续了60—90 分钟，是在项目所在的英国各地的合作伙伴中心进行的。参与者的年龄在 16—26 岁之间。各组的人数（每组 4—8 人）和性别构成各不相同。在调查和焦点小组访谈中，参与者在任何时候都可以自由选择退出，并且他们提供的信息都是匿名的。

调查反馈中不乏这样一些令人痛心但显而易见的回答,如"我就是那个会带着手机走进你家的家伙……你有 Wi-Fi 吗"或"一半的时间我都在蹭朋友的 Wi-Fi,就是偷偷溜出他们家,在他们家的墙头坐上 5 分钟"。"成为**那个家伙**""**坐在他们家的墙头**",这些叙述令人感到无力和尴尬。同时,数字设备质量差也是问题之一。青少年们多次表示,他们的设备完全或部分发生了损坏(如屏幕破碎)。设备不再能正常使用时,他们会依赖朋友和家人给予或借给他们一台新设备。回答诸如:"我离开寄养家庭时,我真的收到了一部手机作为礼物。他们送给我这份礼物,说'给你,我们知道你一直想拥有一部手机',所以他们给了我一部不错的手机,这很棒。"

不得不使用半损坏的数字设备显然限制了青少年数字设备的功能,而鉴于财力有限,青少年不得不依靠他人来更新设备,导致在不确定的一段时间内上网的频繁中断。另一个问题则是隐私问题。在许多情况下,青少年需要与包括兄弟姐妹和朋友在内的家庭成员共享"个人"的笔记本电脑、平板电脑和台式电脑,导致他人对青少年网络活动的监视、使用上的冲突及上网受限。

## 支持性网络

支持性网络之所以重要,是因为它们既可以帮助青少年学习技术(即知道如何做事),也可以帮助他们学习规范(即知道为什么某些活动有价值或无价值)。

图 9-3 表明,与其他社会人口群体相比,NEET 青少年在可获得的支持与提供给他们的支持方面存在显著差异。NEET 青少年都不太可能获得支持(9% 的 NEET 青少年未获得支持,而未获得支持的非 NEET 青少年仅有 6%),并且也不太可能请求他人帮助自己(17% 的 NEET 青少年和 23% 的非 NEET 青少年会请求他人帮助自己)。尽管如此,我们可以将支持性网络分为两种类型:正式支持和非正式支持。正式支持依赖于专家,通常不是身边的人,如技术支持咨询人员、图书管理员、在线支持服务人员。而非正式支持的专业性较低,指家

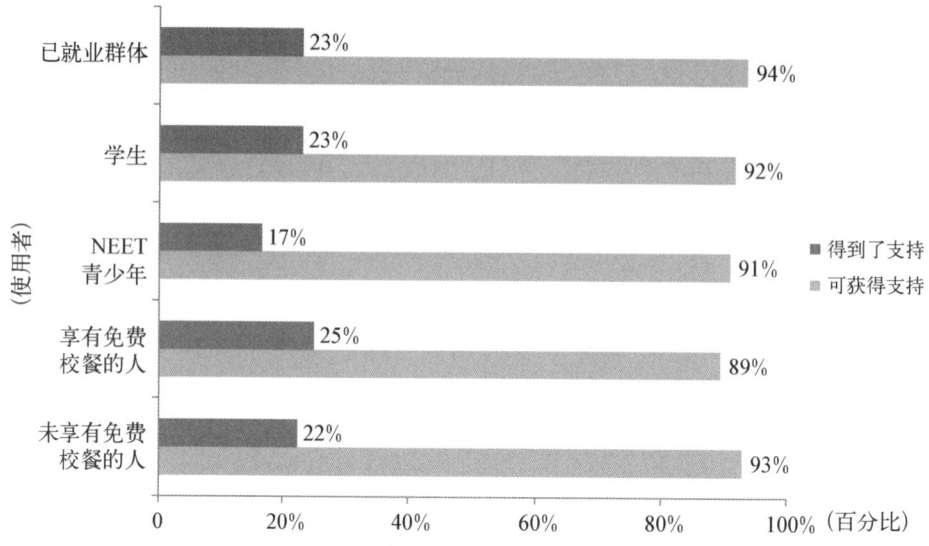

**图9-3 在ICT相关问题上可获得支持与得到了支持**

注:所有青少年(N=1 026名非NEET青少年和N=318名NEET青少年)免费校餐是对那些获得英国政府收入补贴的家庭实施社会援助计划的一部分;此处代表有贫困史的人。

人及朋友的支持,他们能使弱势青少年在直接环境中得到帮助。

一般来说,青少年更多地依赖非正式的支持性网络,而不是正式的支持性网络(见图9-4)。然而,尽管NEET青少年可获得的非正式和正式支持性网络范围较窄,但他们确实要寻求帮助时,会向非正式的支持网络中更多的人寻求支持。对于那些有贫困史的人(即那些获得免费校餐的人)也是如此。值得注意的是,这些支持来源都是NEET青少年和非NEET青少年的第二选择,其比例远远低于选择"自己尝试解决"及通过"网络搜索"。

焦点小组访谈的结论也支持这一观点,并提供了进一步的见解。例如,NEET青少年主要在实际问题及技术问题上寻求帮助(即如何完成特定任务或解决技术问题)。这一点很重要,因为寻求针对实际问题的帮助不会转化为有关网络安全及内容创作等方面更复杂问题的讨论。例如,NEET青少年讨论如

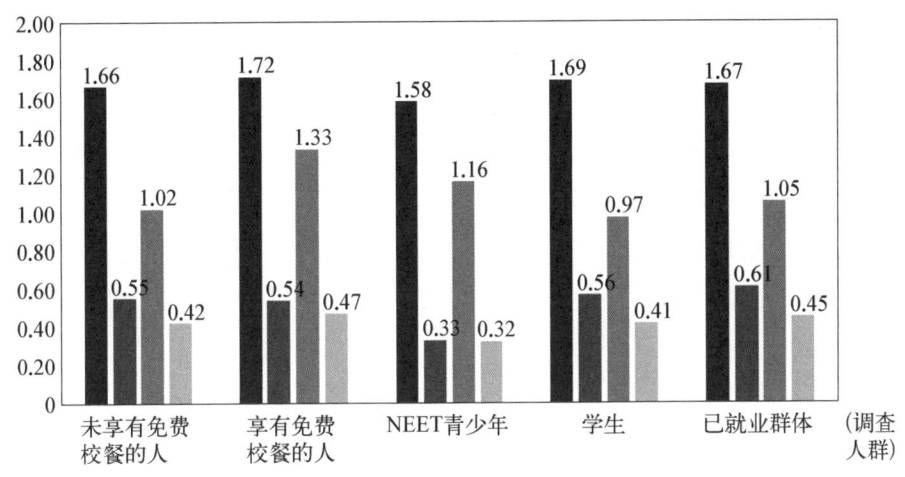

**图9-4 青少年可获得的支持类型(a)和得到的支持类型(b)**

注(a):所有获得支持的青少年(N=952名非NEET青少年和N=289名NEET青少年)
注(b):所有寻求帮助或使用支持性网络的青少年(N=246名非NEET青少年和N=50名NEET青少年)

何使用屏幕打印功能或如何屏蔽社交媒体网站上的特定用户,但这些经验不会迁移至其他平台,也不会有助于个体进行积极的交流互动。

当角色发生互换,即NEET青少年向他人提供技术支持时(如父母被手机问题"困住"时),也会出现同样的情况。即使NEET青少年认为身边亲近的人可能违反了上网准则,他们也不太可能将其视为一个教育他人的机会。举个例子,一位年轻女士表示,发现父亲上传了一段自己6岁的妹妹穿着内衣唱歌的视频到公开的社交媒体账号,只是感到"十分愤怒"。还有人讲述了类似的事件,比如年幼的孩子和父母上传了他们洗澡时的照片。尽管NEET青少年认为这是不合适的,但也没有采取任何行动来教育父母或同龄人如何处理这些问题。

在与NEET青少年的交谈中,我们意识到他们对支持性来源的认识不足。例如,对一些与ICT技能有关,但并非将ICT技能作为核心内容的课程(如机器人制造,这显然涉及 ICT 技能的学习),NEET 青少年往往将培训教师归为网络内容的提供者,而不是潜在的网络专业技术来源。可能出于同样的原因,这样的教师也未被作为支持性来源。与此同时,四分之一的 NEET 青少年表示,他们会向服务台和包括谷歌在内的网络平台寻求帮助,因此忽略了能在直接环境中获得的专业技能。通过对焦点小组中 NEET 青少年分享内容进行分析发现,他们普遍认为,ICT 技能不是后天习得的。他们对自己是如何获得技能的回答有:"这又不是火箭科学那么复杂的事,这是我能弄明白的事"以及"你就像天生就会"。这在许多方面与被揭示的"数字原住民"观点相呼应:青少年可能是在数字技术的浸润中自然地获得 ICT 技能,而不是通过学习获得。

## 数字素养

素养是含义广泛的术语,涉及个人发现、解释和创作数字内容以及参与网络交流互动的能力。下文对 ICT 技能、数字自信以及 ICT 的用途进行了区分①。

### 技能

如引言所述,ICT 技能有多种类别。在这里,我们区分了技术操作技能、信息检索技能、社交技能、内容创作技能以及手机/安全防护技能。所使用的调查手段已经在不同的环境及社会人口群体中进行了广泛的测试和验证(Van Deursen、Helsper and Eynon,2015[4])。有 17 个项目描述了青少年发展出的不同类型的技能[见 Helsper and Smirnova(2016[27])]。通过综合量表测量这 5 项技能,计算一名青少年拥有其中多少项技能的最高技能水平。每回答一次"对我而言非常正确"②就表示最高的技能水平,受访者就将得到 1 分,得分总数表示

---

① 该研究使用了 DiSTO 项目对 ICT 的获取、动机、技能、用途和成果的测量。以下章节将对这些内容进行更详细的描述。
② 可能的答案范围为"0=不知道这意味着什么",答案范围 1—5,"1 表示对我而言完全不正确,5 表示对我而言非常正确"。

青少年整体的技能水平。

如图9-5所示,与普通青少年一样,NEET青少年的内容创作技能水平最低,社交技能水平最高。除了已就业群体的信息浏览技能水平高于其他人(包括学生)外,目前及之前处于弱势地位的人与其他人之间的技能水平并无显著差异。虽然弱势青少年与同龄人相比,并未感受到更多或更少的来自ICT的威胁,但这可能会导致他们忽视尚未掌握的东西,或阻止他们寻求或获得进一步的学习机会。

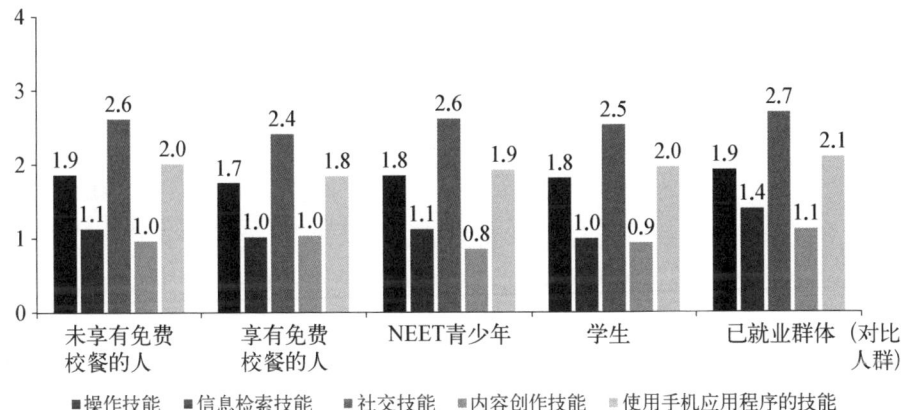

图9-5 高技能水平

注:所有青少年(N=1 026名非NEET青少年和N=318名NEET青少年)

## 信息检索技能

焦点小组的访谈结果强调了高估自身技能水平带来的风险,尤其在信息检索技能方面。例如,一位NEET青少年说,他通常在没有搜索策略的情况下访问YouTube,观看平台通过算法呈现给他的内容,而不关心这些内容为什么会出现,"有时是广告,有时是游戏、音乐,不管你想要什么,他们都会额外提供一个小游戏栏"。这导致了NEET青少年被带入了并不需要的内容,"迷失"在数字空间,无法找到他们需要的信息。

NEET青少年乐于接受数字世界带来的可能性。他们往往不会对影响数字空间的社会因素持批评态度,也时常忽视了这些因素。虽然这在青少年群体中是较为常见的问题,但其实是严峻的问题,因为算法和设计更可能偏向于社会中最为弱势的群体(Ransbotham et al.,2016[28];Williams,Brooks and Shmargad,2018[29])。

相对而言,NEET青少年对自己的能力感到相对满意,尤其是出了问题时,他们不会将此归因于自己的技能问题,而会归因于技术故障或网络平台上的其他人。NEET青少年也注意到了自己的一些不足之处,特别是在信息检索技能方面。例如,一名焦点小组参与者描述并评价了他朋友的上网操作,并指出,"她会打开一个浏览器,但之后如果懒得进入这一浏览器了,就会打开另一个。问题是,当你的互联网速度非常慢时这么做真的没有什么好处,还有人一下子打开了50个"。其他参与调查的人讲述了自己由于搜索引擎综合征,在互联网上搜索并寻求医学自我诊断的故事,得到的诊断结果是"最坏的情况",如肺癌。在这些情况下,他们没有不加批判地采用普遍的做法,但会感到非常沮丧,因为他们采取的检索策略并不能产生可操作的结果,接下来也不知道何去何从才更有效。

当然,这些不仅仅是弱势青少年所面临的问题。被排除在教育、就业和专业服务(如医疗卫生系统)等领域之外,使他们处于更不利的地位,因为这减少了能够帮助他们获取和验证外部知识的专家与可靠信息来源的数量,如有经验的同事、家庭成员、医疗专业人员或教师等。

### 社交技能

正如围绕信息检索技能的讨论一样,围绕网络礼仪的讨论(即社交技能:你应该或不应该在网上做什么,如何避免不愉快的网络经历或如何处理事件后果)揭示了线下社交环境是如何影响青少年的知识和技能的,而且软技能对于积极的社交也尤为必要。青少年尤其认为社交技能是自然获得的,而不是后天习得的。

NEET青少年报告说,他们只接受熟人的好友申请,会拒绝陌生人的,这也是许多互联网安全指南中的建议。其中一位焦点小组的调查参与者描述了一次这样的遭遇:"有个来自非洲的人给我发信息。他说:'嘿,我知道我们不是朋友,但你看起来很可爱,所以我们可以聊聊。'而我的反应是:'走开,你是怎么找到我的个人资料的?'"当类似情况发生在更熟悉的人身上时,NEET青少年就会面临管理在线状态的困境。例如,当一位远房亲戚或一位工作同事("年长的""有点吓人"的人)与NEET青少年联系时,他们会感到沮丧和尴尬,但不会采取行动,也没有表示想去寻求帮助来应对这种情况。

在处理网上的一些状况时,NEET青少年倾向于使用短期的、被动的策略,什么都不做是首选。这与NEET青少年们有生以来在面对官方机构(如学校)、有权势的人(如雇主)以及非正式关系中境况较好的人(如没有贫困史的家庭成员)时总是软弱无力有关。通常这种遭遇会让NEET青少年感到疏远和尴尬,并且无奈地认为这就是他们必须接受的。

数字世界中,这种想法影响了NEET青少年参与社交的质量。青少年讲述的故事包括对家庭成员的攻击性评论、恶意八卦事件、社交媒体账号被黑客攻击或接触到了不良内容。他们所报告的情绪反应包括悲伤、沮丧、愤怒、困惑,但大多都是事后才采取行动,而没有预防性的措施,如向父母寻求帮助、屏蔽或忽视那些打扰自己的行为。那些可能防止今后发生类似负面经历的主动策略或行动很少被提及。

## 内容创作技能

对于NEET青少年与非NEET青少年来说,内容创作技能最大的问题是没有很好地融入课程教学中,这方面的正式培训在日常生活中也被视为是无用的(见第十三章)。参与调查者称学校和课外培训(如机器人技术、IT技能课程)与他们的日常生活无关,没有具体的例子表明他们认识的人实际用到了这些(如找工作、为朋友或家人做有用的事)。有位NEET青少年是专业游戏玩家,知道一些编程知识,但他并不将这视为一种职业。"我不介意成为游戏高手,或者自己制作游戏,但是我更愿意一直研究汽车……我愿意立刻放弃游戏,去干一份机械类的工作。"

涉及更复杂的问题时,如取得网络授权、获得网络内容,NEET 青少年会使用在公共话语中广泛采用的正式语言(如侵犯版权、身份盗窃、法人所有权),将此与大公司和广告联系起来,但他们并没有理解,这与像他们这样的用户所创作的内容或产品能产生任何关联。一位 NEET 青少年制作了玻璃制品,偶尔也会把它卖给其他人:"是的,给朋友们……我卖了 4 个杯垫。我做了几个猫头鹰,然后卖给了艺术人士。他们真的很喜欢,卖了约 45 英镑。"然而,在随后的讨论中,他无法理解为什么建立个人账号/网站,并在网上和在不同平台上宣传自己的作品会带来切实的收益,比如作品能得到更广泛的认可,以及能卖得更好。

## 对自己和他人的信心

除具体技能外,该调查还测量了青少年的数字自我效能感或对自身能力的信心,因为这已被证明是数字参与的一项重要驱动力,甚至比实际的技能更重要(Eastin and LaRose, 2006[30]; Eastin, 2005[31]; Huang, Cotten and Rikard, 2017[32])。虽然相关研究较少,但我们认为,对他人的信任以及他人在网络空间的行为,会令青少年远离或进一步参与数字活动。在这些方面,弱势青少年与同龄人之间存在显著差异。弱势青少年对自身使用 ICT 的能力缺乏信心,那些有贫困史的青少年是最缺乏信心的(55%申请了免费校餐的青少年、61%的 NEET 青少年及 63%已工作的青少年对这方面能力表示非常自信)。

如图 9-6 所示,NEET 青少年与非 NEET 青少年对网络上其他人的信任程度存在巨大差异。但这两类群体对网络信息的信任程度几乎没有差异。同时正如在社交技能和内容创作技能部分所述,他们对自己应对网络上未知的(更强大的)他人的能力缺乏信心。这表明,在数字世界的社交互动方面,弱势青少年遭到了疏远。焦点小组讨论找工作问题时,这一点表现得非常明显,"我宁愿他们走到我跟前,和我握手,看着我的眼睛,说:听着,我想要这份工作。""他们也会通过面对面的方式对你有更多的了解"。

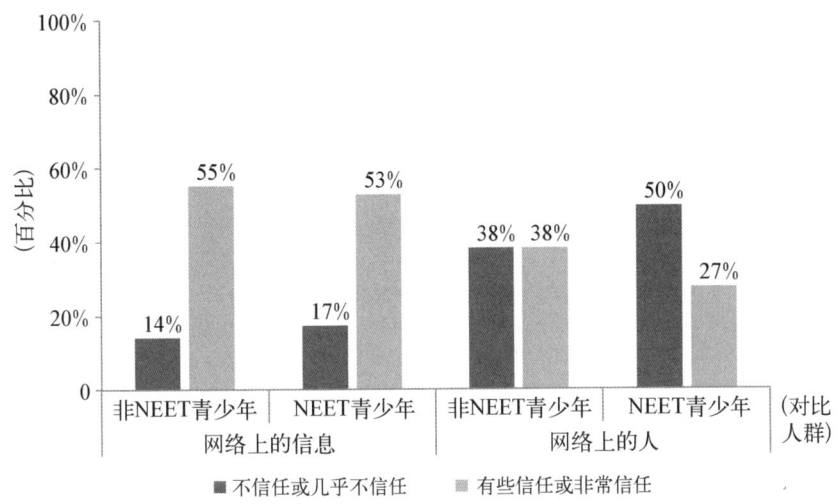

图9-6 对网上的信息及他人的信任程度

注:所有青少年(N=1 026名非NEET青少年和N=318名NEET青少年)

## 利用网络互动

### 参与互联网社交活动

在互联网上与他人沟通和社交不仅能解决就业和推广个人作品等更实际的问题,对于个人的幸福感和归属感也至关重要。

NEET青少年参与网络社交活动的平均次数最少(平均每月有3.4次不同的活动)(见图9-7)。而对那些享有免费校餐的青少年和那些没有社会经济劣势经历的青少年进行比较,有贫困史的青少年(平均每月有4次不同类型的活动)比没有贫困史的人(平均每月有3.7次活动)更积极地参与网络社交活动,这一结果令人惊讶。

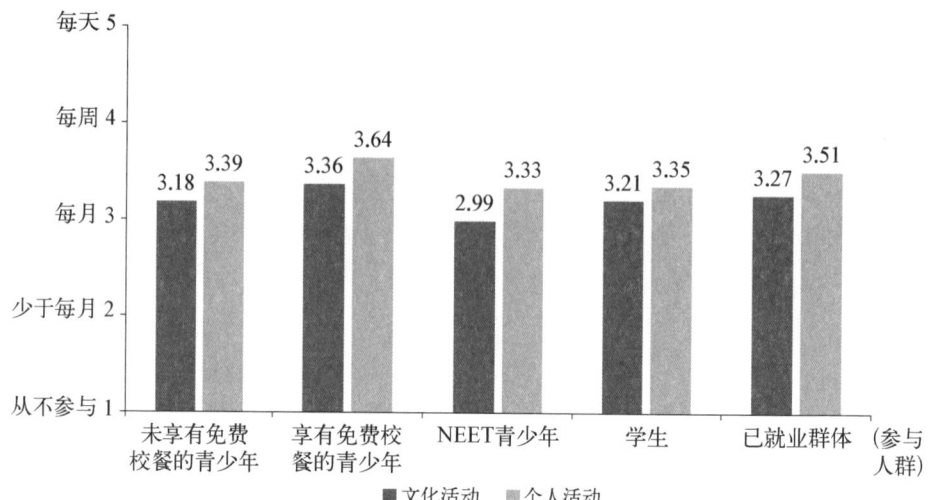

图 9-7 互联网中的文化活动与个人活动(平均参与频率)

注:所有青少年(N=1 026 名非 NEET 青少年和 N=318 名 NEET 青少年)

和大多数互联网用户一样,NEET 青少年更倾向于进行非正式的网上交流。他们主要与日常生活中与自己亲密接触的人——家人、看护者以及朋友——进行交流。NEET 青少年不喜欢接触"不必要的人"或在社交媒体上添加他们不认识的人:"添加自己的朋友,添加见过的人。"一些社交游戏玩家认为其他的玩家是朋友,因为他们在网络世界中朝夕相处。NEET 青少年对"认识的人"的定义似乎比研究中非 NEET 青少年的要窄,一部分原因可能是对他人的不信任,以及曾经有过对机构和其他不了解他们的人的不信任史。

### 参与文化及个人活动

调查中还包括了与青少年的社会文化和个人幸福感有关的网络活动的问题,与他们的身份认同感和不同社会文化群体的归属感有关的活动及健康和休闲活动。

在图9-7中,有趣的是,有贫困史的青少年会更频繁地参与网上的文化和个人活动,但NEET青少年参与这些活动的频率要低于更具有优势的同龄人。虽然参与活动的频率是数字包容的一项合理测量指标,但根据我们提出的定义,更重要的是这些活动产生的影响。与不同的人交往,了解相似的人的行为标准和价值观,寻找有益的信息和发展个人兴趣,以及融入所在社区,都是非常有益的。然而,除非这些人很友好,并且找到的信息能使青少年自我感觉良好,否则他们将无法融入数字社会。

## 数字互动成果

为了了解青少年参与数字互动能否获得积极效益,避免负面后果,我们询问他们是否取得了某些成果,以及这些成果的质量如何。例如,在网上结交的同道之人是否进一步优化了他们的自我认知(积极效益),他们是否遭受网络霸凌(负面后果),或者他们是否根据在网上或应用程序里找到的信息改善自己的健康状况。在这里,我们区分了社交资本成果和个人幸福感成果。

### 社交资本成果

对于有贫困史的青少年来说,获得的数字互动成果并没有显著低于其他人。但总的来说,在进行相同的活动之后,NEET青少年不太可能获得积极的社交效益。两者所实现的非正式社交成果的差异最小,77%的NEET青少年和82%的在职青少年会与家人和朋友频繁互动。而对于不那么亲密的人,54%的NEET青少年和62%的在职青少年会与他们进行频繁互动。

涉及更正式的数字社交成果时,NEET青少年与在职青少年存在更大的差异。受访者报告说,31%的在职青少年实现了公民参与——加入政党或成为捐赠者,但只有18%的NEET青少年实现了公民参与。在政治参与方面取得积极效益的NEET青少年比例也较低:19%的NEET青少年设法与当地议会议员或政客取得了联系,而在职青少年的这一比例为 33%。

在焦点小组访谈中,NEET 青少年承认网络交流的益处,特别是在无法进行面对面交流的非正式的交往中,由于他们生活在不同的国家或由于寄养而分开。然而,NEET 青少年也描述了被孤立、疏远和与他人脱节的经历,并将此归因于个人科技使用的增多。数字世界和物质世界中的社交体验令人沮丧,并不能丰富他们的社会生活。一位 NEET 青少年这样描述:"我生活的地方很孤独。我所能做的就是玩社交媒体。两个月前,我到处乱跑,玩着 Nerf 玩具枪,听音乐,和朋友在一起,真实地与人相处。而现在,我离不开我的手机。因为没有手机,我就会感到恐慌。"

根据自己和周围人的经历,NEET 青少年明白,他们目前的一些网络活动可能会在未来产生负面后果。一位 NEET 青少年报告说,她母亲在 16 岁时拍摄的一张参加公民抗议活动的照片上传至网络,她母亲在军队的职业生涯因此受到了威胁。她还列举了政界另一位名人,指出两者的相同之处,有一名"英格兰小姐,或者不管她是谁,前几天因为五六年前发表的带有种族歧视的言论而被传唤了"。基于这些间接经历,她得出结论:"如果我在 14 岁时,不加认真思考就上传一些冒犯性的东西上网,将来这些东西就会回来找我麻烦。"另一位 NEET 青少年报告说,在一名员工查看了她的 Facebook 上的个人资料后,她就失去了在一家纹身店工作的机会。她解释道:"我去做志愿工作,文了一个纹身。他们查看了我的脸书后跟我说,我身上的纹身很不专业。"有趣的是,NEET 青少年提出的应对负面后果的策略是选择完全退出数字世界,而不是在网上避免负面后果,就像非 NEET 青少年经常做的那样。

### 文化及个人幸福感成果

个人幸福感成果包括娱乐、自我实现和与生活方式相关的成果。其中娱乐包括观看网络内容和玩游戏,而自我实现和与生活方式相关的成果包括改善个人的日常生活(如爱好、健身、饮食、健康)。

生活贫困和没有经历过贫困的青少年,获得个人幸福感成果的差异度很大,如享有免费校餐的在校学生获得的平均成果低于未享有免费校餐的学生。但NEET青少年、学生和在职青少年所获得的个人幸福感成果只存在较小差异。所获得的社交资本成果也是如此。虽然NEET青少年这类数字活动的参与度通常较高,但他们从中只获得了较少的积极效益。另一方面,负面后果(即困扰他们或令他们沮丧的事情)的发生率更高,36%享有免费校餐的学生、34%的NEET青少年,以及28%的在职青少年表示,自己对网上遇到的某些事情感到不安。

在焦点小组访谈中,出现了更为复杂且令人沮丧的情况。例如,NEET青少年认识到了网络交通导航信息的价值,但在实际使用这些信息时经常出错。尽管已经上网查过了,一位NEET青少年依然完全算错了抵达下一个约会地点的时间,社会保障工作者教她必须在做计划时将各种情况都考虑在内(如离开大楼的时间)。

在数字互动时要取得健康和生活方式方面的积极效益也不容易实现。例如,一位NEET青少年说,在网上经常查到的是不可靠的健康资讯,自己索性不再上网查询了:"所以我不用谷歌搜索任何内容,因为它告诉我我快死了。即使我只是咳嗽,它也告诉我快死了。"此外,NEET青少年表示,他们更喜欢在"现实世界"中做事,即使是在工作量更大而结果可能相同的情况下,因为有一个真实的人在面前时,他们会觉得自己有更多的控制权,可以让其他人承担更多的责任。

## 从不平等到成果

前面的章节主要是描述性的。在这里,我们想探讨所有的社会文化、社会经济因素及数字因素,以及它们如何影响青少年不同的社交(正式和非正式)、文化(与身份感和对所居住社区的归属感有关)和个人幸福感(娱乐、自我实现和生活方式)效益。我们可以通过表9-1中的回归分析得出结论,即哪些因素对青少年获得哪些效益最为重要。

表 9-1 所实现的社交、文化和个人效益数量的回归（系数）

| 调查项 | | 社交效益 | 文化效益 | 个人效益 | 负面后果 |
|---|---|---|---|---|---|
| | （截距项） | 45.90 | 22.93 | 6.68 | -17.40 |
| 社会文化资源 | 年龄 | -0.02 | -0.01 | 0.00 | 0.01 |
| | 性别（女生） | -0.19* | -0.15* | 0.03 | 0.02 |
| 社会经济地位 | 享有免费校餐的人[c,d] | 0.00 | -0.12 | -0.29 | 0.01 |
| | NEET 青年 | -0.12 | -0.07 | -0.04 | 0.02 |
| 最高学历 | 初等教育学历[a,d] | 0.44 | 0.50 | -0.80 | 0.11 |
| | 中等教育学历[a] | 0.13 | 0.14 | -0.46 | -0.01 |
| | 大学入学考试[a] | 0.41 | 0.18 | -0.05 | 0.02 |
| | 继续教育学历 | 0.43 | 0.23 | -0.13 | 0.11 |
| | 职业教育学历[a] | 0.52* | 0.14 | 0.30 | -0.01 |
| | 本科学历[a] | | | | |
| 心理资源 | 问题解决能力[b,c] | 0.16 | 0.05 | 0.05 | -0.03 |
| | 情绪问题 | 0.22** | 0.11* | 0.28** | 0.02 |
| | 社交自尊[b] | -0.02 | 0.01 | -0.04 | -0.10** |
| | 对网络用户的信任程度 | 0.18** | 0.04 | 0.04 | -0.05** |
| 数字接入 | 设备数量 | 0.08* | 0.02 | -0.04 | -0.01 |
| | 随时随地能上网 | 0.05 | 0.03 | 0.03 | 0.01 |
| 态度驱动因素 | 内在动机 | -0.09 | 0.09** | 0.10 | 0.01 |
| | 对 ICT 的态度 | 0.01 | 0.07 | 0.08 | 0.00 |
| | 外在动机 | 0.05 | 0.15** | 0.10 | 0.00 |
| 数字技能与信心 | 数字自信 | -0.06 | 0.00 | 0.07 | -0.01 |
| | 操作技能 | 0.14** | -0.06 | -0.06 | 0.01 |
| | 信息检索技能 | 0.04 | 0.03 | 0.18** | -0.01 |
| | 社交技能 | 0.01 | 0.03 | -0.04** | 0.00 |
| | 内容创作技能 | 0.01 | 0.06* | 0.02 | 0.01** |
| | 手机安全防护功能 | 0.05** | 0.10** | 0.00 | 0.00 |

（续　表）

| 调查项 | | 社交效益 | 文化效益 | 个人效益 | 负面后果 |
|---|---|---|---|---|---|
| ICT 的用途 | 经济用途 | -0.03** | -0.01 | 0.01 | 0.00 |
| | 文化用途 | 0.11** | 0.02** | 0.21** | 0.01 |
| | 社交用途 | 0.30** | 0.01 | 0.15 | -0.04 |
| | 个人用途 | 0.40** | 0.00 | 0.55** | 0.00 |

注：被调查的青少年至少获得了其中一方面的效益。
a 最高学历：与研究生学历相比。
b 在控制数字因素（即ICT的获取、动机、技能和使用）之前，所有心理资源与社交效益显著相关。
c 在控制数字因素（即ICT的获取、动机、技能和使用）之前，免费校餐和问题解决能力与文化效益显著相关。
d 在控制数字因素（即ICT的获取、动机、技能和使用）之前，小学学历和接受免费校餐与个人幸福感效益显著相关。

表9-1的多元分析结果显示，青少年的社会文化特征与其获得的社交及文化效益有关，如年轻女性所获得的积极社交及文化效益要少于年轻男性。尽管对ICT的获取、技能、信心及使用等数字因素进行了控制，并发现有贫困史（即接受免费校餐）与个人幸福感及文化效益有关，但社会经济地位作为数字不平等研究中最受关注的因素，与青少年非经济方面的效益无关。最高学历这一因素也同样重要，本科生和研究生在获得社交效益方面有显著差异。但令人惊讶的是，其他不同学历的青少年与拥有研究生学历的青少年在获得社交效益方面并无显著差异。

有趣的是，有情绪问题的青少年获得了更积极的社交、文化和个人效益。其他的心理特质与负面后果有显著关系，但与青少年所获得的整体效益没有显著关系。那些社交自尊水平较高、更信任网络用户的人受负面后果的影响较小。除此之外，信任也与获得积极的社交效益有关，这与强调信任对于巩固和促进社交资本重要性的文献相呼应。数据显示，在数字空间中信任他人与网络社交互动中获得更积极的效益相关①。问题解决能力与这些效益相关，但在控

---

① 很难厘清个体获得更积极的效益与其更可能信任他人的因果关系。然而，相关文献表明，那些更信任他人的人更可能以积极的方式与他人交往，从而导致了自我实现预言的产生（Uslaner，2004[34]）。

制了数字因素后却显示不相关,这可能是因为一般的问题解决能力与数字技能相关。最后,在网络领域,数字技能对于青少年积极效益的获得至关重要。

关于青少年数字接入重要性的研究结果清楚地表明,仅仅是能够上网(使用不同的设备和在不同的地点)不足以使青少年通过使用ICT获得积极效益,只有接入设备的数量与社交效益之间存在一定关系。这可能是因为青少年使用更多的设备就意味着使用了更多的移动设备,也意味着使用了更多面向人际交往的应用程序。积极的内部动机与外部动机,而非对ICT笼统的态度,也只与积极的文化效益有关。

不同的ICT技能与不同方面的效益有关。更高的技术技能水平与获得更多的社交效益相关,信息检索技能则与获得更多的文化效益有关。但令人惊讶的是,数字社交技能与积极的个人效益的减少有关。或许信息检索和网络互动的能力能帮助青少年寻找与自己相关的信息,社交技能使他们创造出了面更窄但更高质量的社交网络,同时也错过了有价值的信息,而这些信息本可以提升他们的数字幸福感。相对地,这也可以解释为什么内容创作技能与ICT使用带来的更多的文化效益与更令人不安的负面后果有关。有内容创作能力的青少年可能会利用它促进网络地位提升,接触更广泛的受众,从而感觉自己的声音被听到了,但却可能因此更容易受到霸凌和骚扰。

这些结论都是推测性的,目前迫切需要进一步的研究来解释以下这些现象。第一种现象是那些更善于使用移动应用程序和保护个人数据(在应用程序上)的人取得了更多的社交和文化效益。但有趣的是,在控制了社会经济、社会文化和数字因素后,ICT的经济用途及社交用途与积极的社交效益呈现负相关。第二种现象可能与社交信息/互动交流过多有关。那些更多地参与网络社交的人获得的积极效益却更少,这是因为他们被无数的可能性所淹没,或是因为他们想通过网络去弥补线下的不足,却找不到自己想要的东西,从而导致他们越来越多地去寻找社交的对象。ICT的文化用途,即允许一个人与同类或不同背景的人建立联系并了解自己或其他群体的活动,与所有的积极效益(社会、个人和文化)相关,而与负面结果无关。然而,与自我实现相关的活动(即个体独立

第九章 青少年群体在数字互动和幸福感上的不平等

的活动和休闲活动)与更多的社交效益及个人效益相关,但与文化效益或负面后果无关。

在继续得出结论之前,我们应该对引起负面后果的少数因素作出评价。容易感到被他人排斥、不被信任,一旦掌握了内容创作技能后就可以在更为广阔的世界展示自我,这些因素一定程度上解释了负面结果的由来。因此,与互联网黑暗面的后果相关的是青少年在社交方面的弱势以及ICT的软技能,而非心理方面或经济方面的弱势以及传统的技术技能。

## 总结

本章旨在探讨在数字化无处不在的社会中成长起来的一代人中,哪些青少年能够获得网络带来的积极效益,避免网络带来的负面影响。我们调查了在成人中观察到的社会数字不平等是否存在于青少年群体中,包括社会数字不平等的第一个层次(数字接入和动机)、第二个层次(技能和使用)和第三个层次(利用和成果)。它们是在分析了有代表性的英国青少年样本及最弱势青少年样本(NEET青少年)的调查数据后完成的。该研究还对NEET青少年所进行的焦点小组访谈进行了分析。

虽然通过对调查数据进行分析,发现互联网接入的分布情况相对平均,而且与互联网使用的不平等无关,但质性数据表明,与更有特权背景的青少年相比,互联网接入问题(如缺乏隐私性、便捷性,流动性受限)和帮助青少年使用ICT的个人支持网络有限(如专家意见较少),一般会使青少年获得更差的数字成果。然而,对有关心理问题的调查进行了更深入的分析后发现,获取和使用ICT也许能为那些有情绪问题的人提供一种弥补这些不足的方法,使他们获得更积极的效益。但其他研究表明,对于心理脆弱的青少年来说,数字素养的提高可能会导致负面后果的增加。

由于数字世界在青少年日常生活中的重要性日益增加,且给弱势青少年带来的风险也日益增多,因此,对于获得ICT与获得积极效益之间关系的态度不应过于乐观(Helsper and Smahel,2019[33])。这里进行的研究也暗示了这一点。社会经济和社会文化方面的劣势不会直接导致积极效益的减少。然而,弱势青少年更有可能具有社交自卑、对他人信任度低等特点,并且较少参与网络上的社交活动及有利于提升个人幸福感的活动。这与他们获得了更少的积极效益有关。这些青少年在日常生活的互动交流和观察中经历了权利被剥夺。这些态度和偏好都根植于他们在社会中被剥夺公民权的悠久历史中(Buchanan and Tuckerman, 2016[19];Miller et al.,2015[20];Simmons and Thompson,2011[22])。

NEET青少年的技能水平与一般青少年相似,而在将ICT的使用转化为成果时,他们与更有优势的同龄人之间的不平等才显现出来(通过社交弱势的差异以及ICT使用情况的差异呈现)。这表明,需要在线下(如这些青少年拥有的支持性网络以及他们获得的尊重)和线上改变规范和社交环境(如将某些活动定位为更具吸引力的活动,使他们感觉创作的内容和设计属于自己),而不是提高弱势青少年的技术技能和为他们提供更便捷的数字接入。我们的研究表明,由于弱势青少年接触外界和某些机构的负面经历,缺乏刺激他们使用ICT的数字和社交环境,弱势青少年与他人在网络上进行相同的活动,会有不同的体验。弱势青少年和优势青少年在社会数字生态环境方面的差异可能会加剧数字社会中的不平等(Helsper,2017[24])。

## 对政策制定的启示

弱势青少年应该在他们生活的环境中获得私人的、安全的网络机会。这将使他们能够进行需要花费时间的活动,促进他们的探索,并更可能为他们带来积极的效益,如一些可以提升其认同感及对所生活社会归属感的活动。

弱势青少年的多种劣势,与不受他人尊重的感觉、不信任他人、社交网络不够多样化以及数字环境不太丰富有关,也与更多的负面后果和更少的积极效益有关。这意味着,多方利益相关者不仅要认真对待数字不平等问题,还要认真对待社会不平等问题,这对于帮助青少年在日益数字化的社会中茁壮成长至关重要。

比起技术技能方面的不平等,关键性素养、社交技能和更基本的内容创作技能方面的不平等与获得成果的不平等更相关。我们还需要进一步了解,以哪一种方式提升素养可能会导致负面后果,特别是软技能方面,如内容创作技能,与获得更多的负面后果以及更多的积极效益都相关。

弱势青少年应当能够获取并了解可获得的广泛支持的来源。但目前,这两个方面都很匮乏。这意味着不同环境下的支持提供者都应具备所需的数字技能,并花时间与青少年讨论网络上的机会和风险。

应围绕青少年使用ICT获得的成果制定干预措施和政策,并对青少年使用ICT获得的成果负责。要设定与青少年相关的目标,帮助他们将数字机会转化为日常生活中的实际成果,同时避免与数字参与相关的更多负面后果。

提供获取ICT的机会以及技术技能培训应成为干预措施的一部分。但若想避免在日益数字化的社会中出现更严重的不平等现象,最根本的是让弱势青少年在社会数字生态的变化中成长,并培养其更关键的数字素养。

# 参考文献

Bennett, S., K. Maton and L. Kervin (2008), "The 'digital natives' debate: A critical review of the evidence", *British Journal of Educational Technology*, Vol. 39/5, pp. 775 – 786, http://dx.doi.org/10.1111/j.1467-8535.2007.00793.x. 【15】

Buchanan, S. and L. Tuckerman (2016), "The information behaviours of disadvantaged and disengaged adolescents", *Journal of Documentation*, Vol. 72/3, pp. 527 – 548, http://dx.doi.org/10.1108/jd-05-2015-0060. 【19】

Cho, J. et al. (2003), "Beyond access: The digital divide and Internet uses and gratifications", *IT & Society*, Vol. 1/4, pp. 46 – 72, www.ITandSociety.org. 【6】

Eastin, M. (2005), "Teen Internet use: Relating social perceptions and cognitive models to behavior", *CyberPsychology & Behavior*, Vol. 8/1, pp. 62 – 75, http://dx.doi.org/10.1089/cpb.2005.8.62. 【31】

Eastin, M., V. Cicchirillo and A. Mabry (2015), "Extending the digital divide conversation: Examining the knowledge gap through media expectancies", *Journal of Broadcasting & Electronic Media*, Vol. 59/3, pp. 416 – 437, http://dx.doi.org/10.1080/08838151.2015.1054994. 【7】

Eastin, M. and R. LaRose (2006), "Internet self-efficacy and the psychology of the digital divide", *Journal of Computer-Mediated Communication*, Vol. 6/1, pp. 0 – 0, http://dx.doi.org/10.1111/j.1083-6101.2000.tb00110.x. 【30】

Helsper, E. (2017), "A socio-digital ecology approach to understanding digital inequalities among young people", *Journal of Children and Media*, Vol. 11/2, pp. 256-260, http://dx.doi.org/10.1080/17482798.2017.1306370. 【24】

Helsper, E. and R. Eynon (2010), "Digital natives: Where is the evidence?", *British Educational Research Journal*, Vol. 36/3, pp. 503-520, http://dx.doi.org/10.1080/01411920902989227. 【16】

Helsper, E. and D. Smahel (2019), "Excessive internet use by young Europeans: Psychological vulnerability and digital literacy?", *Information, Communication & Society*, pp. 1-19, http://dx.doi.org/10.1080/1369118x.2018.1563203. 【33】

Helsper, E. and S. Smirnova (2016), "Methodological report of the study: Socio-digital skills and wellbeing of disadvantaged young people", www.lse.ac.uk/media@lse/research/DiSTO/Pdf/Methodology-report-DiSTO-NEETs.pdf. 【27】

Helsper, E. and A. Van Deursen (2018), *ICT Skills For Future*, Chapter 2, https://www.itu.int/en/ITU-D/Statistics/Pages/publications/misr2018.aspx. 【3】

Huang, K., S. Cotten and R. Rikard (2017), "Access is not enough: The impact of emotional costs and self-efficacy on the changes in African-American students' ICT use patterns", *Information, Communication & Society*, Vol. 20/4, pp. 637-650, http://dx.doi.org/10.1080/1369118x.2016.1203456. 【32】

Jones, C. and L. Czerniewicz (2010), "Describing or debunking? The net generation and digital natives", *Journal of Computer Assisted Learning*, Vol. 26/5, pp. 317-320, http://dx.doi.org/10.1111/j.1365-2729.2010.00379.x. 【17】

Livingstone, S. (2003), "Children's use of the internet: Reflections on the emerging research agenda", *New Media & Society*, Vol. 5/2, pp. 147-166, http://dx.doi.org/10.1177/1461444803005002001. 【25】

Miller, J. et al. (2015), "Exploring youths' perceptions of the hidden practice of youth work in increasing social capital with young people considered NEET in Scotland", *Journal of Youth Studies*, Vol. 18/4, pp. 468-484, http://dx.doi.org/10.1080/13676261.2014.992311. 【20】

Nie, P., A. Sousa-Poza and G. Nimrod (2016), "Internet use and subjective well-being in China", *Social Indicators Research*, Vol. 132/1, pp. 489-516, http://dx.doi.org/10.1007/s11205-015-1227-8. 【11】

Office for National Statistics (2019), *Young People Not in Education, Employment or Training (NEET): February* 2019, www.ons.gov.uk/employmentandlabourmarket/peoplenotinwork/unemployment/bulletins/youngpeoplenotineducationemploymentortrainingneet/february2019. 【18】

Opgenhaffen, M. and L. d'Haenens (2012), "Heterogeneity within homogeneity: Impact of online skills on the use of online news media and interactive news features", *Communications*, Vol. 37/3, http://dx.doi.org/10.1515/commun-2012-0016. 【8】

Prensky, M. (2001), "Digital natives, Digital immigrants Part 1", *On the Horizon*, Vol. 9/5, pp. 1-6, http://dx.doi.org/10.1108/10748120110424816. 【13】

Prensky, M. and H. Sapiens (2009), "From digital immigrants and digital natives to digital wisdom", *Innovate: Journal of Online Education*, Vol. 5/3, https://nsuworks.nova.edu/innovate/vol5/iss3/1/. 【14】

Ransbotham, S. et al. (2016), "Special section introduction—Ubiquitous IT and digital vulnerabilities", *Information Systems Research*, Vol. 27/4, pp. 834–847, http://dx.doi.org/10.1287/isre.2016.0683. 【28】

Robinson, L. and J. Schulz (2013), "Net Time Negotiations Within the Family", *Information, Communication & Society*, Vol. 16/4, pp. 542–560, http://dx.doi.org/10.1080/1369118x.2013.777761. 【26】

Russell, L., R. Simmons and R. Thompson (2011), "Ordinary lives: an ethnographic study of young people attending Entry to Employment programmes", *Journal of Education and Work*, Vol. 24/5, pp. 477–499, http://dx.doi.org/10.1080/13639080.2011.573773. 【21】

Simmons, R. and R. Thompson (2011), "Education and training for young people at risk of becoming NEET: Findings from an ethnographic study of work-based learning programmes", *Educational Studies*, Vol. 37/4, pp. 447–450, http://dx.doi.org/10.1080/03055698.2010.539783. 【22】

Thornham, H. and E. Gómez Cruz (2016), "[Im]mobility in the age of [im]mobile phones: Young NEETs and digital practices", *New Media & Society*, Vol. 19/11, pp. 1794–1809, http://dx.doi.org/10.1177/1461444816643430. 【23】

Tsatsou, P. (2011), "Digital divides revisited: What is new about divides and their research?", *Media, Culture & Society*, Vol. 33/2, pp. 317–331, http://dx.doi.org/10.1177/0163443710393865. 【1】

Uslaner, E. (2004), "Trust, Civic Engagement, and the Internet", *Political Communication*, Vol. 21/2, pp. 223–242, http://dx.doi.org/10.1080/10584600490443895. 【34】

Van Deursen, A. and E. Helsper (2015), "The third-level digital divide: Who benefits most from being online?", in Robinson, L., S. Cotten and J. Schulz (eds.), *Communication and Information Technologies Annual, Studies in Media and Communications*, Emerald Group Publishing Limited, http://dx.doi.org/10.1108/s2050-206020150000010002. 【2】

Van Deursen, A., E. Helsper and R. Eynon (2015), "Development and validation of the Internet Skills Scale (ISS)", *Information, Communication & Society*, Vol. 19/6, pp. 804–823, http://dx.doi.org/10.1080/1369118x.2015.1078834. 【4】

Van Deursen, A. et al. (2017), "The compoundness and sequentiality of digital inequality", *International Journal of Communication*, Vol. 11, pp. 452–473, http://eprints.lse.ac.uk/68921/. 【5】

Van Deursen, A. and J. Van Dijk (2015), "Toward a multifaceted model of Internet access for understanding digital divides: An empirical investigation", *The Information Society*, Vol. 31/5, pp. 379–391, http://dx.doi.org/10.1080/01972243.2015.1069770. 【10】

Van Dijk, J. (2005), *The Deepening Divide: Inequality in the Information Society*, Sage. 【9】

Wei, K. et al. (2011), "Conceptualizing and testing a social cognitive model of the digital divide", *Information Systems Research*, Vol. 22/1, pp. 170–187, http://dx.doi.org/10.1287/isre.1090.0273. 【12】

Williams, Brooks and Shmargad (2018), "How algorithms discriminate based on data they lack: Challenges, solutions, and policy implications", *Journal of Information Policy*, Vol. 8, p. 78, http://dx.doi.org/10.5325/jinfopoli.8.2018.0078. 【29】

# 第十章

# 在线儿童保护

如今,儿童花在网上的时间比以往任何时候都多。数字环境创造了大量新的机会,也增加了儿童暴露在潜在风险之下的可能,比如接触有害内容、遭遇网络霸凌、面对与年龄不相适宜的广告以及数据滥用。这些风险会影响儿童的身心健康,侵犯他们的隐私权。上网的机遇和挑战并非相互排斥,但必须要在促进网络使用和保护儿童免受风险伤害之间取得恰当的平衡。OECD国家实施了各种政策和法规来保护儿童上网。2012年,OECD理事会通过了《保护儿童上网的若干建议》。本章强调了需要对这一建议进行修订,并探讨了各国为保护儿童上网、促进积极的网络使用所采取的政策和立法举措。

---

本章作者为埃莱特拉·伦奇,OECD科学、技术和创新理事会成员;丽莎·罗宾逊,法国庞图瓦兹神学院大学学者。

# 第十章 在线儿童保护

## 引言

越来越多的儿童和年轻人开始使用带有互联网接入功能的移动设备(智能手机和平板电脑)来上网。花在网上的时间带来了许多新的机会,比如与同龄人社交,通过创建在线内容来表达自我,以及搜寻任何想要得到的话题的有关信息。尽管真实且重要的机会的确存在,但花费更多时间在网上也让人更多地暴露在数字化风险之下,其中很多是长期以来广为人知的线下风险的线上翻版(霸凌、种族主义、欺诈和性诱骗)。和日常生活一样,零风险的数字环境是无法实现的,但为实现更安全的网络环境而设定先决条件却是可行的。在无须对上网加以限制的前提下,有必要为儿童提供必要的数字技能和工具,用来识别和管理这些风险。制定强有力的法律框架和指导方针同样重要。只有这样,所有利益相关方才会各司其职,既保护儿童免受网络风险的侵害,也确保他们能获得自身利益。

为协助各国政府完成这项任务,OECD 理事会于 2012 年通过了《关于保护儿童上网的若干建议》(以下简称《建议》),呼吁基于证据的政策制定,加强国内和国际层面的协调,以改进国家政策框架。2017 年,考虑到这一文本实施以来,法律和技术层面都有进一步发展,为确保在适宜性上与时俱进,OECD 一直致力于修订《建议》。本章将以 2011 年 OECD 所确定的风险类型为分析基础,考量儿童在上网过程中会遭遇的不同类型的风险。在充分考虑风险类型相关性的前提下,概括描述网络风险自 2011 年以来是如何逐步演变的,最后对 OECD 2012 年所制定的《建议》以及正在为改版更新所做的努力进行概括总结。

## 网络风险类型

《建议》围绕上网的风险类型(见图 10-1)展开,包括三个类别:① 互联网技术风险,进一步细分为内容风险和接触风险,包括接触非法或有害内容(如色情、网络性诱拐和网络霸凌)及其针对性建议;② 与网络营销和欺诈交易相关的消费者风险;③ 信息隐私和安全风险。2017 年,OECD 就《建议》是否还具有适切性对成员国开展了一项调查(简称"调查"),随后对其法律和政策环境进行深入审查,并于2018年10月在苏黎世召开了专家研讨会。此项工作的关键性发现表明,总体上,尽管网络风险类型的划分仍然适用,但自2012年以来,网络风险的状况已经发生了很大的变化,在现有类型的基础上,又有一系列问题需要纳入考量或加以扩展。首先,行为风险的概念之前并未包括在内。2011年,OECD的报告涵盖了儿童给自己造成风险的行为,但专门排除了儿童为其他儿童造成风险的网络活动(OECD,2011[2])。《建议》形成之时,许多其他类型的平台也还鲜为人知,而如今的青少年是社交媒体网站、网络聊天室和应用程序的热情用户,他们比以前更喜欢创建和分享网络用户生成的内容。行为风险是指儿童在与同伴的交流中扮演了参与者角色,包括他们的个人行为可能导致自身受到伤害(如发送色情短信)。它与接触风险是不同的,接触风险中儿童只是互动交流情形的受害者(Livingstone et al.,2011[1])。

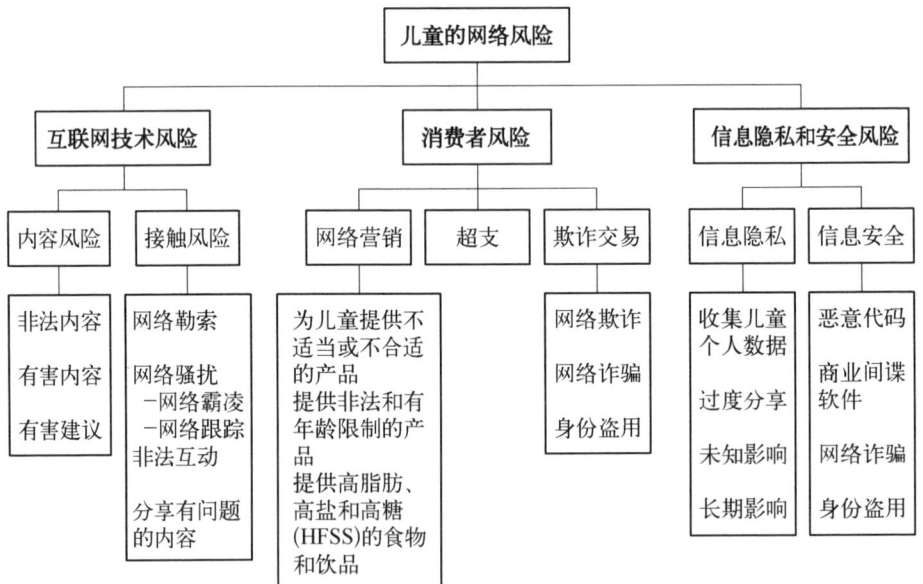

图10-1 风险的类型:OECD 2021年的《建议》

目前尚不明确已有的风险类型是否跟上了隐私空间的变化节奏。自2012年《建议》出台以来,这一领域发生了翻天覆地的变化。如今,儿童更有可能成为自身网络内容的创造者和网络数据的针对主体。目前的风险类型并未解决过度依赖和心理健康问题的潜在风险(尽管在这一领域还缺乏强有力的证据,见第八章)。

下一小节简要讨论了上述主要的风险领域,即接触风险(包括行为风险)、内容风险、消费者风险和隐私风险,并对当今法律和政策该如何应对这些风险进行了分析。

### 接触风险

探讨的接触风险,也包括了儿童行为可能将其自身置于风险环境的情况,下文分析三个主要领域和因此而产生的法律应对措施。这三个领域分别是网络霸凌、色情短信和色情勒索。

#### 网络霸凌

网络霸凌的已有定义是"群体或个人所实施的、通过使用现代数字技术、施加在无法自我保护的受害人身上,并在一段时间内反复发生的故意伤害行为"(Campbell and Bauman, 2018[3])。然而,有些研究人员使用了不同的术语和限定词来定义网络霸凌,将其与更"传统"形式的欺凌和骚扰行为区分开来。有些研究人员强调施暴者处于强势地位这种权力不对等的重要性,在定义上将网络霸凌比作传统形式的霸凌,但增加了"数字技术"作为造成伤害的机制。其他人则建议,匿名性和公开性是网络霸凌的决定性特征,但在这一点上是存在争议的。这两项特征尽管更容易通过网络霸凌来实现,但并非总是存在(施暴者可能为人所知,但却使用了私密的渠道)(Campbell and Bauman, 2018[3])。

研究人员无法就网络霸凌的构成达成定义上的共识,加之各国立法方面的应对措施也各不相同(下文将会探讨),使得这个问题像是飘移不定的标靶,也使得变化趋势难以预测。此外,数字环境的独特性又会增加网络霸凌的风险。

这些特征包括潜在受众的庞大规模、持续访问、在线内容的永久性、对材料进行复制和传播的便利性以及对网络行为监管的缺失（Campbell and Bauman, 2018[3]）。大规模研究表明，网络霸凌与个体较高的压力水平（Cross et al., 2009[4]）、社交困难、抑郁和焦虑（Campbell et al., 2013[5]）有关。相对于传统意义上的霸凌，遭受网络霸凌的人报告自己经受更高层次的焦虑、抑郁和社交困难（Perren et al., 2010[6]; Sticca and Perren, 2013[7]）。有些研究中，相比于传统意义的霸凌，网络霸凌与自杀行为（想法、计划和企图）的关联度更高（Bonanno and Hymel, 2013[8]; Klomek, Sourander and Gould, 2011[9]）。然而，这些发现也是不断变化的，并未确立它们之间相互关联的指向性（即霸凌是否是造成心理健康困境的起因，或是反之，参见第十二章和第十四章）。

或许是由于研究人员和政策制定者对实际构成网络霸凌的因素缺乏共识，各国针对这一问题采取的策略也各不相同。有的国家将其传统的反骚扰法令沿用至网络霸凌犯罪。例如，根据英国的立法，并没有哪一项法律明确规定网络霸凌为非法，尽管在不同的单项法律中，它也可以被视为犯罪。这一立法框架是目前法律委员会审核的主要对象。尽管如此，我们也注意到，立法的推广又会造成某种复杂性，因为它既要求将传统骚扰犯罪的要素应用于网络行为，同时又要在不同文本的现有法律中，对犯罪行为加以恰当的认定。

与英国一样，卢森堡和挪威也有针对骚扰的法律，但这些法律并不专门针对网络行为。有趣的是，卢森堡在对"调查"的反馈中指出，在通过传播图片骚扰他人的行为中，如果该图片违反了知识产权法，传播者可能会受到法律制裁。挪威也指出，滥用图片，即未经允许就复制他人的图片，可能违反知识产权法。以上两种反馈说明，各国政府试图利用现有法律来解决这方面的问题，同时也强调了采取针对性响应的必要性。但若未违反知识产权法，知识产权法就不适用，那么任何受到骚扰的人都无法得到法律救助。此外，人们可能很少会意识到可以采取法律行动和救助。

截至2018年8月，美国有49个州颁布了有关霸凌的法令，这些法令基本都要求学校制定应对霸凌的策略，其中也包括将网络霸凌或骚扰列为犯罪行为。

此外,针对网络霸凌或在线骚扰也有了刑事制裁。在加拿大,现有的法律应对包括了民法和刑法[即可起诉诽谤、可适用停职(学)/开除、可适用传统的过失法]。该种情况下的骚扰或诽谤指控,在刑法范畴内都是可以起诉的。

近期,有些国家政府也开始尝试让社交媒体公司直接接受监管。2018年1月1日,德国颁布了《改善社交网络执行法案(网络执行法案)》,也称为"NetzDG"(Bearbeitungsstand,2017[10])。这一法案保护民众不受侮辱、中伤和故意诽谤(以及仇恨言论等其他问题),并强制社交媒体公司删除相关内容(否则将面临巨额罚款)。澳大利亚参议院委员会近期建议修订有关民事责任的法律,社交媒体平台要承担关爱责任以确保用户安全,并以大额处罚作为支持性的监管措施,以确保这些平台能对网络霸凌进行预防和快速应对(Australian Senate,2018[11])。

某种程度上,上述大多数法律的实施,彼此是孤立的。因此,一些国家已设法创设一种机制,以促进及时报告违法行为和采取法律行动。例如在澳大利亚,网络安全专员就拥有这方面的权力,并承担保护未成年人上网,提升民众的数字素养等其他责任。可见针对网络霸凌,设立网络安全专员提供了一种便捷途径。

**色情短信**

"色情短信"指交换包含性内容的信息。随着移动设备越来越普及,这一网络现象也日益增多。色情短信是(网络滋生出的)新问题的典型案例。对这一问题仅有立法做出孤立的响应显然是不可行的。这不但没有效果,在某些情况下甚至会产生破坏性。若只对法律条文和框架进行狭隘的概念变更,即便不是彻底有害,也会被证明无效,甚至往往适得其反(Byrne and Burton,2017[12])。

虽然从直觉而言,只有图片在未经当事人同意的情况下"晒"出,色情短信才可能会上升为一种风险。但未成年人涉及色情短信时,可能就会自己制造出儿童色情素材,迅速在网上传播,并在互联网上永久留存。这样在刑事责任和伤害方面会造成一种复杂的法律环境。在有些国家,青少年之间分享色情或裸体照片会被认定为违法,并可能依照国家反色情的法律对青少年进行起诉和惩罚(UNICEF,2012[13];Byrne and Burton,2017[12])。有些国家,涉及儿童的反色情法律要求强制将肇事者纳入儿童性违法登记名单——此举可能会对当事人产生终身的负面影响。有事例表明,不同国家的未成年人有因制作、散布和(或)持有儿童色情作品而被起诉和判刑的,而这有时仅仅是儿童互发裸照或"自拍"引起的。

色情短信有可能对儿童的隐私和心理健康造成非常大的危害。色情图片会在网上迅速传播,并在互联网上永久留存。但是在这一领域,对发送色情短信这一行为本身是否会造成伤害,只有在信息交换是不受欢迎的或是有害时才会造成伤害,也存在着认识上的分歧(Livingstone and Görzig,2014[14];Gillespie,2013[15])。

性别差异会影响青少年发送色情短信的行为(另见第十二章)。加拿大的一项研究表明,持有传统性别观念的青少年,有明显更高的色情内容分享倾向性(Johnson et al.,2018[16])。持有传统性别观念的男孩比有着同样观念的女孩更有可能分享色情内容。与此同时,分享色情内容的女孩可能会被认为违反了性别规则,甚至放弃对自己照片应有的权利。因此,性别歧视和传统性别观念似乎在"网络分享文化"中扮演了重要角色(Johnson et al.,2018[16])。

我们正在逐步加强色情短信问题的法律应对措施,但对这类风险的性质尚未完全明晰。风险仅是对色情的内容或图片进行了信息交换,还是因为有强迫的情况发生,再或由于转发图片产生了相关的后果?有观点认为,特定的群体更有可能因接受色情信息而受到伤害,特别是女孩、幼童和有心理问题的人,因此,政策应减少对这些群体的伤害(Livingstone and Görzig,2014[14])。但无论如何,目前的立法应对措施显然并不足以解决造成伤害的风险,当前的应对方式主要依靠刑法。在许多情况下实际处置的是自身处于风险境地的青少年,而并没有提供有效的预防措施或支持。最近的研究表明,未成年人一旦意识到发送色情短信的法律后果,就不太可能再涉入未成年人的色情短信活动了。然而,很多年轻人并不了解发送色情短信的法律后果,因此,通过宣传促使这一信息广为人知,是降低犯罪率简单但却有效的方法(Strohmaier, Murphy and DeMatteo, 2014[17])。

**色情勒索**

色情勒索是一种新型的针对青少年的网络盘剥。这一点已受到媒体、执法人员和政策制定者的认同。色情勒索指的是威胁分享或曝光色情图片,从而迫使受害者就范(如更多"晒图"、从事色情活动、支付金钱或满足其他要求),即便网络"晒图"行为并未发生过(Wolak et al., 2018[18])。但不要将它与色情短信和(或)非自愿地发布色情图片(通常出于霸凌或"报复性色情"目的)相混淆,因为它属于一个单独的类别。色情勒索在目前的法律条文中并非专门术语。对色情勒索的起诉可能依赖现有法律规定内涉及相关犯罪的内容(如专门针对黑客、儿童色情、骚扰、勒索、跟踪和侵犯个人隐私的法律)(Wolak et al., 2018[18])来对刑事责任加以认定。

## 内容风险

2011年,OECD确定了内容风险的三个主要子类别:① 非法内容;② 年龄不适宜的或有害内容;③ 有害建议(OECD, 2011[2])。总体而言,尽管技术的进步已经改变了这些内容的潜在内涵,以及儿童接触这些内容的方式方法,这三个子类别直到今天仍然存在。自2012年出台《建议》以来,又有一些新的或更严重的问题凸显出来,包括仇恨言论、攻击性和有害内容、传统的传播监管以及假新闻。

受网上发布的仇恨言论影响的儿童数量正在不断上升。英国通信监管机构Ofcom的数据显示,2017年,英国45%的12—15岁儿童说,前一年(2016年)在网上看到过关于仇恨的内容(Ofcom, 2017[19])。这比2015年,该报告所针对的年龄组的数据有所上升(34%)(Ofcom, 2016[20])。然而,也有人指出,尽管数据呈现上升趋势,但有证据表明,儿童和青少年越来越清楚该如何应对网上发布的仇恨内容,以及如何举报。此外,如果某些国家的法律已覆盖了非网络环境下的仇恨犯罪,那么网络仇恨言论行为也可纳入刑法范围。然而,迄今为止,现有的法律应对在很大程度上是无效的,这表明我们有必要适应数字化环境采取针对性的措施。欧盟委员会 2016 年制定了《打击网上非法仇恨言论的行为准则》。这一准则是在包括脸书、推特、微软和 YouTube 等主要平台的共同投入和认可下出台的。2018 年间,Instagram、谷歌+(Google+)、Snapshot、Dailymotion①等也加入了该准则。此外 Jeuxvideo.com② 游戏网站于 2019 年 1 月加入。该准则要求平台在 24 小时内,对所有受到举报的网上仇恨言论进行审查。2018 年的最新评估显示,上述公司在 24 小时之内审核了 89%的(受举报)标记内容,72%被认为是非法的仇恨言论并被删除(European Commission,2019[21])。

新西兰由《有害数字通信法案》(新西兰议会,2017 年)处理有关发送和发布攻击性内容(以及其他内容)的问题。该法案的指导原则包括"数字通信不得严重冒犯处于被影响个体地位的正常人"(条款三),并且"数字通信不应是不雅或淫秽的"(条款四)。该法案还出台了制裁、执行和撤销等条款。

近来,许多国家专门针对假新闻问题出台了相关措施,有计划、有步骤地进行尝试。假新闻被视为一种新出现的紧迫威胁。辨识假新闻的基本技能通常包括媒体和数字素养以及批判性思维。政府在这一领域所采取的行动包括专门针对儿童和青少年的教育,帮助他们在网络传播信息中辨别哪些是事实,哪些是虚假的。这是一项特别重要的技能,因为儿童和青少年获取新闻的渠道主要是社交媒体,而这些来源可能可靠,也可能不可靠。因此,儿童必须能够批判地分析他们所吸收的内容。2017 年,一家英国公共广播公司对消费者辨别假新闻的能力开展了一项调查,在被调查的人群中,仅有 4%的人能够区分新闻的真假。同年,英国的通信监管机构发现,73%的 12—15 岁青少年了解假新闻的概

---

① Dailymotion 是一家视频分享网站,用户可以在该网站上传、分享和观看视频,其总部位于法国巴黎的十八区。它的域名在 YouTube 之后一个月注册。Dailymotion 最广为人知的特点之一就是提供支持开放格式 ogg 的视频。和同类型的其他 Flash 视频分享网站相比,Dailymotion 以其短片具有高清晰画质而闻名。据 Comscore 的资料显示,Dailymotion 是仅次于 YouTube 的全球第二大视频网站。

② 法国游戏网站。

念,而其中39%的人表示曾经在网上看到过他们认为是虚假的故事(Ofcom,2017[19])。

此后,英国坚定地认为,要通过数字化扫盲培训,确保未成年人具备批判思维能力,这样才能使年轻人更好地从互联网的不可靠来源和有意误导信息中辨别可靠的内容。澳大利亚的网络安全专员掌握了公开可获取的信息,旨在帮助未成年人辨别互联网上内容的真假。

### 消费者风险

2011年,OECD指出,在以下情况下,儿童可能"面临网上的消费者风险":① 收到不适宜儿童的网上营销信息(如酒类等有年龄限制的产品);② 接触不易识别(如产品植入)或仅针对成人(如约会服务)的商品信息;③ 利用儿童容易轻信、少不更事的特点,可能产生经济风险[如网络诈骗,(OECD,2012[23])]。尽管上述观点到今天仍然适用,但一系列最新出现的招数也对儿童构成了潜在的风险,包括在线营销、应用程序购物、数字化和病毒式的营销策略,以及"大数据"挖掘技术的蓬勃发展。所有这些问题都对儿童构成了风险,原因是它们会日积月累成为一种商业或同伴压力,对保护儿童隐私产生影响,或令儿童暴露在不适宜的产品或信息之下。在回应OECD 2017年的"调查"时,很少有国家表示,本国的法律专门针对儿童所面临的消费者风险,以及设置了一些具体的法律保障措施,以防止对儿童进行不适宜的广告宣传或交易。

### 隐私风险

当今的法律应对正努力跟上技术发展的步伐,而技术的进步又影响到儿童的隐私以及对个人信息的处置。在考虑法律如何应对之前,很有必要简单回顾一下法律针对的相关数据类型,以及从个人隐私的角度,不同年龄段的儿童如何理解这些数据类型。数据可分为以下几类:

- "数据给出"。由个人产生的数据(关于自身或他人),通常并不需要主观努力,只要上网就可获知。
- "数据痕迹"。通过上网,被数据追踪技术所捕获[如 cookies①,网络信标(web beacons②)或设备/浏览器的指纹、地址数据或其他元数据(metadata③)],通常在不知情时留存的数据。
- "数据推断"。通过算法(也称为数据分析),通常是分析数据给出和数据痕迹推断得出的数据,可能已与其他数据来源整合(Livingstone, Stoilova and Nandagiri, 2018[24])。

研究表明,虽然儿童意识到了上网时可能贡献了有关自己或他人的数据,但他们在多大程度上能理解自身隐私泄露的后果,取决于儿童对人际关系的理解,而这种理解由儿童的年龄、成熟度和具体情境决定。首先,儿童清楚在人际关系中会发生"数据给出"(例如,由于他们提供了自己的数据,或许明白自己的家人和朋友也会提供这些数据)。儿童也越来越意识到"数据痕迹"的商业用途,但他们对"数据推断"及其商业价值的理解,要取决于儿童对在商业和机构情境下的商业模式操作的理解——但这些内容几乎没有人会教他们(Livingstone, Stoilova and Nandagiri, 2018[24])。

与此同时,对儿童信息的商业利用似乎也正在成为一个更为普遍和明显的问题。越来越多的应用程序目标瞄准儿童,"智能互联玩具"创造了更多收集和利用儿童数据的机会。最近的两项研究表明,这种态势与试图设计出保护儿童隐私的防御措施实际是背道而驰的(Norwegian Consumer Council, 2017[25]; Reyes et al., 2018[26])。

---

① 储存在用户本地终端上的数据。类型为"小型文本文件",是某些网站为了辨别用户身份,进行跟踪而储存在用户本地终端上的数据(通常经过加密),由用户客户端计算机暂时或永久保存的信息。
② 网络信标(web beacon),又称网页臭虫(web bug),是可以暗藏在任何网页元素或邮件内的1像素大小的透明 GIF 或 PNG 图片,常用来收集目标电脑用户的上网习惯等数据,并将这些数据写入 Cookie。网络信标在邮件跟踪和垃圾邮件中较为常用。
③ 元数据(Metadata),又称中介数据、中继数据,是描述数据的数据(data about data),主要是描述数据属性(property)的信息,用来支持如指示存储位置、历史数据、资源查找、文件记录等功能。元数据算是一种电子式目录,为了达到编制目录的目的,必须描述并收藏数据的内容或特色,进而达成协助数据检索的目的。

### 法律和政策的风险应对

在国家层面,几乎所有国家对 OECD 2017 年的"调查"都做出了回应,称他们的隐私法以某种方式保护了儿童,但各国在一致同意意见、数据的处理,以及对哪些行为违背了法律等具体问题上的操作有所不同。正如 2012 年所发生的,在采纳 OECD 的《建议》时,有关信息隐私和信息安全的风险,主要由隐私和一般数据保护条例,以及刑法所管辖。在操作上,隐私问题可能由特定的监管机构或专员负责,这些机构或专员所承担的职责,就是对可能直接或间接涉及儿童网络保护的行为采取行动。受到《一般数据保护条例》(GDPR)(另见第十二章)约束的欧盟国家如今一致认为,在涉及个人数据信息时,特别是在与营销、创建个人资料,以及数据的收集和存储有关的方面,儿童理应受到特别保护。这些国家还出台了处置儿童数据必须给出一致认可意见的特殊规定。

除了《一般数据保护条例》之外,修订后的《视听媒体服务指令》(AVMSD)也在欧洲层面规定了数据处理过程中对儿童的特殊保护要求。其中的 6a(2) 条款规定,媒体服务平台所产生的针对未成年人所收集到的信息,不得被用作商业目的,如直接营销、用户分析和针对行为的广告等。但这还是相对较新的规定,尚需花费一段时间在实践中检验其有效性。

在其他 OECD 国家,(采集到的信息)所涉及的主体需要自己同意,或者由他人来代表不到特定年龄(如在澳大利亚为 15 岁)的儿童表示同意。在美国,1998 年的《儿童在线隐私保护法令》(COPPA)禁止在父母事先不同意的情况下收集、使用和传播 13 岁以下儿童的个人信息。在有些国家,侵犯儿童的隐私被认定为犯罪。

## OECD 关于在线儿童保护的建议(2012)

本章的最后一部分将讨论《建议》本身及其审核过程。与 1989 年《联合国儿童权利公约》相一致,该建议包括了为使互联网成为儿童(上网)更安全环境而提出的所有利益相关方应遵循的原则。它着重关注了政府所面临的三方面主要挑战,强调了把儿童上网权益保护作为公共政策领域这一全新特质。这三方面的挑战包括:① 需要采取循证的方法制定政府决策;② 需要通过加强协调性、连贯性和一致性来应对政策复杂性;③ 需要通过国际合作以提高国家政策框架的效率,促进能力建设。

《建议》建立在上文所述的2011年报告和风险类型的基础之上,将作为互联网用户的广大儿童纳入重点保护。但也应该注意到,《建议》并未涉及互联网儿童色情或性虐待图片问题。这一决断所基于的认识是解决儿童色情或性虐待问题,需要的是截然不同的未成年人保护措施,这一问题如今已纳入其他国际性的法律条文之中,在某些情况下还需要执法上的国际合作,如需要国际刑警组织出面。

《建议》分为三个部分。第一部分涵盖了涉及所有利益相关方的政策制定原则,包括:

- 赋予儿童权力,认定父母负有主要责任,要尽最大可能减少子女的上网风险(等同于非上网环境中)。
- 采取与风险相匹配的政策措施,尊重儿童的基本价值观,并尽力避免损害令互联网得以成功发展的框架条件。
- 保持政策的灵活性,以应对儿童不同年龄的特点和弱点。

《建议》的第二部分内容包括(各国)政府的国内政策制定,并且认为良好的政策制定需要领导力、协调性、连贯性、认识的提高,以及提供证据和技术解决方案。最后一部分探讨了政府所制定的国际政策,并讨论了建立国际网络、信息和数据共享、能力建设以及其他政府间组织共同参与的重要性。

### 上网风险的变化特点和《建议》的修订

《建议》要求OECD数字经济政策委员会(CDEP)审核其内容和执行情况,并在通过《建议》的五年内向理事会提交报告。从2016年年底开始,如下框中所述,上述要求已开始执行。

## 信息框 10-1　OECD《保护儿童上网的若干建议》的审查程序

2016年11月15—16日的第40次会议上，OECD的数字经济安全与隐私工作组（SPDE）讨论了《建议》的审查程序，同意向代表性的国家分发一份问卷，调查《建议》的执行情况，以及明确其是否仍具备相关性。问卷于2017年下发，旨在收集儿童上网保护性政策的最新发展信息，确定可能要对《建议》进行更新修订的领域，并评估环境变化的潜在影响（如网络技术、使用和威胁）。共有34个国家对调查问卷做出了回应，并且在2017年5月形成了一份初步报告。研究结果表明，与2012年相比，促使《建议》出台的环境已发生了显著的变化。这种变化很大程度上是由于移动设备和社交网络使用的增长——对许多国家而言，网络霸凌成为日益增长的重大隐忧，其次还有色情短信、儿童隐私和仇恨言论。

调查结果表明，代表性国家的反馈均同意，还需要更多的证据来探讨修订《建议》的潜在可能性。意见一致认为，总结最新的法律和政策进展并召开专家会议是有益的推进路径。因此，OECD对儿童保护的最新法律框架和政策进行了回顾总结。2018年10月，OECD还在苏黎世召开了专家会议。基于这项分析工作，2019年OECD成立了由多个利益相关方组成的国际专家组，为《建议》的修订提供指导。

# 政策制定的三个层面

OECD《建议》列出了三个不同层面的政策应对措施。

- 国家框架，由立法回应和政策工具组成（包括直接的和间接的）。
- 多个利益相关方的政策制定，与利益相关方的不同作用和责任有关。
- 国际政策制定，包括跨境合作和旨在知识共享的举措。

随着数字技术日益融入儿童的日常生活,政策制定者正面临各种不同的问题。数字空间的复杂性、变化的节奏、包括各式各样可用的设备和平台、社会环境和变化的网络环境,这些都意味着依靠简单的法律和政策手段已经不够了,还需要在促进数字技术更广泛应用方面的举措(如通过将数字技术纳入国家教育课程,以及增进儿童的数字技能和素养),以及在保护未成年人免受与上网有关的风险的举措之间建立一种平衡。政策必须是全面的,要综合考虑各种不同的和相互关联的上网形式,包括为了学习、交流、娱乐、创造、自我表达和公民参与等目的,考虑到儿童上网的地点是在家里、学校还是别的地方。风险政策的制定往往独立于机遇政策,反之亦然。例如,要通过政策举措增进民众的数字素养,此外,如果将其纳入整体性计划考虑,以倡导负责任的网络使用、数字好公民和上网安全为目标,将会取得更好的效果。同时制定战略愿景和形成中央集权有助于各体系处理好复杂性问题,克服分而治之。

下文就上述三个层面的政策制定逐一进行简要分析。

## 国家法律和政策框架

对 OECD 调查问卷给予回应的 34 个国家(见信息框 10-1),针对儿童上网风险全部采取了某种形式的立法和政策回应。然而,总体而言,这些应对措施都是局部的,各国基本上都缺乏全面的法律政策框架。

在立法回应方面,2011 年,OECD 报告称,大多数国家都同意这一观点,即非网络环境下的违法行为在网络环境下也应该认定为违法,因此支持采取法律标准程序。当时的主要挑战是,找到途径确保并强化遵守和执行已有的法律工具,而不是新制定或采取额外措施,然而这一挑战至今依然存在。现行的法律包括了三个要素:① 网络犯罪(即针对性虐待、骚扰的风险);② 网络内容监管;③ 网络隐私保护。此外,两类法律是截然不同的:一类直接与儿童相关,另一类则适用于所有人(因此也适用于未成年人)。

在政策制定方面,研究结果表明,各国也倾向于制定新的政策(或法规)或调整现有的法律法规,以解决儿童网络安全及其他新出现的风险。通常,这些政策并非专门针对儿童,某些情况下这些内容嵌入到了适用范围更广的政策法规中,如专门针对创新和技能的政策法规。这些专门的政策安排、被广泛利用的政策工具和战略目标进一步强调了一点,即这些政策的采纳和执行并不总是基于"保护儿童上网"的战略愿景。

数字化战略覆盖全国层面的国家,目的是宣告国家整体性数字转型的方向,在制定政策时可能更容易采取政府整体行动的办法。尽管一部分国家采取了数字化战略的整体性立场,其他大多数国家还是更多对儿童采取保护性立场,并未将风险和机遇同时纳入总体愿景。同样,法定的监督机构往往更侧重保护措施,而不是努力促进积极的互联网运用,提升民众的数字素养。

最后,OECD的调查结果彰显了国家政策和立法给予了很大程度积极回应这一特点,这与奥尼尔(O'Neill)和丁(Dinh)对31个欧盟国家的描述是一致的,他们也发现了类似的发展趋势(2018[27])。

### 多个利益相关方的政策框架

人们普遍认为,儿童上网保护政策的制定取决于所有利益相关方达成共识并共担责任。只有各国政府建立伙伴关系,以共同采取互补的政策行动为目标,如通过宣传行业行动准则或采取自律行为,才会出现多个利益相关方共同参与的政策制定。例如,《经合组织隐私指南》认为,多个利益相关方所组成的群体,应由政府、隐私问题的执法机构、学术界、商业、民间组织和国际技术权威等方面的专家组成(OECD,2013[28])。

部分国家已经开始寻求与企业和民间组织建立伙伴关系,以共同应对儿童的上网风险。有些国家已经成立了一些专门机构来协调私人和公共利益相关方的活动,如英国网络安全委员会(UKCIS,其前身是儿童互联网安全委员会,如今职责有所扩展)。该委员会将政府、行业、执法部门、学术界、慈善机构和育儿团体结成伙伴关系,通过共同努力,依托法律以外的平台协助确保人们的网络安全(Government of the United Kingdom, n.d.[29])。

除了这一机构,一些国家还依赖民间机构和行业的共同协商和参与,来制定和实施儿童网络保护方案。所采取的形式有直接的政策参与、联合倡议以及在多个利益相关方组织的大型论坛作为代表进行参与,具体包括提供服务、开展促进提升共识的活动、资源开发、开展研究和教育等。

从行业的角度来看,很多公司在保障儿童上网相关方面采取了积极措施。特别是,主要社交媒体和其他一些互联网网站都有关于儿童保护的政策,尽管取得的效果各有不同。例如,谷歌公司已采取措施,严格遵循《儿童在线隐私保护法令》(COPPA)(见上文隐私风险相关内容)。该公司的"专门为家庭设计"项目为应用程序开发者提供 COPPA 的相关信息,并要求程序开发人证明自己完全合规。但是,这方面内容的执行力度还比较有限(Reyes et al., 2018[26])。

### 国际政策框架

各国一致认为,国际和区域合作是现有全球数字化环境下应对儿童保护诸多挑战的核心。国际和区域层面的政府间组织,在其各自的职权范围内都应发挥作用。这一领域已经进行的工作包括促进政策应对协调性的有益行动,特别是针对数字鸿沟的潜在风险、包容性以及测量和监测方面的工作。总的来说,区域和国际合作既包括政策层面的,也包括执行层面的。

在区域层面,欧洲委员会(COE)和欧盟都制定了保护儿童上网的政策框架。欧洲委员会的工作侧重儿童权利领域,而欧盟的行动则集中在制定《为儿童创造更好互联网环境的有关策略》(BIK 策略)及其开展的相关活动中。

欧洲委员会和联合国儿童权利委员会的 18 位独立专家组成专门小组,对《儿童权利公约》缔约国的执行情况进行监测。该小组已采取措施,确保儿童权利在所有立法和政策层面得到适当维护和保护。虽然迄今为止,政策措施在很大程度上还仅侧重于强调保护儿童的必要性,但人们注意到,强调这样做,有助于逐步减少仅将儿童作为独立个体身份的权利持有者来看待。但它也忽略了这样一个事实,即儿童自身也是互联网内容的创造者,他们有权参与影响自己的事情,有权提供信息并享有言论自由(Byrne and Burton, 2017[12])。

这一领域较活跃的另一个区域性机构是亚太经济合作组织(APEC)。该组织在 2012 年的电信和信息部长级会议上表示,弱势群体,特别是儿童,在网络环境中特别容易遭受风险,并呼吁其成员采取措施,促进网络安全(Asia-Pacific Economic Cooperation,2012[30])。

国际电信联盟(ITU)的《儿童上网保护倡议》(COP)将国际性的合作网络(包括国家、其他国际组织、私营企业和民间团体)与促进儿童上网保护的共同目标联系起来,发布了《儿童上网保护指南》,分别针对儿童、父母、其他监护人和教育工作者、政策制定方以及行业本身。指南的内容目前也纳入了《建议》审查范围。联合国儿童基金会(UNICEF)在该领域也很活跃。例如,基金会的研究办公室依诺森蒂(Innocenti)撰写了一系列儿童上网安全方面的报告,并与伦敦经济和政治科学学院和欧盟儿童在线组织一起,发起了《全球儿童上网问题研究倡议》。该项目旨在填补先前相关综合性全球研究的空白。另外,联合国儿童基金会与国际电信联盟合作,制定了上述儿童上网权益保护的行业准则。

最后,依萨菲(Insafe)和英厚普(INHOPE)网络是操作层面开展国际联合行动的典型例子。这些机构通过开通热线和求助渠道,回应网络风险举报(European Commission,n.d.[31])。

## 总结

本章探讨了自 OECD 最早开始考虑儿童上网问题,至 2011 年发布研究报告后出台《建议》以来出现的新的网络风险。《建议》内容是通过对成员国开展调查,对现行的政策法规进行分析,并向国际专家征询意见后得出的。此项工作特别检视了政策法规是否跟上了网络环境变化的步伐。从中我们看到了一些值得赞赏的做法——如建立起了单一的监督机构(尽管很少),对区域和国际性合作的重要性能够持续达成共识,但其中仍有不少问题存在。

这些问题包括:

- 立法回应本质上在不断发生显著变化(将网络和非网络环境下的责任加以合并或孤立起来)。

- 将立法责任割裂开来的弊端(重复努力、忽略问题、造成新的社会问题)。
- 政策回应零散,监督机构过少。
- 缺乏连贯的衡量标准和报告——包括定义和术语经常变化,由此导致的政策制定缺乏循证依据。
- 认识到了让企业参与的重要性,但需要更好地利用多个利益相关方共同行动。
- 认识到了数字和媒体素养的重要性,以及要促进网络内容和参与形式产生更积极的收益,但需要在正面积极宣传和采取保护性措施之间取得更好的平衡。
- 个人隐私空间的属性在不断发生变化,需要将儿童作为数据主体和内容创造者来更好的加以认识,并据此在网络空间对他们进行更好地保护。
- 有必要在 OECD 列出的风险类型中增加行为风险的概念。

## 参考文献

Asia-Pacific Economic Cooperation(2012),*2012 Leaders' Declaration*,www. apec. org/Meeting-Papers/Leaders-Declarations/2012/2012_aelm. 【30】

Australian Senate,L. (2018),*Adequacy of existing offences in the Commonwealth Criminal Code and of state and territory criminal laws to capture cyberbullying*,www. aph. gov. au/Parliamentary_Business/Committees/Senate/Legal_and_Constitutional_Affairs/Cyberbullying/Report. 【11】

Bearbeitungsstand(2017),*Act to Improve Enforcement of the Law in Social Networks(Network Enforcement Act)*,www. bmjv. de/SharedDocs/Gesetzgebungsverfahren/Dokumente/NetzDG_engl. pdf;jsessionid=829A5DBDAC5DE294A686E374126D04E. 1_cid289?blob=publicationFile&v=2. 【10】

Bonanno,R. and S. Hymel(2013),"Cyber bullying and internalizing difficulties:Above and beyond the impact of traditional forms of bullying",*Journal of Youth and Adolescence*,Vol. 42/5,pp. 685-697,http://dx. doi. org/10. 1007/s10964-013-9937-1. 【8】

Byrne,J. and P. Burton(2017),"Children as Internet users:How can evidence better inform policy debate?",*Journal of Cyber Policy*,Vol. 2/1,pp. 39-52,http://dx. doi. org/10. 1080/23738871. 2017. 1291698. 【12】

Campbell,M. and S. Bauman(2018),"Cyberbullying:Definition, consequences, prevalence",in *Reducing Cyberbullying in Schools*,Elsevier,http://dx. doi. org/10. 1016/b978-0-12-811423-0. 00001-8. 【3】

Campbell, M. et al. (2013), "Do cyberbullies suffer too? Cyberbullies' perceptions of the harm they cause to others and to their own mental health", *School Psychology International*, Vol. 34/6, pp. 613–629, http://dx.doi.org/10.1177/0143034313479698. 【5】

Cross, D. et al. (2009), *Australian Covert Bullying Prevalence Study (ACBPS)*, Child Health Promotion Research Centre, Edith Cowan University, https://docs.education.gov.au/system/files/doc/other/australian_covert_bullying_prevalence_study_executive_summary.pdf. 【4】

European Commission (2019), *The EU Code of conduct on countering illegal hate speech online*, https://ec.europa.eu/info/policies/justice-and-fundamental-rights/combatting-discrimination/racism-and-xenophobia/countering-illegal-hate-speech-online_en. 【21】

European Commission (n.d.), *Better Internet for Kids—Insafe and INHOPE*, www.betterinternetforkids.eu/web/portal/policy/insafe-inhope. 【31】

Gillespie, A. (2013), "Adolescents, sexting and human rights", *Human Rights Law Review*, Vol. 13/4, pp. 623–643, http://dx.doi.org/10.1093/hrlr/ngt032. 【15】

Government of the United Kingdom (n.d.), *UK Council for Child Internet Safety (UKCCIS)*, www.gov.uk/government/organisations/uk-council-for-internet-safety. 【29】

Johnson, M. et al. (2018), *Non-Consensual Sharing of Sexts: Behaviours and Attitudes of Canadian Youth*, http://mediasmarts.ca/sites/mediasmarts/files/publication-report/full/sharing-of-sexts.pdf. 【16】

Klomek, A., A. Sourander and M. Gould (2011), "Bullying and suicide: Detection and intervention", *Psychiatric Times*, Vol. 28/2, www.psychiatrictimes.com/bullying-and-suicide. 【9】

Livingstone, S. and A. Görzig (2014), "When adolescents receive sexual messages on the internet: Explaining experiences of risk and harm", *Computers in Human Behavior*, Vol. 33, pp. 8–15, http://dx.doi.org/10.1016/j.chb.2013.12.021. 【14】

Livingstone, S. et al. (2011), *EU Kids Online: Final Report 2011*, EU Kids Online, London, http://eprints.lse.ac.uk/id/eprint/45490. 【1】

Livingstone, S., M. Stoilova and R. Nandagiri (2018), "Conceptualising privacy online: What do, and what should, children understand?", http://eprints.lse.ac.uk/90228/. 【24】

Norwegian Consumer Council (2017), *Significant security flaws in smartwatches for children*, Forbrukerrådet, www.forbrukerradet.no/side/significant-security-flaws-in-smartwatches-for-children/. 【25】

O'Neill, B. and T. Dinh (2018), *The Better Internet for Kids Policy Map: Implementing the European Strategy for a Better Internet for Children in European Member States*, www.betterinternetforkids.eu/bikmap. 【27】

OECD (2013), *The OECD Privacy Framework 2013*, OECD Publishing, Paris, www.oecd.org/sti/ieconomy/oecd_privacy_framework.pdf. 【28】

OECD (2012), *The Protection of Children Online: Recommendation of the OECD Council—Report on risks faced by children online and policies to protect them*, www.oecd.org/sti/ieconomy/childrenonline_with_cover.pdf. 【23】

OECD (2011), "The protection of children online: Risks faced by children online and policies to protect them", *OECD Digital Economy Papers*, No. 179, OECD Publishing, Paris, https://dx.doi.org/10.1787/5kgcjf71pl28-en. 【2】

Ofcom (2017), *Children and Parents: Media Use and Attitudes Report*, www. ofcom. org. uk/data/ assets/pdf_file/0020/108182/children-parents-media-use-attitudes-2017. pdf. 【19】

Ofcom (2016), *Children and Parents: Media Use and Attitudes Report*, www. ofcom. org. uk/data/ assets/pdf_file/0034/93976/Children-Parents-Media-Use-Attitudes-Report-2016. pdf. 【20】

Parliament of New Zealand (2017), *Harmful Digital Communications Act 2015*, www. legislation. govt. nz/act/public/2015/0063/latest/DLM5711810. html. 【22】

Perren, S. et al. (2010), "Bullying in school and cyberspace: Associations with depressive symptoms in Swiss and Australian adolescents", *Child and Adolescent Psychiatry and Mental Health*, Vol. 4/1, http://dx. doi. org/10. 1186/1753-2000-4-28. 【6】

Reyes, I. et al. (2018), "'Won't Somebody Think of the Children?': Examining COPPA compliance at scale", *Proceedings on Privacy Enhancing Technologies* 3, pp. 63–83, http://dx. doi. org/10. 1515/popets-2018-0021. 【26】

Sticca, F. and S. Perren (2013), "Is cyberbullying worse than traditional bullying? Examining the differential roles of medium, publicity, and anonymity for the perceived severity of bullying", *Journal of Youth and Adolescence*, Vol. 42/5, pp. 739–750, http://dx. doi. org/10. 1007/s10964-012-9867-3. 【7】

Strohmaier, H., M. Murphy and D. DeMatteo (2014), "Youth sexting: Prevalence rates, driving motivations, and the deterrent effect of legal consequences", *Sexuality Research and Social Policy*, Vol. 11/3, pp. 245–255, http://dx. doi. org/10. 1007/s13178-014-0162-9. 【17】

UNICEF (2012), *Child Safety Online: Global Challenges and Strategies. Technical report*, Innocenti Publications, www. unicef-irc. org/publications/652-child-safety-online-global-challenges-and-strategies-technical-report. html. 【13】

Wolak, J. et al. (2018), "Sextortion of minors: Characteristics and dynamics", *Journal of Adolescent Health*, Vol. 62/1, pp. 72–79, http://dx. doi. org/10. 1016/j. jadohealth. 2017. 08. 014. 【18】

## 第四部分

儿童作为数字公民:通过政策与伙伴关系培育数字素养和适应力

# 第十一章
## 培育数字素养，促进数字幸福感

　　21世纪，数字包容和数字技能参与了日常生活的方方面面。儿童需要拥有数字接入机会以及数字技能，还需要在线上和线下两种环境中拥有足够的适应能力。本章将探讨教育系统如何培育儿童的数字素养和数字幸福感，展示各个国家和地区如何部署多种战略来拓宽数字接入机会、扩大数字包容程度，同时确保儿童拥有足够的社会情感技能来维持线上和线下的健康成长。此外，各国和各地区除了克服重重困难，推广数字技术的使用外，还在制定和宣传限制儿童屏幕使用时间的指南。要提供合适的工具帮助儿童成为合格的数字公民，教育系统就必须确保可以帮助青少年培养充分的数字技能和社会情感技能，同时平衡使用数字屏幕可能对青少年健康造成的影响。

# 第十一章 培育数字素养，促进数字幸福感

## 引言

培育儿童的情感幸福、数字技能和数字适应力，对确保他们成为自信、快乐和对社会有益的人来说至关重要，这也有助于减少儿童幸福感方面的不平等现象。因此，世界各地的教育系统应当在培养儿童幸福感方面采取全面而综合的方法，充分考虑那些会在线上和线下空间对幸福感和包容产生负面影响的因素。这些方法应当同时促进儿童的数字技能和社会情感技能，培养其数字适应力，强调内容创作和协作等"较软的"数字技能。

将强大的数字技能和社会情感技能结合起来，就能为培养儿童的数字素养、线上协作和沟通、计算思维等重要能力打下基础。这种结合非常重要，因为仅仅促进数字接入和数字技能不足以确保包容、平等的结果，特别是对弱势青少年来说（参见第九章）。而采取强有力的综合性方法来提升线上线下的相关技能并弥补现有不足，有助于进一步减少社会不平等现象，促进青少年在线上和线下空间的适应力。

前几章我们探讨了数字技术对儿童的影响，包括潜在的风险和益处（社交、信息等方面）。本章将关注各国和地区如何通过数字政策和指南来拓宽数字接入，提高数字技能，提升数字幸福感。要确保儿童能在现在和未来充分融入21世纪的社会，就需要各国和地区打破参与和准入壁垒，综合考虑数字包容和适应力等重要元素，从多个角度对他们的情感幸福进行严格的评估。

## 确保数字接入，培养数字技能

多年以来，数字鸿沟获得了学术界和政府的极大关注（Livingstone and Helsper, 2007[1]）。使用数字技术和掌握数字技能可以改善人们的社交生活和民生状况。各大平台提供了寻求帮助和促进社会包容的空间（OECD, 2018[2]），但与此同时，也会将人们暴露于风险之中（OECD, 2019[3]）。在多因素的共同作用下，数字空间也在资料、使用和技能获取渠道方面出现了不平等。一些学者强调，针对数字鸿沟制定的政策必须同时解决上述这些问题（Van

Deursen and Van Dijk, 2015[4];Van Deursen and Helsper, 2018[5])。参加 PISA 2015 的 OECD 的国家和地区的学生几乎都表示能够在家上网,但这一平均状况却掩盖了不同国家和经济体之间的重要差异。虽然在丹麦、芬兰、冰岛和斯洛文尼亚等国家和地区,儿童普遍都能上网,但智利、墨西哥和土耳其等国家的儿童上网普及率仅为54%—80%,这就限制了一些儿童接触信息和融入线上空间的机会(OECD,2017[6])。因此,需要缩小数字鸿沟以促进社会包容性,避免因为数字转型而加剧现有的不平等(OECD,2019[7])。

### 为获取数字技术创造条件

第一道数字鸿沟是指获取数字技术方面的不平等。这是亟待解决的重要问题,尤其是对原本就处于弱势地位的群体(如残障儿童)。各个国家和地区的"21世纪儿童项目政策问卷"结果显示,造成第一道数字鸿沟的主要因素包括:地理位置、带宽限制、不平等因素、学校设施不足或上网渠道方面存在巨大校际差异、缺乏外语技能、教师专业技能不足。

许多疲于应对第一道数字鸿沟的国家和地区都存在巨大的城乡差距,如澳大利亚、加拿大、墨西哥和美国。令人担忧的是,在许多国家和地区教师和学校缺乏先进的软件和数字化知识,而宽带和硬件方面的校际差异也持续存在。在2018年教师教学国际调查(TALIS 2018)中,25%的学校领导者表示,用于教学的 ICT 短缺阻碍了他们提供高质量的教学。还有35%的教师表示,应当"高度重视"对 ICT 的投资(OECD,2019[8])。缺乏当地语言的在线资源、缺乏相关内容、成本过高和技术支持不足等因素,也都会对弱势群体使用数字技术和互联网造成额外的障碍(Chen and Wellman,2004[9])。

### 政策和措施

表11-1列举了一些国家和地区为缩小第一道数字鸿沟所采取的措施。在某些国家和地区,主要由地方层面负责提供硬件和软件。例如,在捷克、墨西哥和英国苏格兰,软硬件设备的计划均由地方政府或学校负责制定。

## 第十一章 培育数字素养，促进数字幸福感

表 11-1 瞄准第一道数字鸿沟的政策

| 项　目 | 内　容 |
| --- | --- |
| FATIH 项目<br>（土耳其） | 土耳其的 FATIH 项目向学校、教室、教师和学生提供硬件和软件。该计划旨在为每所学校建设基础设施，提供多功能打印机和高速上网服务，让教师和学生有机会使用电子邮件账号、云软件和学习资料等各种资源。该计划于 2010 年启动，由土耳其教育部实施，并得到通信部的支持，到 2019 年已为 62 万所国立学校配备了智能黑板，为学生配备了 1 700 万台平板电脑，为教师和行政人员配备了 100 万台平板电脑 |
| 学校数字化战略<br>2015—2020<br>（爱尔兰） | 爱尔兰的数字化战略针对的是从早教一直到高等教育及其他所有的教育领域，它的第四个支柱是 ICT 基础设施。该战略为教育机构和学校提供了 2.1 亿欧元的资金，用于采购符合国家发展重点的资源。未来能否获得资金取决于是否满足某些条件，如资金使用的透明度、明确未来资金的使用意向，以及开展数字学习计划的证据 |
| 国家宽带计划<br>（爱尔兰、澳大利亚） | 爱尔兰的国家宽带计划旨在为整个国家的公民和企业提供高速上网服务。尚未开通高速宽带的场所已被纳入该计划，并且（通过竞争性程序）指定一家公司在 25 年内建设、维护和运营该网络。2019 年，该项目指定的"首选投标人"①获得政府的认可<br>澳大利亚正在逐步部署国家宽带网络，该项目在 2020 年完成 |
| 数字教学战略<br>（苏格兰） | 该战略于 2016 年启动，旨在改善学生获得 ICT 技术的机会，使 ICT 技术在学生中更加普及。其他目标还包括发展教育工作者在教学过程中适当、有效地使用数字技术的技能和信心，确保数字技术成为提供课程和进行评估的重要手段，并授权变革领导者推动数字技术在教学方面的创新和投资。这一举措不由国家层面出资，而是由地方政府负责资金增加投入的部分 |
| 网络课堂和网络学校<br>（比利时法语区） | 2006—2013 年间，网络课堂利用 8 500 万欧元的预算为 80 多万学生配备了 ICT 设备。瓦隆提供了基础设施和设备，并在社区支持下将其融入教育环境。网络学校是一项涉及瓦隆、比利时法语区和比利时德语区等多个合作伙伴的倡议。这个项目始于 1998 年，其目标是为学校配备硬件 |

---

① "首选投标人"是一个采购术语，指的是在评估过程结束后被选中的投标人。这表明在财务和法律文件定稿后，招标方将与该公司签订合同。

(续 表)

| 项 目 | 内 容 |
|---|---|
| One2one<br>（卢森堡） | One2one 是一项在中学和中等技术学校部署 iPad 或 iPad 型移动设备的国家战略。教育信息管理中心（CGIE）制定了一个项目，每年多次为中学购置设备。这项国家战略基于年租模式运作 |
| 数字格拉斯哥战略<br>（英国苏格兰） | 作为 2018 年启动的数字格拉斯哥战略的一部分，格拉斯哥市议会正在持续扩大教室的 Wi-Fi 覆盖率，提高网速，并向所有学生和教育工作者推广用户与设备 1∶1 项目。该项目需要分发 5.5 万台 iPad 和其他数字技术设备，并将数字领导力作为学校改进计划（School Improvement Plans）的核心。这项举措是通过与国家机构和供应商的密切协作完成的 |

注：掌握这些举措的有效性（即对进展或影响加以评估）也很重要。
资料来源：21 世纪儿童项目政策问卷

### 在校内使用数字设备

不同国家和地区针对儿童在校内获取和使用数字设备制定了不同的政策。有的限制或禁止在校内使用这类设备，有的则提供可以在校内使用并可以带回家的设备。总的来说，越来越多的学校允许学生使用自己的计算机设备，而不是像以前那样由机构统一提供"共享"设备（Selwyn et al., 2017[10]）。这也反映在图 11-1 所示的"21 世纪儿童项目政策问卷"结果中。许多国家和地区都报告实施了 1∶1 政策（即设备与学生的数量比例达到 1∶1）或自带设备（BYOD）机制。

有的国家和地区没有对校内 BYOD 或 1∶1 模式立法，而是为学校提供信息，帮助其执行自己的政策。例如，西澳大利亚州教育部门就以公平、实惠、可扩展性和可持续性为重点，在网站上公布了学校部署 BYOD 措施可以采取哪些步骤，并为如何建设 ICT 资源丰富的教室提供相关信息（Department of Education, n.d.[11]）。再比如，澳大利亚新南威尔士州教育部门制定的指导方针，建议确保与学生及其家长/监护人签署 BYOD 协议。其他建议还包括在制定学校政策时参考社区的意见，以及在实施 BYOD 政策前向父母、教师、监护人和学生等关键利益相关者提供信息（NSW Department of Education, 2018[12]）。

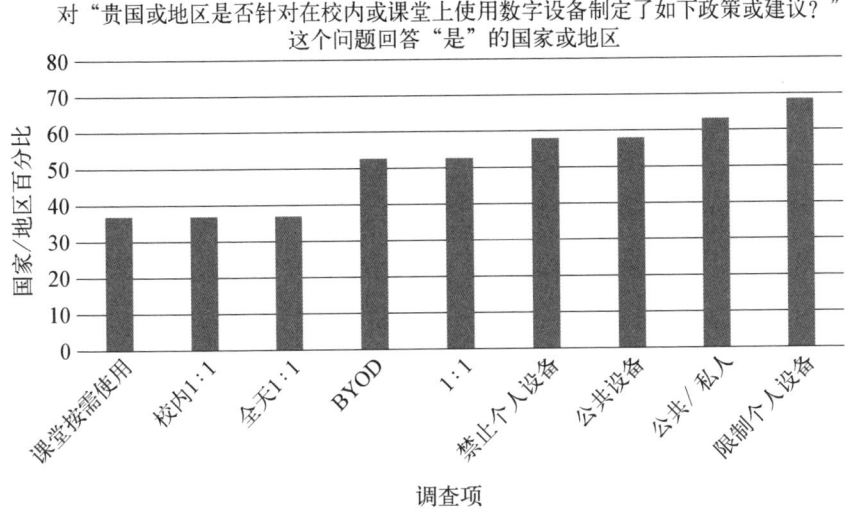

**图 11-1　在校内或课堂上使用设备的政策**

注：受访者可以选择一个以上的选项。共有 19 个国家或地区回答了这个问题。
1∶1 表示设备与学生的比例是 1∶1。
课堂按需使用：课堂上的设备与学生的比例是 1∶1；学生不能全天使用设备。
校内 1∶1：学生可以全天在校内使用设备，但不能带回家。
全天 1∶1：学校会给每名学生分配一台设备，允许他们使用一整年，而且可以带回家做作业。
资料来源：21 世纪儿童项目政策问卷

在某些情况下，政府还提倡通过全校性的政策来解决数字设备的使用问题。例如，爱尔兰于 2018 年发布的《0038/2018 通知》(*Circular 0038/2018*)就制定了将数字设备融入校内环境的政策准则。该通知提出，相关的校内政策可以规定数字设备的使用模式、网络霸凌、数据保护、BYOD 和幸福感等问题，从而确保学生以安全且符合道德规范的方式使用互联网。有相关文献表明，选择制定全校性的政策来规范上网安全和使用问题确实是有效的（Hooft Graafland，2018[13]）。

通常由学校负责制定设备政策，而不同学校之间的 1∶1 或 BYOD 项目方式可能差异很大。比如：① 可直接带来一台兼容学校计算机网络的设备；② "受监管的 BYOD 方式"，由学生租用或购买 4 款指定笔记本电脑中的 1 款；

③ 学生购买/租用平板电脑的方式（Selwyn et al.，2017[10]）。

评估儿童使用的设备类型或许非常重要。例如,能够通过移动设备(即手机或平板电脑)上网便可缩小接入方面的数字鸿沟,但却有可能在技能和使用模式上出现新的不平等(Mascheroni and Ólafsson，2016[14]）。无论学校使用何种方法让学生掌握ICT和数字技术,缩小社会不平等或鸿沟都应当成为任何一项政策的重点。确保政策不具有排他性,并促进儿童平等地接触数字设备,对于消除数字鸿沟和社会阶层鸿沟至关重要。

### 信息框 11-1 把数字设备留在自己家里

虽然BYOD政策在学校里越来越普遍,但一些国家和地区却采取了不同的方式。在"21世纪儿童项目政策问卷"中,共有11个国家和地区禁止在校内使用个人设备,还有13个国家和地区对学生在校内使用个人设备的时间施加限制。

禁止儿童使用自己的设备,甚至禁止他们将设备带到学校,在许多国家和地区引发了关于人权问题的讨论。例如,韩国国家人权委员会(NHRCK)2017年裁定,在学校禁止或没收手机的行为侵犯了学生的通信自由。具体来说,这些行为违反了韩国宪法第18条的规定:"任何公民的通信隐私不得受到侵犯",学生追求幸福的权利不容剥夺（Lee，2016[15]）。在此之前,韩国京畿道的一所中学禁止学生在校内使用手机。学生随后提交请愿书,希望推翻这项政策。NHRCK建议"学校制定更细致的政策,比如限制在课堂上使用手机,而不是一刀切地禁止使用"。

2018年,法国立法禁止在校内使用智能手机和其他上网设备。这项禁令适用于3—15岁的学龄儿童,而高中则可以根据学校自身情况选择是否实施。法国从2010年就已经禁止在教学活动中使用智能手机。这项新法律给予特定学生群体(如残疾学生)或用于"教学"目的的活动以豁免权（Ministère de l'Education nationale，2018[16]）。希腊也在国家层面禁止在校内使用个人设备。地方层面的立法禁令则更为常见，比如比利时法语区、加拿大安大略省、拉脱维亚、墨西哥、葡萄牙、苏格兰、西班牙、瑞士、土耳其和美国都实施了这种政策。澳大利亚新南威尔士教育部门于2018年12月对在公立小学使用移动设备做出限制（NSW Department of Education，2018[12]）。

仅提供设备还不足以确保学生平等获得数字接入的机会，而且还会受诸多因素（如社会和文化因素）影响，在使用方面引发各种问题（Livingstone and Helsper，2007[1]）。通过提供宽带等方式来拓宽公民的上网渠道，从而缩小第一道数字鸿沟，有助于减少不平等现象。为低收入家庭提供家庭上网服务，则有助于缩小使用方面的差距，从而改善他们的不利处境（Livingstone and Helsper，2007[1]）。此外，某些设备在使用率或拥有率方面的不平等可能因为各种因素而存在差异，如居住国或地区、上网经验以及儿童年龄。例如，与社会经济地位相比，父母的智能手机或平板电脑使用情况或许更有助于预测儿童的智能手机使用情况（Mascheroni and Ólafsson，2016[14]）。

### 提高数字技能，加强数字包容

随着第二道数字鸿沟的出现（Hargittai，2002[18]），21世纪人们关注的重点从接触数字技术，变成了获取数字技能和使用数字技术（Van Dijk，2017[17]）。研究表明，尽管21世纪的儿童被誉为"数字原住民"，但却在与互联网有关的接入、动机、使用和技能方面面临不平等问题（Mascheroni and Ólafsson，2016[14]）（参见第九章）。与第一道数字鸿沟一样，人口统计学因素也会对使用互联网的动机产生影响。性别、年龄、收入、就业和残障与否等人口统计学因素，还会影响互联网技能，产生数字排斥。然而，有结论表明，"当涉及互联网使用结果的不平等问题时,人们在网上做什么和他们拥有哪些技能比他们的身份更为重要"(Van Deursen and Helsper,2018[5])。

> **信息框 11-2 欧盟数字素养框架 2.0**
>
> 欧盟委员会2010年启动了"数字素养框架"(DigComp 2.0)项目,旨在确定数字素养的关键组成部分,涉及"具备数字素养"所需的知识、技能和态度等。对政策制定者而言,可以借此跟进公民的数字技能状况,并为课程开发提供支持。
>
> 数字素养框架2.0强调了数字素养的五大关键元素:信息和数据素养、沟通和协作素养、数字内容制作素养、安全素养和问题解决素养。
>
> 每个素养维度都有一些子维度。例如,维度二(沟通和协作素养)相关的子维度包括:通过数字技术进行互动、通过数字技术进行分享、通过数字技术参与公民活动、通过数字技术进行协作和遵守网络礼仪和管理数字身份。
>
> 欧盟成员国已经认可了这一框架,并以不同方式实施,包括加强教师培训、促进学生评估、提升就业能力、获取政策支持和推动框架实施。例如,西班牙以数字素养框架为基础制定了《教师数字素养共同框架》,挪威的ICT和教育中心也参考这一框架,开发了自己的数字素养框架。
>
> 资料来源:欧盟委员会(2019[31])

**政策和措施**

各国和地区采取了许多不同措施用于缩小第二道数字鸿沟。许多措施侧重于促进数字技能及数字包容有关的不同因素。这些措施有些是全面的,有些是更广泛的终身学习战略的一部分,还有的会将高等教育和义务教育包含在内。例如,爱尔兰《ICT技能行动计划》和葡萄牙《InCoDe.2030》为了缩小第二道数字鸿沟,均以不同的基础和目标实施了政策。澳大利亚则通过一些更有针对性的政策逐一解决数字鸿沟问题的各个要素,如教师教育和课程开发问题。一般来说,所采取的政策和行动计划主要针对三个方面:① 课程;② 为课程实施、学习框架、教师培训、课外活动提供支持;③ 为利益相关者提供信息,帮助他们了解如何提升数字技能和实现儿童普惠。表 11-2 中列举了一些案例。

表 11-2 针对第二道数字鸿沟的政策和措施示例

| 目标 | 示例 |
| --- | --- |
| 课程和实施 | **聚焦数字技术(澳大利亚)**。该项目通过提供专业数字技术和 ICT 课程,为弱势学校实施"澳大利亚数字技术课程"提供支持 |
| | **数字素养学校补助(澳大利亚)**。该倡议资助校内项目,支持创新的课程实施方式。优先考虑弱势群体 |
| | **数字技术中心(澳大利亚)**。提供学习资源和活动,为实施课程提供帮助和支持 |
| | **2020 年课程(挪威)**。挪威 2020 年的新课程纳入了数字技能 |
| | **ICT 技能行动计划(爱尔兰)**。爱尔兰已经实施了三轮技能行动改革计划。最近的一次是在 2019 年实施的。已结束的 2014—2018 年行动计划包括为中小学生创造更多职业机会,涉及课程改革,以及为教师提供与 ICT 相关的培训机会 |
| | **InCoDe. 2030(葡萄牙)**。ICT 已经延伸到基础课程中,首先在 223 所学校进行了试点,然后被纳入了所有学校、所有年份的基础教育课程矩阵 |
| | **萨斯喀彻温省的实用和应用艺术课程(加拿大萨斯喀彻温省)**。重新设计了 K-12 课程,包括机器人、自动化和计算机科学等学科 |
| 学习框架和基于学校的战略 | **学校数字化学习框架(爱尔兰)**。2018/2019 学年推出的该框架是《2015—2020 学校数字化战略》的组成部分。它为学校和教师制定了一种架构,得以确定在将数字技术嵌入教育和学习的过程中处于哪个阶段,以及如何在这个领域取得进展 |
| | **国家参考框架(卢森堡)**。国家参考框架将于 2019 年实施 |

(续表)

| 目标 | 示例 |
|---|---|
| 学习框架和基于学校的战略 | **"卓越协议"(比利时法语区)**。每所学校制定一项战略,将数字学校纳入学习过程和学校治理,以此缩小数字鸿沟 |
| | **教育和高等教育数字行动计划(加拿大魁北克省)**。该行动计划支持和引导学校将新技术整合进来,目的是以有效且适合的方式整合和使用数字技术,以促进终身技能的发展和维持 |
| | **数字教育战略(捷克)**。这项针对2020年提出的倡议旨在确保学校无差别地获得数字教育资源,确保学生和教师拥有必要的数字技能发展条件,确保加强教育基础设施,并鼓励在学校层面融入和理解数字技术 |
| | **2017—2022年瑞典学校系统数字化国家战略**。数字素养是这项国家战略的三大支柱之一。另外两项分别是数字工具的公平获取和使用,以及对学校数字化效果的研究和评估 |
| 教师教育 | **数字技术慕课(澳大利亚)**。该课程由阿德莱德大学提供,教师可以借此获得关于"澳大利亚数字技术课程"的免费培训 |
| | **ICT技能行动计划(爱尔兰)**。提供培训机会,促进学习者的数字技能发展 |
| | **InCoDe.2030(葡萄牙)**。教师培训是InCoDe.2030的组成部分,包括慕课、学习实验室和培训研讨会等方式 |
| | **FATIH(土耳其)**。该项目提供的教师培训涉及技术使用、实地培训和内容开发等领域 |
| 课外机会 | **digIT(澳大利亚)**。这些ICT暑期学校专门针对在STEM领域处于弱势的9—10年级学生,让他们有机会参加暑期数字技术学校,包括5个月的额外指导和后续的寄宿学校学习 |
| 线上资源 | **InCoDe.2030(葡萄牙)**。关于数字公民等主题的数字教育资源开发正在进行中 |
| | **澳大利亚数字技术挑战赛**。项目由悉尼大学发起,为5—8年级的学生提供与课程相关的免费线上学习活动。"Dive into Code"为4—12年级的学生提供有关编程活动和挑战 |

资料来源:21世纪儿童项目政策问卷

### 课程中的数字技能

当今时代,教授数字技能的重要性不言而喻,毕竟许多经济活动和社交互动都需要掌握数字技能才能顺利进行。此外,在学校推广数字素养将帮助年轻人认识到网络世界的风险(OECD,2018[2])。"21世纪儿童项目政策问卷"向受访国家和地区询问了他们在哪个教育阶段教授学生各种数字"硬"技能和"软"技能(见图11-2)。

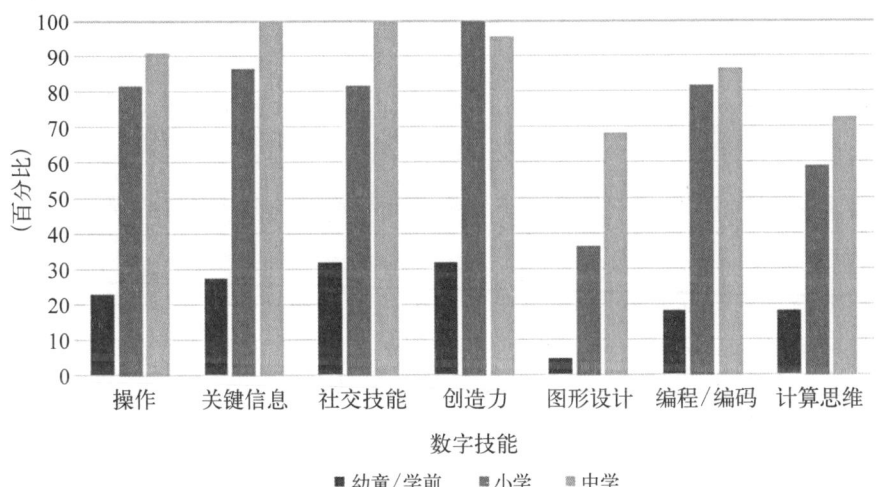

**图11-2 不同教育阶段中的数字技能学习**

注:共有22个国家和地区对政策问卷的该部分作答。
资料来源:21世纪儿童项目政策问卷

---

**信息框11-3 教师间的数字鸿沟**

各国和地区采取了许多方法来为教师提供接触数字技术的机会。然而,单纯获得软件或硬件并不能直接转化为良好的教学实践,即使获得这些工具,也未必能确保它们融入课堂活动(Earle,2002[19])。要想把它们作为学习工具在课堂上有效地利用起来,教师除了需要具备教学和学科方面的知识外,还需要具备科技知识和数字素养(Voogt et al.,2013[20])。教师能够有效地将技术整合到教学实践中时,就能为传统教学增加价值(OECD,2016[21])。有信心且已经掌握必要技能的教师可以运用混合学习等策略,从而实现因材施教和加强课堂互动性(Paniagua and Istance,2018[22])。

部分教师在入职前的培训中并没有获得太多 ICT 学习经验(Lei,2009[23];Voogt et al.,2013[20])。在某些情况下,他们接受的培训质量很差(Gudmundsdottir and Hatlevik,2018[24])。TALIS 2018 调查显示,OECD 国家中,只有56%的教师在正式的教育中获得了使用 ICT 进行教学的培训,此外只有43%的教师在完成师范教育后感觉自己已经充分或非常充分地做好了这方面的准备(OECD,2019[8];OECD,2014[25])。与 TALIS 2013 调查的情况一致的是,教师对 ICT 教学技能培训仍有很高的需求,仅次于为有特殊需要的学生提供教学的需求。教师必须接受高质量的数字工具使用培训,才能将 ICT 有效地融入教学实践。对自己的 ICT 能力有信心,并且认识到 ICT 对教学活动的附加价值的教师,会在课堂上更多地使用 ICT(European Commission,2013[26]),且专业发展与教师的自信心密切相关(Valtonen et al.,2015[27])。

"21 世纪儿童项目政策问卷"的结果表明,在大多数国家和地区,教师都会接受数字技能(即他们使用数字技术的能力)培训和将技术运用于教学的培训。然而,教师未必会在其他一些重要的数字素养方面接受培训,如评估学生在网上面临的风险,以及为学生提供数字素养或数字公民身份方面的教育。因此必须同时在职前和职后层面扩大教师培训范围,帮助教师做好更充分的准备,支持他们向学生教授这些 21 世纪的重要技能。

大多数国家和地区在中小学都会明确教授操作、关键信息、社交和创造性技能。然而,各级教育对图形设计、编程或编码和计算思维的关注较少。一般来说,中学比小学或更早的教育阶段更多关注数字技能。而在教授数字技能时,教师往往会过分强调基本操作技能的作用,但有迹象表明,将社交和创造性技能与制作数字内容的能力结合起来,可以产生积极的实际成果(Helsper, Van Deursen and Eynon, 2015[28])。因此,许多国家和地区在强调基本操作技能的同时,还很重视关键信息以及社交和创造性技能的培养,这是令人鼓舞的。

数字技能的教学和评估势在必行,因为技能水平较低的人获取信息和利用各种线上资源的能力也会较差(Van Deursen and Helsper, 2018[5])。此外,不同社会背景的人群在这些领域的技能水平也有所不同(Van Deursen, Helsper and Eynon, 2016[29]; Van Deursen et al., 2017[30])。因此,重要的是评估不同的弱势群体所缺乏的技能,然后通过有针对性的培训和干预措施来减少不平等现象(Van Deursen and Helsper, 2018[5])。

## 发展社会情感技能,增进(线上和线下)幸福感

要在数字经济中茁壮成长,光有数字技能是不够的。儿童和成人除了需要具备计算和识字等技能外,还需要能够促进协作性和灵活性的社会情感技能(OECD, 2016[32])。许多国家和地区正在将社会情感技能纳入国家(或地方)课程。这些技能对于处理和预防情感幸福方面的挑战以及促进儿童的积极发展尤为重要,并且为数字公民和理解"网络礼仪"打下基础(参见第十二章)。此外,有研究支持这样的观点,即参与网络暴力与较弱的社交能力和较强的孤独感有关(Schoffstall and Cohen, 2011[33])。

培养社会情感技能通常是有效预防一系列情感幸福问题的关键要素。诸如沟通、问题解决、应对和洞察等技能对于在线上和线下空间培养适应力非常重要。在这个意义上,将这些技能进一步纳入和整合到课程中是有很大潜力的。如表11-3所示,许多国家和地区也的确采取了这样的措施。

培养儿童的社会情感技能和数字技能,并提升他们的数字适应力,对确保

表 11-3 将社会情感技能融入课程

| 国家和地区 | 项目名称 | 项目类型 | 解决的技能和内容 |
| --- | --- | --- | --- |
| 法国 | 法国学士学位改革项目 | 课程和法规 | 新增口语考试,培养高中学生的演讲技能,从而建立自信和自尊 |
| 爱尔兰 | 0—6岁儿童早教课程框架(Aistear) | 课程 | 设定以下主题供早教和小学使用:幸福、认同和归属感;发展安全的依恋,培养坚强的性格,培养应对挑战和困难的适应力 |
| 爱尔兰 | 社交和健康教育(SPHE)课程 | 课程 | 培养自我意识,建立自尊和对多样性的意识,在学校和生活中建立有意义的关系 |
| 挪威 | 有关学校卫生服务的课程改革和立法(2017) | 课程和法规 | 介绍生活技能,把心理健康当做跨学科的主题来学习<br>制定指导方针,明确关于组织、卫生工作者/护士的数量和专业标准的专业要求 |
| 葡萄牙 | 义务教育结束时的学生概况 | 课程 | 发展人际关系,旨在帮助学生认识、表达和管理情绪,建立人际关系,以及协调个人和社会的需求 |
| 苏格兰 | 卓越课程(身心健康领域) | 课程 | 发展自我意识、自我价值,尊重他人迎接挑战、管理变革和建立人际关系<br>培养适应力和自信(以便应对与学校有关的焦虑和紧张情绪)<br>承认多样性并学习如何应对挑战 |
| 韩国 | 儿童福利法案、学校卫生法案、人格教育促进法案 | 课程和法规 | 强化人格教育以缓解与学校相关的压力 |

资料来源:21世纪儿童项目政策问卷

网络包容非常重要。然而,其他系统性问题(如贫困、不平等以及歧视少数民族或弱势文化背景的儿童)使儿童更容易遭遇网络霸凌和诱骗等负面线上体验。

残障儿童也更有可能遇到更多网络风险（Livingstone and Palmer，2012[34]）。因此，想要确保儿童的幸福感，除了培养技能外，还应当针对弱势群体制定干预措施，并为根除不平等现象出台相关政策。

## 屏幕使用时间指南和证据在促进儿童幸福感方面的重要性

随着数字技术在课堂内外的日渐普及，屏幕使用时间也因为可能对儿童的幸福感产生"威胁"而受到广泛关注。由于相关文献不太完善，且往往结论不一致，所以很难基于强有力的证据来制定指导方针（Gottschalk，2019[35]）。"多少算太多"是个非常重要（但却没有确切答案）的问题，但关于"金发女孩假说"的研究却表明，政策制定者应当把"多少算太少"这个问题也纳入讨论范围。使用数字技术一方面会给儿童带来风险，但另一方面也为培养儿童的重要技能创造了机会，还可以通过促进保护性因素的发展（如强化关系）来提升儿童的幸福感程度。

一些OECD国家和地区已经针对儿童的屏幕使用时间制定了指南，但是各国和地区在制定和实施指南方面表现得并不一致，形式也多种多样。一些国家和地区只针对使用什么类型的屏幕制定了指南，但在其他国家和地区，屏幕使用时间则被纳入更广泛的指南中，如体育活动指南（将屏幕使用时间归入久坐不动的行为或时间）。这些指南可以由国家部委、非政府组织或国家部委监督下的公益组织负责宣传，或者像某些国家和地区那样，由相关的国家卫生机构进行推荐。例如，在澳大利亚和新西兰，这类指南是由其各自的政府部门或卫生部门制定的；在加拿大和美国，这类指导方针是由加拿大儿科学会（Canadian Paediatric Society）、美国心理学会（American Psychological Association）和美国儿科学会（简称AAP）提出的。AAP制定的指南以及加拿大运动生理学会（Canadian Society for Exercise Physiology，简称CSEP）制定的加拿大指南在其他OECD国家也很有影响力。例如，新西兰卫生部就利用CSEP的指南来制定自己的指南，也有许多国家和地区直接采纳AAP指南，而没有为自己的国家和地区建立一套单独的指南。

屏幕使用时间指南或政策通常分为以下几类：

- 根据年龄进行普遍限制——即不对使用的屏幕类型进行特别限制，而是根据年龄限制使用时间。
- 对年龄和活动进行限制——即针对年龄和活动类型两方面做出相应规定。
- 通用建议——即对所有儿童给出相同的建议，而不针对不同年龄或活动做出规定。

一般来说，以限制为主的指南建议学龄儿童持续使用屏幕的时间不超过两小时，但儿童发展和临床领域的研究人员对此提出了质疑（Linebarger and Vaala, 2010[36]；Ferguson and Donnellan, 2014[37]）。他们认为，两个小时的限制过于武断，因为并没有研究支持这个严格的界限，如果能适度使用数字设备，即使超过两个小时，也会对儿童的情感发展和学业成绩产生积极影响（Przybylski and Weinstein, 2017[38]；OECD, 2017[6]）。以限制为主的指南往往忽视了 21 世纪的儿童和青少年线上与线下娱乐和社交空间之间是交互融合的（Marsh, 2014[39]）。"一刀切"地禁止或限制屏幕使用时间或技术使用，可能没有充分考虑到儿童和青少年使用设备时的细微差别，并且过分夸大了"取代效应"的潜在影响力——这在科学界是有争议的（参见第八章）。

对于非独生子女家庭来说，基于年龄制定的指南可能难以实施，特别是那些建议幼童少看或不看屏幕的指南。如果家庭中一个年龄较大的孩子每天被允许有 30 分钟或 1 小时的屏幕使用时间，在这个过程中，可能很难阻止他年幼的弟弟或妹妹（如婴幼儿）观看屏幕。特别是这些指南建议只在家庭的公共区域使用屏幕，这可能忽略了混龄家庭日常生活的现实情况。

同时，儿童使用数字技术的目的和原因可能比他们接触数字技术的时间长短更重要。有证据表明，观看与自身年龄相符的高质量节目可以促进儿童某些方面的认知发展。"共同观看"（即与父母或监护人一起观看屏幕）可以提高婴儿的注意力，培养他们通过屏幕学习的习惯（Gottschalk, 2019[35]）。这亦被称

表11-4 屏幕使用时间指南

| 国家和地区/机构 | 婴幼儿 | 幼儿期 | 学龄期—青春期 | 其他建议 |
|---|---|---|---|---|
| | | 根据年龄进行普遍限制 | | |
| 澳大利亚政府卫生部 | 不看（小于12个月），不超过1小时（12—24个月） | 不超过1小时 | 不超过2小时（娱乐） | |
| 加拿大，加拿大运动生理学会（CSEP）和加拿大儿科学会（CPS） | 不看 | 不超过1小时 | 不超过2小时（仅CSEP） | 限制久坐时间（CSEP），成人示范健康的屏幕使用方式（CPS） |
| 德国联邦政府卫生部 | 不看 | 30分钟 | 1小时（小学），2小时（青春期） | 尽可能避免，2岁以下完全不使用屏幕，包括所处的背景环境中在播放电视 |
| 拉脱维亚，Dardedze中心 | 2岁前不看 | 不每天观看，每次控制在15—20分钟，每天不超过30分钟 | | 基于美国儿科学会的指南，强调安全和适合年龄的内容，不要把使用设备作为奖励/惩罚措施 |
| 新西兰卫生部 | 不看 | 不超过1小时 | 不超过2小时（娱乐） | 改编自加拿大运动生理学会指南 |
| 美国，美国儿科学会 | 不看，视频聊天除外（18个月以下），只看高质量的节目（18—24个月） | 1小时高质量节目，共同观看 | 对屏幕使用时间和类型继续加以限制 | 不使用屏幕时将其关闭；确保屏幕使用时间不会取代其他对健康有益的重要活动 |

（续表）

针对年龄和活动进行限制

| 国家和地区/机构 | 婴幼儿 | 幼儿期 | 学龄期—青春期 | 其他建议 |
|---|---|---|---|---|
| 比利时（法语区），Yapaka项目 | 3岁以下：不看电视，且避免观看所有屏幕 | 3—6岁：不在卧室观看屏幕，避免接触游戏机 | 6—9岁：不单独上网，对使用屏幕的时间制定明确规则，避免在卧室里使用屏幕<br>9—12岁：不使用社交网络<br>12岁以上：可以独自上网，遵守上网计划 | 无论多大年龄，都应当对节目类型和屏幕使用时间做出限制，鼓励创造性活动 |
| 法国\*，媒体教育和信息中心 | 3岁以下：不看电视，带有触觉功能的平板电脑不作为主要游戏方式，但可以充当传统游戏的补充，须父母陪同 | 3—5岁：每天不超过90分钟<br>6岁前：可以偶尔玩多人电子游戏，不玩单人电子游戏，避免拥有自己的屏幕使用时间明确 | 6岁以上：每天不超过2小时<br>6—9岁：对使用屏幕的时间制定明确规则<br>8岁以上：解释隐私权等 | 早上不使用屏幕，吃饭时不使用屏幕，晚上睡前不使用屏幕，在儿童卧室内不使用屏幕，每使用屏幕1小时，应当进行1小时非屏幕活动 |
| 瑞士，青年与媒体部 | 3岁以下：不看电视 | 3—5岁：与父母共同观看电视、DVD比30分钟下儿童电视，4岁以下儿童，DVD比电视更合适<br>6岁以下：不宜独自玩游戏 | 9—12岁：继续对使用屏幕的时间建立明确的规则；解释互联网的特性<br>12岁以上：儿童可以独自上网<br>6—9岁：不上网<br>9—12岁：不使用社交网络 | 睡前不使用屏幕，父母应当在儿童屏幕使用程序前进行检查，与儿童协商屏幕使用时间，不把电子游戏作为奖励或惩罚措施 |

250

（续　表）

| 国家和地区/机构 | 婴幼儿 | 幼儿期 | 学龄期—青春期 | 其他建议 |
|---|---|---|---|---|
| | | 通用指南 | | |
| 芬兰 | | | | 每天屏幕使用时间不超过2小时，久坐时间不超过2小时，每天至少参加2小时高强度体育锻炼 |
| 卢森堡 | | | | 线上和线下活动平衡；在线上每花1小时，就在线下花1小时，夜间关闭屏幕和设备，父母和孩子应当协商屏幕使用时间，不包括作为学业活动和家庭使用屏幕的时间，建议与年幼的儿童共同观看屏幕 |
| 韩国 | | | | 午夜至早晨6点对16岁以下儿童关闭网络游戏系统 |
| 英国皇家儿科与儿童健康学院 | | | | 家庭共同协商屏幕使用时间，确定屏幕使用时间是否存在问题，可以提出四个问题：<br>(1) 屏幕使用时间是否受到控制？<br>(2) 它是否干扰了你的家庭想要做的事情？<br>(3) 它是否干扰了睡眠？<br>(4) 使用屏幕时吃零食的行为是否受到控制？<br>如果回答都没有问题，该家庭的屏幕使用时间或许就不构成问题。如果有问题，指南中提供了减少屏幕使用时间的技巧 |

资料来源：21世纪儿童政策问卷；戈特沙尔克（2019）[35]

为"脚手架理论"(scaffolding),因此建议监护人在观看屏幕时可以向孩子提问,并对所观看的内容进行描述,提炼出一些关键的信息(Barr et al.,2008[45])。

尽管针对技术对儿童的影响所进行的研究正大量涌现,政策制定者还是需要更确切的证据来制定明确而有效的儿童技术使用指南。如前文所述,现有研究面临的主要挑战包括缺乏高质量和具有连贯性的研究,研究方法的设计存在问题,难以确定相关性与因果关系,以及过分关注技术的负面影响,但数字技术可能蕴含的积极影响并未获得应有的重视。

在制定指南时,可以将高质量研究中得出的一些结论纳入考虑。例如,有研究认为,适度使用屏幕与青少年犯罪、危险行为、成绩下降或心理健康问题等负面结果并没有关系,即使超出许多国家和地区或 AAP 推荐的时间长度也同样如此(Ferguson,2017[46])。根据"金发女孩假说",适度使用屏幕甚至可能对儿童有益,尽管具体的影响会因数字媒体类型和使用时间(即在周中还是周末)等因素而有所不同(Przybylski and Weinstein,2017[38]),但这种行为给青少年的心理健康带来的风险可能很小。负面结果的产生与每天超过 6 小时的媒体使用有关(Ferguson,2017[46]),但与心理健康的相关性很小(Przybylski and Weinstein,2017[38])。

### 信息框 11-4 韩国的"关机法"和儿童睡眠

屏幕或许不是"摧毁一代人"的罪魁祸首,但它是否会影响睡眠呢?一项系统性的文献回顾发现,屏幕使用时间会对睡眠情况产生不利影响(Hale and Guan,2015[40])。最近的一项研究表明,每观看 1 小时电子屏幕,与夜间睡眠减少 3—8 分钟以及睡眠时间不连贯有关(Przybylski,2019[41])。然而研究方法上的局限性,即睡眠时间和屏幕使用时间依靠受访者的自我报告,这往往不可靠,容易出现多报和少报的情况,尤其是屏幕使用时间(Scharkow,2016[42])阻碍了研究人员确定因果关系,而且证据往往前后不一致。尽管有这些局限性,但结果表明,屏幕对睡眠的影响相对较小。然而睡眠和使用数字技术之间的关系已经引起了家长、教师和政策制定者的广泛关注。

2011年11月,韩国政府为了遏制青少年沉迷游戏的现象,同时为了提高他们的睡眠质量,决定通过立法禁止16岁以下儿童在午夜至早上6点之间玩网络游戏。这一措施的结果喜忧参半:有研究对禁令的作用进行了调查,结果表明,儿童的睡眠时间只增加了1.5分钟。实际上只有女孩的睡眠时间显著增加(增加了2.7分钟),禁令对研究样本中的男孩影响并不明显(Lee, Kim and Hong, 2017[43])。另一项研究发现,虽然青少年每天上网的时间在短期内确实减少了,但在法律实施四年后,睡眠时间却并未出现改善的迹象。研究人员发现,受访者的睡眠时间没有受到影响(Choi et al., 2018[44])。这些结果与"上网可能不会取代其他活动"的观点相一致(详见第八章中关于"取代假说"的内容),同时也说明,采取综合性的方法来管理屏幕使用时间和改善儿童睡眠或许比实施简单的禁令更加合适。

随着技术的发展和儿童习惯的改变,研究人员和政策制定者面临一些新的挑战。例如,"屏幕堆叠"或媒体多重任务(即同时使用不止一台科技设备)是一种相对较新的现象,目前还缺乏足够的研究,但却可能影响儿童的认知、行为、神经结构和学业成绩(Uncapher et al., 2017[47])。多项研究还得出了一些高度一致的结论,包括:

- 屏幕发出的蓝光可能影响褪黑素的生成,进而影响睡眠——除了养成良好的睡眠卫生习惯外,在睡前减少蓝光照射也有助于减轻这种影响。
- 适度上网可以帮助儿童与他们的同伴建立融洽的关系,而且儿童似乎不会因此而减少体育活动或其他有益健康的行为。

- 不能对所有媒体一概而论——被动接受还是主动参与？暴力、娱乐还是有教育性的内容？是否适合所处的年龄段？这些因素都会对儿童产生影响。
- 共同观看为践行"脚手架理论"提供了机会，可以帮助儿童理解屏幕内容，父母或监护人的陪伴质量或许比他们跟孩子共同参与的活动类型（即是否使用屏幕）更重要。

英国皇家儿科和儿童健康学院（Royal College of Paediatrics and Child Health in the United Kingdom）最近发表的指南，就很好地示范了如何利用研究证据来制定指南。这个机构对现有研究进行总结后得出的结论是，危害性证据往往被夸大，屏幕可能对儿童产生的负面影响是有争议的（RCPCH, 2019[48]）。由于证据不足，指南建议根据每个儿童的需要在家庭内部协商使用屏幕的时间，每个家庭都应该回答四个问题（见表11-4）。如果整个家庭都对答案感到满意，可能表明这个家庭在屏幕使用方面做得很好。指南最后向那些认为有必要减少屏幕使用时间的家庭提出了建议，包括通过使用屏幕限制来预防睡眠替代，优先考虑面对面的互动，以及意识到父母的媒体使用方式对孩子的示范作用（RCPCH, 2019[48]）。

## 总结

各国和地区的政府和教育部门可以在培养儿童的数字素养和提升儿童的数字幸福感方面发挥重要作用，他们也确实这样做了。无论是将数字素养和数字幸福感纳入国家课程，通过各种项目提高教师的数字技能，还是向家长和家庭进行宣教，并在课堂内外为儿童提供机会，以培养他们的数字技能和社会情感技能，在这些方面都提供了许多优秀的范例。不同的数字技能与社会情感技能之间的重叠，意味着全面的幸福感和数字框架可以同时包含这两套技能，确保儿童在线上和线下都能安全、快乐地生活。

在缺乏高质量数据的情况下制定有效的政策可谓难上加难，屏幕使用时间的规定就属于这种情况。如果以切实的证据为基础,那么像在国家层面推广屏幕时间指南那样采取自上而下的方法,确实可以起到成效。然而,由于文献观点不一,加之媒体中出现误导信息,政策制定者可能会在这个问题上难以抉择。因此,像英国 2019 年发布的屏幕使用时间指南那样,从整体上针对儿童幸福感和屏幕使用时间制定政策,可以成为政府今后处理这类情况时的一种有效途径,从而避免施加过多限制或采取无效的方法。

## 参考文献

Barr, R. et al. (2008), "Infants' attention and responsiveness to television increases with prior exposure and parental interaction", *Infancy*, Vol. 13/1, pp. 30 – 56, http://dx.doi.org/10.1080/15250000701779378. 【45】

Chen, W. and B. Wellman (2004), "The global digital rivide—Within and between countries", *IT&Society*, Vol. 1/7, pp. 39 – 45. 【9】

Choi, J. et al. (2018), "Effect of the online game shutdown policy on Internet use, Internet addiction, and sleeping hours in Korean adolescents", *Journal of Adolescent Health*, Vol. 62/5, pp. 548 – 555, http://dx.doi.org/10.1016/j.jadohealth.2017.11.291. 【44】

Department of Education (n.d.), *Personally Owned Device/Bring Your Own Device*, http://det.wa.edu.au/intranet/podprogram/detcms/portal/. 【11】

Earle, R. (2002), "The integration of instructional technology into public education: Promises and challenges", *Educational Technology*, Vol. 42/1, pp. 5 – 13, http://dx.doi.org/10.2307/44428716. 【19】

European Commission (2019), *DigComp / EU Science Hub*, https://ec.europa.eu/jrc/en/digcomp. 【31】

European Commission (2013), *Survey of Schools: ICT in Education; Benchmarking Access, Use and Attitudes to Technology in Europe's Schools*. 【26】

Ferguson, C. (2017), "Everything in moderation: Moderate use of screens unassociated with child behavior problems", *Psychiatric Quarterly*, Vol. 88/4, pp. 797 – 805, http://dx.doi.org/10.1007/s11126-016-9486-3. 【46】

Ferguson, C. and M. Donnellan (2014), "Is the association between children's baby video viewing and poor language development robust? A reanalysis of Zimmerman, Christakis, and Meltzoff (2007)", *Developmental Psychology*, Vol. 50/1, pp. 129 – 137, http://dx.doi.org/10.1037/a0033828. 【37】

Gottschalk, F. (2019), "Impacts of technology use on children: Exploring literature on the brain, cognition and well-being", *OECD Education Working Papers*, No. 195, OECD Publishing, Paris, https://dx.doi.org/10.1787/8296464e-en. 【35】

Gudmundsdottir, G. and O. Hatlevik (2018), "Newly qualified teachers' professional digital competence: Implications for teacher education", *European Journal of Teacher Education*, Vol. 41/2, pp. 214 – 231, http://dx.doi.org/10.1080/02619768.2017.1416085. 【24】

Hale, L. and S. Guan (2015), "Screen time and sleep among school-aged children and adolescents: A systematic literature review", *Sleep Medicine Reviews*, Vol. 21, pp. 50–58, http://dx.doi.org/10.1016/J.SMRV.2014.07.007. 【40】

Hargittai, E. (2002), "Second-level digital divide: Differences in people's online skills", *First Monday*, Vol. 7/4, http://dx.doi.org/10.5210/fm.v7i4.942. 【18】

Helsper, E., A. Van Deursen and R. Eynon (2015), *Tangible Outcomes of Internet Use: From Digital Skills to Tangible Outcomes project report*, www.oii.ox.ac.uk/research/projects/?id=112. 【28】

Hooft Graafland, J. (2018), "New technologies and 21st century children: Recent trends and outcomes", *OECD Education Working Papers*, No. 179, OECD Publishing, Paris, https://dx.doi.org/10.1787/e071a505-en. 【13】

Lee, C. (2016), "Human rights watchdog opposes ban on students' cellphone use in Korea", *The Korea Herald*, www.koreaherald.com/view.php?ud=20160623000895. 【15】

Lee, C., H. Kim and A. Hong (2017), "Ex-post evaluation of illegalizing juvenile online game after midnight: A case of shutdown policy in South Korea", *Telematics and Informatics*, Vol. 34/8, pp. 1597–1606, http://dx.doi.org/10.1016/j.tele.2017.07.006. 【43】

Lei, J. (2009), "Digital natives as preservice teachers: What technology preparation is needed?", *Journal of Computing in Teacher Education*, Vol. 25/3, https://files.eric.ed.gov/fulltext/EJ835233.pdf. 【23】

Linebarger, D. and S. Vaala (2010), "Screen media and language development in infants and toddlers: An ecological perspective", *Developmental Review*, Vol. 30/2, pp. 176–202, http://dx.doi.org/10.1016/j.dr.2010.03.006. 【36】

Livingstone, S. and E. Helsper (2007), "Gradations in digital inclusion: Children, young people and the digital divide", *New Media & Society*, Vol. 9/4, http://dx.doi.org/10.1177/1461444807080335. 【1】

Livingstone, S. and T. Palmer (2012), *Identifying vulnerable children online and*, http://eprints.lse.ac.uk/44222/. 【34】

Marsh, J. (2014), "Online and offline play", in Burn, A. and C. Richards (eds.), *Children's Games in the New Media Age.*, Ashgate, Cambridge. 【39】

Mascheroni, G. and K. Ólafsson (2016), "The mobile Internet: Access, use, opportunities and divides among European children", *New Media & Society*, Vol. 18/8, pp. 1657–1679, http://dx.doi.org/10.1177/1461444814567986. 【14】

Ministère de l'Education nationale (2018), *Interdiction de l'utilisation du téléphone portable à l'école et au collège*, https://cache.media.eduscol.education.fr/file/Vie_des_ecoles_et_des_ets/60/8/Vademecum_inderdiction-portable-ecole-college_03092018_992608.pdf. 【16】

NSW Department of Education (2018), *Student Bring Your Own Device Policy (BYOD)*, https://education.nsw.gov.au/policy-library/policies/student-bring-your-own-device-policy-byod. 【12】

OECD (2019), *How's Life in the Digital Age?: Opportunities and Risks of the Digital Transformation for People's Well-being*, OECD Publishing, Paris, https://dx.doi.org/10.1787/9789264311800-en. 【3】

OECD (2019), *TALIS 2018 Results (Volume I): Teachers and School Leaders as Lifelong Learners*, TALIS, OECD Publishing, Paris, https://dx.doi.org/10.1787/1d0bc92a-en. 【8】

OECD (2019), "Well-being in the digital age", *OECD Going Digital Policy Note*, OECD, Paris. 【7】

OECD (2018), *Children & young people's mental health in the digital age: Shaping the future*, www. oecd. org/health/health-systems/Children-and-Young-People-Mental-Health-in-the-Digital-Age. pdf. 【2】

OECD (2017), *PISA 2015 Results (Volume III): Students' Well-Being*, PISA, OECD Publishing, Paris, https://dx. doi. org/10. 1787/9789264273856-en. 【6】

OECD (2016), "A brave new world", in *Trends Shaping Education 2016*, OECD Publishing, Paris, https://dx. doi. org/10. 1787/trends_edu-2016-8-en. 【21】

OECD (2016), *Policy Brief on the Future of Work: Skills for a Digital World*, www. oecd. org/els/emp/Skills-for-a-Digital-World. pdf. 【32】

OECD (2014), *TALIS 2013 Results: An International Perspective on Teaching and Learning*, TALIS, OECD Publishing, Paris, https://dx. doi. org/10. 1787/9789264196261-en. 【25】

Paniagua, A. and D. Istance (2018), *Teachers as Designers of Learning Environments: The Importance of Innovative Pedagogies*, Educational Research and Innovation, OECD Publishing, Paris, https://dx. doi. org/10. 1787/9789264085374-en. 【22】

Przybylski, A. (2019), "Digital screen time and pediatric sleep: Evidence from a preregistered cohort study", *The Journal of Pediatrics*, Vol. 205, pp. 218–223. e1, http://dx. doi. org/10. 1016/j. jpeds. 2018. 09. 054. 【41】

Przybylski, A. and N. Weinstein (2017), "A large-scale test of the Goldilocks Hypothesis", *Psychological Science*, Vol. 28/2, pp. 204–215, http://dx. doi. org/10. 1177/0956797616678438. 【38】

RCPCH (2019), *The health impacts of screen time: A guide for clinicians and parents*, www. rcpch. ac. uk/sites/default/files/2018-12/rcpch_screen_time_guide_-_final. pdf. 【48】

Scharkow, M. (2016), "The accuracy of self-reported Internet use—A validation study using client log data", *Communication Methods and Measures*, Vol. 10/1, pp. 13–27, http://dx. doi. org/10. 1080/19312458. 2015. 1118446. 【42】

Schoffstall, C. and R. Cohen (2011), "Cyber aggression: The relation between online offenders and offline social competence", *Social Development*, Vol. 20/3, pp. 587–604, http://dx. doi. org/10. 1111/j. 1467-9507. 2011. 00609. x. 【33】

Selwyn, N. et al. (2017), "Left to their own devices: The everyday realities of one-to-one classrooms", *Oxford Review of Education*, Vol. 43/3, pp. 289–310, http://dx. doi. org/10. 1080/03054985. 2017. 1305047. 【10】

Uncapher, M. et al. (2017), "Media multitasking and cognitive, psychological, neural, and learning differences", *Pediatrics*, Vol. 140/Supplement 2, pp. S62–S66, http://dx. doi. org/10. 1542/PEDS. 2016-1758D. 【47】

Valtonen, T. et al. (2015), "Developing a TPACK measurement instrument for 21st century pre-service teachers", *Seminar. net International Journal of Media, Technology & Lifelong Learning*, Vol. 11/2, https://journals. hioa. no/index. php/seminar/article/view/2353. 【27】

Van Deursen, A. and E. Helsper (2018), "Collateral benefits of Internet use: Explaining the diverse outcomes of engaging with the Internet", *New Media & Society*, Vol. 20/7, pp. 2333–2351, http://dx. doi. org/10. 1177/1461444817715282. 【5】

Van Deursen, A., E. Helsper and R. Eynon (2016), "Development and validation of the Internet Skills Scale (ISS)", *Information, Communication & Society*, Vol. 19/6, pp. 804–823, http://dx. doi. org/10. 1080/1369118X. 2015. 1078834. 【29】

Van Deursen, A. et al. (2017), "The compoundness and sequentiality of digital inequality", *International Journal of Communication*, Vol. 11, pp. 452 – 473, http://eprints.lse.ac.uk/68921/1/Helsper_Compoundness%20and%20sequentiality.pdf. 【30】

Van Deursen, A. and J. Van Dijk (2015), "Toward a multifaceted model of Internet access for understanding digital divides: An empirical investigation", *The Information Society*, Vol. 31/5, pp. 379 – 391, http://dx.doi.org/10.1080/01972243.2015.1069770. 【4】

Van Dijk, J. (2017), "Digital divide: Impact of access", in *The International Encyclopedia of Media Effects*, John Wiley & Sons, Inc., http://dx.doi.org/10.1002/9781118783764.wbieme0043. 【17】

Voogt, J. et al. (2013), "Technological pedagogical content knowledge — A review of the literature", *Journal of Computer Assisted Learning*, Vol. 29/2, pp. 109 – 121, http://dx.doi.org/10.1111/j.1365-2729.2012.00487.x. 【20】

# 第十二章

# 为积极主动、品行端正的数字下一代赋能

为积极主动、品行端正的数字下一代赋能是 OECD 各国教育部门的关键政策目标。本章探讨了各种复杂条件下的数字公民这一主体,积极、负责和正面地参与线上和线下社群的能力。在线上,即使是技术最熟练的数字公民也可能遇到网络风险,如网络霸凌、色情短信和色情报复,以及对安全和隐私的威胁。儿童不仅会成为受害者,自身也可能是这些网络不端行为的实施者。互联网的匿名性和不可见性可能导致儿童在线上的行为有别于线下,这突出了教育系统倡导理性上网行为的必要性。本章还探讨了各国如何通过旨在保护和提升儿童数字适应力的政策来应对数字风险,并重点介绍这些政策如何赋能并鼓励儿童积极、道德地使用数字工具。

## 培养数字公民

在世界各地的教育系统中,数字公民素养越来越受到重视。虽然学术和政策领域的差异导致其具有不同的定义,但从广义来说,数字公民素养可以概括为与数字技术使用相关的行为规范(Ribble, Bailey and Ross, 2004[1])。它需要具备教育和技术能力,以及获得技术的机会(Mossberger, Tolbert and McNeal, 2008[2])。

此外,数字公民拥有积极、负责地参与线上和线下社交的能力(Council of Europe, 2019[3])。有学者主张,"以网络公民的身份参与"应和"对他人的尊重和宽容行为"(UNICEF, 2017[5])一样,被纳入数字素养的定义之中(Jones and Mitchell, 2016[4])。

在"21 世纪儿童项目政策问卷"调查中,回答这部分问题的 24 个教育系统中有 13 个将培养数字公民确定为当前环境下的一项紧迫挑战(见第二章)。受访者经常提到这种网络挑战对线下具有影响——他们强调,数字公民素养可以为个人发展和整个社会做出积极贡献,而且可以更广泛地与道德和公民教育领域的技能或知识共同发展。

政策问卷在这一部分的主题是:

- 在网上具备责任感和尊重他人的必要性。
- 对线下行为产生影响的重要性(即在网络空间的负面或不良行为也会影响线下行为模式)。
- 安全问题——识别有害或威胁行为,接触不道德的互联网使用方式的可能性。
- 媒体素养。

本章着眼于加强和构建数字公民素养的政策和实践,以及探讨互联网使用中出现的一些风险和行为问题,其中包括网络霸凌、色情报复和色情短信,以及数据安全和保护。本章最后将探讨儿童的数字适应力建设和数字世界的道德维度。

## 培养数字公民素养的政策和实践

数字公民素养涵盖不同的方面。首先,它需要有能力积极正面地运用数字技术,从而使儿童能够创造内容、进行人际交往、利用数字工具玩耍、交流和学习,以及工作和分享。它还需要积极主动和负责任的参与,持续捍卫人格尊严,以及在正式、非正式以及日常环境中终身学习(Council of Europe, 2019[3])。

为了获取数字资源和使用网络平台,我们需要一套必不可少的数字技能,以及了解如何在数字空间中运用批判性思维,并通过数字手段解释、理解和表达自己。各国通过课程改革、发展独立机构和教师培训项目来培养和加强学生的数字公民素养。表12-1概括了各国培养数字公民素养的一些举措。

表12-1 针对数字公民素养的教育政策

| 方 法 | 详 细 信 息 | 示 例 |
|---|---|---|
| 课程 | 将数字素养和媒体素养纳入课程,或作为独立的单元或课程,纳入现有的课程(语言课、数学课等),或与现有课程相结合 | **法国**的媒体和信息教育(2016年);**希腊**课程中的信息和通信技术及信息学教学;媒体素养和互联网安全包括在**拉脱维亚**的课程内容领域中,包括媒体素养和互联网安全(2020);**挪威**的核心课程中确立了价值观和基本原则,并在2020年推出新的特定学科的课程 |
| 教师培训 | 通常情况下,许多教师都接受过数字素养方面的培训,以及如何培养学生的数字素养和公民身份。培训通常由建立了合作伙伴关系的不同团体提供 | **比利时佛拉芒区**对教师和教育工作者进行媒体教学培训,包括9个培训课程、1个线上课程以及1个工作环境中进行的"实习项目" |
| 独立机构、线上平台和信息宣教活动 | 一些教育体系已经建立了致力于使儿童安全和负责任地使用数字媒体的团体或机构。而宣教活动主要以教师和家长为目标,提供信息或线上资源,以提高其数字技能、上网知识和数字公民身份。可能涉及合作伙伴关系 | **丹麦**儿童和青少年媒体委员会就儿童使用数字媒体的情况提供信息和建议(如为家长和教育工作者提供电影评级、信息文章);在**瑞士**建立的青年和媒体平台,主题从"假新闻"到"开心掌掴",以及安全和数据保护;**拉脱维亚**进行了"互联网上的超级英雄"活动 |

（续　表）

| 方　法 | 详　细　信　息 | 示　例 |
|---|---|---|
| 合作伙伴关系 | 一些合作伙伴关系的建立是为了传播或开发信息工具或资源,而其他合作伙伴关系是在利益集团和教育系统中开发的,目的是分享知识和最佳的实践机会,或帮助实施数字公民计划 | **拉脱维亚**的国家警察部门与 Net-Safe 建立的"互联网超级英雄"合作伙伴关系是一项旨在促进儿童的媒体素养和线上安全的社会运动;**比利时佛拉芒区**的媒体教学培训由 Mediawijs 与其他组织合作实施,获得了来自媒体部门、教育和培训部门以及欧洲委员会的资助 |

资料来源:21 世纪儿童项目政策问卷

一些国家和地区的教育系统已将数字技能教学(见第十一章)以及信息和媒体素养项目纳入培养数字公民战略。这些方法有的涉及新课程开发,有的将数字媒体和技能培训作为独立的学习单元或通过现有科目整合到课程中,或者两者相结合。一些国家和地区更明确地开展数字公民教育,例如萨斯喀彻温(加拿大)制定的《萨斯喀彻温学校数字公民教育》,覆盖了从幼儿园到12年级(高中最后一年)。

### 专注于教学

以培养数字公民素养为目标的举措如果包含了提升教师自身数字技能的内容,则是最有效的(Choi, Cristol and Gimbert, 2018[7])。然而,教师并不总是能够广泛获得这些领域的目的明确的培训,如图 12－1 所示。

虽然在回答这一问题的 24 个教育系统中,超过一半的国家和地区的教育系统表示,对学生进行数字公民和数字素养教育是必需的或者普遍的,但几乎同样数量的国家和地区报告说,这些主题只涉及一些项目或者并不普遍。更引人注目的是,尽管政策关注网络风险,但对学生进行网络风险教育是教师职前培训和职后专业发展中最不常见的内容。这些结果与 TALIS 调查的结果一致,在过去 10 年里,教师始终报告说,在使用 ICT 进行教学方面非常需要提升专业

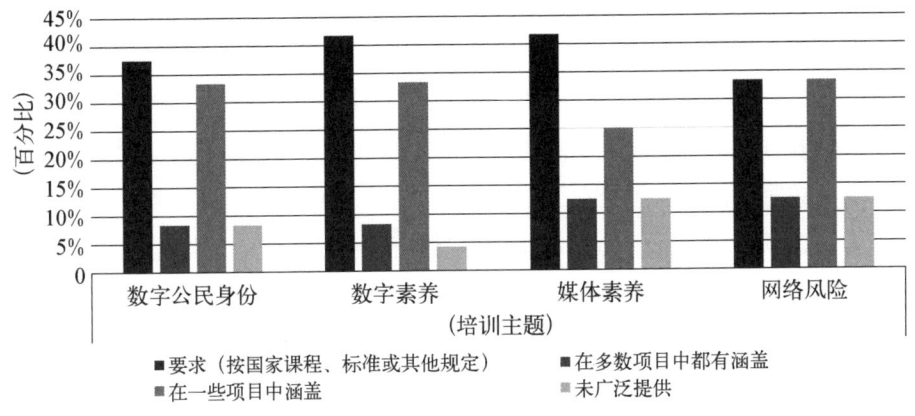

**图 12-1 教师教育中的数字技能（职前和职后）**

注：根据答复，统计教育系统确认现有教师教育涵盖了这些主题的比例。24 个国家和系统回答了这个问题。

资料来源：21 世纪儿童项目政策问卷

发展水平（OECD,2019[8]）。

## 多方利益相关者参与培养数字公民素养的重要性

提升数字公民素养最有效的策略是让多方利益相关者和多部门参与,其中包括家长和孩子(Byrne et al., 2016[9],另见第十三章)。

然而,家长要有能力指导孩子上网,需要他们自己先掌握必要的数字技能。这在两个层面上具有挑战性。首先,研究表明,平均而言,直到孩子 12 岁前后,家长往往比孩子拥有更高的数字素养技能。经过短期的技能水平相近的阶段,平均在 15 岁时,孩子的数字技能水平已经超过了家长。这样就导致家长不一定能在年龄较大的孩子上网时再进行适当地引导(Byrne et al., 2016[9])。

其次,不是所有的孩子都能求助于家长。来自贫困家庭的孩子更有可能有数字技能水平较低的家长,这些家长参与孩子教育的可能性较低。与工作时间的冲突、照看孩子的需求、交通问题、对学校不熟悉,以及和教师语言不通只是家长面临的部分参与障碍(OECD,2017[10])。这就使学校和广泛的社区参与对于全面地培养儿童的数字公民素养与数字技能更加重要。

谷歌的一项社区和技术专家广泛参与的项目是个有趣的案例。"变革创造者"是一个全球项目,由 50 名大使组成,他们负责面向 13—15 岁的青少年进行数字公民教育。谷歌还通过创建类似"变革创造者"项目的课程,与旨在提高弱势青少年数字技能的其他企业和组织合作,目标对象来自弱势背景的儿童。正是因为认识到了家长低下的数字技能会对孩子的数字素养产生负面影响,所以该项目还特别关注家长的参与。

## 积极地使用网络会带来风险

数字公民素养的关键组成部分包括积极、正面和负责任的网络参与。但是积极使用网络随之会带来一些网络风险(见第二章和第十章)。一些研究表明,更高的信息素养和数字技能与高使用率相结合后,儿童更有可能遇到网络风险(Livingstone and Helsper, 2010[11];Park, Na and Kim, 2014[12])。这些风险可能成为许多儿童积极、有效和投入地参与上网的障碍,也是家长和政策制定者相当担心的原因。以下各节选出了几项风险进行分析并介绍教育系统应对这些挑战的对策。

### 网络霸凌

网络霸凌的定义是同龄人通过数字技术攻击受害者(Levy et al., 2012[13]),不过这一定义并不总是得到一致认可。虽然它与传统的霸凌有许多相似之处,但网络空间的潜在匿名性,以及在缺乏身体接触的情况下仍然有触达受害者的可能性,是网络霸凌与传统霸凌的重要区别(Kowalski et al., 2014[14];Livingstone, Stoilova and Kelly, 2016[15])。数字素养水平既会影响霸凌施行者也会影响受害者。例如,对网络霸凌者来说,更高水平的数字素养可能会造成权力失衡,这是许多形式的霸凌共有的特点(Görzig and Machackova, 2015[16])。

虽然网络霸凌在政策议程中占据重要位置,但是我们不清楚其发生率是否在上升,即使人们认为其危害风险在上升(Livingstone, Stoilova and Kelly, 2016[15])。联合国教科文组织关于世界各地霸凌(包括网络霸凌)的最新报告表明,霸凌的发生率呈下降趋势(UNESCO, 2019[17]),尤其是网络霸凌的发生率比许多人认为的要低。2014年,各国平均约有12%的儿童报告曾遭受网络霸凌(Livingstone et al., 2014[18])。不过,目前这一领域缺乏最新可比性数据。

需要注意的是,不同国家对霸凌和网络霸凌的理解和定义不同。一些国家强调霸凌事件中的骚扰、社会排斥或社会地位差异,而在另一些国家,发生在学校背景下的事件也可能包括在内(Livingstone, Stoilova and Kelly, 2016[15])。例如,《匈牙利数字儿童保护策略》对网络霸凌的定义非常宽泛,包括诋毁、排斥、色情短信、网络跟踪、"泄露"(未经授权与他人分享秘密或个人信息)和"网络论战"(在网络辩论中使用激烈或淫秽的语言,或在公共论坛上发布攻击性的、通常与某人无关的评论)等行为。

在"21世纪儿童项目政策问卷"中,20个教育系统将网络霸凌认定为当前环境下的挑战,15个将其认定为最紧迫的挑战之一(见第二章)。各国和系统报告了对以下方面的担忧,包括网络霸凌的普遍程度、新闻价值及其与性别、情感或心理健康、自杀和广义的数字公民素养等因素的相互影响。

网络霸凌对于教育系统来说是特别难以解决的问题,一部分原因是数字技术无处不在,而且经常发生在校外。此外,网络霸凌通常不会孤立发生,经常与线下霸凌有关联(Waasdorp and Bradshaw, 2015[19]; Baldry, Farrington and Sorrentino, 2015[20])。

教育系统可能很难找到有效的解决方案,学校可能在实施这些解决方案时组织混乱,网络霸凌的受害者可能是匿名的,上述这些问题都可能成为应对网络霸凌的障碍。网络霸凌带来的挑战还包含其他问题,如色情报复和色情短信。

## 信息框 12-1　线上霸凌、线下影响

网络霸凌可能产生影响深远的后果,包括抑郁(Brunstein Klomek et al., 2007[21]; Bauman, Toomey and Walker, 2013[22]; Van Geel, Vedder and Tanilon, 2014[23])、压力(Kowalski et al., 2014[14])、焦虑和睡眠障碍(Swearer and Hymel, 2015[24])。它还会影响学习成绩:在 OECD 国家中,PISA 成绩差的学生可能会受到更多霸凌(OECD, 2017[10])。虽然网络霸凌可能不会像"流行病"一样普遍,但经历过线上或线下霸凌的儿童比没有这些经历的儿童更有可能产生自杀的念头或试图自杀的行为(Hinduja and Patchin, 2010[25])。

有些引人注目的案例促进了各国的政策发展。例如在澳大利亚,2018 年艾米·多莉·埃弗雷特的自杀促使澳大利亚政府委员会成立了一个由各级政府和部门(如教育和司法部门)的高级官员组成的工作组,专门针对(网络)霸凌提出行动建议。在比利时法语区,一名 16 岁的自杀受害者路易丝成了反对网络霸凌宣传活动的焦点。2013 年在加拿大新斯科舍省,雷塔·帕森斯的自杀引发了省和国家层面的调查。在萨斯喀彻温省的另一份报告中,绝大多数年轻人认为网络霸凌、社交媒体上的霸凌或短信霸凌是导致年轻人自杀的因素之一(Saskatchewan Advocate for Children and Youth, 2017[26])。

然而,打击网络霸凌的最佳方式并不总是很明确。萨贝拉(Sabella),帕金(Patchin)和辛度佳(Hinduja)(2013[27])提出了一系列关于网络霸凌耸人听闻的"谣言",包括:

- 每个人都应该知道什么是网络霸凌。
- 网络霸凌像"流行病"一样普遍。
- 网络霸凌导致自杀。
- 现在网络霸凌比传统霸凌更常见。

- 和传统霸凌一样,网络霸凌也是一种成人仪式。
- 网络霸凌实施者是被抛弃的人,或者是卑劣的孩子。
- 要停止网络霸凌,只需关闭电脑或手机。

数字技术的无处不在及其提供的机会使得关闭或禁止使用数字设备的建议既不现实又适得其反。因此,解决的方法应该侧重于增强数字公民素养,以应对校内的侵犯、传统霸凌和暴力行为,与协调心理健康教育和预防学生自杀的方案相配合,帮助支持所有学生,特别是最易受伤害的学生。

## 反对网络霸凌的政策和实践

对政策问卷做出反馈的国家和系统实行了一系列反霸凌政策和举措。有些举措专门针对网络霸凌,还有一些举措将其作为总体反霸凌框架的一部分,但是目前仍有一些国家和地区只将霸凌作为宽泛的术语对待。

宣教活动和教师培训是解决儿童网络霸凌的重要步骤。成人如果能理解网络安全并擅长使用数字技术,往往能更成功地引导儿童使用数字技术。因此,确保儿童网络安全的关键步骤是传播信息,对教师和家长进行网络安全培训,并就如何帮助儿童管理网络风险提出建议(Livingstone,Davidson and Bryce,2017[28])。此外,采取全校参与的方式解决网络问题可以更广泛地帮助教育工作者保护和支持学生上网,同时实施连贯性的政策对于应对网络霸凌与传统霸凌也是至关重要的(Hooft Graafland,2018[29])。

目前面临的最大的挑战之一是衡量反对网络霸凌运动或政策的有效性。首先,如果没有明确、公认的定义,人们很难理解应该衡量什么以及如何衡量,因为不同的调查使用的方法也往往不同(Volk,Veenstra and Espelage,2017[30]),这妨碍了该领域研究结果的可比性。此外,在国家或地方层面,很多系统的可用数据有限(见第十章)。那些收集网络霸凌数据的机构,如荷兰国家统计局,不一定关注具体措施的有效性。有些教育系统拥有更正式的评估程序,如爱尔兰的教育与技能部的检查团负责检查学校实施行动计划的情况,但是目前还有很多项目缺乏有效的评估措施。

### 色情短信和色情报复

色情短信是指个人创建、分享和转发具有性暗示的裸体或接近裸体的图像(Lenhart,2009[31])。色情报复是指未经当事人同意在网络上发布裸体图像(Stroud,2014[32])。

对政策问卷做出反馈的16个国家和系统将色情短信认定为当前环境下的一项挑战,有三个国家和系统将此认定为一项紧迫的挑战(拉脱维亚、荷兰和葡萄牙)。分享性意味明确的图像或视频可能是违法的,尤其是拍摄对象是未成年人。它也可能导致性勒索(拍摄对象如不支付贿赂金,就以公布图像相威胁,见第十章)。

尽管青少年报告说,他们知道性意味明确的照片可能会在以后被用来胁迫或勒索,色情短信却并不罕见(Van Ouytsel et al.,2016[33])。然而,很难准确估计色情短信的发生率:美国的研究使用了全国具有代表性的青少年样本,估计值从2.5%—24%不等。在不同的研究中,对色情短信的定义可能各不相同,这就使得交叉研究或国家间的比较研究变得十分困难(Kosenko,Luurs and Binder,2017[34])。一些研究表明,女孩比男孩更有可能迫于压力而发送色情短信,并具有更多负面的色情短信经历(Burén and Lunde,2018[35]),这可能是出于女孩怕失去恋人的担心(Van Ouytsel et al.,2016[33])。但还有一些研究结果表明,女孩不太倾向于发送色情短信(Walrave et al.,2015[36])。

正如第十章所强调的,性别歧视和性别刻板印象似乎在"网络分享文化"中扮演了重要角色。与其他行为相比,色情短信还有潜在的"道德盲点"。在加拿大的一项研究中,大量年轻人利用道德不适用机制来证明未经同意分享亲密图像的正当性。这些机制包括:① 证明行为的正当性(如"分享一个女孩的色情短信可以唤起其他女孩的意识"),② 转移责任(如"个人没有权力阻止色情短信分享"),③ 指责受害者(如"分享色情短信是始发图者的错"),④ 否认伤害(如"分享色情短信的情况太普遍,没有人在乎")(Johnson et al., 2018, pp. 12 - 13[37])。

只有 12 个国家将色情报复认定为本国面临的挑战,其中一个国家(荷兰)将其视为最紧迫的挑战之一。近年来,很多国家已经开始关注色情报复问题,并一直在努力立法以反对色情报复并保护受害者。2013—2016 年,在 OECD 和"金砖国家"中,颁布相关法律法规的国家数量从 1 个增加到 16 个(OECD,2016[38]),此后又有更多的国家采取了相同的措施。

表 12 - 2  针对网络霸凌:国家政策和实践

| 目 标 | 示 例 |
| --- | --- |
| 宣教活动和资源 | **澳大利亚**:"学生幸福感中心"网站为学生、家长和教育工作者提供有关霸凌等话题的信息<br>**比利时法语区**:与警察、非政府组织和以儿童为重点的协会合作,组织预防和宣传运动。为学生提供信息(比如三联画:"学校骚扰:告诉谁?")还有专门手册告诉家长,如果孩子在学校被欺负,他们能做什么。联邦警方通过真实案例发起了另一场针对网络霸凌的宣传活动,即 16 岁的路易丝自杀了,原因是她成为了严重的网络霸凌的受害者<br>**法国**:"拒绝骚扰"是一项通过信息宣传运动和网站进行的倡议,打击各种形式的霸凌,特别强调网络霸凌。在法国还有一个致力于提高霸凌意识的国家节日<br>**希腊**:希腊有一个主题周,专门讨论霸凌和网络霸凌意识,其中包括在学校实施提高反霸凌意识的活动。这已被纳入互联网安全计划<br>**爱尔兰**:Webwise 是爱尔兰互联网安全意识中心(由教育和技能部和欧盟的欧洲互联设施共同资助)。它开发和传播资源,帮助教师将互联网安全地融入教学中,并向家长提供信息。Webwise 中的青年咨询小组帮助开发了针对青少年反霸凌意识的资源和关于网络霸凌等主题的活动 |
| 在学校以外提供以儿童为中心的支持,建立报告机制 | **澳大利亚**:电子安全专员办公室(由《加强儿童线上安全法案》设立的独立办公室)实施了报告计划来应对严重的网络霸凌、非法的线上内容和散发照片行为<br>**比利时法语区**:让自己的学生/孩子遭受霸凌或暴力的教师和家长都有单独的免费热线电话。针对父母的热线还可以就心理、社会、法律或行政程序方面为家长提供支持<br>**法国**:*Net Ecoute* 是一个免费、匿名和保密的热线电话。儿童可以拨打这一电话来咨询网络霸凌和骚扰。它每年能接到大约 5 000 个电话,还可以直接转接到其他咨询号码,如紧急服务机构<br>**拉脱维亚**:孩子们可以通过拨打热线电话获得对网络霸凌的支持,以及咨询诸如学校的孤独和家庭虐待等话题 |

（续　表）

| 目　标 | 示　例 |
| --- | --- |
| 国家或地方政策举措 | **澳大利亚**：澳大利亚学校幸福感框架通过促进可见的领导力、家庭伙伴关系和积极的行为，支持学校建立包容和积极的环境<br>**加拿大萨斯喀彻温省**：萨斯喀彻温省于2013年11月发布解决霸凌和网络霸凌的行动计划。在该计划发布后，萨斯喀彻温省学校创建了数字公民教育，因为促进这种能力被视为解决网络霸凌问题的关键领域<br>**爱尔兰**：2013年的霸凌行动计划将网络霸凌作为一种明确的霸凌形式。随后制定了小学和之后教育阶段学校的反霸凌程序，在所有学校强制实施，为学校预防和应对学校霸凌提供方向和指导<br>**荷兰**：法律要求学校必须制定安全计划，至少应有一人负责向父母和孩子报告（网络）霸凌的案例，并协调学校的政策。教育委员会可以帮助学校制定政策<br>**英国苏格兰**："尊重所有人"是苏格兰反儿童和年轻人霸凌的国家方法。预计地方当局和组织将在"尊重所有人"的基础上制定自己的反霸凌政策。它还提供了网络安全的自查工具和培训机会，帮助制定和实施当地政策。它的运作理念将网络霸凌和面对面的霸凌同等对待 |
| 教师支持 | **比利时法语区**：2015年，"信息和通信技术"（TICE）项目起草了一份关于"攻克社交网络"的文件，其中包括帮助教师解决网络霸凌在内的不良网络行为和态度。它为教师提供了良好的实践案例，以及能够在课堂上使用的资源和工具。媒体教育高等委员会也为教师制作了关于如何通过促进媒体素养来防止网络霸凌的教学文档<br>**俄罗斯**：针对网络霸凌的策略之一是帮助教师和心理学家准备好识别网络霸凌的案例 |

资料来源：21世纪儿童项目政策问卷

## 应对色情短信和色情报复的政策和实践

应对色情短信和色情报复的方法是多层面的，既有法律层面，也有情感层面的。依法调查或警方干预会给学校带来额外的挑战，特别是对于侵害行为发生在校外的情况。表12-3总结了一些国家采取的措施。虽然关于色情报复对个人情感幸福影响的研究很少，但该领域的早期研究表明，遭受过色情报复的受害者容易面临多种心理健康问题，如焦虑、抑郁和自杀倾向（Bates，2016[39]）。这突出表明，我们需要采取强有力的政策行动来保护个人，尤其是未成年人,使他们免受色情报复的侵害。

表 12 - 3  应对色情短信和色情报复的举措

| 举措类型 | 详细信息 |
| --- | --- |
| 法律途径 | **拉脱维亚**:根据立法,青少年分享未成年同龄人的露骨照片将面临刑事责任,包括色情短信和色情报复<br>**加拿大、爱尔兰、日本、新西兰、西班牙、瑞典、英国和美国的 24 个州**:这些国家和地区都有具体的法律来处理色情报复问题。在英国的苏格兰,虽然还没有相关法律,但已就此事展开了磋商(OECD,2016 年) |
| 教师培训 | **葡萄牙**:教育部通过与安全部门和"国家公民教育战略"的涉及性行为犯罪的专门团队合作,将教师培训作为提高色情短信防范意识的方案之一 |
| 信息资源与信息宣传活动 | **葡萄牙**:通过开展辩论和制作教育材料来传播和推广关于防范色情短信的信息,这是葡萄牙处理色情短信问题的另一项手段<br>**拉脱维亚**:访问学校,提供信息资源和活动材料,告知学生、家长和教师发送色情短信的危害。此外还提供线上工具和资源,以及线上和电话求助热线 |

资料来源:21 世纪儿童项目政策问卷,OECD(2016[38])

## 安全和隐私

通过上网,人们留下了个人数据的痕迹,由此敏感和机密数据可以存储在世界各地的服务器上。过去 15 年数据泄露事件日益频发(OECD,2019[40]),网络安全成了众多网络问题的焦点。"网络钓鱼"窃取个人信息、网络监视、大规模个人信息处理和基于网上个人信息的广告推送都是儿童上网时面临的风险。

保护儿童数据面临的最大挑战之一是儿童自身是否明白泄露自己隐私的后果。儿童的理解能力取决于年龄和成熟度,以及他们的数字素养技能。利文斯通(Livingstone)和斯托伊洛娃(Stoilova)(2018[41])最近的研究表明,5—7 岁的孩子已经有了隐私规则感,但他们很难理解自己行为的后果。到了 8—11 岁,儿童的隐私管理更多地由规则而不是内化的行为来约束。12—17 岁的儿童和青少年具备隐私风险意识,他们会评估机会和风险,但在做出决定时倾向于关注短期利益。

一些国家和地区认识到安全和隐私问题是非常紧迫的问题,并不断努力,希望通过立法解决这些问题(见第十章)。在参与了"21世纪儿童项目政策问卷"调查的国家和教育系统中,有17个教育系统认为网络安全和隐私是当前环境下面临的挑战,有5个教育系统将此认定为最紧迫的挑战之一(丹麦、比利时佛拉芒区、法国、挪威和英国苏格兰)。

部分国家最近实施了欧盟《通用数据保护条例》(GDPR,见信息框12-2),将该问题作为了优先事项。

### 信息框12-2 《通用数据保护条例》

《欧盟基本权利宪章》规定了欧盟公民拥有保护其个人数据的权利(European Union, 2012[42])。因此,2016年欧盟针对所有成员国发布了《通用数据保护条例》(General Data Protection Regulation,缩写为GDPR)以减少各国之间的分歧,并阐明数字时代个人数据的权利和规则。所有欧盟国家都受《通用数据保护条例》管辖。不过,一些欧盟国家通过的国家法或实施的政策比《通用数据保护条例》更先进。

《通用数据保护条例》适用于欧盟和欧洲经济体内的所有个人,以及从这些地区输出的个人数据。所有欧盟成员国和欧洲经济体国家适用一套单一的规则,除非有现有的法律依据,否则《通用数据保护条例》要求个人数据处理必须征得当事人的知情同意。

《通用数据保护条例》包括诸如"删除权"(以前是"被遗忘权")等原则。此外,每个数据主体都有法律义务向监管机构报告数据泄露,并拥有个人数据的访问权(即公民有权访问个人数据,以及知晓关于这些数据是如何处理的信息)和存储个人数据时使用化名(非匿名)。

该法规的域外适用性意味着,处理个人数据的所有公司,只要数据来自居住在欧盟或欧洲经济体的数据主体,无论该公司实际位于何处,都适用《通用数据保护条例》。违反《通用数据保护条例》需要付出巨大的财务成本,最高可达全球年营业额的4%或20 000欧元(二者就高原则),这是对最严重的违规行为可处的最高罚款。

## 政策和实践

把安全政策转化为教育的实际操作并不总是件容易的事。一些国家和地区对数据保护采取全国性的措施,而另一些国家和地区则分而治之,将政策和执行交由地区或地方当局管辖,有时甚至下放到个别学校。表12-4概述了保护学生数据和隐私的国家举措。

表12-4 针对安全、隐私和学生数据保护问题的举措

| | 示 例 |
|---|---|
| 安全登录及单点登录 | **希腊**:希腊学校网络实施了中央用户认证服务,为所有小学和中学提供网络综合申请和授权服务。它将超过15 000所的学校接入互联网<br>**挪威**:"Feide计划"通过一个简化的系统并以家庭为单位进行单点的网络注册认证,从而提供安全的登录。学生使用Feide服务器上网只需一套注册证书,个人流量也是受限的<br>**瑞士**:FIDES项目正在开发中,以创建类似于挪威的"单一数字身份" |
| 信息及学校指南 | **比利时佛拉芒区**:Mediawijs网站有一个专门的数据保护问题门户,为学校提供资源、指导方针、信息和工具,也可用于安全评估<br>**爱尔兰**:专门手册提供了关于学校如何在数据保护方面采取全校政策的指导,还有专门的数据保护学校服务,为学校提供建议,并罗列了数据控制者的职责 |

(续 表)

| | 示 例 |
|---|---|
| | **拉脱维亚**：国家数据监察局发布了关于线上意识的指导方针，其中涉及数据隐私部分，包括关于数据保护和学校职责的规定（即不能存储过多的数据，处理数据只能出于特定的目的，而不能出于商业或政治原因）。"更安全的互联网中心"提供有关安全和隐私的信息，如对父母和儿童进行有关信息和通信技术使用和应对网络危险能力的调查<br>**卢森堡**："Bee Secure 倡议"根据 GDPR 罗列了个人所享有的网络权利，并就个人如何提出投诉和采取法律行动提供平台和指导<br>**英国苏格兰**：将利用儿童保护委员会来探讨如何通过提高对信息的认识、支持和培训来协调儿童互联网安全 |
| 国家和地区的法律和政策 | **法国**：2018 年 6 月，法国制定了一项旨在保护学生数据的法律。数据保护代表人员的责任包括尊重有关个人数据的法律框架，并就数据管理向负责人提供通知/建议，负责人包括学校的负责人和不同教育服务机构的教导主任<br>**加拿大魁北克省**：学生个人数据信息的保护受学校个人信息保护政策的约束。该政策规定了学校工作人员的责任，以及学校在实施符合当地法律的措施时应使用的基本原则<br>**加拿大新斯科舍省**：学生数据受到学生信息隐私政策的保护，要求机构在收集、使用和披露学生数据信息时维护隐私、妥善保管，以及遵守问责原则。学校董事会也被要求签订违反隐私协议<br>**土耳其**：由教育部服务器保存和保护学生数据<br>**美国**：联邦法律保护学生的教育记录隐私（FERPA） |
| 综合性举措 | **匈牙利**："数字儿童保护战略"由三部分组成：提高公众认识并进行媒体教育、保护和安全、实施制裁和提供帮助。非政府组织、企业、媒体和其他政府组织等是确保提高公众认识的不可或缺的一部分<br>**英国苏格兰**：互联网安全行动计划由不同的利益相关者实施，但由政府集中监督。行动者包括家长和照护者以及如苏格兰警察部门、国家卫生服务部门和苏格兰教育部门等第三方组织 |

资料来源：21 世纪儿童项目政策问卷；匈牙利数字儿童保护策略

  有效保护学生数据需要对管理教育信息系统的人员进行数据安全和隐私培训。这是因为与技术系统相比，个人用户更有可能成为数据保护链中最薄弱的环节（Jardine，2015[43]）。此外，无论政策如何变化，保护儿童网上安全的同时，也必须尊重他们的独立自主性（UNICEF，2017[5]）。

## 提高儿童数字适应力

为了增强儿童的数字适应力,我们首先要确定哪些儿童更容易受到数字风险的影响。危险因素包括:寻求刺激、低自尊、心理障碍等人格因素,缺乏父母支持、同龄人规范等社会因素,以及特定的上网实践、网站和技能等数字因素(Livingstone et al., 2014[18];Anderson, Steen and Stavropoulos, 2017[44])。

在家里,许多家长会制定规则、设定时间限制和禁止特定的活动或内容。这些限制性策略伴随着较少的风险,却以数字机会为代价。对自己或孩子的数字技能更有信心的家长采取的是限制较少的方法。家长通过鼓励数字活动并与孩子分享,为孩子创造了更安全的环境,而不是阻碍孩子的主动性和学习。在出错时,家长可以帮助孩子更好地控制风险和吸取教训(Livingstone, Davidson and Bryce, 2017[28])。这意味着针对家长和孩子数字技能的干预措施可以提高孩子的数字适应力,并增加他们的数字机会。

学校可以通过多种方式增强学生的风险适应能力(OECD, 2018[45]),包括对教师进行数字风险及其影响的培训,鼓励对网络霸凌等行为零容忍的文化,并将网络道德和安全的学习机会引入课程,为成人和同伴辅导提供空间,以便学生能够讨论数字参与的实际影响,提升他们的同理心和自我控制能力(Harrison-Evans and Krasodomski-Jones, 2017[46];Hutson, Kelly and Militello, 2017[47];Döring, 2014[48])。除了学校层面的政策之外,还有一些更广泛的举措可用于帮助保护儿童并增强他们对网络风险的适应力(见信息框12-3)。

### 信息框12-3 欧洲的电子安全举措

**The eSafety Kit** 可在奥地利、比利时法语区和佛兰芒区、捷克、爱尔兰、希腊、匈牙利、荷兰、波兰、罗马尼亚和西班牙使用。这个交互式门户网站为儿童提供了网络安全小贴士,如注意休息和上网姿势、妥善保管电子邮件地址和个人信息、发帖前三思而行以及不要理会网络霸凌。同时,

> 它分享了国内和国际网站/热线的链接和电话号码。通过这些资源，儿童可以合法下载音乐等内容。各个国家的 eSafety Kit 还有供教师和家长使用的资源。例如，在教师空间有可下载的小测验，可以用来帮助 6—12 岁的学生了解网络霸凌和"智慧上网"等主题，也有"ilu"（我爱你）之类的聊天专用缩略词小测验。家长栏目中有确保孩子安全上网的指南，以及各种活动的亲子游戏手册。
>
> **Better Internet for Kids（BIK）** 是由欧洲学校网（European Schoolnet）代表欧盟委员会开发和维护的服务平台。除了向公众提供信息和材料外，它还为青少年提供了一个安全封闭的空间，让他们与来自国家安全互联网中心（Safer Internet Centre）的青年协调员会面，分享想法，进行讨论和辩论。BIK 平台提供可以匿名举报危险或非法网络内容（如儿童性虐待内容）的热线信息，经常举办安全上网日（Safer Internet Day）活动来提高对新出现的网络问题的认识，以及公布国内热线的联系方式。

## 尊重他人和网络礼仪

从社交媒体到论坛和多人游戏，儿童会畅游在不同的网络空间。有时平台要求儿童使用真实姓名和照片在社交媒体等网站上创建个人资料。然而，有些网站，包括一些游戏网站，允许用户借用头像和用户名与其他用户互动，因此具有匿名性和不可见性。

网络匿名性可以激发抑制解除效应，并促使用户在网上的言论和行为与线下不同。这既有积极的一面，也有消极的一面。例如，比起面对面的场合，儿童在网上可能会透露更多关于自己的信息，从而拉近朋友之间的距离（见第五章）。但是这也可能为网络安全或隐私方面的威胁打开大门。因此，重要的是让儿童了解网络规范，并学会在网上尊重他人并遵守行为道德。特别是有些青少年认为，网络空间为他们提供了相对匿名、安全的空间,不会导致评判、直接后果或遭到直接批评(Runions and Bak, 2015[49]; Suler, 2004[50])。

合乎道德的网络行为不仅包括自身行为,还包括对他人行为的反应。例如,年轻人可能对网上发生的攻击行为有不同的看法,从而影响他们对霸凌者和受害者的网上争执进行干预的意愿(使他们成为"网络旁观者")。缺乏身体和语言暗示,如肢体语言和语气,会使儿童难以理解网上他人的真实意图,从而更容易忽视潜在的攻击性,并卷入其中。此外,与学校环境相比,网络空间缺乏明确的权威人物和规则(Patterson, Allan and Cross, 2016[51])。这可能会让儿童不知道该如何举报网上违法行为,以及向谁举报。表12-5列出了一些相关的因素。

表 12-5 导致网络抑制解除的因素

| 因素 | 描述 |
| --- | --- |
| 匿名性 | 其他互联网用户无法确定自己是谁,允许将个人线上行为与个人身份区别开来,从而误认为线上行为"根本就不是我做的" |
| 不可见性 | 人们看不见彼此,看不到表示冷漠或不赞成的微妙符号和肢体语言,这往往会抑制人们的表达 |
| 不同步 | 互动不一定是实时的,个人不需要立即反应和应对,让"置之不理"更容易 |
| 以己度人(自我中心的映射) | 阅读别人的信息就像是自己头脑中的声音,任由自己的期望塑造他人的想法,"我对你的看法就是真实的你" |
| 人格分离 | 线上和线下自我的分离,"线上角色不是现实生活中的我",允许个人逃离线下的自我 |
| 权威最小化 | 在权威和地位没有明确区别的情况下,人们更有可能出现不当的行为或发声。然而,这也可以让在线用户更自由地表达自己,并允许在社交网络中出现更大的异质性 |

资料来源:改编自 Suler(2004[50])。

虽然表12-5主要关注网络抑制效应的负面影响,但其中一些抑制解除因素可以让孩子自由表达,激发他们的在线创造力,还可以增进朋友之间的亲密度(无论是线上、线下结合的友谊还是虚拟的友谊),从而为他们赋能。网络空间的匿名性可以为长期被边缘化的群体中的青少年提供机会,例如LGBTQ+群体可以探索他们的身份,参与在线讨论(Craig and McInroy,2014[52])。

### 网络礼仪

网络礼仪是互联网与礼仪的结合,一般指可接受的网络行为。本章中提到的例子,如网络霸凌、色情短信和色情报复,是缺乏网络礼仪的典型案例,均不利于儿童的幸福感和网络参与。

在文献中,网络礼仪可能用不同的方式来衡量。例如,帕克(Park)和同事(2014[12])在他们的调查中用了六个判断题来评估韩国青少年样本的网络礼仪,包括"在网上霸凌某人不是犯罪,因为这不是面对面的互动""在网上可以用批评的方式辱骂某人,因为每个人都有言论自由""为了取乐在网上分享性相关或有害的网络内容,包括通过手机发送也是可以的"。熊崎(Kumazaki)和同事(2011[53])使用了不同的调查方式,包括询问受访者是否认为网上的某些行为是错误的,如制造和传播谣言、在网上冒充他人、与朋友分享登录信息以及在知道可能会伤害他人的情况下参与关于同学的网络投票。与其他网络现象一样,网络礼仪的定义和衡量方法在文献中并不一致,但通常更关注不适宜的网络行为。

从积极的角度举例来说,社交平台可以用来扩展儿童的社会关系,并促进他们的社会和政治参与。例如,由年轻人集体管理的"flop accounts"是一个讨论具有挑战性的社会和政治话题的论坛。这些平台的共享性质还有额外的好处,就是一旦发生网络霸凌等情况,受信任的同伴可以介入并保护个人。当然,这些共享账户也可以用于负面目的。

有关网络礼仪的文献中经常出现的其他主题包括"网络喷子",指为了自己的娱乐目的而在网上造成干扰或引发、加剧冲突的人(Hardaker,2010[54])。但与网络礼仪一样,这个笼统术语的定义和典型行为各不相同(Cook, Schaafsma and Antheunis, 2017[55])。学者们认为,互联网使用会增加网络攻击的机会,以及抑制解除的意愿或能力,这可以解释为什么一些人更有可能在网上采取攻击性行为(Anderson and Bushman, 2002[56])。然而,对于很多上网的儿童和青少年来说,情况却并非如此。有些年轻人只是更容易屈服于网络抑制解除的影响,而进行攻击性或不道德的行为,对这一现象的研究还很不充分(Kurek, Jose and Stuart, 2019[57])。

应对网络霸凌等挑战不仅需要培养儿童的网络礼仪,还需要发展其社会和情感技能。在文献中,线下霸凌一直被认为是网络霸凌的最大预测因素之一(Chen, Ho and Lwin, 2017[58])。更宽泛地说,网上行为不端的倾向(即从事非法下载或获取色情制品等行为)与线下行为不端密切相关(Selwyn, 2008[59]; Kim and Kim, 2015[60])。因此,解决儿童在数字领域面临的挑战要依赖网络审查和一系列其他措施。例如,采取包括传统反霸凌方法在内的全校一致的政策,培养儿童的宽容度、同理心、合作能力和情绪控制等社会和情感技能,可以成为打击网络霸凌的有效措施。此外,通过校本项目培养同理心也可能是减少青少年攻击性的有效措施(Castillo et al., 2013[61]),攻击他人经常与网络霸凌有关(Park, Na and Kim, 2014[12])。

教师可以鼓励学生以尊重的态度批判地参与知情的讨论,同时还可以发展他们的数字自信、积极性和技能。学校可以强调数字内容的生产和共享(Kahne, Hodgin and Eidman-Aadahl, 2016[62]),以及关于数字行为及其伦理含义的讨论(Harrison-Evans and Krasodomski-Jones, 2017[46])。同时,家长也有重要的作用,给予家庭充分的支持,确保他们监督青少年的行为,并制定明确的规则来建立适当的行为规范,这对预防霸凌非常重要(Hemphill and Heerde, 2014[63])(Wang and Xing, 2018[64])。

还有一个关键问题与隐私有关。社交网站被认为是"私人空间",在个人隐私权与究竟什么内容适合网络分享的讨论之间,必须保持平衡。虚拟世界中内容的永久性——以及网上发布的所有内容都可能在学生毕业后长期存在的事实——改变了"什么才是合适的内容"的定义。使用专门为学校活动创建的社交媒体档案可能会是消除这些担忧的一种方法。另外,提供讨论、指导以及举例说明曾经发布在网上的内容可能在以后工作的过程中、政治活动和其他公共领域再次出现,也很有帮助。

## 总结

随着家庭和课堂中对数字技术运用的不断增长,培养数字公民素养已经成为世界各国纳入考虑的优先事项。确保儿童在网上积极投入地参与和尊重他人,对于促进数字技能发展和包容最边缘化的儿童至关重要。

互联网上的现实情况是,即使儿童的数字技能水平很高,他们仍将面临风险,包括网络霸凌、色情短信、色情报复以及安全和隐私问题。鼓励儿童具备适应力并进行合乎道德的网络行为,他们才能够更好地应对网络挑战,避免自己成为作恶者或无所事事的旁观者。对于政府和各部门来说,这意味着需要通过执行政策,向儿童(和家长)提供自我保护的工具和知识,建立和传播关于非法线上和线下活动的明确信息,并实施强有力的社会和情感技能学习方案。大力发展儿童数字技能将有助于培养儿童线上和线下的适应力,并在减少儿童网络攻击行为和违法行为方面发挥积极作用。

## 参考文献

Anderson, C. and B. Bushman (2002), "Human aggression", *Annual Review of Psychology*, Vol. 53/1, pp. 27 - 51, http://dx.doi.org/10.1146/annurev.psych.53.100901.135231. 【56】

Anderson, E., E. Steen and V. Stavropoulos (2017), "Internet use and Problematic Internet Use: Asystematic review of longitudinal research trends in adolescence and emergent adulthood", *International Journal of Adolescence and Youth*, Vol. 22/4, pp. 430 - 454, http://dx.doi.org/10.1080/02673843.2016.1227716. 【44】

Baldry, A., D. Farrington and A. Sorrentino (2015), "'Am I at risk of cyberbullying'? A narrative review and conceptual framework for research on risk of cyberbullying and cybervictimization: The risk and needs assessment approach", *Aggression and Violent Behavior*, Vol. 23, pp. 36 - 51, http://dx.doi.org/10.1016/J.AVB.2015.05.014. 【20】

Bates, S. (2016), "Revenge porn and mental health", *Feminist Criminology*, Vol. 12/1, pp. 22 - 42, http://dx.doi.org/10.1177/1557085116654565. 【39】

Bauman, S., R. Toomey and J. Walker (2013), "Associations among bullying, cyberbullying, and suicide in high school students", *Journal of Adolescence*, Vol. 36/2, pp. 341 - 350, http://dx.doi.org/10.1016/J.ADOLESCENCE.2012.12.001. 【22】

Brunstein Klomek, A. et al. (2007), "Bullying, depression, and suicidality in adolescents", *Journal of the American Academy of Child & Adolescent Psychiatry*, Vol. 46/1, pp. 40 - 49, http://dx.doi.org/10.1097/01.CHI.0000242237.84925.18. 【21】

Burén, J. and C. Lunde (2018), "Sexting among adolescents: A nuanced and gendered online challenge for young people", *Computers in Human Behavior*, Vol. 85, pp. 210 - 217, http://dx.doi.org/10.1016/J.CHB.2018.02.003. 【35】

Byrne, J. et al. (2016), *Global Kids Online Research Synthesis, 2015 - 2016*. 【9】

Castillo, R. et al. (2013), "Effects of an emotional intelligence intervention on aggression and empathy among adolescents", *Journal of Adolescence*, Vol. 36/5, pp. 883 - 892, http://dx.doi.org/10.1016/j.adolescence.2013.07.001. 【61】

Chen, L., S. Ho and M. Lwin (2017), "A meta-analysis of factors predicting cyberbullying perpetration and victimization: From the social cognitive and media effects approach", *New Media & Society*, Vol. 19/8, pp. 1194 - 1213, http://dx.doi.org/10.1177/1461444816634037. 【58】

Choi, M., D. Cristol and B. Gimbert (2018), "Teachers as digital citizens: The influence of individual backgrounds, internet use and psychological characteristics on teachers' levels of digital citizenship", *Computers & Education*, Vol. 121, pp. 143 - 161, http://dx.doi.org/10.1016/J.COMPEDU.2018.03.005. 【7】

Cook, C., J. Schaafsma and M. Antheunis (2017), "Under the bridge: An in-depth examination of online trolling in the gaming context", *New Media & Society*, Vol. 20/9, pp. 3323 - 3340, http://dx.doi.org/10.1177/1461444817748578. 【55】

Council of Europe (2019), *Digital Citizenship Education Handbook*, Council of Europe Publishing, Strasbourg. 【3】

Craig, S. and L. McInroy (2014), "You can form a part of yourself online: The influence of new media on identity development and coming out for LGBTQ youth", *Journal of Gay & Lesbian Mental Health*, Vol. 18/1, pp. 95 - 109, http://dx.doi.org/10.1080/19359705.2013.777007. 【52】

Döring, N. (2014), "Consensual sexting among adolescents: Risk prevention through abstinence education or safer sexting?", *Cyberpsychology: Journal of Psychosocial Research on Cyberspace*, Vol. 8/1, http://dx.doi.org/10.5817/cp2014-1-9. 【48】

European Union (2012), *Charter of Fundamental Rights of the European Union*, Official Journal of the European Union, www.eur-lex.europa.eu/legal-content/EN/TXT/?uri=CELEX:12012P/TXT. 【42】

Görzig, A. and H. Machackova (2015), "Cyberbullying from a socio-ecological perspective: A contemporary synthesis of findings from EU Kids Online", No. 36, MEDIA@LSE Working Paper Series, www.lse.ac.uk/collections/media@lse/mediaWorkingPapers/. 【16】

Hardaker, C. (2010), "Trolling in asynchronous computer-mediated communication: From user discussions to academic definitions", *Journal of Politeness Research. Language, Behaviour, Culture*, Vol. 6/2, pp. 215 - 242, http://dx.doi.org/10.1515/jplr.2010.011. 【54】

Harrison-Evans, P. and A. Krasodomski-Jones (2017), *The Moral Web: Youth Character, Ethics and Behaviour*, Demos, London, https://demos.co.uk/project/the-moral-web/. 【46】

Hemphill, S. and J. Heerde (2014), "Adolescent predictors of young adult cyberbullying perpetration and victimization among Australian youth", *Journal of Adolescent Health*, Vol. 55/4, pp. 580-587, http://dx.doi.org/10.1016/j.jadohealth.2014.04.014. 【63】

Hinduja, S. and J. Patchin (2010), "Bullying, cyberbullying, and suicide", *Archives of Suicide Research*, Vol. 14/3, pp. 206-221, http://dx.doi.org/10.1080/13811118.2010.494133. 【25】

Hooft Graafland, J. (2018), "New technologies and 21st century children: Recent trends and outcomes", *OECD Education Working Papers*, No. 179, OECD Publishing, Paris, https://dx.doi.org/10.1787/e071a505-en. 【29】

Hutson, E., S. Kelly and L. Militello (2017), "Systematic review of cyberbullying interventions for youth and parents with implications for evidence-based practice", *Worldviews on Evidence-Based Nursing*, Vol. 15/1, pp. 72-79, http://dx.doi.org/10.1111/wvn.12257. 【47】

Jardine, E. (2015), *Global Cyberspace is Safer Than You Think: Real Trends in Cybercrime*, Global Commission on Internet Governance, www.cigionline.org/sites/default/files/no16_web_0.pdf. 【43】

Johnson, M. et al. (2018), *Non-Consensual Sharing of Sexts: Behaviours and Attitudes of Canadian Youth*, http://mediasmarts.ca/sites/mediasmarts/files/publication-report/full/sharing-of-sexts.pdf. 【37】

Jones, L. and K. Mitchell (2016), "Defining and measuring youth digital citizenship", *New Media & Society*, Vol. 18/9, pp. 2063-2079, http://dx.doi.org/10.1177/1461444815577797. 【4】

Kahne, J., E. Hodgin and E. Eidman-Aadahl (2016), "Redesigning civic education for the digital age: Participatory politics and the pursuit of democratic engagement", *Theory & Research in Social Education*, Vol. 44/1, pp. 1-35, http://dx.doi.org/10.1080/00933104.2015.1132646. 【62】

Kim, J. and J. Kim (2015), "International note: Teen users' problematic online behavior: Using panel data from South Korea", *Journal of Adolescence*, Vol. 40, pp. 48-53, http://dx.doi.org/10.1016/j.adolescence.2015.01.001. 【60】

Kosenko, K., G. Luurs and A. Binder (2017), "Sexting and sexual behavior, 2011-2015: A critical review and meta-analysis of a growing literature", *Journal of Computer-Mediated Communication*, Vol. 22/3, pp. 141-160, http://dx.doi.org/10.1111/jcc4.12187. 【34】

Kowalski, R. et al. (2014), "Bullying in the digital age: A critical review and meta-analysis of cyberbullying research among youth", *Psychological Bulletin*, Vol. 140/4, pp. 1073-1137, http://dx.doi.org/10.1037/a0035618. 【14】

Kumazaki, A. et al. (2011), "The effects of Netiquette and ICT skills on school-bullying and cyber-bullying: The two-wave panel study of Japanese elementary, secondary, and high school students", *Procedia — Social and Behavioral Sciences*, Vol. 29, pp. 735-741, http://dx.doi.org/10.1016/J.SBSPRO.2011.11.299. 【53】

Kurek, A., P. Jose and J. Stuart (2019), "'I did it for the LULZ': How the dark personality predicts online disinhibition and aggressive online behavior in adolescence", *Computers in Human Behavior*, Vol. 98, pp. 31-40, http://dx.doi.org/10.1016/J.CHB.2019.03.027. 【57】

Lenhart, A. (2009), *Teens and Sexting: How and Why Minor Teens Are Sending Sexually Suggestive Nude or Nearly Nude Images via Text Messaging*, Pew Research Center, Washington, D.C., www.ncdsv.org/images/pewinternet_teensandsexting_12-2009.pdf. 【31】

Levy, N. et al. (2012), "Bullying in a networked era: A literature review", *SSRN Electronic Journal*, http://dx.doi.org/10.2139/ssrn.2146877. 【13】

Livingstone, S., J. Davidson and J. Bryce (2017), *Children's Online Activities, Risks and Safety: A Literature Review by The UKCCIS Evidence Group*, UK Council for Children Internet Safety, London, https://assets.publishing.service.gov.uk/government/uploads/system/uploads/attachment_data/file/650933/Literature_Review_Final_October_2017.pdf. 【28】

Livingstone, S. and E. Helsper (2010), "Balancing opportunities and risks in teenagers' use of the internet: The role of online skills and internet self-efficacy", *New Media & Society*, Vol. 12/2, pp. 309-329, http://dx.doi.org/10.1177/1461444809342697. 【11】

Livingstone, S. et al. (2014), *Children's Online Risks and Opportunities: Comparative Findings From EU Kids Online and Net Children Go Mobile*, LSE, London, http://eprints.lse.ac.uk/60513/. 【18】

Livingstone, S. and M. Stoilova (2018), *Children's data and privacy online: Exploring the evidence*, www.lse.ac.uk/media-and-communications/assets/documents/research/projects/childrens-privacy-online/Children's-data-and-privacy-online-exploring-the-evidence.pdf. 【41】

Livingstone, S., M. Stoilova and A. Kelly (2016), "Cyberbullying: Incidence, trends and consequences", in *Ending the Torment: Tackling Bullying from the Schoolyard to Cyberspace*, United Nations Office of the Special Representative of the Secretary-General on Violence against Children, New York, USA, http://eprints.lse.ac.uk/68079/. 【15】

Mossberger, K., C. Tolbert and R. McNeal (2008), *Digital Citizenship*, The MIT Press, Cambridge, MA. 【2】

OECD (2019), *TALIS 2018 Results (Volume I): Teachers and School Leaders as Lifelong Learners*, TALIS, OECD Publishing, Paris, https://dx.doi.org/10.1787/1d0bc92a-en. 【8】

OECD (2019), *Trends Shaping Education 2019*, OECD Publishing, Paris, https://dx.doi.org/10.1787/trends_edu-2019-en. 【40】

OECD (2018), "A brave new world: Technology and education", *Trends Shaping Education Spotlights*, No. 15, OECD Publishing, Paris, https://dx.doi.org/10.1787/9b181d3c-en. 【45】

OECD (2017), *PISA 2015 Results (Volume III): Students' Well-Being*, PISA, OECD Publishing, Paris, https://dx.doi.org/10.1787/9789264273856-en. 【10】

OECD (2016), *Trends Shaping Education 2016*, OECD Publishing, Paris, https://dx.doi.org/10.1787/trends_edu-2016-en. 【38】

Paraskeva, F., H. Bouta and A. Papagianni (2008), "Individual characteristics and computer self-efficacy in secondary education teachers to integrate technology in educational practice", *Computers & Education*, Vol. 50/3, pp. 1084-1091, http://dx.doi.org/10.1016/J.COMPEDU.2006.10.006. 【6】

Park, S., E. Na and E. Kim (2014), "The relationship between online activities, netiquette and cyberbullying", *Children and Youth Services Review*, Vol. 42, pp. 74-81, http://dx.doi.org/10.1016/J.CHILDYOUTH.2014.04.002. 【12】

Patterson, L., A. Allan and D. Cross (2016), "Adolescent bystanders' perspectives of aggression in the online versus school environments", *Journal of Adolescence*, Vol. 49, pp. 60-67, http://dx.doi.org/10.1016/j.adolescence.2016.02.003. 【51】

Ribble, M., G. Bailey and T. Ross (2004), "Digital citizenship: Addressing appropriate technology behavior", *Learning & Leading with technology*, Vol. 32/1, p. 6, https://eric.ed.gov/?id=EJ695788. 【1】

Runions, K. and M. Bak (2015), "Online moral disengagement, cyberbullying, and cyber-aggression", *Cyberpsychology, Behavior, and Social Networking*, Vol. 18/7, pp. 400 – 405, http://dx.doi.org/10.1089/cyber.2014.0670. 【49】

Sabella, R., J. Patchin and S. Hinduja (2013), "Cyberbullying myths and realities", *Computers in Human Behavior*, Vol. 29/6, pp. 2703 – 2711, http://dx.doi.org/10.1016/J.CHB.2013.06.040. 【27】

Saskatchewan Advocate for Children and Youth (2017), *Shhh … Listen We Have Something to Say: Youth Voices from the North*, www.saskadvocate.ca/sites/default/files/u11/listen_we_have_something_to_say_nov_2017.pdf. 【26】

Selwyn, N. (2008), "A safe haven for misbehaving?", *Social Science Computer Review*, Vol. 26/4, pp. 446 – 465, http://dx.doi.org/10.1177/0894439307313515. 【59】

Stroud, S. (2014), "The dark side of the online self: A pragmatist critique of the growing plague of revenge porn", *Journal of Mass Media Ethics*, Vol. 29/3, pp. 168 – 183, http://dx.doi.org/10.1080/08900523.2014.917976. 【32】

Suler, J. (2004), *The Online Disinhibition Effect*. 【50】

Swearer, S. and S. Hymel (2015), "Understanding the psychology of bullying: Moving toward a social-ecological diathesis-stress model.", *American Psychologist*, Vol. 70/4, pp. 344 – 353, http://dx.doi.org/10.1037/a0038929. 【24】

UNESCO (2019), *Behind the numbers: Ending school violence and bullying*, https://unesdoc.unesco.org/ark:/48223/pf0000366483. 【17】

UNICEF (2017), *The State of the World's Children: Children in a Digital World*, www.soapbox.co.uk. 【5】

Van Geel, M., P. Vedder and J. Tanilon (2014), "Relationship between peer victimization, cyberbullying, and suicide in children and adolescents: A meta-analysis", *JAMA Pediatrics*, Vol. 168/5, pp. 435 – 442, http://dx.doi.org/10.1001/jamapediatrics.2013.4143. 【23】

Van Ouytsel, J. et al. (2016), "Sexting: Adolescents' perceptions of the applications used for, motives for, and consequences of sexting", *Journal of Youth Studies*, pp. 1 – 25, http://dx.doi.org/10.1080/13676261.2016.1241865. 【33】

Volk, A., R. Veenstra and D. Espelage (2017), "So you want to study bullying? Recommendations to enhance the validity, transparency, and compatibility of bullying research", *Aggression and Violent Behavior*, Vol. 36, pp. 34 – 43, http://dx.doi.org/10.1016/J.AVB.2017.07.003. 【30】

Waasdorp, T. and C. Bradshaw (2015), "The overlap between cyberbullying and traditional bullying", *Journal of Adolescent Health*, Vol. 56/5, pp. 483 – 488, http://dx.doi.org/10.1016/j.jadohealth.2014.12.002. 【19】

Walrave, M. et al. (2015), "Whether or not to engage in sexting: Explaining adolescent sexting behaviour by applying the prototype willingness model", *Telematics and Informatics*, Vol. 32/4, pp. 796 – 808, http://dx.doi.org/10.1016/J.TELE.2015.03.008. 【36】

Wang, X. and W. Xing (2018), *Exploring the Influence of Parental Involvement and Socioeconomic Status on Teen Digital Citizenship: A Path Modeling Approach*, www.j-ets.net/ets/journals/21_1/17.pdf. 【64】

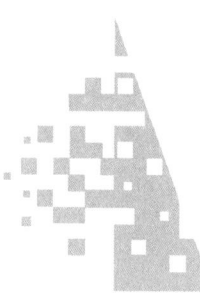

# 第十三章

# 能力建设：教师教育和伙伴关系

随着教育系统日益迎合新的社会、经济和数字需求,学校处在了变革的前沿。为了应对这些变化,OECD国家的教育系统越来越注重学校和教师的能力建设。然而,与形形色色的行为主体合作是一项复杂的挑战,因为其中有些主体(如私营部门的行为主体)有着不同的方向和目标。本章聚焦对有效实施政策和实践至关重要的两个具体要素:教师教育和伙伴关系。本章提供了丰富的国家政策实例,这些政策的目标是培养教师技能,重点关注学生的数字技能和情感幸福。本章还重点介绍了从家庭到网络安全专家等一系列行为主体的创新合作案例,最后指出了各国所面临的其他挑战。

## 引言

随着教育系统日益迎合新的社会经济和数字需求,政策的实施变得更加重要。成功实施政策改革的关键因素之一是确保当地利益相关方有足够的能力应对挑战。特别是利益相关方需要充分了解教育政策的目标和结果,同时要具有进行变革的责任意识和意愿,以及按计划实施改革的工具。如果缺乏这些前提,即使是最好的政策改革也有可能在课堂这一最重要的层面偏离正轨。教育政策必须在课堂层面得到实施,政策的成败也正体现在了课堂之上(Burns and Köster, 2016[1])。

本章深入探讨了对有效实施政策和实践至关重要的两个具体要素:教师教育和伙伴关系。显然,在实现今日课堂现代化的过程中,教师将站在第一线。学校和社区依靠教育工作者来帮助不同语言和社会背景的学生彼此融合,对文化、语言和性别相关的问题保持敏感,鼓励宽容和凝聚,以及有效回应所有学生的需求。教师还应该帮助学生做好面对数字世界的准备——帮助他们学习使用新技术,跟上快速发展的新知识领域。人们希望教师鼓励学生成为自主学习者,在构建自身学习环境和对社区保持开放方面,教师发挥着积极的作用。

教师角色和职责的转变与吸引和留住优秀教师一样,是许多 OECD 国家面临的共同挑战(OECD, 2005[2]; OECD, 2010[3])。这些挑战也出现在数字世界快速变化的时期。它要求教育工作者逐步与各种各样的行为主体合作,包括家长、家庭、医务人员、心理专家和执法人员,也更多地与网络安全专家和程序员展开合作。发展、维护和支持多种行为主体组成的伙伴关系是一项复杂的挑战,因为其中有些(如私营部门的行为主体)有着迥异的方向和目标。本章根据各国对"21 世纪儿童项目政策问卷"的反馈,探讨目前各国如何通过教师教育和伙伴关系解决这些问题。

## 支持教师面对现代化课堂

教育教师应对现代化课堂的挑战是一项复杂而多面的工作。打破传统模式和学习全新的行为模式需要持续的培训和准备,以及支持和能力建设(OECD,2010[3])。但是教育系统在这方面并不总是特别成功:TALIS 2018调查结果显示,尽管许多教师积极参与专业发展,但他们始终报告非常需要某些领域的培训,特别是如何教育有特殊需求的学生和用ICT技术开展教学。未能参加现有培训的最常见原因是"与工作时间冲突"(54%)和"缺乏参与专业发展的激励措施"(48%)(OECD,2019[4])。因此,各国和地区在确定更能反映教师需求的专业发展类型,以及在提供更灵活的培训时间和培训方式方面,都有改进的余地。

国家课程标准和教学指导方针是帮助教师构建专业能力的第一步。这种专业能力的核心是保护和培养学生情感幸福和数字素养的相关知识和技能。图13-1展示了各国对"21世纪儿童项目政策问卷"的反馈,问卷内容涉及教师教育项目所覆盖的主题,包括职前培训和职后专业发展。

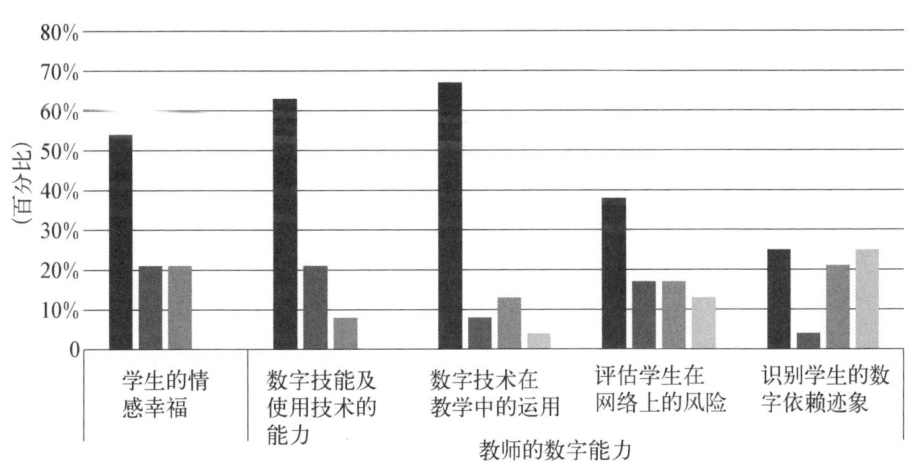

**图 13-1　教师教育涵盖的主题(职前培训和职后专业发展)**

注:反馈显示的是确认现有教师教育内容里涵盖了上述主题的教育系统的占比。24个国家和地区回答了这个问题。

资料来源:21世纪儿童项目政策问卷

### 情感幸福

在回答这一问题的 24 个国家和地区中,有 18 个报告说,学生的情感幸福是国家层面要求的教师必修课,或者大多数教师教育项目都涵盖这一主题,没有一个国家反馈这不是普遍要求的主题。这个结果特别有趣,因为接受调查的国家和地区还经常强调,由于地区、教师和学校实行自治,所以很难概括得出专业人员是如何对待学生情感幸福问题的总体情况。

### 教师的数字能力

各国普遍支持教师获得数字技能,并在教学中使用数字技术。在对这一问题做出反馈的 24 个国家和地区中,有 15 个表示数字技能和使用技术的能力是教师的必修课(在国家课程标准或其他标准中规定),还有 5 个表示大多数教师教育项目都涵盖了这一主题。同样,24 个国家和地区中有 16 个表示在教学中使用数字技术的技能是必修的(国家课程标准或其他标准中规定),另外有 2 个表示大多数教师教育项目都涵盖了这一主题。

然而,关于评估网络风险或识别学生数字依赖迹象的培训则要少得多。在政策问卷中,30%的教育系统报告说,网络风险评估培训仅在部分教师教育项目中涉及,或者根本没有涉及。至于识别数字依赖迹象的培训,45%的教育系统报告说,这仅在部分教师教育项目中涉及,或者根本没有涉及。可见,这些数据与政策赋予网络风险的优先级并不一致(见第二章和第十二章)。

各国似乎都优先培养教师的数字技能,原因是各国均认定或推断这样可以提高教师评估网络风险或其他威胁的能力。然而,必须着重指出数字技能是独特的技能,应该特别关注培养教师掌握这些专门技能。鉴于网络风险的形势变化飞快,这一点尤为重要(见第十章)。而且正如第十二章所强调的,在向学生传授这些技能方面,教师可获得的培训和教育也有改进的空间:几乎一半的教育系统报告说,现有的教师教育项目没有向教师提供广泛的培训,以教育学生防范网络风险。

需要强调的是,我们一方面培训教师掌握数字技能和在教学中使用数字技术,另一方面支持教师学习如何识别网络风险,这两者的受重视程度存在明显差异。同样,培养学生负责任的网络行为与数字技术风险管理之间的脱节(见第十一章和第十二章)表明了学校也面临有关技术整合的挑战。另一个重要的问题是,帮助学生为生活在数字社会做好准备,涉及跨学科技能和学生在校内外的行为,这使得建立清晰一致的实践标准变得更加困难。

## 支持教师的政策和实践

如上所述,对教师的新期望要求教师队伍掌握新的技能和能力。尽管在职前教师教育和职后专业发展方面可以提供的支持还有改进的空间,但各国已经采取了一些令人感兴趣的措施,大致可归类为三种主要方法:课程改革和拓展、正式的教师教育和培训以及促进教学的网络组织。

### 课程改革和拓展

在政策问卷中,政策制定者经常提到新的国家课程是促进课堂技术使用、改进数字技能教学和支持学生情感幸福的关键资源。一些国家的政策制定者提到,目前的国家课程已认识到学生的心理健康、情感幸福和社会福祉的核心重要性,如英国苏格兰的卓越课程(Curriculum for Excellence);或实现这些目标所需的技能,如芬兰的国家基础教育核心课程(National Core Curriculum for Basic Education)中的要求培养的能力。还有国家非常重视国家课程中提供在课堂上使用数字技术的范式,或学生发展该领域关键技能所需要的理想条件,如墨西哥的新基础教育课程(Basic Education Curriculum)。

各国还介绍了帮助教师和学校开发相关领域课程的措施,特别侧重于数字技术。在很多情况下,如加拿大魁北克省、墨西哥和新西兰的教育系统,都在各自课程具体要求的基础上,制订出了实施数字技术的专门计划,包括详细的课程实施方案以及能够为学校提供的资源。

除了课程改革之外,各国采用的另一种方法是通过课程开发来拓展现有课程。例如加拿大新不伦瑞克学校健康联合会(Joint Consortium for School Health,

JCSH)的课程特别关注学生所处的社会和现实环境的重要性。

### 新的教学方法

联合国教科文组织的"快乐学校"框架阐释了教学的重要作用(UNESCO, 2016[5]),其中的一些关键变量包括公平的工作量、团队合作、有趣和引人入胜的教学方法、学习者的自由和参与、相关的学习内容,以及将学习定义为学生和教师之间的团队合作过程。教学方法对学生幸福感的重要性体现在两方面:

内容是如何输出的,以及学生的核心学习体验是如何形成的。例如,教师可以在减少学生与课业相关的焦虑方面发挥作用,认可学生对学习任务的感受,避免过度的压力和控制,建立教师对学生的支持关系,以及将明确理解学生的世界观作为改善学生整体体验的一种方式(OECD, 2017[6])。

明确针对特定的有害行为模式采取指定的教学方法和教学实践,从而创造更包容和更安全的环境。

信息框 13-1 重点介绍了教师可以获得的支持。

---

**信息框 13-1　通过教学法提升学生幸福感**

- 通过 ICT 实现个性化学习:2020 学生项目 Project Leerling (Pupil) 2020

荷兰的 2020 学生项目支持中学教师及其学校为学生制定个性化学习的愿景并加以实践,其中非常重视 ICT 的使用。列举该项目提供的众多案例之一——MY College,教师详细描述了自己在对学习目标的深入思考之后,决定运用平板电脑开展教学,一方面指导了学生,另一方面也减少了对学生的控制,使每个学生都能按照自己的节奏和水平学习,从而从根本上改变了学校的样貌。

- 通过辅导支持实现正面管教

在葡萄牙,特别辅导支持法令(4-A/2016 号法令)面向基础教育阶

> 段留级两次以上的学生,旨在通过对学习过程的规划和监督来促使他们参与更多学习活动。优质辅导是自主学习的重要因素,也可以成为加强正面管教的平台,它所注重的是强化学生的积极行为,而不仅仅是惩罚消极行为(这可能导致弱势学生放弃学习)。

除了这些举措之外,还必须关注教师培训的质量。尽管教师教育的对象涵盖了使用不同语言、来自不同文化和信仰不同宗教的教师,也开展了促进和支持学生幸福感和数字素养培养等方面的培训,但这并不意味着培训总能取得效果。必须改进针对这些问题的现有培训的设计和开发,才能更符合教师所预期的实际需求。

### 正式的教师教育和培训

只有少数几个国家提及了在职前教师教育中采取的具体行动,如挪威的数字实验室项目(Digital Laboratoriums),用来培养师范生的数字能力。

总的来说,"21世纪儿童项目政策问卷"收到的大多数反馈集中在教师专业发展项目上,其作用是解决课堂上的技术问题和促进学生的社会和情感发展。有时这种支持学校内部通过创建专业人士加盟的团队即可做到。这方面的例子包括澳大利亚课程、评估和报告局(ACARA)开展的"聚焦数字技术"(Digital Technologies in Focus)项目。该项目为160所弱势学校配备了ICT课程专员。而法国最近动员了全国教育心理学家机构(National Body of Educational Psychologists,PsyEN)与教师和家庭合作,以更好地满足学生的认知和社会需求。

诸如此类的措施为同在一所学校的教师提供了主动学习和实验的机会,让他们可以集体参与和分享思考(Bautista and Ortega-Ruiz,2015)[7]。此外,精心开发的在线学习资源也可以为教师专业发展提供动态、灵活的学习机会。特别是学习资源能够持续提供丰富内容,并且得到专门培训方案的长期支持,这样就更有可能对教师的专业发展产生更大的影响(Garet et al., 2001[8])。

慕课(MOOCs)也持续为教师提供了数字技能专业发展的机会,例如爱尔兰的"Webwise"网站,有助于将互联网安全融入教学,此外它还包括在线学习的创新方法。葡萄牙正在引入混合式学习培训课程,以帮助心理专家培养学生的态度和技能,进而支持教师在课堂上采用干预策略来防止和抑制学生的破坏性和霸凌行为。

澳大利亚政府开发了两个综合门户网站——数字技术中心(Digital Technologies Hub)和学生幸福感中心(Student Well-being Hub),旨在提供有质量保证的学习资源和活动,以支持澳大利亚课程的实施。这两个网站都面向学生、家长和学校领导提供活动和项目,以及新开发的内容和资源。学生幸福感中心还链接到 Bullying. No Way! 网站,该网站提供了关于应对霸凌的信息和建议,并宣传了全国反对霸凌和暴力行动日。此外,它还链接到澳大利亚学生幸福感框架(Australian Student Well-being Framework),该框架是基础性文件,支持学校建设积极和包容性的学习环境。框架建立的基础是有研究证据表明,学生的网络安全、幸福感和学习三者之间紧密相关。

除了对教师的正式教育之外,还有各种与教师和其他行为主体(例如家长、心理健康专业人员等)合作的举措。表13-1进行了说明。

表13-1 针对教师、家长和其他行为主体的培训

| 国家或地区 | 目标群体 | 目标和方法 |
| --- | --- | --- |
| 爱尔兰 | 小学和中学教师 | 关于心理康复的培训,这是应对霸凌的循证方法 |
| 葡萄牙 | 公立学校的心理专家 | 培养教师的态度和技能,支持教师在课堂上采取干预策略,防止和抑制学生的破坏性和霸凌行为<br>培养教师的态度和技能,帮助他们与早教(ECEC)和第一学习周期的教师建立关系 |
| 俄罗斯 | 教师和学校心理专家 | 识别抑郁、自杀倾向和其他心理健康问题的相关培训 |

(续　表)

| 国家或地区 | 目标群体 | 目标和方法 |
|---|---|---|
| 苏格兰(英国) | 教师和教育工作者 | 通过职业生涯专业学习(CLPL)培训教师与学生家庭建立伙伴关系,培养年轻人和所有在他们生活中发挥作用的人的能力和适应力,以预防和应对霸凌 |
| 土耳其 | 家长 | 应对家庭和同伴关系问题和压力,以及与升学焦虑相关的问题 |

资料来源:21世纪儿童项目政策问卷

## 促进教学的网络组织

网络组织在开发相关联的教学方法和支持性材料、进行专业分享和学习,以及发挥领导力方面发挥着关键作用(Paniagua and Istance,2018[9])。网络可以由学校的全体教师组成,也可以由来自不同组织的个人组成,从而将专业同行网络扩展到学校之外。这些同行网络可以提供新的视角来反思特定的学校文化和社区满足学生需求的方式。

一些国家在举例说明具有发展前景的网络组织时,强调了现有校际网络在推动和完善教师实践和专业学习方面的重要作用。以荷兰的"Person@lize"为例,来自中小学的4个校董事会和18所学校开展合作,互相学习、相互启发。总体目标是通过关注个性化学习体验满足学生的个人学习需求,达到更好的学习效果。

其他网络和协作组织则针对具体实践,例如利用社会情感技能和艺术促进儿童和青少年的幸福感。学生成功网络(*Student Success Network*)(美国纽约)的理念是,学生需要的不只是通过学术技能发挥潜力,社会和情感方面的学习也对成功的人生至关重要。该网络组织的成员将其定义为一场运动,组织成员包括I-Mentor和公民学校(Citzen Schools)等社会创业组织,基督教青年会(YCMA)和Good Shepard Services等历史悠久的社区组织,以及Ramapo for Children等为特殊需求学生服务的组织(Olson,2018[10])。为了进一步发展,他们向成员提供如何创建工作坊的培训,组织各种活动,并开发了在线平台以加强资源共享与协作。来自纽约大学纽约市学校研究联盟的关键合作伙伴还帮助他们提升了所收集数据的质量。

## 跨部门合作和伙伴关系

许多挑战超出了学校环境的范围,因此在应对数字和情感幸福提出的挑战方面,家长和更广泛的社区参与发挥了至关重要的作用。学校与社区共同努力,让其他部门和行为主体以不同的形式参与进来(OECD 2017[11]),以下内容改编自史蒂文森(Stevenson)和博克索尔(Boxall)的文章(2015[12]):

- 学校是所在社区的支柱。在这种情况下,伙伴关系可能是最基本的,学校与其他行为主体的合作仅限于学校或社区中某个行为主体的个别项目。
- 学校与社区不同成员之间是企业关系。他们合作开展联合项目,向政策制定者和公共服务部门传输知识型专业技能。在这里,伙伴关系更具协作性,学校与其他行为主体的互动更具活力。
- 通过各种企业社会责任活动,让学校融入更广泛的社区生活。活动包括与社区团体合作的外展计划以及向公众和外部用户开放校园设施。在这个层面上,伙伴关系更加牢固,学校和社区共同努力来触及其他行为主体。

这些伙伴关系通常是一种战略合作,旨在拓展学校的能力,改进其建设和加强数字技能的方式(如帮助教师在课堂上应用数字技术和开发新的教学方法)并增进学生幸福感(如解决霸凌问题和培养健康习惯)。

下一节将探讨 OECD 国家和系统所报告的伙伴关系的类型和形式,特别侧重于应对数字技能和情感幸福问题的伙伴关系。

### 学校和其他外部行为主体之间的伙伴关系类型

虽然政策制定者一直在将新的教师能力纳入国家课程和标准,但他们也意识到这些通常很复杂的要求可能会带来负担,应该避免增加教师的负担。他们还努力避免削弱教师的作用,以及避免所加强的教师能力与其他领域的专业人员产生重叠。最首要的是,教师不应该是健康或心理问题的专家,而是与其他专家和服务机构联系和合作的关键角色。

伙伴关系可以是多方面的,从不同行为主体之间的临时讨论到共同设计、评估和改进方案,如图 13-2 所示。在这两极之间,我们可以看出伙伴关系的不同深度。但是伙伴关系的深度不一定能衡量合作的质量,因为这取决于行为主体的目标和性质。例如,家庭和教师之间的合作可以通过基本或协作式伙伴关系很好地实现特定目标。

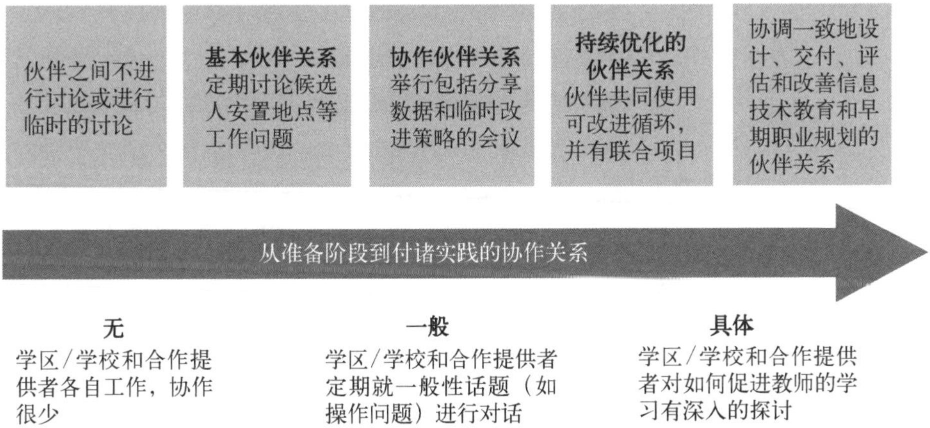

| 伙伴之间不进行讨论或进行临时的讨论 | 基本伙伴关系 定期讨论候选人安置地点等工作问题 | 协作伙伴关系 举行包括分享数据和临时改进策略的会议 | 持续优化的伙伴关系 伙伴共同使用可改进循环,并有联合项目 | 协调一致地设计、交付、评估和改善信息技术教育和早期职业规划的伙伴关系 |

从准备阶段到付诸实践的协作关系 →

| 无 | | 一般 | | 具体 |
| 学区/学校和合作提供者各自工作,协作很少 | | 学区/学校和合作提供者定期就一般性话题(如操作问题)进行对话 | | 学区/学校和合作提供者对如何促进教师的学习有深入的探讨 |

**图 13-2 伙伴关系和协作的深度**
注:这一连续的过程是为职前教师培训所作的提议,但也可以更广泛地应用于整个教育系统。
资料来源:Toon 和 Jensen(2017[13])。

伙伴关系的性质很大程度上取决于行为主体的权威和专业知识,以及为实现合作而调用的资源。促进不同伙伴和机构合作的支持机制包括:
- 建立正式的反馈回路或问责措施;
- 协作性学习实践;
- 专用时间和持续资助;

- 培养专业责任感、自主性和信任感。

调查要求对政策问卷给出反馈的国家具体描述学校与其他外部行为主体之间的不同类型的伙伴关系(见图13-3)。

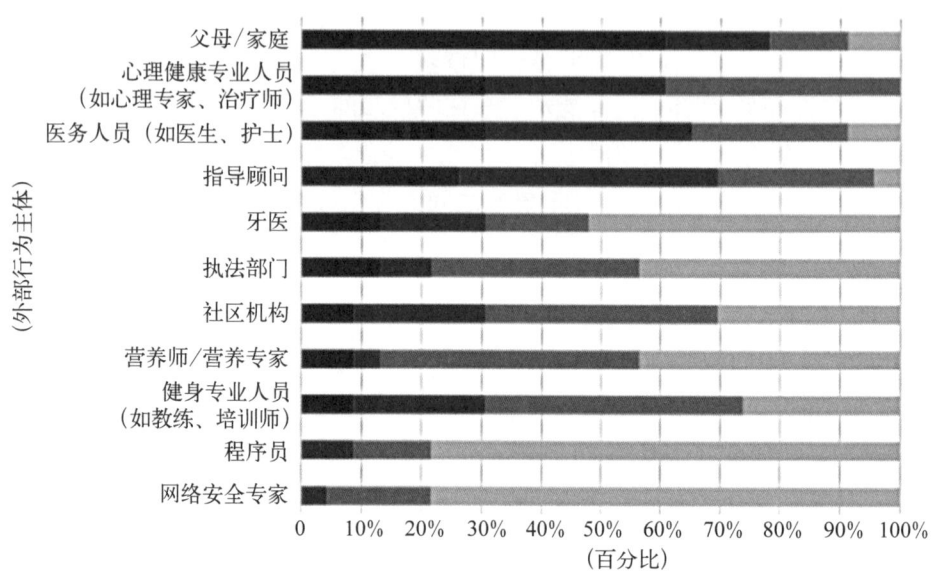

**图13-3 学校和外部行为主体之间的伙伴关系**

注：23个国家和地区回答了这个问题。
资料来源：21世纪儿童政策问卷

## 与家长和家庭的伙伴关系

政策问卷中提到的最常见的伙伴关系类型是学校与家长和家庭的伙伴关系。几乎三分之二的教育系统反馈，学校必须和家庭建立伙伴关系；只有两个系统提出，这种类型的伙伴关系未在其系统中广泛建立。

然而，我们必须谨慎解读这些反馈。一方面，政策制定者经常强调与家庭的合作，承认家庭在保护和促进儿童幸福感方面的核心作用。大量以家庭为关键行为主体的国家计划和倡议也反映了这一点。另一方面,国际文献强调了建立家校合作仍面临挑战,特别是试图努力让家长参与深入的、实质性的合作时尤其困难(见信息框13-2)。

**信息框13-2 家校伙伴关系:可能性和局限性**

自从美国的科尔曼报告(Coleman et al., 1966[14])和英国的普洛登报告(Plowden, 1967[15])发布以来,越来越多的证据表明,家长的教育水平、经济来源和主观态度,以及家庭环境的整体影响是年轻人学习成绩的最佳预测因素(OECD, 2018[16])。因此,学校鼓励家长的参与和合作,以帮助所有学生发挥潜力,特别是那些最弱势的学生。

虽然参与学校活动和治理对那些了解如何"参与和影响"学校系统运行的家庭似乎很有效,但事实证明,对于更易遭受教育不平等风险的弱势群体家庭来说,吸引他们参与的难度更大(Corter and Pelletier, 2005[17]; Furstenberg, 2011[18]; Gordon and Cui, 2014[19]),在数字领域尤其如此。因为来自弱势背景的家长不太可能掌握有效参与数字领域所需的数字技能和知识。举例来说,有些家长在创建社交媒体档案时往往不知道对儿童的最低年龄要求,也不知道如何识别和应对安全和隐私等网络风险才是最好的。

纳夫罗茨基(Nawrotzki, 2012[20])指出,家长参与的挑战之一是学校如何采取特定形式的家长参与。与工作时间的冲突、照顾孩子的需求、交通问题、对学校不熟悉以及和教师之间语言不通,这些只是家长面临的部分参与障碍(OECD, 2017[6])。

尽管对家庭参与可成为克服教育不平等的一种方法仍然存有争议(Paniagua, 2018[21]),但是关于弱势群体的合作形式的研究(该合作形式只解决家庭和学生需求,而不是要求"理想养育")已经初见成效(Lopez,

Kreider and Coffman, 2005[22]; Perez Carreón, Drake and Calabrese, 2005[23])。未来的方向可能是关注不以学校为中心、更多以社区为目标的家校伙伴关系,并与家长建立信任关系,具体形式如下所述。

表13-2 转向以社区为基础的家长参与模式

| 以学校为中心的传统模式 | 基于社区的模式 |
| --- | --- |
| 基于活动 | 基于伙伴关系 |
| 父母作为独立个体 | 父母作为社区/集体的成员 |
| 父母遵循学校议程 | 父母是制定议程的领导者和合作者 |
| 提供信息的工作坊 | 针对领导力发展和个人成长的培训 |
| 学校与家长单向沟通 | 相互沟通 |

资料来源:Warren et al.(2009[24])

## 与医疗和心理健康专业人员的伙伴关系

讨论了与家长和家庭的伙伴关系之后,学校与心理健康专业人员和医务工作者的关系是另一组常见的学校伙伴关系。近三分之一的国家认为这些专业人员是必需的,另外三分之一的国家也普遍需要他们。随着人们对情感幸福重要性的认识不断提高,心理健康专家也日益强调教育和情感幸福之间的传统联系。此外,这种伙伴关系的日益普遍可能与这些行为主体的权威性以及他们非常适合作为教师工作的支持者有关——心理专家的身份尤其如此。

政策问卷中有几份反馈对教育与卫生系统及各部门合作,制定共同愿景,加强行动的一致性进行了详细的描述(如加拿大新不伦瑞克、加拿大新斯科舍和法国)。在某些案例中,这种共同愿景确立了具体的目标,如挪威的"0-24协作"项目(*0-24 collaboration*)(见信息框13-3)面向弱势儿童,苏格兰(英国)的"Headspace"项目为年轻人提供专家支持和改善心理健康的方法,或爱尔兰的"First 5"倡议关注婴儿、幼儿及其家庭。

"Stronger for Tomorrow"项目是新西兰卫生部和教育部的合作,为学校配备拥有多种技能的专业人员,包括心理专家、社会工作者、来自原住民群体的医疗专家、顾问和青年工作者(见第三章)。同样,在比利时法语区,学校自愿参加试点项目"Cellules Bien Être",教师可以和来自不同部门(如卫生、青年工作)的6个服务机构进行团队合作。

其他例子包括美国的"健康学生工具包"(Healthy Students Toolkit)。它收集各州的非政府组织提供的资源、项目和服务的信息,并突出影响力较大的项目机会,其中包括帮助符合条件的学生参加健康保险、在学校提供医疗补助和其他服务、促进营养和体育活动以及与卫生服务机构建立本地伙伴关系。在芬兰,学校任命了由医务工作者、心理专家和社会工作者代表组成的学生幸福感指导小组。爱德华王子岛(加拿大)的学生幸福感团队成员包括学校保健护士、心理健康临床医生、学校外联工作者、咨询顾问和职业治疗师。

**与数字专家的伙伴关系:为在学校使用数字技术创造条件**

培养数字技能和将ICT融入课堂不仅仅是把教科书换成平板电脑,同时也会带来挑战——对教育技术和教师专业发展进行前所未有的投资,进行教师能力建设,让他们理解数字技术的用途、内容和对教学的影响。此外,它还意味着与整个社区建立更牢固的联系,因为使用技术带来的大部分机会和挑战既出现在校内也在校外。因此,我们需要通过全面的努力将家庭和社区组织团结在一起,以确保数字学习不会成为另一个不利因素(Hooft Graafland,2018[25])。

尽管各国越来越重视教师的数字能力,但他们也报告,与程序员和网络安全专家合作的比例很低,这可能是由多种因素造成的。首先,尽管政策制定者关注保护儿童免受网络风险,但编程/编码和网络安全领域并不是他们在技术和学校方面的优先事项。另外,人们通常期望教师将数字技能融入现有学科——只要他们精通这些技能,这就会是一条前进之路。然而,这一点并未得到明确关注。本章前半部分提到教师缺乏这些学科的相关培训,从中可见一斑。

成功运用数字技术的学校与来自大学、科技公司和其他组织的关键利益相关方建立强大的伙伴关系(Levin and Schrum, 2013[26])。这样做并不简单,因为这些行为主体的工作重点可能与学校的冲突,这反过来又会削弱其建立健康合作关系的能力(Abrams, Chen and Downton, 2018[27])。鉴于不同部门的计划和期望不同,与私营部门的公司(如网络安全专家或大型平台或服务提供商的代表,如谷歌或微软等)建立伙伴关系可能特别具有挑战性。然而,由于技术变革的速度很快,我们必须想方设法促成与这些行为主体的合作。这一点势在必行。考虑到许多教育系统的去中心化,这一点尤其正确,因为去中心化将保护学生数据和确保学校技术基础设施安全的责任有效地定位到学校层面(另见第十四章)。

在政策问卷反馈中有一系列有效伙伴关系的例子。例如,在新不伦瑞克和新斯科舍(加拿大),"*Brilliant Labs*"是一个非营利的技术和经验学习平台,它与学校合作建立创客空间。这些实验室以"创客文化"教学法为基础,鼓励学习者使用、探索和实验各种材料和工具来制造发动机以及更复杂的工具或物品,为学习者提供真实的学习体验,激活他们以前所学的科学、技术、工程、艺术和数学(STEAM)知识。创客空间由自己的员工管理,他们为空间的设计和专业开发提供支持。另外,由学校决定所需设备的具体类型,并运用其传统资金来源和实践。这种伙伴关系的成功体现在加拿大大西洋两岸数百所学校开展的创客活动。创客空间作为"平台",旨在鼓励学校提供创客机会并为此做好准备,而不是只提供一次性的服务(MakerMedia, 2019[28])。

希腊教育部更关注提供基础设施,但也发起了类似的雄心勃勃的试点计划,它与"Building Infrastructure"项目和国家银行的"i-bank"合作,在全国设立了145个开放技术实验室。实验室由工作站网络组成,配备树莓派微型电脑、机器人套件、3D打印机和扫描仪、交互式投影仪、多功能外围设备和各种传感器,目标是将该网络发展成为以ICT的有效使用为核心的范围更广的专业社区。

还有其他行动围绕支持教师专业发展的伙伴关系展开。在爱尔兰,"学校卓越基金——数字技术"邀请4—6所学校组成合作集群,利用数字技术开展教学创新项目。这些集群最多可获得30 000欧元的资金,用于运行三年期的项目。例如都柏林、科克和韦斯特米斯的6所中学组成的集群共同致力于一个项目,使用无人机拍摄当地的镜头,为初中和高中周期地理课程的核心要素提供信息;另一个米德兰中学集群则正在培训使用MoJo(移动新闻)创作视频内容,以加强集群学校中教育工作者和学生的教学、学习和数字素养(DES,2018[29])。

## 与社区机构和执法部门的伙伴关系

社区参与是设计出有效干预措施的关键要素之一。例如,很多提高儿童社会和情感技能的干预方案通常包括家长培训和参与。成功的霸凌预防方案有一个共同特征,就是整个社区参与整体方法的制订(Choi, 2018[30])。让社区参与干预措施的设计和实施常常会带来使用现有基础设施和利用社区优势的机会(Hooft Graafland, 2018[25])。

与社区机构和执法部门的伙伴关系代表了一系列不同的行为主体和服务,前者包括志愿者。这意味着学校与社区机构和执法部门互动的方式比与其他行为主体要多得多。例如,超过三分之二的国家和系统确认与社区组织建立伙伴关系是必需的。这种伙伴关系存在于所有学校或部分学校。不过,考虑到家委会的多重角色,这一数字可能会引起混淆,因为家委会可以被同时贴上"社区组织"和"家长/家庭参与"两个标签。

社区伙伴关系的案例来自美国普罗维登斯,为了应对中学生缺乏有组织的活动的问题,学校制定了"*Afterzone*"战略。该计划由课后联盟(After School Alliance)实施,协调社区组织,提供侧重于团队合作、解决问题和参与教育的课后计划。所有参与的组织都遵守同一套质量标准,并接受培训和支持,以帮助学生获得基本技能(Olson, 2018[10])。一项独立评估发现,两年后,该项目参与者的缺勤率降低了25%,其中收益最大的是参与30天以上的学生。此外,那些参与程度高的学生对自己的未来有更多的思考,拥有更好的社交技能,并表现出更积极的行为(Kauh, 2011[31])。

另一个例子来自拉脱维亚,教育部邀请职业文化教育机构开展"RaPaPro创意伙伴关系项目"。参与的学校必须向公众开放,并在企业和社会寻找合作伙伴,来源包括邻近的学校和当地居民。这意味着,各方通过合作从彼此的经验中学习、协作、创新、解决问题和释放创造潜力。创意伙伴关系的理念体现为各方平等,无论是学生、教师、商人、医生还是市长,每个人都是施惠者和受惠者。2014—2016年间,通过不同形式的合作,16个RaPaPro项目得以实施,其中包括音乐专业学生与媒体行业代表合作,设计专业学生在商科学校和陶瓷行业寻找合作伙伴,以及舞蹈专业学生与设计专业学生和手工艺人合作。

就执法而言,由于学校教育包括各种法律强制的行动,所以大多数学校,尤其是学生更有可能遭受教育不平等的学校,经常要与执法部门取得联系。这种持续接触在一些国家也被视为一种伙伴关系——即使这种关系是有特定目标的单一合作,而另一些国家可能认为这种持续接触只是常规流程或并不符合伙伴关系的理念。政策问卷中的受访者没有提供与执法部门建立有效伙伴关系的具体例子。

### 运用整体方法增进全体学生的幸福感

上述例子表明,两个机构或部门之间可以建立强有力的伙伴关系。还可以利用伙伴关系来创建跨部门的、整个政府参与的途径,不仅包括教育和卫生部门,还包括社会发展、公共安全、司法和其他区域性部门。

建立这种伙伴关系的关键目标之一是利用学校的力量来发现和触及弱势学生。例如,德克萨斯州中部(美国)的全国性项目"Communities in Schools",通过与当地住房管理局建立伙伴关系,为青少年男性提供案例管理和领导力发展计划及成人教育,还能帮助父母在照顾婴儿的同时获得普通教育发展证书或英语作为第二语言证书。同样,加拿大新斯科舍省的"Schools Plus"项目,将早教中心、家庭资源中心和青年中心设在学校内,为所有人,特别是最弱势群体提供社工、医疗、司法、娱乐和心理健康服务。另一个案例来自挪威(见信息框 13-3)。

> **信息框 13-3 达成对挪威弱势儿童和青年幸福感的共识:"0-24 协作"项目**
>
> 弱势儿童和青年往往面临复杂多样的困难(如学业困难、健康问题、家庭贫困),解决这些困难需要多个服务部门一起跟进。挪威的"0-24 协作"项目要求各部委、部门和郡长跨部门合作,为弱势儿童和 24 岁以下的年轻人提供积极、全面、高效和合格的服务。该项目启发带动丹麦、芬兰、冰岛、瑞典以及格陵兰和阿兰自治岛开展了类似的项目,被称为"北欧 0-24 项目"。所有项目旨在通过更好的合作和对话,确保各部委和部门根据市政当局和用户的需求设计和组织国家工具,为弱势儿童和青年提供长期、密切和相关的跟进服务。
>
> 举例来说,挪威地方和区域当局协会(Norwegian Association of Local and Regional Authorities)管理的 7 个城市组成网络,在这个网络中,市政当局组织跨部门学习,目的是为弱势儿童和青年服务制定良好实践的有关指标。该网络的参与者主要是来自 7 个城市政府部门和机构的负责人或管理人员。机构包括学校、幼儿园、教育心理服务机构、儿童福利服务机构、公共卫生中心、学校卫生服务机构、"亲子之家"以及挪威劳动和福利管理局。这些机构在市级层面促进跨部门合作,在国家层面,区域当局正在与挪威教育培训局进行对话,讨论它们能对项目作出的贡献。
>
> 资料来源:Hansen et al. (2018[32])

整体性方法的另一个案例是"幸福感框架"。"幸福感框架"通过综合性的政策手段应对多重挑战,由中央政府设计和协调。这些政策随后在地方付诸实施并且以学校为重点。这种学校自治反映了众多数字政策的自主性,这些政策也经常在学校层面得到协调。

"幸福感框架"的特点是,它拓宽了传统的"提供服务"或"保护学生安全"的思维定式,这些思维定式主要关注学生的身体健康层面。虽然这些框架往往将医疗服务作为预防/检测策略的一部分,但人们越来越重视通过学校周围的氛围营造和自我学习来加强儿童的保护因素和适应力。例如,澳大利亚学生幸福感框架支持学校建设积极和包容的学习环境,表明安全、幸福感和学习之间存在密切关联的研究证据构成了制定该框架的基础。表 13-3 列出了不同系统实施幸福感框架的实例。

表 13-3 幸福感框架的校本实施

| 国家和地区 | 增进幸福感的方法 | 学校的责任 |
| --- | --- | --- |
| 澳大利亚 | 澳大利亚学生幸福感框架 | 学校应颁布框架的原则和实践措施,至于具体怎么做学校拥有广泛自主权 |
| 比利时(佛拉芒区) | 健康学校项目 | 支持学生心理健康的校本计划,包括家长、环境、课程等<br>提供干预措施和资源的各种组织向学校提供教育工具包 |
| 法国 | 国家健康战略 | 学校应提出健康和幸福感的整合提升计划(包括心理健康) |
| 爱尔兰 | 幸福感政策和实践框架 | 学校参与促进幸福感的过程,使用自我评估来确定需求,并进行实践来增进学习者的幸福感 |
| 卢森堡 | SePAS 和 CePAS 团队 | 学校是提供服务的场所<br>这些团队与各种组织和外部机构联络,旨在帮助和支持解决青少年问题和调动资源、提供学习和职业指导、住房和预防措施等 |

（续　表）

| 国家和地区 | 增进幸福感的方法 | 学 校 的 责 任 |
|---|---|---|
| 美国 | Stopbullying.gov | 学校应确保学生能够获得心理咨询<br>学校应与社区伙伴合作制定战略和方案 |

资料来源：21世纪儿童项目政策问卷

为了确保政策的顺利有效实施，幸福感框架还应该为教师、家长和学生配备应对情感幸福挑战所需的工具。研究表明，有效的干预方案注重提高学生的社会和情感技能，而且往往有家长参与，参与方式包括培训、家庭环境和家校环境中的亲子互动(Choi, 2018[30])。

### 特别关注：联合应对持续存在和新兴的霸凌形式

霸凌和网络霸凌与多种社会心理学和行为问题显著相关(Choi, 2018[30])。研究表明，学校在推动反霸凌机制方面仍然发挥着重要作用，表现在改善与家长的沟通、在操场上进行更好的监督、改进纪律措施、促进同伴之间的健康关系，以及更好的课堂管理等方面。但是由于霸凌的复杂性和持久性，没有简单的"一刀切"的方法可以预防。教师扮演着特别重要的角色，因为学生对教师不公平对待的看法是霸凌的最强预测因素之一(OECD, 2017[6])。成功的反霸凌方案有一些共同特征，包括向家长提供培训和信息、举行家长会，以及进一步改进对儿童和青少年霸凌等表现和活动的监控(Choi, 2018[30])。

开展教师、家长和社区其他成员之间的合作出现在大多数打击霸凌和为学生营造安全环境的国家政策中。在澳大利亚，国家反霸凌中心(National Centre Against Bullying, NCAB)与学校、政府和行业合作，就创建安全学校提出建议，特别关注各部门的能力建设、知识和技能基础，使它们能够解决霸凌和幸福感问题，并推动循证实践。同样，澳大利亚平台"Bullying. No Way!"推广以鼓励家庭参与为重点的整体学校战略。

类似地，在新西兰，预防霸凌咨询小组(BPAG)由18个致力于减少霸凌的机构代表组成,他们来自教育、卫生、司法和社会部门,包括互联网安全和人权倡导团体,共同创建了"Bullying-free NZ"平台,整合信息和资源,帮助新西兰的学校成为无霸凌学校。该平台提供了解决校园霸凌问题的路线图,以及评估现有计划和让社区参与的工具。

政策问卷的反馈中还介绍了其他举措,包括外部专业人员对学校的支持。在比利时法语区,学校与第三方组织(如 Child Focus, University of Peace)发起了各种宣传活动,专门打击网络霸凌。其中有一个试点项目,让大学与学校合作实施帮助教师预防校园暴力的实验计划。俄罗斯的"Stop Bullying"计划的参与者包括俄罗斯著名的心理专家、作家、电影和戏剧明星,他们向儿童、家长和教师宣传同情心、接纳、耐心、尊重和理解每个人的独特性的重要性。

## 总结: 关于幸福感的共同愿景

随着教育系统日益迎合新的社会、经济和数字需求,学校处在变革的前沿。社区依靠教育工作者来帮助不同语言和社会背景的学生彼此融合,鼓励宽容和凝聚,以及有效回应所有学生的需求,包括增进他们的幸福感。教师还应该帮助学生做好面对数字世界的准备——帮助他们学习使用新技术,跟上快速发展的新知识领域(OECD, 2010[3])。

这些变化意味着我们越来越期望教育工作者与其他行为主体合作,既包括家长和家庭,也包括医务人员、心理专家和执法人员,还有越来越多的网络安全专家和程序员。为了制订连贯的计划和支持战略行动,建立合作关系的行为主体需要明确的共同愿景。发展、维护和支持由多种行为主体组成的伙伴关系是一项复杂的挑战,因为其中一些行为主体(如私营部门)有着不同的方向和目标。

为了应对这些变化,OECD 国家的教育系统都将重点放在通过职前教师教育和职后专业发展让教师掌握新技能上。有多个案例是关于支持学生幸福感的政策举措,以及通过培训教师培养学生数字技能。令人惊讶的是,尽管这些问题已被列为高优先级事项,但培训教师对学生进行数字风险教育的相关案例却比较少。

在伙伴关系方面,各国均报告学校与家庭和家长建立了广泛的伙伴关系,与医疗机构和心理健康专家等其他部门的伙伴关系也不断增多。但与程序员和网络安全专家的合作还不太常见。由于公共部门和私人机构的行为主体的目标不同,这些伙伴关系更难管理,但是为了确保学校和教育系统能够跟上技术变革的步伐,还是需要加强这些伙伴关系。这一主题将在下一章进行更深入的讨论。

# 参考文献

Abrams, S., X. Chen and M. Downton (2018), *Managing Educational Technology: School Partnerships and Technology Integration*, Routledge, New York, www.routledge.com/Managing-Educational-Technology-School-Partnerships-and-Technology-Integration/Abrams-Chen-Downton/p/book/9781138951020. 【27】

Bautista, A. and R. Ortega-Ruiz (2015), "Teacher professional development: International perspectives and approaches", *Psychology, Society and Education*, Vol. 73/3, pp. 240–251. 【7】

Burns, T. and F. Köster (eds.) (2016), *Governing Education in a Complex World*, Educational Research and Innovation, OECD Publishing, Paris, https://dx.doi.org/10.1787/9789264255364-en. 【1】

Choi, A. (2018), "Emotional well-being of children and adolescents: Recent trends and relevant factors", *OECD Education Working Papers*, No. 169, OECD Publishing, Paris, https://dx.doi.org/10.1787/41576fb2-en. 【30】

Coleman, J. et al. (1966), *Equality of Educational Opportunity*, U.S. Dept. of Health, Education, and Welfare, Office of Education. 【14】

Corter, C. and J. Pelletier (2005), "Parent and community involvement in schools: Policy panacea or pandemic?", in Bascia, N. et al. (eds.), *International Handbook of Educational Policy. Springer International Handbooks of Education*, Springer Netherlands, Dordrecht, http://dx.doi.org/10.1007/1-4020-3201-3_15. 【17】

DES (2018), *Schools Funded to Work Together on Experimental Projects, As Minister Bruton Rewards Excellence & Innovation*. 【29】

Furstenberg, F. (2011), "The challenges of finding causal links between family educational practices and schooling outcomes", in Duncan, G. and R. Murnane (eds.), *Whither Opportunity?: Rising Inequality, Schools, and Children's Life Chances*, Russell Sage Foundation, www.jstor.org/stable/10.7758/9781610447515. 【18】

Garet, M. et al. (2001), "What makes professional development effective? Results from a national sample of teachers", *American Educational Research Journal*, Vol. 38/4, pp. 915–945, http://dx.doi.org/10.3102/00028312038004915. 【8】

Gordon, M. and M. Cui (2014), "School-related parental involvement and adolescent academic achievement: The role of community poverty", *Family Relations*, Vol. 63/5, pp. 616–626, http://dx.doi.org/10.1111/fare.12090. 【19】

Hansen, I. et al. (2018), *Nordic 0–24 Collaboration on Improved Services to Vulnerable Children and Young People. First Interim Report*, Fafo, https://brage.bibsys.no/xmlui/handle/11250/2568821. 【32】

Hooft Graafland, J. (2018), "New technologies and 21st century children: Recent trends and outcomes", *OECD Education Working Papers*, No. 179, OECD Publishing, Paris, https://dx.doi.org/10.1787/e071a505-en. 【25】

Kauh, T. (2011), *AfterZone: Outcomes for Youth Participating in Providence's Citywide After-School System*, Puplic/Private Ventures and The Wallace Foundation, www.wallacefoundation.org. 【31】

Levin, B. and L. Schrum (2013), "Technology-rich schools up close", *Educational Leadership*, Vol. 70/6, pp. 51–55, www.ascd.org/publications/educational_leadership/mar13/vol70/num06/Technology-Rich_Schools_Up_Close.aspx. 【26】

Lopez, M., H. Kreider and J. Coffman (2005), "Intermediary organizations as capacity builders in family educational involvement", *Urban Education*, Vol. 40/1, pp. 78–105, http://dx.doi.org/10.1177/0042085904270375. 【22】

MakerMedia (2019), *Brilliant Labs: Building Creativity, Innovation and Entrepreneurship in Atlantic Canada*, http://newsletter.makermedia.com/dm?_id=D3EDCF73556229037244AE6816EC8451&fbclid=IwAR24ecZUsFY3rODLE2teO7D8TQ-8aVWTdF1ajcLv5WRh0ayWThKiaSNvzds. 【28】

Nawrotzki, K. (2012), "Parent-school relations in England and the USA: Partnership, problematized", in Andresen, A. and M. Richter (eds.), *The Politicization of Parenthood. Shifting Private and Public Responsibilities in Education and Child Rearing*, Springer Netherlands, Dordrecht, http://dx.doi.org/10.1007/978-94-007-2972-8_6. 【20】

OECD (2019), *TALIS 2018 Results (Volume I): Teachers and School Leaders as Lifelong Learners*, TALIS, OECD Publishing, Paris, https://dx.doi.org/10.1787/1d0bc92a-en. 【4】

OECD (2018), *Teaching for the Future: Effective Classroom Practices To Transform Education*, OECD Publishing, Paris, https://dx.doi.org/10.1787/9789264293243-en. 【16】

OECD (2017), *PISA 2015 Results (Volume III): Students' Well-Being*, PISA, OECD Publishing, Paris, https://dx.doi.org/10.1787/9789264273856-en. 【6】

OECD (2017), *Schools at the Crossroads of Innovation in Cities and Regions*, Educational Research and Innovation, OECD Publishing, Paris, https://dx.doi.org/10.1787/9789264282766-en. 【11】

OECD (2010), *Educating Teachers for Diversity: Meeting the Challenge*, OECD Publishing, Paris, http://dx.doi.org/10.1787/20769679. 【3】

OECD (2005), *Teachers Matter: Attracting, Developing and Retaining Effective Teachers*, OECD Publishing, Paris, http://www.oecd.org/edu/teacherpolicy. 【2】

Olson, L. (2018), *School-community Partnerships: Joining Forces to Support the Learning and Development of All Students*, https://assets.aspeninstitute.org/content/uploads/2018/04/Community-School-Partnerships-Case-Study.pdf?_ga=2.161057341.1885640925.1554812794-1915899689.1554373626. 【10】

Paniagua, A. (2018), "Enhancing the participation of immigrant families in schools through Intermediary Organizations? The case of Parents' Associations in Catalonia", *International Journal of Qualitative Studies in Education*, Vol. 31/2, http://dx.doi.org/10.1080/09518398.2017.1349959. 【21】

Paniagua, A. and D. Istance (2018), *Teachers as Designers of Learning Environments: The Importance of Innovative Pedagogies*, Educational Research and Innovation, OECD Publishing, Paris, http://dx.doi.org/10.1787/9789264085374-en. 【9】

Perez Carreón, G., C. Drake and A. Calabrese (2005), "The importance of presence: Immigrant parents' school engagement experiences", *American Educational Research Journal*, Vol. 42/3, pp. 465–498, http://dx.doi.org/10.3102/00028312042003465. 【23】

Plowden, B. (1967), *Children and Their Primary Schools: A Report of the Control Advisory Council for Education (England). Vol. 1: Report*, HMSO, London. 【15】

Stevenson, M. and M. Boxall (2015), *Communities of Talent: Universities in Local Learning and Innovation Ecosystems*, PA Consulting, www.paconsulting.com/insights/how-can-local-learning-partnerships-overcome-our-national-skills-deficit/. 【12】

Toon, D. and B. Jensen (2017), *Teaching our Teachers: A Better Way — Developing Partnerships to Improve Teacher Preparation*, Learning First, Melbourne, http://learningfirst.com/wp-content/uploads/2018/03/2columnsITECoPPaper2PartnershipsFINAL17Nov17.pdf. 【13】

UNESCO (2016), *Happy Schools! A Framework for Learner Well-being in the Asia-Pacific*, UNESCO, https://unesdoc.unesco.org/ark:/48223/pf0000244140. 【5】

Warren, M. et al. (2009), "Beyond the bake sale: A community-based relational approach to parent engagement in schools", *Teachers College Record*, Vol. 111/9, pp. 2209–2254. 【24】

# 21st CENTURY

## 第五部分

# CHILDREN

## 后续计划

# 第十四章

# 后续计划：保障数字世界中儿童的情感幸福

> OECD 各国的教育主管部门都把赋能积极主动、品行端正的数字下一代作为其关键政策目标。作为终结部分，本章着重强调了 OECD 在与各国共同努力的过程中出现的一些跨领域主题，具体包括哪些知识空白还需要填补，哪些领域还需要改进，以帮助各国更好地教育 21 世纪的儿童，帮助他们应对当代世界所面临的机遇和挑战。
>
> 本书的主题是"数字时代的情感幸福"，这一主题本身也在不断发展，因此像这样的报告可能很快就会跟不上时代潮流。世界各地教育体系的工作是要努力保持领先，或至少走在趋势之前。政策制定者、教育工作者和研究人员应不断巩固自身的努力和资源，继续为未来关于如何保障数字世界学生情感幸福的决策提供可靠依据。

后续计划：第十四章 保障数字世界中儿童的情感幸福

## 引言

本书旨在阐明当代童年的本质，特别关注数字时代儿童的情感幸福。探讨的话题包括童年的各种变化趋势、有关这些问题在现有体制中所经历的挑战、为此而提出的政策选项，以及特定国家具体做法的实例等。

21世纪的头几十年可谓是世纪之交与技术飞速变革的交会。审视当代童年，我们所面临的挑战之一是，这些主题往往会被媒体夸大，耸人听闻。例如，随着数字新技术的引入，我们担心它们会"对儿童的大脑重新布线"。虽然有必要了解儿童的生活中真正发生了哪些变化，但同样重要的是，要了解有什么是不变的。这强调了重新以研究和证据为起点的重要性，目的是掌握儿童生活的真实情况。

我们面临的另一项挑战是，这些主题对于教育界非常重要，但许多特定因素和专门知识却处在教育领域之外。数字技术领域尤其如此，变革的速度意味着，当我们所研究的目标是在不断变化时，想要确立坚实的实证基础是非常困难的。例如，最近的研究正关注 Facebook，但孩子们如今更有可能在使用 Snapchat 和抖音（TikTok）。这会产生两种主要的影响：① 有时可用的证据基础不够可靠，原因是虽然有了大量的理论性和阐述性研究，却明显缺乏实证发现（如屏幕使用时间所造成的影响）；② 教育部门可能并不总是了解来自其他领域的最新研究。因此，除了呼吁对一般问题进行更多的实证研究外，本书还指出了特别需要进行更多研究的具体领域。

改进证据基础至关重要，因此往后应该用改进的证据基础将研究与实践联系起来，并更好地为政策制定提供信息。虽然将政策与研究、研究与实践更好地联系起来这一需求并非本书涉及的主题所特有，但这些问题和争论的敏感性有时又会被政治化，导致真正做起来会特别复杂。由于这个领域存在复杂的学科交叉，简单罗列就有医学、神经科学、经济学、社会学、心理学和学习科学等，学科之间又缺乏联系，因此要将研究与政策和实践联系起来，又进一步加剧了困难。

本章首先介绍了在与各国共同工作和讨论本书所涉及内容时所出现的一些跨领域主题,随后确定了一些认识上存在分歧和需要改进的领域,接着再分析了对现状加以评估和改进所要采取的政策、研究和实践的未来方向。所确定的这些方向本质上必定是笼统的,原因是针对特定挑战所要采取的政策措施通常会非常依赖于具体环境。对一个注定是多方面的问题,要设计出"以不变应万变"的措施回应显然是不可能的、也是不可取的。本章所提出的大致的改进方向,将会在"21世纪儿童项目"的下一阶段,得到进一步针对主题和背景的补充分析。

## 新出现的一些跨领域主题

本书的各个章节中,出现了以下一些跨领域主题:

诸如**"情感幸福"**和**"数字素养"**这样的关键词,是具有多重含义的广义概念。尽管已存在多个可用的定义、框架和评价工具,但还是有必要为技能、能力和风险概括更好的定义和整体性的测量框架,以便更充分地研究与制定并支持教育领域的政策和实践。考虑在无国界的数字世界,更需要收集国际可比较的证据时,这一点显得尤其正确。

涉及诸多网络风险时,**现有的研究和政策内容之间存在着脱节**。仅列举两个比较流行的观点:第一个是实际并没有证据表明,相当数量的儿童/青少年对数字设备的依赖,已经到了面临严重健康负面后果风险的程度。第二个是网络霸凌的发生率已经到了爆发性的程度。但这两种说法往往会得到媒体的支持,被家长们认同,从而将这类问题政治化,并向当局施加压力要求迅速做出回应。这对实践和政策都会带来问题,从而愈发凸显了对这些关键问题开展和保持严谨研究的重要性。

**态度和行为的改变**既非易事,也不能一蹴而就。有效解决教育中面临的共同挑战,需要支持教师和学校加强能力建设、增进知识、提高认识。教师教育(包括职前培养和职后专业发展)需要持续地、系统地来解决这些问题,并随着数字工具和数字生态系统的发展逐步调整和更新。

鉴于儿童情感幸福的**多维度特性**和技术变革的速度,建立多方参与的强有力有效伙伴关系至关重要。行为主体包括教育体系所熟知的(如父母),以及传统意义上并未紧密联系起来的行为主体(如私营技术公司)。与这些新加入的行为主体建立互利的合作关系需要得到特别的支持,从而实现持久的变革,并发展体系各个层面、从中央部门到各级学校所需要的技能和知识。

虽然本书重点关注的是国家和地区层面的优秀实践,但**国际和区域合作**对于应对这一全球性的挑战仍是非常重要的。因此区域和国际机构需要继续寻求促进跨国界的沟通、协调与合作。

## 认识分歧和政策导向

### 整个系统和治理方面的问题

对当代童年的本质加以透彻理解非常重要,这样在教育体系内才能更好地加以应对。假如没有明确迹象指明哪些情况发生了变化(哪些没有),对哪些变化进行了考量,各种因素又是如何相互作用的,就很难定位我们该在哪些需要的方面加以努力,以弥合教育所取得的成效和儿童情感幸福状况之间的不一致。

为此,必须收集相关的数据并加以分析。跨体系的可比性不仅可取,在全球数字世界中也必不可少。在所有人群中增进对数字素养和情感幸福的理解,将进一步使研究、政策与实践受益。更具体地说,它意味着:

#### 我们需要改进专门术语和测量手段

数字技能和能力如何定义和测量,是研究和制定相关政策的重要前提条件。目前,多方力量都在研究这些问题,很多研究者对于这些关键概念给出了自己的定义和衡量手段,包括"数字素养""情感幸福""数字公民"及"适应力"这些基本术语。但如果缺乏细致、全面、一致认同、可共享的定义,就无法生成实际需要的数据,以建立这些能力的衡量标准,同时提升教师和家长帮助儿童发展这方面技能的能力。

此外,对关键术语的定义过于宽泛或过于狭窄,都可能导致不准确的假设,使得辨别出的发展趋势并不一定存在,且在时间和情境上不具备可比性。例如,像"网瘾"这样的术语,出于多方面的原因,通常被认为具有误导作用。他们不仅会潜在地造成社会污名,不利于帮助儿童或年轻人中"有问题的互动媒体使用者",而且还掩盖了日益增加的事实证据,即已经患有焦虑或抑郁的人更容易陷入对技术的错误使用。因果关系因此变得很难辨别,而干预措施只有在同时针对网络和非网络导致的问题时才最有效。因此,不正确或具有误导性的定义,不仅会让发展趋势变得模糊难辨,还会导致政策和实践应对的效力递减。

**我们需要解决政策割裂问题**

尽管各国的教育主管部门都在努力应对所面临的挑战,但在数字素养和儿童情感幸福方面,大多数的体系内仍维持着非常割裂的政策环境。困难之一是这些问题的跨部门性质,使得所有权和责任方很难界定,尤其是很多国家的教育体制是去中央化的。就教育在促进儿童身心健康方面所起的作用,家庭、学校教育、其他专业人员和部门各自所应承担的责任等内容的争论旷日持久,进展艰难。采取国家战略,对部门之间和不同层级政府之间政策加以协调,正变得越来越普遍,但依然不能保证一定到位。即便已制定出了政策,不同行为主体之间也需要细致的协调,以确保政策的有效执行:正如第十章中所指出的,在大多数国家,仅儿童网络保护一项内容,就牵涉4—6个不同的部门。

此外,在数字(通常也是全球)世界里,制定出地方甚至全国性的政策很有必要,但还远远不够。例如,涉及网络风险时,责任方可能处在另一个司法管辖区。政策执行受限,甚至不具备执行条件。虽然许多国家和地区又制定了很多新的区域性政策来加强跨境法律和警力响应程度,但仍有相当多的工作尚未完成。教育当局在这一进程中扮演着重要的角色。迄今为止,大多数经合组织国家尚未广泛建立教育部门、执法部门和网络安全专家之间的合作关系。

**需要认识文化、传统和一些先决条件的重要性**

移民、全球化、城市化和数字化,只是对教育进行重塑的若干大趋势中的一部分。教育自身必须不断发展,以持续履行其使命,支持个体全面发展。但它仍葆有对变革的"抵制",因此教育政策面对的是强烈的先验信念,其与个人身份和经验联系在一起,与旧有的体制捆绑在一起。

因此,在 21 世纪提供高质量的教育,需要具备适应性和灵活性,与此同时,还要能够应对与国民身份和价值观念有关的敏感话题。这是一场艰难而又微妙的对话,并非只有唯一的正确答案。然而,如果没有公开和积极的讨论,现代社会、政治、技术和人口变化对学校和课堂的影响,以及施加在教师身上要解决这些问题的压力,就无法得到充分的认识。

为了能够设计、制定和实施一种有力的系统层面的方法,帮助 21 世纪的学校教师提前做好准备,有必要在相关行为主体之间,就角色的变化和随后的发展需求进行公开讨论。讨论的内容包括认可观点的多样性(例如,一些父母不愿意让子女参加性教育课程或学校组织的疫苗接种)。至关重要的是要在教育系统的各项目标、社会的整体健康风气,以及父母作为孩子生活中的核心决策者所要承担的权利和义务之间取得一种平衡。这一点在当今多样化的社会里变得愈发重要。

**我们需要充分支持教师**

很明显,在努力实现当今课堂现代化的过程中,教师会站在第一线。学校和社区要依靠教育工作者的帮助,将来自不同语言地区和背景的学生整合在一起,保持对文化、语言和性别相关问题的敏感,鼓励彼此宽容和形成凝聚力,并对全体学生的需求给予有效响应。我们还希望教师帮助学生,为数字世界的到来做好充分准备——帮助他们学会使用数字技术,并跟上崭新的、快速发展的知识和技能领域。我们期盼教师能鼓励学生成为自主的学习者,教师在构建自身学习环境,并对社区敞开大门方面发挥积极作用。

所有这些问题都需要教师具备专业知识、能力和技能。然而,社会对教师履行这些多重角色的期望值,与教师自身感觉实际可投入的时间和资源二者之间,存在着越来越大的脱节。通过专业发展帮助教师掌握这些技能,并不总能达到既定目标,而且这些问题往往没有针对性的解决方案,或者仅有一个唯一的解决方案,甚至还是一个可有可无的选项。我们的社会体系越来越意识到,帮助教师做好准备,扮演好各种现代社会角色非常有必要。必须从系统性的角度出发,努力将这些主题和策略整合纳入教师的职前培养课程之中。同等重要的是,将此类培训贯穿教师的职业生涯,教师才能横向获取对自身实践富有意义的知识和观点。我们还需要打通教师教育的各个阶段,从而更全面地安排他们可获得的支持,并规划好介入的时机,在他们最需要的时候予以提供。

### 我们需要聆听儿童的心声

《联合国儿童权利公约》建议,在制定系统各个层级的政策时,必须体现并听取儿童的意见。同样在网络范畴,必须听取儿童和青少年的意见。尽管在很多有关儿童情感幸福的倡议中,已经建立了赋予儿童和青少年话语权和参与权的机制,但对于其如何能够触及弱势青少年和更低龄儿童,还有进一步提升的空间。

这一点非常重要,并且不仅仅是从儿童的权益出发。重要性至少还体现在以下两个额外原因中:

(1)听取儿童和青少年的意见和观点,将有助于大众更多地关注数字技术的积极因素和它们所带来的机遇。目前我们关注儿童保护和网络风险,这些固然很重要,但往往也掩盖了数字技术潜在的积极因素,以及将儿童和青少年作为其自身发展和教育的积极参与主体的重要性。

(2)儿童和青少年往往是新兴数字技术的早期使用者,也是数字软件开发商和平台最看重的目标群体。鉴于技术的飞速革新,家长、教师,特别是政策制定者将很难跟上这些发展。因此,必须保持与年轻人的对话,以便了解他们在使用什么,以及为什么使用。

此外,倾听儿童和青少年的声音有助于更好地理解行为和期望两者之间的细微差别。例如,在隐私领域,人们正在研究儿童对数据共享给予认可的能力,他们对自身隐私的理解,以及他们的行为如何能影响同龄人的隐私(如他们分享或发布关于其他孩子的照片时)。虽然人们通常认为,儿童和青少年不了解或不关心自身的隐私,但最近的研究表明,他们对自身隐私的理解并非一成不变,而更看中一些特定的因素,对何时何地披露自己的数据也有所选择。有时候他们甚至还会有选择地更优先考虑热度问题(例如,用在特定应用程序上获得的点赞数量或转发数量来衡量),而非隐私问题。

总体而言,儿童和青少年对自己在网上浏览的内容,正在变得越来越挑剔,越来越精明。我们在设计政策、开展课堂教学和提升数字技能的时候需要对此进行充分了解。

**我们需要认识到,仅靠教育是不够的**

关注数字世界里的儿童情感幸福,意味着我们希望教育工作者能与其他行动者一起努力。这些人包括父母和家庭、健康专业人员、心理学家和执法部门,还包括网络安全方面的专业人员和程序员。与如此广泛的对象发展、保持和支持这种伙伴关系是一项复杂的挑战,因为其中有些行为主体(如来自私营行业的)秉持着不同的目标。尽管从历史来看,公共领域和私营领域在很多体制内是受限的,但数字技术变革的速度使得汇聚这些不同领域的专业知识(其中大多数集中在私营科技公司)变得更加必要。

这样做会产生一系列的反响,包括引发深入的思考:对作为公益事业的教育加以保护的意义何在? 如何提升贯穿政府主管部门到学生课堂的整个系统的能级,使他们随着数字技术的不断变革,不断学习和发展数字能力? 此外,由于许多直接可测量的(来自用户行为)网络使用数据的持有者是私营公司,如社交媒体平台及其他供应商,我们有必要就数据共享以及出于政策和研究目的所开展的数据测量,尽可能达成一致。

尽管来自公共部门和私人公司的行为主体的目的不同,很难加以管理,还是需要加强此类伙伴关系,以确保学校和教育系统能较普遍地跟上技术的飞速变革。这种飞速变革使得我们对机会和风险的认识也在不断变化。

**需要从被动反应转为主动谋划决策**

教育必定会随着我们的社会而不断发展,我们应当对未来的变化有所预期,而非局限于简单应付问题。数字世界的变化速度使这一点变得愈发困难,也愈发迫切,这就强调了回归到以研究和证据作为起点的重要性,从而能够了解儿童生活的现实状况,并为可预见的挑战制定负责任的政策解决方案。

在教育政策的制定和实践方面,引入更广泛层面的行为主体至关重要。例如,社交媒体已经在积极参与宣传各种网络风险。焦虑的家长和社区会利用社交媒体,大力转发内容可能不确切或会形成误导趋势的报道[例如,最近关于陌陌(Momo)的报道,结果是个骗局]。这就使得政策制定者迫于压力,必须迅速采取行动,让所制定的政策能更好地回应耸人听闻的媒体报道和引人注目的偶然事件,而不是到最后依赖可靠、有代表性的数据才采取措施。积极规划,为能够产生可用数据而制定战略,以及在大众需要的时候就能够及时出台政策,都是至关重要的。目的是能让我们根据社区和儿童的需要,让政策积极地予以适应并不断发展。

**战略规划和治理需要与政策评价保持一致**

设计和制定有效的政策需要确定什么才是有效的,在什么条件下对谁有效。然而,监测和评估往往是政策循环中最薄弱的环节——质量低,不能达到目的,甚至完全缺失。监测和评估的手段可能完全依靠自我报告,或者看待问题过于笼统,只对某些雄心勃勃政策的特定影响加以评价。出于政治或后勤保障的原因(如选举的时间或预算周期),是否能为特定项目提供资金的决定,经常在评价尚未完成之时就已做出了。虽然设计政策评估这一环节并非是为了诠释因果关系,但却往往被错误地解读成了这样的目的。

很多国家在为"21世纪儿童项目政策问卷"提供的具体案例中,并未明确说明所采取政策的有效性是否获得了证实。就连采取了哪种类型的政策评估,结果如何,往往也不清楚。从政策本身和政治的立场而言,监测和评估的主要目的之一,都是要进一步改进决策的事实依据,因此在教育领域不断强化项目监测与评估的可操作性和可执行性,就变得非常重要。

**我们需要在教育领域加强循证性政策的使用和实践**

借助研究来指导实践,之所以会碰到障碍,可能有来自个人层面的阻力。比如教师或政策制定者自身可能认为,所提出的变革并不适宜。或许更重要的是,我们可能并不总是清楚研究结果意味着什么,以及如何在实践中加以运用。即便各利益相关方都确信,采纳建议实施改革能够产生效用,但在执行时仍会碰到所需时间和资源方面的实际障碍。

在系统层面,不同层面的决策者也会持抵制态度,原因并不是出于对研究缺乏信任,而是不愿意在可能是非自身管辖的领域里,改变现有的教师政策。但由于战略性的干预措施可以在个人和系统层面减少对改革的抵制,我们还是应该做出相应的努力,以鼓励将研究运用到政策和实践之中,特别是要对地方决策部门加以鼓励,因为他们可以验证研究的结果,并评判这些研究结论在特定情境下的重要程度。很多行动策略都需要具有针对性和具体的干预措施。例如,培训实践层面的人员,使其具备基本的研究素养,以及(或者)帮助非学术类型的听众解读和宣传研究成果。

## 强化知识根基
**我们需要改进数据、完善术语,以优化分析手段来支持更有效的政策行动**

公共话语和现有证据之间存在着明显的不匹配。人们普遍担心智能手机和社交媒体的广泛使用对儿童心理健康的影响。然而,许多现有研究所揭示的潜在数据还未得到充分挖掘,对许多新的技术手段的相关研究很少,甚至没有。为了改善证据基础,更好地为政策制定提供信息,我们需要改进对研究数据使用情况的监测手段,提升其他一系列的数字行为和技能。

要这样做面临着几方面的挑战。正如上一节中已经强调的那样,当前仍缺乏一致的定义、方法和指标。调查似乎是一种常用的检测和测量机制,但自我报告的测量办法容易受到偏见的影响。人们对于数字素养也有错误的理解,需要对其进行纠正。例如,在很多政策法律框架中,数字和技术技能被定义为"硬技能",是科学、技术、工程和数学系列学科的组成部分,但其实大量研究都证明了这些数字"软"技能的重要性,正是这些技能起到了非凡的作用,令数字技术使用产生了积极的成果。

如果没有达成一致且公认的定义,以及就采用何种最优手段、对什么具体对象(包括多种方法)加以测量,如何使用生成的数据和结果等形成一致意见,将很难全面积累对数字技能和行为的有用知识。

此外,在获取与使用现有数据方面也存在挑战。由于大量通过直接测量(来自用户行为)得来的网络使用数据,其所有者是社交媒体平台和其他供应商等私人公司,因此需要就共享以研究为目的的数据和测量工具达成协议。在确定政策优先事项,和最大限度地提高国家政策可提供的保护方面,需要采取系统性的手段,让决策制定基于研究证据,这一点至关重要。

**在儿童情感幸福和数字技术使用方面,我们需要有选择地针对和资助那些严谨、高质量的研究**

为了制定全面且能被充分了解的儿童使用数字技术的指导方针,有必要在这一领域开展更多高质量的研究。将其纳入区域、国家和国际三个层面的政策安排,有选择地资助这些领域的研究,有助于填补这些空白。一些研究重点包括:

- 研究低龄儿童(即0—8岁的孩子)。
- 更多关注儿童如何和为什么使用信息技术,以及像"屏幕堆叠"这类现象对于注意力或工作记忆等过程意味着什么。
- 了解数字技术使用不断变化的趋势,以及这对数字技能意味着什么。例如,移动设备的普及,在很多情况下都集中表现为智能手机及其应用程序的使用,甚至已经替代了电脑和平板电脑。使用应用程序既非一种普通数字技能,也非一种主动的内容制作技能。这与兑现自我创造性表达的承诺,以及数字技能所带来的赋能如何建立联系(或没有关联)?与更普遍意义上的数字技能发展之间的关系又如何?

- 在数字技术使用及其给儿童带来的后果之间建立起因果联系,并理解其潜在的原理。
- 了解暴露于网络风险后该如何救助,辨识儿童该向哪里、如何寻求帮助,何种手段在何种情境下有效;并帮助传递信息,告知儿童如果风险再次发生,他们应该如何应对。
- 深入探索数字技术使用的连带收益,如社会资本的形成、认知增强(空间治理、工作记忆)、体育活动,教与学的过程等。

在情感幸福方面,虽然大量研究已经对儿童和青少年心理健康和疾病的走势、成因和后果进行了调查,但仍有很多不确定的领域。此外,现有的证据往往还没有向教育受众进行解读,研究结论也常常停留在其原来的领域内,没有进一步扩散传播,导致在多学科的研究成果之间很难建立联系。

情感幸福领域的研究重点包括:

- 在研究心理健康的问题和担忧时,不仅要研究健康人群,也应纳入基于患者的研究。
- 对多种结果和指标(即压力、焦虑和抑郁的综合效应,而不是单独的影响)进行考量,从而更好地了解哪些是有效的,以及在何时及何种情境中奏效。
- 充分认识如何让多方力量参与预防、检测和干预工作,以促进方案的有效实施。

在数字技术和情感幸福两方面,有必要:

- 开展纵向的研究。
- 利用有代表性的样本进行对照实验。

- 选择具有可比性的国际指标,包括按年龄或少儿/青少年阶段分类的具有时间跨度的趋势数据。
- 关注互联网上和儿童同伴方面的数据。
- 更好地利用现有的大数据(或来自应用程序的数据),并整合其他可用的信息来源(来自行政部门的信息,自我报告的信息等)。
- 由于研究结论公布的效应量即便具备统计意义,通常也很小,因此需要考虑这一领域的研究成果对现实世界的影响。这些研究成果对于儿童和其同伴的日常生活究竟意味着什么?效应量"大"是否一定对应为儿童日常认知、行为、社会关系和教育效果等方面功能性的差异?
- 明确指出实施的可行性,包括成本、教师的额外负担,对教师开展培训以加强其心理健康和数字能力给予必要支持。

**我们需要建立和支持研究网络和代理机构**

对研究结果进行宣传应该是有计划的系统工程,以便建立跨学科的知识基础,从而更好地为实践和政策制定提供信息。加以促进的办法是通过建立网络,激发研究人员之间开展交流和结成社群。还可以建立和支持代理机构,从而在研究与实践之间建立起必要的联系,以帮助促进对话和宣传,并优化这一领域知识基础的跨学科性质,提升系统内部和利益相关方之间的相关能力。

# 总结

本书中探讨的很多内容,根据实际需要采用了数据平均值,以概括不同国家和系统的整体情况。然而,平均值会掩盖国家和体系内部及之间的重要差异,这一点不容忽视。机会的不平等始于儿童出生,而且往往随着个体年龄的增长而不断扩大。家庭抚养子女能力的差异(包括将孩子送去优质学校)会持续转化为儿童所能取得成就的差异,这种成就包括校内和校外的。学业成绩(考试成绩,包括PISA测试结果)、教育成就(来自较富裕家庭的孩子辍学的概率更低,更有可能完成高等教育)、融入劳动力市场的情况,以及今后的生涯成就,都是如此。

关于社会流动性和教育代际优势的讨论在研究和政策制定领域都将长期存在。科学的背后是严肃的(和困难的)关于学校和家庭相对责任的社会问题。教育并不是能够弥补劣势的灵丹妙药,也不能取代父母在儿童成长过程中所能起到的重要作用。家庭和社区的紧密联系与合作有助于营造更好的学习环境,但作用有限。

本书从全面综合的视角审视了当代儿童的情感幸福、儿童所使用的数字技术,以及两者之间的关联,分析了通常不归类于教育传统话语体系的关键性变革,以及这些变革可能给教育带来的挑战。书中提出了应对这些挑战可能的解决方案,其目的是提供研究和政策选择,帮助各国教育好21世纪的儿童,明确他们在当代社会所面临的机会和挑战。

书中提到的很多发展趋势还在不断变化之中,像这样的报告可能很快就会跟不上时代潮流。OECD教育系统的工作是努力保持领先,或至少是走在这个趋势曲线的前面。要做到这一点,教育部门和其他公共部门一样,必须打破壁垒,跨政府部门、跨研究学科开展工作;必须会同日益广泛的参与者,包括私营公司和部门一起工作;还必须顺应社会和公民的发展不断进化和成长,对变化有所预期,并找到预防性的解决方案,而不是简单地等到出了问题才应对解决。

通过分析来自不同学科的现有研究成果和数据,并将这些发现与教育政策和实践联系起来,本书探讨了这一潜在可能性,即教育系统如何与我们的社区和儿童一起积极适应并做出改变。我们有责任让我们的孩子和我们的青少年一代,有效区分现实生活与虚幻世界,帮助并支持他们获得更好的人生起步。

图书在版编目（CIP）数据

21世纪的童年：数字时代的情感幸福 / 法国经济合作与发展组织著；龚春蕾，徐瑾劼译. — 上海：上海教育出版社，2023.7（2024.5重印）
ISBN 978-7-5720-1954-8

Ⅰ.①2… Ⅱ.①法… ②龚… ③徐… Ⅲ.①儿童教育－研究 Ⅳ.①G61

中国国家版本馆CIP数据核字(2023)第125668号

原书由OECD以英文出版，标题为：Educating 21st Century Children: Emotional Well-being in the Digital Age, Educational Research and Innovation © OECD 2019, https://doi.org/10.1787/b7f33425-en.

本书非OECD官方译本，翻译质量及其与原著的一致性均由译者负责。若出现翻译与原文（英文）不符的情况，请以原文为准。简体中文版由上海教育出版社出版，版权所有，违者必究。

This translation was not created by the OECD and should not be considered an official OECD translation. The quality of the translation and its coherence with the original language text of the work are the sole responsibility of the author or authors of the translation. In the event of any discrepancy between the original work and the translation, only the text of original work shall be considered valid.

© 2021 Shanghai Educational Publishing House Co., Ltd. (SEPH) for this translation.

本书所表达的观点和采用的论据不代表OECD或其他成员国政府的官方看法。

本书及所包含的任何数据和地图均无意侵犯任何领土的地位及主权，不影响任何国际边界的划分，也不影响任何地域、城市和地区的名称。

有关以色列的统计数据由以色列当局提供并负责。OECD使用这些数据无意损害国际法条款对戈兰高地、东耶路撒冷、约旦河西岸犹太人定居点的界定。

上海市版权局著作权合同登记号 图字 09-2023-0457 号

责任编辑　李　玮
封面设计　夏　琦

21世纪的童年：数字时代的情感幸福
法国经济合作与发展组织　著
龚春蕾　徐瑾劼　译

| | |
|---|---|
| 出版发行 | 上海教育出版社有限公司 |
| 官　　网 | www.seph.com.cn |
| 地　　址 | 上海市闵行区号景路159弄C座 |
| 邮　　编 | 201101 |
| 印　　刷 | 上海展强印刷有限公司 |
| 开　　本 | 720×1000　1/16　印张 21.5 |
| 字　　数 | 307 千字 |
| 版　　次 | 2023年8月第1版 |
| 印　　次 | 2024年5月第2次印刷 |
| 书　　号 | ISBN 978-7-5720-1954-8/G·1756 |
| 定　　价 | 79.00 元 |

如发现质量问题，读者可向本社调换　电话：021-64373213